고린도전서
강해

고린도전서 강해

지은이 김세윤
초판발행 2007. 5. 21.
개정판발행 2008. 10. 28.
개정판 15쇄 발행 | 2024. 8. 19.
등록번호 제 302-2007-00008호
등록된 곳 서울시 용산구 서빙고동 95번지
발행처 두란노아카데미
영업부 2078-3333 FAX 080-749-3705
편집부 2078-3478

❖ 책값은 뒤표지에 있습니다.
ISBN 978-89-92635-65-3 03230

❖ 독자의 의견을 기다립니다.

academy@duranno.com
http://www.duranno.com

두란노아카데미는 두란노의 '목회 전문' 브랜드입니다.

김 세 윤 교 수

고린도전서 강해

두란노아카데미

차례

개정판을 위한 서문 · 8
추천의 글 · 12

제1부 고린도전서 해석을 위한 서론

1. 고린도 · 17
2. 바울의 교회 개척 (행 18장) · 19
3. 고린도 교회의 일반적 성격과 문제들 · 21
4. 바울과 고린도 교회와의 서신 왕래 · 25
5. 고린도전서 구조 개관 · 31

제2부 고린도전서 본문 강해

Ⅰ. 서두 (1:1~9) · 35

1. 인사 (1:1~3) · 35
2. 바울의 감사와 소망 (1:4~9) · 40

II. 고린도로부터 온 소식들에 대한 반응 (1:10~6:20) · 45

1. 지혜와 분파 (1:10~4:21) · 45
   1) 파벌들 (1:10~17)
   2) 십자가의 말씀 (1:18~25)
   3) 고린도 교회: 하나님의 지혜와 능력의 예증 (1:26~31)
   4) 바울의 설교 (2:1~5)
   5) 비밀에 싸인 하나님의 지혜 (2:6~9)
   6) 성령을 통한 하나님의 지혜의 인식 (2:10~16)
   7) 복음의 선포자들 (3:1~17)
   8) 사도들과 그리스도와 그리스도인들 (3:18~23)
   9) 바울과 고린도 교회 (4:1~21)

2. 교회의 거룩성 (5:1~6:20) · 102
   1) 음행과 교회 (5:1~13)
   2) 불신자들의 재판정에 가서 재판 받는 문제 (6:1~11)
   3) 너희 몸으로 하나님께 영광을 돌리라 (6:12~20)

III. 고린도 교회의 편지에 답함 (7:1~16:12) · 123

1. 결혼과 가정생활 (7:1~40) · 123
   1) 부부 관계 (7:1~7)
   2) 결혼과 이혼 (7:8~16)

3) 하나님의 소명 (7:17~24)
4) 처녀들의 결혼 (7:25~38)
5) 재혼 (7:39~40)

2. 우상에게 바쳐진 제물 (8:1~11:1) · 157
1) 지식보다는 사랑에 따라 행동해야 함 (8:1~13)
2) 바울의 모범 (9:1~27)
3) 출애굽 세대의 예를 통한 경고 (10:1~13)
4) 성찬식과 우상숭배 잔치에 같이 참여할 수 없음 (10:14~22)
5) 결론적인 당부 (10:23~11:1)

3. 예배 때 여자들의 복장 (11:2~16) · 270

4. 성만찬의 올바른 거행 (11:17~34) · 290
1) 성찬식 때의 추태 (11:17~22)
2) 성만찬 (11:23~26)
3) 합당치 않은 성찬식 참여 (11:27~34)

5. 성령의 은사들에 대하여 (12:1~14:40) · 306
1) 하나님의 영의 표징 (12:2~3)
2) 한 성령의 다양한 은사들 (12:4~11)
3) 한 몸의 다양한 지체들 (12:12~26)
4) 다양한 은사들과 교회의 직분들 (12:27~31)

5) 사랑의 예찬 (13:1~13)
6) 예배 시 예언과 방언 (14:1~40)
7) 불신자들에 대한 방언과 예언의 효과 (14:20~25)
8) 예배 때의 질서를 위한 구체적 충고 (14:26~40)

6. 부활 (15:1~58) · 357
1) 그리스도의 부활 (15:1~11)
2) 부활을 부인하면 (15:12~19)
3) 그리스도의 부활과 미래 (15:20~28)
4) 부활과 현재의 삶의 관계 (15:29~34)
5) 옛 창조에 있는 다양한 몸들 (15:35~41)
6) 부활의 새 몸 (15:42~49)
7) 신자들의 변화와 최후의 승리 (15:50~58)

7. 성도들을 위한 헌금 (16:1~12) · 412
1) 성도들을 위하는 연보에 대하여 (16:1~4)
2) 여행 계획과 추천 (16:5~12)

Ⅳ. 결론: 권면과 인사 (16:13~24) · 425

부록: 상급 · 433

개정판을 위한 서문

"고린도 교회와 오늘의 우리에게 치유와 갱신의 힘을 주는 바울의 가르침"

2007년 5월에 첫 출간된 이 책은 한국과 미국의 교회, 평신도 성경 공부 모임에서 필자가 행한 몇 차례의 강연을 바탕으로 쓴 것입니다. 그 강연을 위해 마련한 강해 노트를 기본으로, 샌프란시스코의 이스트베이 교회와 두란노서원의 「목회와신학」이 2006년 6월과 7월에 각각 주최한 모임에서 녹음한 강연을 글로 푼 것을 합쳐 필자의 손질 끝에 출판한 것입니다. 주종훈 목사와 이현수 목사가 녹음된 강해를 글로 푸는 수고를 담당하였고, 김태석 목사와 이석환 전도사가 출판을 위해 수고해 주어, 이 책이 세상에 나오게 되었습니다.

이 책은 지성인 평신도와 목회에 바쁜 목회자를 대상으로 삼고 있으며, 지나치게 상세하고 전문적인 주석서는 가급적 지양하면서도 고린도전서 본문의 뜻을 간결하고 깊이 있게 파헤치려 애쓴 강해서입니다.

고린도전서는 주 예수 그리스도의 복음을 처음 받은 고린도의 헬라인들이 그들의 전통적인 사상, 가치관, 삶의 스타일을 고쳐 복음에 합당하게 하는 데 적지 않은 어려움을 겪었음을 잘 보여 줍니다. 그래서 우리는 이 책에서 신앙에 아직 성숙하지 못한 한 초대 교회의 공동체적 삶의 모습을 생생하게 볼 수 있을 뿐 아니라, 사도 바울이 어떻게 그들의 문제들을 바로잡으며 그들의 신앙과 삶의 성숙을 도모하는가를 배울 수 있습니다.

고린도 교회의 여러 문제는 시대와 문화, 환경의 차이에도 불구하고 기본적으로 오늘날 우리 교회에게도 적용되는 절실한 것입니다. 그러므로 고린도전서를 공부함으로써 오늘날 우리가 개개 그리스도인으로서, 그리고 교회 공동체로서 가지고 있는 문제들을 진중히 바라볼 수 있으며, 보다 성숙한 신앙인, 그리고 보다 참다운 교회가 되기 위하여 필요한 많은 교훈을 얻을 수 있습니다. 특히 바울이 고린도 교회의 문제들을 어떻게 다루는가를 살핌으로써 신학적으로 사고하는 훈련을 하게 되고, 복음에 합당하게 생각하고 사는 것이 무엇인가에 대해 구체적인 깨달음을 얻을 수 있습니다. 그러기에 사도 바울이 고린도 교회에게 준 가르침은 오늘날 세상적 가치관과 정신에 심하게 오염된 우리 모두에게, 그리고 외형적으로 비대해지며 내부적으로 심하게 부패해 가는 우리의 교회에게 치유와 갱신의 힘을 발휘할 수 있습니다. 이 작은 책을 통해 고린도전서가 가진 말씀의 능력이 발휘되게끔 성령께서 이끌어 주시기를 바랍니다.

이러한 바람을 반영하여 필요한 대목에서는 본문의 단순한 해석을 넘어 신학적 설명을 첨부하였고, 여기저기 토론과 적용을 위한 문제들을 제시해 놓았습니다. 이 신학적 부연 설명이 오늘 성도들간에 혼재한 많은 신학적 혼란을 극복하는 데 도움이 되기를 바랍니다. 특히 이 책에서 제시한 문제들에 대해 개인은 물론 소그룹이 함께 고린도전서를 고민하면서 토론한다면 더욱 유익하리라 믿습니다.

이 강해서가 여러 약점들에도 불구하고 독자들의 호응에 힘입어 첫판 출간 일 년여 만에 재판하게 된 것을 기쁘게 생각합니다. 이 재판의 기회를 이용하여 첫판이 가지고 있었던 여러 편집상의 오류들을 바로잡고 여기저기 약간의 보완작업도 하였습니다. 아직도 오류들이 더러 남아있을 것이나, 그들이 심각한 것들은 아니라고 믿고, 독자들의 양해를 구하는 바입니다. 이 개정판의 편집을 위해 노력하신 두란노아카데미의 최원준 박사와 오은숙 자매에게 심심한 감사의 뜻을 전합니다.

김세윤

2008년 7월

Pasadena

추천의 글

"한국 교회가 배워야 할 점을 제시하는 글"

우선 80년대 초반 독일 튀빙겐대학에서 시작한 그와의 만남을 통해 느낀 바를 말해 보겠습니다.

김 박사는 예수 그리스도의 복음에 대한 영적인 열정과 더불어 학문적인 엄정성을 지닌 학자입니다. 복음적 입장을 취하면서도 신학이 지닌 학문적인 탁월성을 드러낼 수 있다는 사실을 세계 신약 학계에 보여 준 소중한 인물입니다. 신앙적 열정에서 누구에게 뒤지는 것을 싫어하는 그는 젊을 때에 자신을 붙잡은 예수 그리스도와 복음에 대하여 뜨거운 사랑과 신학적 집중력을 지니고 있습니다. 그 중에서도 학문의 전문성을 추구하려는 성향은 그 무엇보다 강력하다고 할 수 있습니다. 특별히 한국의 신학적 성숙과 교회적 현장을 복음적으로 이끌기 위해서 부단히 노력하고 있으며, 이에 대한 헌신은 가히 놀랄 만합니다.

그렇게 신학의 친구이자 믿음의 동료인 김세윤 박사의 고린도전서 강해서 출간을 축하합니다.

김 박사의 글을 읽는 것은 먼저 신학적인 정보를 배우는 즐거움을 줍니다. 또한 해석학적 접근 방법과 그가 지향하는 신학적 주제와 목표를 향해 치열하게 논쟁을 이끌어 가는 과정을 맛보는 기쁨도 함께 제공합니다. 특히 신학이 지니는 복음의 현장성을 늘 염두에 두고 있다는 점은 독자들을 크게 격려할 것입니다.

그 동안 김 박사는 신학적인 논쟁이 치열하게 담긴 글을 발표했지만, 이 고린도전서는 한결 이해하기 쉽고 편하게 씌어졌습니다. 강연을 풀어썼기 때문에 더욱 그러한 것 같습니다. 묵상하며 토론할 주제들을 언급하는 동시에 오늘의 상황까지 연결시킨 것은 이 책을 평신도에까지 열려진 책으로 만들고 있습니다.

긍정적이든 부정적이든 고린도 교회를 너무도 닮은 한국 교회가 이 소중한 글을 통해서 배울 것이 참으로 많을 것입니다.

김지철

(소망교회 담임 목사)

고린도인들을 '거룩한' 하나님의 백성으로 만든 분은 하나님이시고,
그것은 예수 그리스도가 십자가에서 스스로를 대속과 화해의
제사로 드림으로써 이루어진 것입니다(롬 3:24~26; 고후 5:18)

제 1 부

고린도전서 해석을 위한 서론

일러두기	• 공관복음서들의 병행절을 표기할 때는 '/'를 사용했습니다. • 성경 인용은 개역개정판을 사용했습니다.

1. 고린도

고린도는 그리스의 중부와 펠로폰네소스를 다리같이 잇는 지협에 위치하여 그리스 반도의 종단로를 지배할 뿐 아니라 좌우에 두 항구(서쪽에 레기옴Lechaeum, 동쪽에 겐그레아Cenchreae)를 거느린 지중해 무역의 중심지였습니다. 이런 연유로 고대 고린도는 부유한 도시로서, 포세이돈(Poseidon) 신의 영광을 위해 격년제로 그리스의 도시 국가들이 모여 운동 경기를 벌이던 곳이었습니다. 포세이돈이나 멜리케르테스(Melicertes) 외에도, 사랑과 아름다움과 생식의 여신인 아프로디테(Aphrodite)를 섬기는 사람들이 많아 고린도는 성도덕이 아주 문란한 것으로도 유명하였습니다.

이 고대의 고린도는 주전 146년에 로마에 의해 파괴되었다가, 주전 44년 율리우스 케사르(Julius Caesar)에 의해 로마의 식민지로 재건되어 주전 27년부터는 로마의 지방 아카이아(Achaia)의 수도였습니다. 이후 나중에 재건된 고린도도 풍요로운 삶과 문란한 성도덕으로 유명하였습니다. 그리스인들, 로마인들, 많은 동방인들 등 여러 종족들이 모여 살아 종교적 혼합주의와 타락상이 심각했는데, 아프로디테(Aphrodite) 신전의 성창이 그 대표적 예였습니다.

그러나 고린도에는 유명한 철학과 수사학의 학교도 있어 지식층의 자부심도 강하였습니다. 그리하여 당시 고린도인적 성생활과 더불어 고린도인적 수사는 세계적으로 알려진 격언적인 표현이 되기도 했습니다. 이런 고린도에는 상당히 큰 유대인들의 공동체가 있었습니다.

고린도 도시의 특징은 도시 건물을 통해 잘 알 수 있습니다. 고린도식 건축양식은 아주 정교하게 장식된 기둥 끝에 세밀하게 만들어졌습니다. 고린도식보다 조금 덜 정교하게 장식된 것을 이오니아식이라고 합니다. 그리고 그보다 더 아주 남성적으로 뭉툭하게 된 것을 도리아(도리스)식이라고 합니다. 고린도식은 매우 화려하게 꾸밈새가 많습니다. 그만큼 화려하고 부를 중시했던 도시였습니다.

지중해 무역 중심지였던 고대 고린도

2. 바울의 교회 개척(행 18장)

바울은 그의 이른바 제 2차 선교여행 중, 주후 50/51년의 겨울에 고린도에 당도하여 약 1년 반을 머무르면서 그곳에 교회를 개척하였습니다.

클라우디우스(Claudius) 황제의 칙령에 의해 주후 49년에 로마로부터 추방되어 고린도에 온 유대인 부부 아굴라와 브리스길라의 천막 제조업에 취직하여 일하면서 바울은 그곳의 유대 회당에서 복음을 선포하기 시작하였습니다. 상당수의 유대인들과 "하나님을 경외하는 자들"이 그리스도를 믿게 되었습니다. 이에 유대인들이 반발하자, 바울은 그리스도를 믿는 자들을 회당으로부터 분리하여 그리스도를 믿게 된 "하나님을 경외하는 자" 유스도의 집에 교회를 세웠습니다.

주후 51년 7월에 갈리오(Lucius Bunius Gallio)가 아가야의 총독으로 고린도에 부임하였습니다. 유대인들은 그에게 바울이 불법 종교를 퍼뜨린다고 송사하였으나, 갈리오는 이 송사를 취급하기를 거부하였습니다. 그는 바울의 복음을 로마법에 의해 허용된 유대교 내의 한 형태로 보고, 그들의 송사를 내적 분쟁으로 보았던 것 같습니다. 그리하여 바울은 자유로이 복음을 선포하다가 주후 52년 봄에 에베소를 향하여 고린도를 떠나갔습니다.

바울의 선교여행

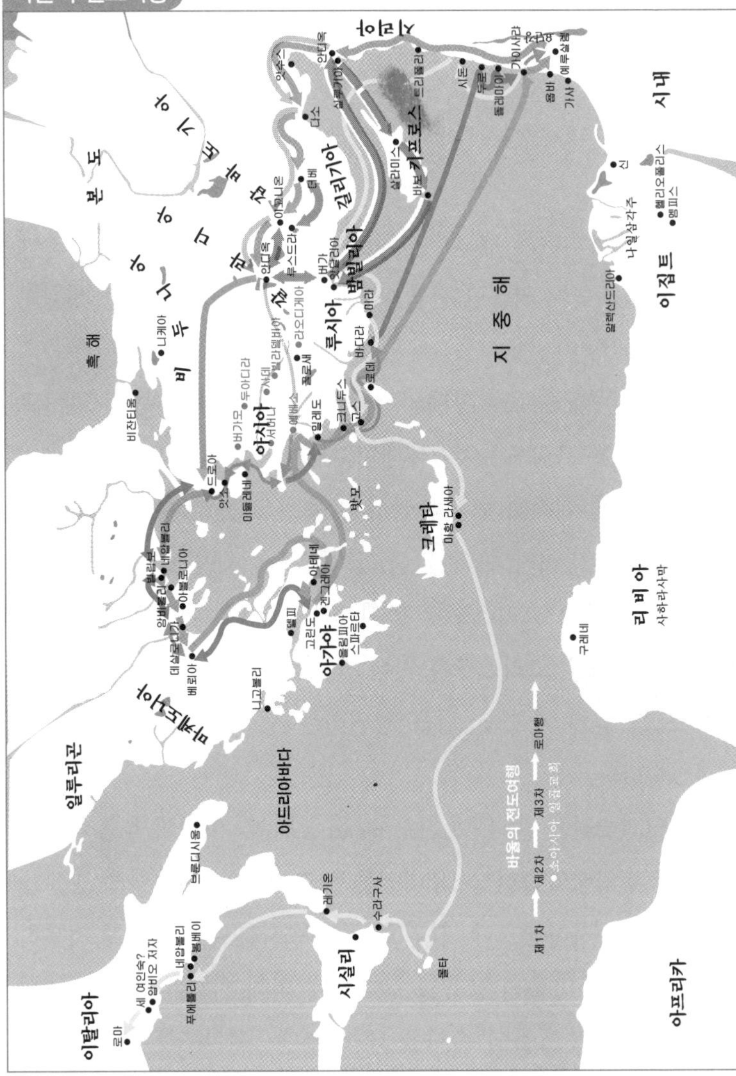

3. 고린도 교회의 일반적 성격과 문제들

고린도의 첫 그리스도인들의 다수는 하층의 이방인들 출신이었던 것 같습니다(고전 1:26~29). 그러나 그들과 더불어 부유층 출신자들도 더러 있었던 것 같고(고전 10장; 27:11, 17~34), 유대 그리스도인들도 꽤 있었던 것 같습니다.

국제도시 고린도의 이방인적 환경과 고린도의 그리스도인들의 이방인적 과거는 고린도의 교회에 많은 문제들을 야기하였습니다. 문란한 성도덕, 우상숭배, 불신자들과 어울림, 분파주의, 지혜와 지식 자랑, 열광주의 등등.

고린도 교회의 모든 문제들의 근본 원인은 고린도 그리스도인들이 그리스도의 구원과 성령의 은사를 그들의 헬라적 이원론적 사고로 이해한 데 있었던 것 같습니다. 바울은 그리스도의 구원의 복음을 선포하면서, 그 구원의 첫 열매는 우리가 지금 여기서 벌써 누리고 있지만 그 완성은 주 예수 그리스도의 재림 때 얻을 수 있다고 가르치고, 그리스도를 믿는 자들 안에 거하는 성령이 이미 받은 구원의 첫 열매를 대표하고 미래의 완성을 보장하는 하나님의 선물이라고 설명하였습니다. 그러나 고린도의 그리스도인들은 영과 물질(육)을 엄격히 가르는 헬라적 이원론에 젖어 있어서, 바울 복음의 이 "시간적 이원론"을 "본질적 이원론"으로 오해하였던 것입니다.

그래서 그들은 그리스도의 구원을 자신들의 영혼이 육신을 벗어나 하늘의 축복된 삶을 현재 완전히 획득하는 것으로 보고, 성령의 은사들이 이러한 견해를 확인해 주는 것으로 이해하였습니다. 그들은 바울이 장차 도래하리라고 선포한 하나님 나라를 이미 얻은 것으로 믿고 지금 벌써 그 속에서 왕 같은 삶을 누릴 수 있다고 믿었습니다(고전 4:8).

그들은 또 자신들이 성령을 받아 육신의 제약을 벗어난 영적 존재들이 된 것으로 믿었습니다(고전 3:1). 그러므로 그리스도의 재림 때 우리의 몸이 부활하리라는 사상은 헬라적 이원론에 젖은 그들에게는 이해하기도 어려웠지만 그보다 불필요한 것이었습니다(고전 15장). 그들은 세례 때 영적으로 그리스도와 함께 이미 죽고 부활하였다고 보았습니다. 그래서 그들은 성령의 은사들, 특히 그들 중 방언과 같이 현저히 나타나는 은사들에 관심을 집중시키고, 자신들이 받은 은사들을 서로에게 자랑하며, 교만과 멸시, 시기와 분쟁의 분위기를 만들고 예배 때 그 방언과 예언을 경쟁적으로 해대어 일대 혼돈을 빚곤 하였습니다(고전 12~14장).

게다가 그들은 또 이방의 철학과 수사학을 높이 평가하는 전통, 우상숭배, 그리고 문란한 성도덕의 영향을 받았습니다. 그래서 그들은 영감으로 말하는 성령의 은사들과 그리스도를 통한 하나님의 구원의 신비에 대한 지식을 헬라적 수사학이나 철학의 일종으로 오해하고, 서로 말 자랑과 지식 자랑 경쟁을 벌였습니다(고전 1:18;

4:18). 성령을 통하여 얻은 "지식"으로 그들은 우상(곧 이방인들의 신들)은 아무 것도 아니라고 생각하고, 우상의 신전에서 벌어지는 잔치에 우상숭배자들과 함께 참여하고 우상에 바쳐졌던 고기를 먹는 자유를 만끽했습니다(고전 8, 10장). 그들은 그들의 영혼이 벌써 하늘의 구원을 얻었으므로 그들의 몸으로는 무슨 짓을 해도 괜찮다고 생각했습니다. 그리하여 그들은 이방인 시절의 문란한 성생활을 계속했을 뿐 아니라, 심지어는 문란한 고린도의 이방인들조차 할 수 없는 짓까지도 하게 된 것입니다(고전 5:1~11; 6:12).

이런 "열광주의자들"(enthusiasm/enthusiasts)이 고린도 교회에서 다수를 형성하고 있었거나 목소리 큰 자들이었던 것 같습니다. 이들은 대개 헬라 그리스도인들이었던 것 같습니다. 반면에 그리스도의 구원의 체험으로부터 그들과는 정반대의 결론을 내린 그리스도인들도 있었습니다. 이들도 "열광주의자들"과 같이 영과 육의 헬라적 이원론적으로 생각하였지만, 그들과는 반대로 극단의 금욕주의 경향을 나타냈습니다. 그들은 육은 중요하지 않고 영혼만 중요하며 구원받는 것이라고 보고, 그들 영혼의 구원을 지키기 위해서 육신에 얽매이는 것을 피해야 한다고 생각하였습니다. 그래서 그들은 결혼을 삼가고(고전 7장), 시장에서 살 수 있는 고기 먹기를 꺼려했습니다(고전 8~10장).

이 "열광주의자들"과 "금욕주의자들" 사이에 갈등이 발생하는 것은 불가피한 일이었습니다. 전자는 그들의 지혜와 지식과 자유를 자랑하고 후자를 "약한 자들"이라고 멸시했으며, 후자는 전자를 육신적인 방탕자들이라고 비판하고 영적 교만을 품고 있었습니다.

이 분쟁은 아볼로와 베드로가 고린도를 방문함으로써 더욱 복잡하게 되었던 것 같습니다. 철학과 수사학을 자랑하던 고린도의 전통을 이어받아 성령의 영감으로 주어진 지식과 언변에 대해 열광하게 된 고린도 그리스도인들은 알렉산드리아 출신의 대단한 성경 해석 능력과 수사적 능력을 가진 아볼로를 위대한 선생으로 환영하게 되었습니다(행 18:24~28). 그러나 "연약한 형제들"-아마 유대 그리스도인들과 금욕적 이방 그리스도인들-은 (아마 사도회의 결정에 따라 특정 음식 삼가 규칙 -행 15:20, 29- 을 포함한) 베드로의 가르침을 더 좋아하며, 그를 그들 자신들의 선생으로 삼았습니다. 이 아볼로파와 베드로파에 대항하여 어떤 그리스도인들은 그들의 원래 사도였던 바울에게 신실해야 한다고 주장하였습니다. 게다가 아마 극단의 열광주의자들 가운데 성령을 통하여 부활하신 주 예수 그리스도와 직접 교제할 수 있다고 주장하며 위 세 파벌들은 바울, 아볼로, 베드로 등 인간들의 가르침에 얽매여 있다고 멸시한 "그리스도파"도 있었던 것 같습니다(고전 1:10~4:21).

고린도 교회는 부자들과 가난한 자들로 분열되기도 하였습니다. 성만찬 석상에서 잘사는 그리스도인들은 자신들의 집에서 싸 온 음식을 먹어대며 가난한 그리스도인들을 부끄럽게 하였으며, 그리하여 교회의 하나됨을 재확인하고 시위해야 할 성만찬을 분쟁의 장으로 만들었습니다(고전 11:17~33).

4. 바울과 고린도 교회와의 서신 왕래

바울은 이런 문제들을 해결하기 위해 편지들도 보내고 동역자들도 보내고 자신이 방문하기도 하며 엄청나게 애를 썼습니다. 고린도전서와 후서를 잘 이해하기 위해서는 그 과정을 염두에 두고 있어야 하는데, 그것을 간추리면 다음과 같습니다.

1) 고린도전서 5:9에 바울은 자기가 고린도 교회에 전에 썼던 편지를 언급합니다. 이 편지를 보통 "이전 편지"라고 부릅니다. 그 편지에서 바울은 고린도 그리스도인들더러 교회 안의 부도덕한 자들이나, 악한 자들, 우상숭배하는 자들과 어울리지 말라고 경고하였습니다. 그러나 이 경고는 그들이 일반적으로 우상숭배하고 부도덕하게 사는 사람들(그러니까 교회 밖의 세상의 이웃들)과 일체 교류하지 말라는 것으로 오해된 듯합니다(고전 5:9~11). 이 편지는 완전히 상실된 것 같은데, 일부 학자들은 고린도후서 6:14~7:1이 이 편지의 한 조각이라고 봅니다.

2) 바울은 "클로에의 집" 사람들로부터 고린도 그리스도인들이

그의 편지를 오해하고 있다는 소식과 함께 고린도 교회가 바울파, 아볼로파, 베드로파, 그리고 아마 그리스도파 등으로 분열하고 있다는 소식(고전 1:10~17)을 받았습니다.

3) 얼마 안 있어 바울은 또 고린도 교회의 대표단(스데바나, 보드나도, 아가이고 – 고전 16:17)을 맞이하게 되었는데 그들도 고린도 교회의 문제들을 전하면서, 특히 다음과 같은 문제들에 대한 그의 가르침을 청하는 고린도 교회의 편지를 전달하였습니다: 결혼(고전 7:1~40); 우상에 제사된 고기 먹는 문제(8:1~11:1); [예배 때의 혼란: 여성의 복장 문제(11:2~16)와 성만찬 시의 분란(11:17~34)]; 성령의 은사들(12:1~14:40); 부활(15:1~58); 예루살렘 교회를 위한 헌금(16:1~4).

4) 바울은 우리가 "고린도전서"라 부르는 편지를 써서 이 문제들에 대해 응답합니다(고로 "고린도전서"는 바울이 고린도 사람들에게 쓴 두 번째 편지였다). 에베소에서 주후 55년 초에 쓴 이 편지에서 바울은 성령주의자들에게 그들이 아직도 지상에서 육신과 죄에 노출되어 실존하고 있는 현실을 상기시키고, 교회의 교제를 북돋우는 삶의 정신과 절도 있는 삶을 권면함으로써 그들의 열광주의를 교정하려 하였습니다.

5) 바울은 주후 55년의 오순절 뒤 곧 고린도를 방문하려고 계획하면서, 우선 디모데에게 이 "고린도전서"를 쥐어 보냈습니다(고전 16장).

6) 그러나 그의 편지는 고린도인들의 문제들을 해결하는 데 효과를 보지 못하고, 디모데는 교회를 잘 타이르고 통합을 이루라는 바울의 지시들을 집행하지 못하고 맙니다.

7) 그래서 바울은 그 문제들을 스스로 척결하려고 고린도에 갔습니다. 그러나 그는 일부 고린도인들에게서 모욕을 당하고 큰 슬픔 가운데 에베소로 귀환하지 않으면 안 되었습니다. 바울은 이 방문을 "쓰라린 방문"이라 부릅니다(고후 2:1~5).

8) 그래서 바울은 에베소에서 "큰 환난 속에서 애통한 마음으로 많은 눈물을 흘리며"(고후 2:4) 강경한 어조의 편지를 써서 디도 편에 고린도로 보냈습니다. 이 편지를 보통 "눈물의 편지" 또는 "혹독한 편지"라고 부릅니다. 이것은 바울이 고린도인들에게 보낸 세 번째 편지였는데, 보통 완전히 상실되었다고 보나, 어떤 학자들은 고린도후서 10~13장에 이 편지의 일부가 남아 있다고 보기도 합니다.

9) 에베소에서 바울은 심한 우울증에 빠지고 극단의 외적 위해(危害)를 받았던 것 같습니다(고후 1:8 이하). 그러나 고린도 교회의 상황에 대해 마음을 놓을 수가 없어서, 고린도로부터 뱃길로 돌아오는 디도를 하루라도 빨리 만나 고린도 교회의 소식을 듣고 싶어 그를 맞으러 드로아로 갔습니다. 그러나 디도가 그곳에 나타나지 않자 그가 육로로 오는 것으로 깨닫고 마케도니아로 가서 그곳에서 디도를 만났습니다(고후 2:12~13).

10) 디도는 바울의 "혹독한 편지"가 효과가 있어 고린도인들의 반란이 끝나고, 고린도 교회가 바울의 권위에 반란하도록 한 주모자를 정죄하였다는 소식을 전하였습니다(고후 7:6 이하).

11) 바울은 우리가 가지고 있는 "고린도후서"(또는 고후 1~9장)를 써서(주후 55년에 아마 빌립보에서 쓴 편지로서, 실제로는 바울이 고린도인들에게 쓴 네 번째 편지였다.), 고린도 교회의 문제들이 해결된 데 대한 그의 안도함과 그의 고린도인들에 대한 사랑을 나타내고, 그에게 적대했던 자를 용서해주도록 권면하였습니다(고후 2:5~11). 바울은 기쁨으로 들뜬 마음으로 고린도인들에게 자신의 사도직의 고난과 영광을 생생히 그려 표시하고(고후 3~6장), 전에 부탁했던 예루살렘 교회를 위한 헌금을 마쳐달라고 상세히 충고하였습니다(고후 8~9장). 바울은 마케도니아의 교회들이 예루살렘 교회를 위해서 거둔 헌금을 가지고 마케도니아의 교회들의 대표단과 함께 고린도를 거쳐 가면서, 아가야의 교회들의 헌금을 전달할 아가야 교회의 대표단을 대동하고 예루살렘으로 가려고 계획하였습니다. 그래서 바울은 디도를 다시 고린도에 보내 그들의 헌금 사업을 완수하도록 하였습니다.

12) 그러나 고린도에 또 하나의 위기가 벌어졌습니다. 바울의 헌금 사업이 오해를 받게 된 것입니다. 그 사이 외부에서 고린도에 온 방문객들이 사태를 더욱 심각하게 만들었습니다. 그들은 자신들이 이스라엘 족이라는 것을 자랑하며, 예루살렘이 사도들로부터 파송되었음을 내세우며, 환상과 이적 등 자신들의 영적 체험들을

과시하였습니다. 그들은 바울은 예루살렘의 사도들로부터 위임받지 못한 가짜 사도라고 고린도인들을 선동하였습니다. 그들의 권위주의적인 행세, 고린도인들로부터 부양받을 권리 주장, 자신들의 놀라운 영적 체험에 대한 과시 등등은 원래 세상적 능력의 표징들을 높이 평가하는 경향이 있었던 고린도의 그리스도인들에게 아주 잘 먹혀 들어갔습니다.

13) 그래서 바울은 이 "거짓 사도들"의 주장에 맞서기 위해 고린도후서 10~13장을 기록했습니다. 이것은 바울이 고린도인들에게 보낸 다섯 번째 편지였는데 후에 그의 네 번째 편지인 "고린도후서"에 부착되었을 수도 있고, 아니면 바울이 고린도후서 1~9장을 쓰고 난 후 조금 있다가 이 편지를 써서 1~9장에 덧붙여서 한 편지로 보냈을 수도 있습니다. 후자의 경우, 우리는 다음과 같은 상황을 상상해야 합니다. 고린도후서를 쓰는 데 여러 날 또는 여러 주가 걸렸는데, 바울이 고린도후서 1~9장을 쓰고 난 후, 고린도에 새로운 위기가 발생하였다는 소식을 받아서, 그는 새로운 대단히 격렬한 투쟁적 어조로 고린도후서 10~13장을 썼습니다.

이 편지에서 바울은 고린도에 온 방문객들을 "다른 예수"를 선포하며, "다른 영"을 가지고 있고, "다른 복음"을 선포하는 자들이라고 규정합니다(고후 11:4). 자신도 그들이 내세운 사도의 자격 요건들에 비추어 그들에게 조금도 뒤지지 않는 사도임을 주장합니다. 그러나 바울은 진정한 사도의 표징들은 가문이나, 인간들에 의한 외적 위임이나, 심지어 성령의 놀랄 만한 체험도 아니고, 주 예수 그리스도를 섬기는 과정 중에 당하는 고난이라고 설명합니다

(고후 11:23 이하; 12:11 이하). 그래서 고린도후서 10~13장에서 바울은 거짓 사도들과 세상적인 고린도 그리스도인들의 "영광의 신학"(theologia gloriae)에 맞서 자신의 고난으로 가득 찬 사도적 삶을 예로 들면서 "십자가의 신학"(theologia crucis)을 설명하고 있습니다. 이런 이유로 고린도후서는 신약성경 가운데 가장 개인적이고 감동적인 문서가 되었으며, 모든 교역자들에게 주의 종의 참 모습을 일깨워 주는 귀한 문서가 된 것입니다.

5. 고린도전서 구조 개관

고린도전서의 뼈대를 간추리면 다음과 같습니다.

I. 서두(1:1~9)

1. 인사(1:1~3)
2. 바울의 감사와 소망(1:4~9)

II. 고린도로부터 온 소식들에 대한 반응(1:10~6:20)

1. 지혜와 분파(1:10~4:21)
2. 교회의 거룩성(5:1~6:20)

III. 고린도 교회의 편지에 답함(7:1~16:12)

1. 결혼과 가정생활(7:1~40)
2. 우상에게 바쳐진 제물(8:1~11:1)
3. 예배 때 여자들의 복장(11:2~16)
4. 성찬식의 올바른 거행(11:17~34)
5. 성령의 은사들(12:1~14:40)
6. 부활(15:1~58)
7. 성도들을 위한 헌금(16:1~12)

IV. 결론: 권면과 인사(16:13~24)

우리가 이것을 말하거니와 사람의 지혜가 가르친 말로 아니하고
오직 성령께서 가르치신 것으로 하니 영적인 일은
영적인 것으로 분별하느니라(고전 2:13).

제2부

고린도전서 본문 강해

I. 서두(1:1~9)

1. 인사(1:1~3)

1 하나님의 뜻을 따라 그리스도 예수의 사도로 부르심을 받은 바울과 형
제 소스데네는
2 고린도에 있는 하나님의 교회 곧 그리스도 예수 안에서 거룩하여지고 성
도라 부르심을 받은 자들과 또 각처에서 우리의 주 곧 그들과 우리의
주 되신 예수 그리스도의 이름을 부르는 모든 자들에게
3 하나님 우리 아버지와 주 예수 그리스도로부터 은혜와 평강이 있기를 원
하노라

1) 바울은 근본적으로 당시 헬라 세계에서 통용된 편지 양식을 따르되, 그 양식을 기독교 신앙을 반영하여 확대하였습니다. 그리하여 그의 서신들은 대개 다음과 같은 양식을 갖게 된 것입니다.

① 서두: (발신인) OOO가 (수신인) OOO에게 인사

② 감사와 기도: 수신인의 선의를 불러일으키기 위한 것

③ 본론

④ 말미: 인사와 축복

> **토론해 봅시다**
>
> 고린도전서, 고린도후서, 로마서, 갈라디아서, 빌립보서, 데살로니가전서 등의 형식을 비교해 보고 차이점들을 음미해 보시오.

2) 바울은 다메섹 도상에서 하나님으로부터 "그리스도 예수의 사도"로 부름 받았습니다. 사도직은 신약 교회의 독특한 직책이었는데, "사도"는 십자가에 못 박히고 부활되고 높임 받은 주 예수 그리스도의 전권대사로 보냄을 받은 자라는 뜻을 가졌습니다. 고린도 교회에서 바울의 사도직은 오해되거나 의심을 받았고(예 고전 4장; 9:1~23; 고후 4:1~15; 10~13장), 사도직의 진정한 징표에 대한 혼란이었습니다(고후 10~13장). 바울은 스스로가 어떤 인간으로부터가 아니라 하나님으로부터 부름 받은 진정한 사도임을 일관되게 내세웁니다(비교 고후 1:1; 갈 1:1).

> **토론해 봅시다**
>
> "하나님의 뜻에 의하여 그리스도 예수의 사도로 부름 받은 바울"이라는 자기소개에 내포된 바울의 권위 주장을 음미하시오.
> 그러나 "형제" 소스데네를 공동 발신으로 삼아 밝히는 바울의 겸손함도 음미하시오.

바울은 고린도에 있는 교회를 여러 가지로 정의하고 있습니다.

(1) "하나님의 교회"

"교회"라고 번역한 헬라어는 에클지아(ekklesia)로서 원래 헬라 도시 국가의 시민들의 회집체(assembly)를 지칭하는 말이었습니다. 그러나 바울은 여기 고린도 시민들의 회집체에게 편지하는 것이 아니라, "고린도에 있는 하나님의 회집체"에게 하는 것입니다. 이 "하나님의 교회"(ekklesia)는 헬라어로 번역된 구약("칠십인역"이라 부름)에서 불러 모아진 하나님의 백성(즉 이스라엘)의 회집체를 "야훼[주]의 회집체"라 지칭하는 전통(예 신 23장)을 이어 가고 있는 것같이 보입니다. 초대교회는 예수 그리스도를 믿는 자신들의 공동체를 새로운, 즉 종말의 하나님의 백성으로 나타내기 위해 그 단어를 사용한 것입니다. 바울은 "교회"라는 칭호를 여기서와 같이 각 처소의 그리스도인들의 회중에도 적용하고, 전 세계의 모든 그리스도인들의 집단에도 적용합니다(예 고전 15:9; "교회들"이라는 복수로 사용함. 예 고전 4:17; 7:17; 11:16; 14:33). 이것은 한 지역의 그리스도인들의 공동체는 그 수나 장소와 관계없이 그 지역에 있는 "하나님의 교회"로서 그 지역에서 하나님으로부터 불러 모아진 하나님의 백성을 구체적으로 표현하는 것입니다.

(2) "그리스도 예수 안에서 거룩하게 된 사람들, 즉 성도들이 되도록 불림 받은 자들"

성경에서 "거룩함"은 근본적으로 하나님께 속하도록 세상으로부터 분리된 것을 의미합니다. 고로 하나님께서 세상에서 "선택하여" 자기와 교제를 갖도록 "부르신" 사람들이 "거룩한 사람들" 또는 "성도들"입니다. 그러므로 "선택", "부름", "성도들" 등은 같이 쓰이는 말들이거나 동의어들로서, 구약에서는 하나님의 백성 이스라엘에게 적용되었습니다. 신약의 교회는 스스로가 이스라엘의 이상을 실현한 진정한 "이스라엘", 진정한 하나님의 백성이라고 보고 구약에서 이스라엘에 대해 쓴 칭호들을 모두 자신들에게 적용한 것입니다(예 벧전 2:9; 출 19:6; 갈 6:16; 그리고 본문).

고린도인들을 "거룩한" 하나님의 백성으로 만든 분은 하나님이시고, 그것은 예수 그리스도가 십자가에서 스스로를 대속과 화해의 제사로 드림으로써 이루어진 것입니다(롬 3:24~26; 고후 5:18). 이렇게 하여 "거룩해진" 또는 "성화된" 하나님의 백성, 곧 "성도들"이 된 고린도인들은 세상에 속한 자들같이 살아서는 안 되고, 자신들을 불러 하나님의 백성으로 삼으신 하나님의 뜻을 따라 살아야 합니다. 그래서 그들은 자신들의 "거룩함"을 진지하게 의식한다면 자연히 그들의 삶에 도덕적 열매가 풍성하였을 것입니다. 그러나 고린도의 도덕적 상황은 바울로 하여금 개탄하지 않을 수 없게 하였습니다. 그러기에 바울은 이 편지의 서두에 두 번씩이나 고린도인들의 "거룩한" 하나님 백성됨을 상기시키는 것입니다.

토론해 봅시다

그리스도인들의 도덕성은 하나님의 구원의 조건이 아니라 그 결과이다.
이 점을 음미하시오.

(3) "우리 주 예수 그리스도의 이름을 부르는 사람들"

그리스도인들은 근본적으로 예수를 "주"로 고백하고(롬 10:9; 고전 12:3), 그에게 의지하며, 예배와 기도 가운데 그의 이름을 부르며 그의 도움을 호소하는 자들입니다(참고 시 99:6; 욜 2:32). 바울은 고린도의 그리스도인들이 세계 각처의 모든 그리스도인들과 그리스도인 됨의 이 근본 조건을 함께 나누었음을 상기시켜, 자신들의 부요함과 우월성을 자랑하는 경향이 있는 고린도의 그리스도인들에게 그들이 온 세상 모든 그리스도인들의 공동체의 일원임과 전적으로 주 예수 그리스도께 의존하고 순종해야 하는 것임을 은근히 인식시키려고 한 것 같습니다.

(4) "그의 아들 예수 그리스도 우리 주의 교제 속으로 부름 받은 자들"(9절)

하나님께서 고린도인들로 하여금 우리 대신, 우리 대표로 십자가에 못 박히고 부활하여 높임 받으신 예수 그리스도 하나님의 아들과 연합하여 그의 하나님과의 관계에 동참하도록, 즉 그의 하나님 아들 됨에 동참하여 하나님의 아들들이 되게 하신 것입니다.

3) 바울의 축복 기도

"은혜"는 하나님의 인간들을 위한 구속의 행위로서, 즉 인간들의 공로에 부응하는 것이 아니라 하나님께서 그의 아들 예수 그리스도를 통해 그들에게 먼저 그리고 거저 베푸시는 구원의 사랑으로서, 모든 그리스도인의 실존의 근거입니다(참고 고전 15:10). "평강"은 하나님의 구속 행위의 결과로서 하나님과 화해된 인간이 누리는 전체적 안락의 상태를 의미합니다. "은혜"와 "평강"은 그러기에 하나님으로부터 주 예수 그리스도를 통하여 옵니다(참고 고전 8:6).

토론해 봅시다

이 기도 용어의 이위일체론(二位一體論)적 형식을 음미하시오.

2. 바울의 감사와 소망(1:4~9)

4 그리스도 예수 안에서 너희에게 주신 하나님의 은혜로 말미암아 내가 너희를 위하여 항상 하나님께 감사하노니
5 이는 너희가 그 안에서 모든 일 곧 모든 언변과 모든 지식에 풍족하므로
6 그리스도의 증거가 너희 중에 견고하게 되어
7 너희가 모든 은사에 부족함이 없이 우리 주 예수 그리스도의 나타나심을 기다림이라
8 주께서 너희를 우리 주 예수 그리스도의 날에 책망할 것이 없는 자로 끝까지 견고하게 하시리라
9 너희를 불러 그의 아들 예수 그리스도 우리 주와 더불어 교제하게 하시는 하나님은 미쁘시도다

바울은 하나님께서 고린도인들로 하여금 그리스도 예수와 믿음으로 연합하여 그를 통해서 이루신 당신의 구속을 얻도록 하신 것, 즉 그들에게 아무 대가 없이 구원의 사랑, 즉 "은혜"를 베푸신 것을 인해 하나님께 감사합니다.

그리스도인들이 받은 하나님의 "은혜"는 그들의 "은사들"로 구체화하여 나타납니다(그래서 신학자들은 대개 "은사"를 "은혜"의 개인화되고 구체화된 형태라고 정의함). 고린도인들이 받은 하나님의 "은혜"는 풍부한 "은사들"로 나타나, 고린도 교회는 어떤 은사에나 부족함이 없게 되었습니다. 고린도인들은 그들의 이방적 배경의 영향으로 여러 가지 언변들(아마, 방언 12:10, 28; 14:2 등; 예언 14:1; 기타 각양의 언변들 12:8)과 여러 가지 지식의 은사들을 특히 높이 평가하고 자랑한 것 같습니다. 바울은 고린도인들이 자랑스럽게 내세우는 이 점들

을 우선 인정하고, 그것들을 인해 하나님께 감사합니다—Captatio benevolentiae! 이렇게 그들의 자랑을 인정해 주고 칭찬해 주어 선의를 불러일으킵니다(교육적 지혜!).

그러나 고린도인들의 은사들에 대한 교만과 오해가 그들 교회에서 여러 문제들을 일으켰습니다. 바울은 곧 이 문제들을 시정하도록 충고하고 그들이 자랑하는 말이나 지식보다 더 "우월한 길"—곧 사랑—을 역설할 것입니다(12:31).

그러나 우선 여기서 바울은 고린도인들로 하여금 자신들이 어떻게 그런 풍성한 은혜를 받게 되었으며, 어떤 처지에 있는가를 상기시키려 합니다. 그들은 십자가에서 우리를 위해 못 박히고 부활하신 그리스도에 대한 증언—즉 복음 선포—을 들을 때 모든 은사들의 주이신 성령이 그들의 심장 속에 그 증언이 확실한 진리임을 확증함으로써 그 풍성한 은혜—은사들을 받게 된 것입니다. 그러므로 그들은 그들의 은사들을 십자가에 못 박히고 부활하신 그리스도에 대한 믿음과 떼어서 생각할 수 없고, 그것들을 자신들의 업적으로 내세울 수가 없는 것입니다.

바울은 둘째로 하나님의 구원의 은혜를 벌써 체험한 고린도인들도 "우리 주 예수 그리스도의 계시", 즉 하늘로부터 주 예수 그리스도께서 오셔서 최후의 심판을 통하여 이 악과 고난의 세대를 종결 지우고 우리의 구원을 완성하실 것을 기다리는 자들임을 상기시킵니다. 그리고 "우리 주 예수 그리스도의 날" 즉 주 예수 그리스도의 재림과 심판의 날(참고 3:13; 4:3; 암 5:18 등)에 책망할 것이 없는 의로운 자들로 판정되어 완성된 구원에 참여하여야 한다는 것을 고취하고 있습니다.

이로써 바울은 풍성한 성령의 은사들에 도취되어 마치 자신들이 이미 완전히 구원을 받은 양 교만과 방종 속에서 갖가지 문제들을 일으키는 고린도의 그리스도인들에게 근신케 하려는 것입니다.

사실, 하나님께서 그리스도인들께 풍성히 주신 은혜-은사들은 그들이 최후의 심판과 구속의 날인 "주 예수 그리스도의 날"을 향해 살아가는 동안, 자신들이 받은 은사들로 서로를 섬겨 서로를 믿음 위에 견고케 세우는(곧 교회를 "세우는") 일을 하도록 하기 위한 것입니다.

그러나 고린도인들은 그 은사들로 교회를 "세우기"보다는 도리어 허물어뜨리는 데 사용했습니다(고전 14:5, 26 등). 그런데 이 감사와 선의를 표시하는 부분에서 바울은 고린도 교회의 안녕과 궁극적 구원이 그들에게 달려 있지 않고, 그들을 구원하시기 위해 십자가에 스스로를 내어 주신 예수 그리스도와 신실하신 하나님께 달려 있음을 상기시켜 그들도 안위하고 바울 자신도 안위합니다(8~9절).

우리의 구원이 우리 손(우리의 행위, 또는 심지어 우리의 믿음)에 달려 있다면, 그것은 얼마나 불안합니까? 우리의 구원은 전적으로 그리고 궁극적으로 그의 아들 예수 그리스도의 죽음과 부활을 통해 구원의 행위를 하시고 우리를 부르시고 우리의 믿음을 일으키셔서 그 구원의 덕을 입도록 하신 하나님의 은혜와 그의 변치 않는 신실하심에 달려 있기에, 우리는 우리의 모든 부족함에도 불구하고 우리의 궁극적 구원에 대해 확신과 안위를 가질 수 있는 것입니다. 이것이 이른바 "예정론"의 근본 논리요, 의도인 것입니다.

바울은 보통 그의 편지들의 "감사와 기도" 부분에서 수신인들로 인해 하나님께 감사한다는 것을 표현하여 그들을 칭찬하고 그들의 선의를 불러일으킴으로써, 본론에서 자신이 줄 가르침을 잘 받아들이도록 하고, 또 본론의 그 가르침들의 주제들을 예고합니다. 고린도전서 1:4~9은 그러한 점들을 잘 나타내 주고 있습니다: 감사를 통한 칭찬, 그리하여 선의를 불러일으키기; 주제들의 예고[은사들 – 특히 언변들과 지식; 종말(미래) 및 심판에 대한 상기; 믿음과 구원에 지탱되어야 함의 중요성].

토론해 봅시다

오늘 본문을 통해 깨달은 교훈들을 토론해 보시오.

Ⅱ. 고린도로부터 온 소식들에 대한 반응 (1:10~6:20)

1. 지혜와 분파(1:10~4:21)

1) 파벌들(1:10~17)

10 형제들아 내가 우리 주 예수 그리스도의 이름으로 너희를 권하노니 모
두가 같은 말을 하고 너희 가운데 분쟁이 없이 같은 마음과 같은 뜻으
로 온전히 합하라
11 내 형제들아 글로에의 집 편으로 너희에 대한 말이 내게 들리니 곧 너희
가운데 분쟁이 있다는 것이라
12 내가 이것을 말하거니와 너희가 각각 이르되 나는 바울에게, 나는 아볼
로에게, 나는 게바에게, 나는 그리스도에게 속한 자라 한다는 것이니
13 그리스도께서 어찌 나뉘었느냐 바울이 너희를 위하여 십자가에 못 박혔
으며 바울의 이름으로 너희가 세례를 받았느냐
14 나는 그리스보와 가이오 외에는 너희 중 아무에게도 내가 세례를 베풀
지 아니한 것을 감사하노니
15 이는 아무도 나의 이름으로 세례를 받았다 말하지 못하게 하려 함이라
16 내가 또한 스데바나 집 사람에게 세례를 베풀었고 그 외에는 다른 누구
에게 세례를 베풀었는지 알지 못하노라

17 그리스도께서 나를 보내심은 세례를 베풀게 하려 하심이 아니요 오직 복음을 전하게 하려 하심이로되 말의 지혜로 하지 아니함은 그리스도의 십자가가 헛되지 않게 하려 함이라

11~12절

바울은 글로에의 권속들(노예들이나 해방된 노예들로서 계속 그 집안에 속해 일하고 사는 사람들)로부터 고린도 교회에 심각한 분쟁이 있다는 소식을 들었습니다. 고린도인들이 서너 개의 파벌들로 나뉘어져, 각각 바울, 아볼로, 게바(바울은 베드로를 보통 그의 아람어 이름 게바로 지칭; 3:22; 9:5; 15:5; 갈 1:18; 2:9, 11, 14; 참고 갈 2:7, 8), 그리고 그리스도에게 속한다고 주장하였습니다.

아볼로는 알렉산드리아 출신으로 대단한 성경 지식과 수사적 능력을 가진 사람으로서, 브리스길라와 아굴라로부터 가르침을 받은 후 고린도를 방문하였습니다(행 18:24~19:1). 철학과 수사학을 자랑하던 고린도의 전통을 이어받아, 성령의 영감으로 주어진 지식과 언변에 대해 열광하던 고린도 그리스도인들은 이 아볼로를 선호하고, 그들이 글로 쓸 때와는 달리 실제 설교할 때는 눌변가로 평가하였던(참고 고후 10:10; 11:6) 바울을 무시하였습니다.

또 다른 한 파는 뒤에 8~10장에서 "약한 자들"이라 칭해진 사람들로서, 특정 음식 삼가 규칙 등을 강조한 베드로의 가르침을 선호하여 베드로를 그들의 선생으로 모시고, 율법을 무시한 바울의 복음과 사도직에 대해 의문을 제기한 사람들이었던 것 같습니다(참고 8:1~13; 9:1~12; 10:14~23).

이 아볼로파와 게바파에 대항하여 일단의 고린도인들은 그들의

원래 사도였던 바울의 가르침에 충실하여야 한다고 주장하였습니다(바울파). 그러나 또 일단의 고린도인들은 바울, 아볼로, 게바 등 인간들의 가르침에 얽매일 필요 없이 성령을 통하여 직접 부활하신 주 예수 그리스도와 교제하고 있다고 주장한 것으로 보여집니다(그리스도파).

10절

서로 다른 주장들을 내세우며 다투고 있는 고린도인들에게 바울은 이 분쟁으로 교회가 갈라지지 말고, 같은 생각과 같은 의견을 가진 하나의 화합된 공동체로 환원하라고 간곡히 권고합니다. 바울이 그렇게 권고할 수 있는 근거는 고린도인들이 그리스도 안에서 자기에게 형제들일 뿐 아니라 서로들에게도 형제들이라는 사실이며, 함께 주 예수 그리스도의 몸을 이루고 있다는 사실 때문입니다.

13절

고린도인들의 분파 행위에 대항하여 퍼붓는 이 세 질문들은 바울이 교회의 하나됨의 기초가 무엇이라고 보고 있는가를 잘 암시해 줍니다. 교회는 그리스도의 이름 속으로 세례를 받아 우리를 대속하기 위해 십자가에 못 박히고 부활하신 그리스도 예수와 연합한 자들의 모임이며, 그러기에 교회는 그리스도의 몸입니다. 그런데 고린도에 있는 교회가 분파되고 있다는 것은 무엇을 말합니까? 그것은 그리스도의 몸을 여러 갈래로 찢는 행위이고, 그리스도의 대속의 죽음의 몸을 부인하는 행위이며, 그리스도와의 세례를 통한 연합을 부인하는 행위입니다.

또 "그리스도의 이름 속으로" 세례를 받는 것은 이제껏 "주"로 섬기던 사탄을 부인하고 예수를 "주"로 고백하여(롬 10:9; 골 1:13), 자신을 비싼 값을 치르고 산(고전 7:23) 예수 그리스도의 종(또는 소유물)이 되는 것입니다. 그런데 고린도인들이 바울, 아볼로, 게바 등에 "속한다"고 하니, 그들이 이들의 "이름 속으로" 세례 받았다는 것입니까?!

14~17a절

바울은 다메섹 도상에서 복음을 선포하도록 사도로 보냄을 받았습니다(참고 갈 1:15~16). 그래서 그는 복음 선포에만 집중한 것입니다. 그리스보는 고린도의 유대 회당장으로서 고린도의 첫 회심자들 중 하나였습니다(행 18:8). 가이오는 바울과 고린도의 온 교회에 처소를 제공한 초기 회심자인 것 같습니다(롬 16:23). 스테파노는 바울을 문안하러 온 고린도 교회의 대표단 중 한 사람이었습니다(고전 16:17). 바울은 이 세 사람에게 세례를 준 것 이외에는 또 누구에게 세례를 주었는지 기억할 수 없다고 합니다. 바울은 보통 복음 선포에 주력하면서 초기 회심자들 중 지도자 몇 사람에게만 스스로 세례를 주고 나머지 회심자들의 세례는 실루아노나 디모데 같은 동역자들에게 맡겼던 것 같습니다.

바울로부터 세례를 받은 사람들은 아무래도 바울을 자기들의 영적 지도자로 생각할 수 있을 것입니다. 그렇다 해도 자신들이 바울에게 "속한다"고 생각하는 것은 그리스도에 대한 신앙에 어긋나며, 위에서 본 바와 같이 "그리스도의 이름 속으로의" 세례의 의미도 부인하는 것입니다. 그러나 바울은 자신이 고린도에서 몇 사람

외에는 세례를 주지 않아 그런 오해조차 발생할 여지를 남기지 않았던 것을 다행히 생각하며 하나님께 감사합니다.

17b절

바울은 "그리스도의 십자가가 비워져 버리지 않도록 하기 위해서" 복음을 "말의 지혜"로 하지 않는다고 합니다. 이 말로 바울은 다음 문단의 주제를 예고합니다. 그러나 그것은 설교자들이 효과적인 복음 선포를 위해 복음에 대한 깊은 이해(신학)와 효과적인 연설 기술을 개발하지 않고 "그리스도의 십자가"만 단순히 되풀이하거나 아무렇게나 설교해도 된다는 말을 뜻하지 않습니다. 그러나 복음을 복잡한 학문적 토론이나 현란한 수사학을 동원하여 선포하면, 청중들이 복음의 내용 즉 그리스도의 십자가를 명확히 터득하지 못하고 주변적인 것들에 관심을 빼앗기게 되는 수가 있습니다. 그렇게 선포한 복음은 그리스도의 십자가 구원의 능력이 비워져 버린 빈껍데기가 되고 말 것입니다. 바울은 이것을 경계했던 것입니다.

토론해 봅시다

이 말씀에 비추어 한국 교회에서 흔한 지나친 예화 중심 또는 주변 잡사 중심 설교에 대해서 생각해 보시오.

2) 십자가의 말씀(1:18~25)

18 십자가의 도가 멸망하는 자들에게는 미련한 것이요 구원을 받는 우리
에게는 하나님의 능력이라
19 기록된 바 내가 지혜 있는 자들의 지혜를 멸하고 총명한 자들의 총명을
폐하리라 하였으니
20 지혜 있는 자가 어디 있느냐 선비가 어디 있느냐 이 세대에 변론가가 어
디 있느냐 하나님께서 이 세상의 지혜를 미련하게 하신 것이 아니냐
21 하나님의 지혜에 있어서는 이 세상이 자기 지혜로 하나님을 알지 못하므
로 하나님께서 전도의 미련한 것으로 믿는 자들을 구원하시기를 기뻐
하셨도다
22 유대인은 표적을 구하고 헬라인은 지혜를 찾으나
23 우리는 십자가에 못 박힌 그리스도를 전하니 유대인에게는 거리끼는 것
이요 이방인에게는 미련한 것이로되
24 오직 부르심을 받은 자들에게는 유대인이나 헬라인이나 그리스도는 하
나님의 능력이요 하나님의 지혜니라
25 하나님의 어리석음이 사람보다 지혜롭고 하나님의 약하심이 사람보다
강하니라

바울은 고린도인들이 복음을 세상의 지혜의 일종으로, 그리고 사도들은 지혜의 선생들로 오해하고, 서로의 지혜를 자랑하는 데서 고린도인들의 분쟁의 근본 원인을 발견하고, 1:17b에서 그리스도의 십자가와 지혜를 대조했습니다. 1:18~31에서 바울은 이 대조를 대단히 강력한 변증법적이고 역설적인 웅변으로 계속하여, 복음이 무엇이며 세상의 지혜의 본질이 무엇인가를 밝힙니다.

바울신학의 중심은 예수 그리스도의 십자가와 부활에 나타난 하

나님의 구원의 행위를 죄인이 믿음으로 말미암아 의인으로 선언되고 창조주 하나님과의 올바른 관계에 회복되어 생명(곧 신적 생명, 영생)을 얻게 된다는 것입니다. 로마서와 갈라디아서에서 바울은 인간이 하나님의 법을 지키는 등 선행을 하여 공로를 쌓음으로써 이런 의인 됨을 이룰 수는 없고, 오로지 하나님께서 먼저 그의 아들을 십자가에 대속의 제물로 내어 주신 은혜를 베푸셔서 모든 믿는 자들을 의롭게 하신다는 복음을 믿음으로만 얻을 수 있음을 설명합니다. 여기 고린도전서에서, 바울은 종교적 선행과 더불어 인간들에 의해 자구의 수단으로 항상 추구되는 지혜를 들어 같은 복음의 진리를 설명하고 있습니다. 즉 인간이 스스로 지혜를 쌓아 감으로써 구원을 이룰 수 있는 것이 아니라, 예수 그리스도의 십자가와 부활에 나타난 하나님의 구원의 행위(하나님의 지혜)에 의해서만 구원받을 수 있다는 것입니다.

고린도인들이 복음을 세상의 지혜의 일종으로 오해하고 서로 지혜를 자랑하며 분쟁한 것은, 그들이 아직도 복음의 본질을 이해하지 못하고 지혜와 힘 등에 대한 세상적 가치관에 사로잡혀 있기 때문이었습니다. 그러기에 바울은 먼저 세상의 지혜와 십자가를 극단적으로 대립시켜 양자를 설명하고 있는 것입니다.

인간은 지혜를 추구합니다. 그는 지혜를 추구하여 자신의 삶을 풍요롭고 평안하게 하려 하고, 궁극적으로 자신의 구원을 얻으려 합니다. 그는 자연을 관찰하여 이치를 터득하고 자연의 힘 또는 자원들을 이용하는 지혜를 얻습니다. 이로써 인간은 자신의 생명과 행복을 스스로 도모할 수 있다는 자신감을 갖게 됩니다. 그는 이 세상을 관찰하면서도 이 세상 만물들이 나타내는 그들의 창조주 하나님을 깨닫지 못하고, 자신에게 이 세상의 이치들을 터득하는 힘(이성)을 주신 자신의 창조주 하나님을 인식하지 못한 채, 날로 더 많은 지혜를 얻어 더욱더 풍성한 삶을 얻을 수 있다는 자신감과 자만심에 빠지게 됩니다.

그러나 인간은 지혜를 얻어 자신의 구원(곧 아무 부족함이 없는 풍성한 삶)을 얻을 수 없습니다. 그것은 인간 자신도 제한된 피조물이고 그의 세상, 곧 자연도 제한된 자원을 가진 피조물이기 때문입니다. 인간이 그의 지혜로 이 세상에서 얻을 수 있는 삶은 제한성 또는 결핍성으로 누더기진 삶일 수밖에 없습니다. 그러기에 인간의 지혜로 얻는 것(문명)은 삶을 확대하면서도 동시에 죽음(고난)을 확대하는 변증법적인 것일 수밖에 없습니다.

그러므로 인간의 궁극적 구원(죽음의 이면이 없는 온전한 삶)은 초월자 하나님으로부터 올 수밖에 없습니다. 초월자 하나님이 인간을 위해 구원의 행위를 하셔야만 인간에겐 구원이 있는 것입니다. 하나님은 자기 아들 예수 그리스도를 인간을 위한 대속의 죽음을 하도록 십자가에 내어 주심으로써 바로 그 구원의 행위를 하신 것입니다. 이 사실이 "복음" 곧 "기쁜 소식"입니다. 그리스도의 십자가 위에서의 죽음은 이렇게 초월자(무한자) 하나님의 우리를 위한 사랑의 행위였기에 그것은 구원의 힘을 가지고 있으며, 그러기에 그것에 대한 선포는 "복음"인 것입니다. 또 그러기에 복음은 "그리스도의 십자가" 또는 아예 "십자가의 말씀"이란 말로 요약되는 것입니다.

그러나 그 소식은 지혜를 추구하는 인간(대표적으로 "헬라인들")에게는 어불성설(語不成說)일 수밖에 없습니다. 하나님의 아들이 십자가에 못 박혀 죽을 수가 있습니까? 가장 처절한 패배와 무능력의 상징인 십자가형에 처해진 자를, 가장 잔인한 사형 방법에 의해 처형된 "죄수"를 어떻게 하나님의 아들, 우리들의 구원자라고 인식할 수 있습니까? 도대체 위대한 철인이나 영웅호걸이기는커녕, 십자가에 못 박힌 자가 어떻게 우리를 구원할 수 있단 말입니까?

하나님으로부터 보냄 받은 구원자에게서는 마땅히 기상천외의 이적이나 경천동지의 행동을 기대하는 종교인들(대표적으로 유대인들)에게는 메시아 또는 구원자가 십자가에 못 박혔다는 사실은 모순을 넘어서 "걸림돌"(scandal)일 수밖에 없습니다. 당시 신명기 21:23에 의거하여 십자가형을 하나님의 저주의 표징으로 이해하였던 유대인들은 "그리스도"(메시아, 곧 하나님의 구원자)가 십자가에 처형되었다고 선포하는 것은 하나님을 욕되게 하는 것으로서 "걸림돌"로 볼 수밖에 없었습니다(참고 갈 3:13; 고전 12:3).

바울은 이 사실들을 다 인정합니다. 동시에 그는 "그러나 우리에게는 '십자가의 말씀'이 하나님의 구원의 힘이요 구원의 지혜"라고 주장합니다. 여기서 "우리"는 "십자가의 말씀을 믿는 자들"을 뜻합니다(21절).

그러나 우리가 어떻게 나사렛 예수의 십자가에 달림, "곧 이 세상의 지혜로 판단할 때 미련한 것"이요 "걸림돌"이 되는 것이라고 밖에 할 수 없는 것이 하나님의 우리를 위한 구원의 사건이라고 깨달을 수 있게 되었습니까? 우리 "지혜"로는 불가능한 것입니다. 그것은 오로지 하나님께서 우리를 구원하시려고 먼저 작정하시고 우리를 믿음에로 "부르셨기" 때문에 가능한 것입니다(21, 24절).

믿는 자들인 우리는 "십자가의 말씀이" 초월자에 의한, 초월자의 사랑의 시위이기에 그것이 구원의 힘이 있음을 깨닫습니다. 죄,

곧 하나님과 이웃에 대한 자기주장은 필연적으로 죽음과 그 죽음의 증상들인 고난들을 초래합니다. 사랑만이 치유의 힘을 갖습니다. 초월자의 사랑만이 절대적인 치유의 힘, 곧 구원의 힘을 갖습니다. 우리는 믿음의 관점에서야 비로소 "십자가의 말씀"이 하나님께서 택하신, 자연인의 지혜로는 도저히 상상할 수도 없는 오묘한 구원 방법임을 깨닫고 하나님의 지혜에 감탄하게 됩니다.

그러기에 "우리 믿는 자들" 즉 믿음으로 구원의 첫 열매를 받고, 주 예수 그리스도의 재림 때 완성될 구원을 향하여 가는 우리에겐, "십자가의 말씀" 또는 "십자가에 달린 그리스도"는 하나님의 구원의 능력과 지혜를 의미합니다(18, 24절).

그러나 십자가에 나타난 하나님의 지혜는 인간의 지혜에 대한 심판도 의미합니다. 그것은 인간이 스스로의 지혜로 하나님을 알지 못하고 구원을 얻지 못하고, 또 십자가에 나타난 하나님의 지혜를 깨닫지 못하고 그것을 도리어 "미련한 것"이라 하고 "무능한 것"이라 규정함으로써, 스스로의 한계 즉 스스로의 "미련함"을 드러내게 하기 때문입니다(20절).

이 역설적인 사실을 바울은 다음과 같이 요약합니다. 하나님의 미련한 것－즉 십자가에 그의 아들을 내어 주심, 곧 세상의 지혜로는 "미련한 것"으로 판단되는 것－이 인간의 최상의 지혜보다 더 지혜롭고, 하나님의 연약한 것－즉 세상의 판단으로는 무능과 패배의 상징으로 보이는 그리스도의 십자가－이 인간의 최고의 힘보다 강하다고 합니다. 이로써 바울은 하나님의 무한한 우월성을 표현할 뿐 아니라, 또 그리스도의 십자가의 달림은 인간의 지혜나 힘에 대한 사상과는 완전히 배치되지만 인간의 지혜와 힘이 이룰 수 없는 인류의 구원을 이룬 하나님의 구원의 사건임을 천명하고 있습니다.

토론해 봅시다

이 본문에 비추어 현대인과 현대 과학문명의 본질을 조명해 보고, 인류의 진정한 구원의 길을 토론해 보시오.

3) 고린도 교회: 하나님의 지혜와 능력의 예증(1:26~31)

바울은 1:18~25에서 제시한 논지, 즉 하나님이 인류의 구원을 세상의 지혜나 힘으로가 아니라 세상적으로 볼 때 미련함과 무능의 상징인 그리스도의 십자가로 이루셨다는 것을 이제 고린도 교회의 구성원들의 실상을 예로 들어 증명하려 합니다.

26절

26절은 명령어가 아니고 다음과 같은 뜻을 가진 직설법입니다: "형제들이여, 여러분들이 하나님께서 여러분들을 그의 자녀들이 되고 구원받도록 부르셨음을 살펴보면 내가 여기서 말하는 바를 깨달을 수 있을 것입니다."

고린도 교회에 아굴라와 브리스길라, 가이오, 그리스보, 에라스도(롬 16:23) 외에 소수의 부자들이 있었던 모양이나(참고 고전 11:17~34), 대부분의 교인들은 노예들이나 해방된 자들, 수공업자들이나 소상인들이었습니다. 그러므로 그들은 인간적인 기준에 의거해 볼 때

(육체를 따라) 많은 교육을 받아 지혜 있는 자들도 아니요, 부나 관직을 가져 힘 있는 자들도 아니요, 무슨 가문을 자랑할 만한 자들도 아니었습니다. 그들은 세상적인 관점에서 볼 때 "미련한 자들"(곧 바보들 또는 무지한 자들)이요, "연약한 자들"이요, "천민 출신자들"이었습니다.

그러나 하나님은 그들을 "택하시고" "부르셨습니다." 하나님은 고린도의 권문가들이나 부자들이나 학자들이 아니라, 무식하고 연약하고 천한 자들을 택하시고 부르셔서 구원을 얻도록 하고, 교회 곧 그의 백성의 공동체를 이루도록 하셨습니다. 이 사실에서 고린도의 그리스도인들과 우리는 두 가지 사실을 깨달아야 합니다: 한편, 이 세상에서 높이 평가되는 지혜, 힘, 문벌 등은 인간을 구원할 수 없는 무능하고 무의미한 것들, 즉 "미련하고" "연약한 것들"이라는 것입니다. 다른 한편으로는 아무것도 가진 게 없고, 아무 것도 내세울 게 없는 노예들이나 천민들을 하나님의 고귀한 자녀들로 만드는 하나님의 "지혜"와 "능력"! – 곧 "은혜"(sola gratia)! – 입니다.

27절

바울은 하나님께서 세상의 "미련한 것들"과 "연약한 것들"을 택하신 것은 세상의 "지혜로운 자들"과 "강한 것들"을 "부끄럽게 하기 위해서"라고 합니다. 그것은 곧 이 세상에서 자연인이 얻을 수 있는 "지혜"나 "능력"이 인간의 구원을 위해서는 아무 것도 하지 못하는, 그러기에 아무 쓸모없는 것으로 드러나도록 하기 위한 것이라는 뜻입니다. 그러나 "지혜"와 "능력" 등 세상적 가치들을 높이 평가하고 그것들을 자랑하는 고린도의 전통에 따라, 고린도의 그리스도인들이 바울, 아볼로, 게바 등 사도들로부터 얻은 복음의 지식들과 성령의 은사로 받은 언변 등을 세상적 "지혜" 나 "능력" 과 같이 가치판단하여 서로 자신들의 "지혜"와 "능력"을 자랑함으로써 고린도 교회에 분쟁과 분파가 일어났습니다. 이것을 보고 바울은 여기 "부끄럽게 하기 위해서"라는 말을 일부러 골라 두 번이나 되풀이하여 그 뜻을 나타내고 있습니다.

28절

28절에서 바울은 같은 생각을 이중 삼중으로 강도를 더하여 표현합니다. 하나님께서 세상의 "천하게 태어난 것들", "아무 존재도 없는 것들"을 택하신 것은 인간의 지혜, 능력, 문벌 등을 "폐하려"하신 것입니다. 왜 하나님은 인간의 지혜, 능력, 문벌 등을 "폐하려" 하십니까? 그것은 이것들이 마치 인간들에게 구원을 가져다 줄 수 있는 양 환상을 주어 인간들로 하여금 이들을 믿고 의지하게 하고, 진정한 구원자인 하나님을 믿고 의지하지 못하게 하기 때문입니다. 즉 그들은 우상이 되어 그들을 소유한 인간들로 하여금 자신감과 자만심을 갖도록 하고 하나님을 믿고 의지하지 못하도록 하기 때문입니다.

하나님은 무에서 유를 창조하시는 분이십니다. "없는 것들"을 "있도록" 부르시는 분이십니다(롬 4:17). 하나님은 창조주로서 지혜도 없고, 능력도 없고, 문벌도 없는 고린도의 노예들과 천민들을 하나님의 고귀한 아들로 창조하시어, 자신의 무한한 지혜, 무한한 능력, 거룩한 위엄에 참여하도록 하셨습니다. 이것이 의가 전혀 없는 죄인에게 의를 주시어 의인이 되게 하시는(롬 4:5) 창조주 하나님의 구원의 행위입니다. 고로 구원은 창조주 하나님의 재창조의 역사입니다(참고 고후 5:17). 구원은 인간이 쌓은 지혜나 선행 또는 능력으로 얻는 것도 아니고, 그런 것들에 대한 하나님의 상 주심도 아니라, 창조주 하나님의 재창조의 역사로서 그의 주권자적 자유와 은혜의 역사입니다.

29절

그러기에 "어떤 육체라도" 즉 어떤 인간도, 하나님 앞에서 "자랑"할 수 없습니다. 어떤 인간이 스스로 자랑할 수 있는 (또는 신뢰할 수 있는) 무엇을 가지고 있다고 생각하는 한, 그는 하나님의 구원을 맛볼 수 없습니다. 그것이 아무 것도 아님을 깨닫고 그것에 대한 신뢰심을 철저히 폐기하고(즉 "있는 것들을 폐기하고"), 오로지 하나님께만 의지할 때 그는 구원을 얻을 수 있는 것입니다.

구원의 철저한 은혜성을 깨닫지 못한 고린도인들은, 세상 사람들같이 그들의 가문, 학벌, 권세, 부 등을 "자랑"하였습니다. 30, 31절에서 이들에게 바울은 그 축복들의 철저한 은혜성을 강조합니다: "하나님의 은혜로 여러분들이 믿음과 세례를 통해 그리스도 예수와 연합하였다. 그리스도 예수는 하나님의 은혜에 의해 우리에게 지혜가 되시고 의로움과 거룩함과 구속함이 되셨다. 그러므로 하나님의 은혜에 의해 우리의 구원자가 되신 예수 그리스도의 구원을 우리가 하나님의 은혜에 의해 덕 입게 된 것이다."

그리스도인들이 그들이 받은 구원의 선물(Gabe)을 자랑하는 것은 옳지 않을 수 있습니다. 그 선물을 주신 이(Geber)를 생각하지 않고, 자신이 받은 선물에만 집착하면, 그리스도인들은 금방 특권

의식과 우월감에 빠지게 됩니다. 고린도 그리스도인들이 바로 이 잘못을 저지른 것입니다. 바울은 이들에게 그들이 받은 구원의 철저한 은혜성을 강조하여, 그들이 사실은 그들을 구원하신 "주"를 자랑하라고 권면하고 있습니다. 그들은 그들이 구원받을 만한 무엇(지혜 · 능력 · 문종벌 · 교성…)을 가지고 있어서가 아니라, 하나님께서 오로지 그의 은혜로, 그의 주권자적 자유로 그들을 선택하여(27~28절에 되풀이된 "선택"과 26절의 "부르심"에 대한 강조를 음미할 것) 구원하신 것입니다.

그러므로 그들은 자랑하려거든 자신의 무엇, 심지어 자신의 은사도 자랑하지 말고, 선지자 예레미야가 가르쳤듯이 그들에게 구원과 모든 은사를 선물로 주시는 "주만을 자랑해야" 합니다. 여기 31절 "자랑하는 자는 주 안에서 자랑하라"는 오역입니다. "자랑하는 자는 주를 자랑하도록 하라"라고 해야 옳습니다(렘 9:22~23; 고후 10:17).

로마서와 갈라디아서에서 유대인들의 율법의 행위들에 대항하여 펼쳐지는 하나님의 은혜로만의 구원(의인됨)의 복음이 여기서는 헬라인들의 지혜 사상에 대항하여 펼쳐지고 있는 것을 음미하십시오. 모든 종교들과 이데올로기는 인간의 지혜와 선행을 구원의 방도들로 삼고 있습니다. 그러나 바울은 그들의 무능함을 보여 주면서 우리의 구원은 오로지 창조주 하나님의 은혜에 의하여서만 가능한데, 그리스도의 십자가에 달려 죽음이 바로 그 하나님의 은혜의 사건이었다는 복음을 선포하고 있는 것입니다.

30절

30절에서 바울은 그리스도가 하나님께서 우리에게 은혜로 주신 "지혜"요, "의"요, "거룩함"이요, "구속"이라고 합니다. "지혜"는 그리스도가 인간의 지혜와는 정반대되는 하나님의 오묘한 구원의 방도됨을 의미하고, "의"는 그의 대속의 죽음에 나타난 하나님의 우리에 대한 창조주로서의 신실하심과 그로 말미암아 우리의 죄가 씻기고/용서되고 그와의 올바른 관계가 회복됨을 뜻합니다. "거룩함" 또는 "성화됨"은 그리하여 우리가 하나님께 헌신된 하나님의 백성 됨을 말하며, "구속"은 이 세상의 사탄과 그의 죄와 죽음의 힘으로부터 해방됨을 뜻합니다. 이 어휘들은 그리스도를 통해 이루어진 우리의 구원을 포괄적으로 그리기 위해 동원된 그림 언어들입니다.

토론해 봅시다

1. 우리 자신들도 고린도인들과 같이 하나님의 지혜와 능력의 예증이 되는가?
2. 우리 민족의 경우는 어떠한가?
3. "위대한" 과학자, 철학자들이 그리스도를 믿지 않는 것을 보고 우리는 무엇을 느끼는가?
4. 우리는 그리스도인들이면서 가문, 학벌, 권세 등을 자랑하지 않는가? 이런 자랑이 우리의 교회 생활에 어떤 현상을 일으키며 어떤 문제들을 일으키는가? 이런 것들을 자랑한다는 것, 또는 이런 것들을 가지지 못하였다고 고뇌하는 것은 결국 우리 믿음에 어떤 문제점이 있음을 나타내는가?
5. 구원의 Geber(주시는 이)인 "주"를 망각하고 그의 Gabe(선물)인 구원과 은사(또는 축복들)에만 집착하는 현상이 우리 교회에는 어떻게 나타나는가? 그 문제들을 어떻게 바로잡을 수 있겠는가?

4) 바울의 설교(2:1~5)

1 형제들아 내가 너희에게 나아가 하나님의 증거를 전할 때에 말과 지혜의
아름다운 것으로 아니하였나니
2 내가 너희 중에서 예수 그리스도와 그가 십자가에 못 박히신 것 외에는
아무 것도 알지 아니하기로 작정하였음이라
3 내가 너희 가운데 거할 때에 약하고 두려워하고 심히 떨었노라
4 내 말과 내 전도함이 설득력 있는 지혜의 말로 하지 아니하고 다만 성령
의 나타나심과 능력으로 하여
5 너희 믿음이 사람의 지혜에 있지 아니하고 다만 하나님의 능력에 있게 하
려 하였노라

바울은 하나님이 인류의 구원을 세상의 힘이 아닌, 세상적으로 볼 때 미련함과 무능의 상징인 그리스도의 십자가로 이루신 사실을 선포합니다. 세상의 지혜나 힘이 진정으로 지혜롭고 힘 있는 것이 아니라, 그리스도의 십자가가 진정한 하나님의 지혜와 능력이라는 사실을 확신하였기에, 바울은 세상적 지혜를 높이 평가하고 자랑하는 고린도에서도 그의 설교의 내용과 방법 그리고 그의 복음 선포자로서의 삶과 행동 일체를 이 원칙에 일치시켰습니다.

(1) 바울의 설교 내용

오로지 예수 그리스도 그것도 십자가에 못 박혀 처형된 그리스도만을 선포했습니다(2절). 이 말은 바울은 항상 예수 그리스도가 십자가에 못 박혔다는 단순한 언명만 되풀이했다는 말입니까? 바울은 다른 곳에서와 마찬가지로 고린도에서도 인간의 죄와 고난,

주 예수 그리스도의 부활과 재림과 심판, 성령의 역사, 그리스도인의 삶 등에 대해서도 가르쳤습니다. 그러나 그런 주제들은 모두 예수 그리스도의 십자가를 그의 설교의 중심으로 삼고, 그것에 의거해 다른 주제들을 가르친 것입니다.

(2) 바울의 설교 방법

"말과 지혜의 아름다운 것으로 아니하고…"(1절); "지혜의 권하는 말로 하지 아니하고…"(4절). 바울은 십자가에 달린 그리스도를 설득력 있는 수사학이나 영리한 철학적 논증을 통하여 선포하지 않고 그리스도의 우리를 위한 십자가에서의 죽음을 단순히 선포했습니다.

바울은 그가 눌변가라는 고린도인들의 비평을 수긍합니다(고후 11:10). 그러나 항상 연설문의 형식을 취하고 있는 바울의 편지들은 상반된 인상을 줍니다. 그의 편지들은 그가 대단히 유창한 웅변가였음을 보여 주고(Ulrich von Willamowitz-Moellendorf; E. Norden), 효과적인 논증 수단을 가진 깊은 사상가였음을 보여 줍니다. 이 점으로 미루어 봐서 바울은 설교가들이 그리스도의 십자가의 의미를 더 깊이 묵상하고 그것을 효과적으로 전달하기 위한 논증을 개발하는 것을 반대하지 않았을 것입니다. 그러나 바울은 복잡한 철학적 사변이나 현란한 수사학을 동원하여 그의 청중들이 복음의 핵심인 그리스도의 십자가보다 그런 것들에 정신을 더 집중시키지 않도록 하였습니다. 바울은 또 그리스도의 십자가를 세상적인 지혜(철학 등)에 연결시켜 십자가의 처절함과 그것의 세상적인 지혜와 반대됨을 웅변하면서, 십자가의 복음이 가지고 있는 세상적 지혜와 통념에 대한 도전적 성격, 그리고 과격한 "회개"와 믿음을 요구하는 성격 등을 약화시키려는 것을 경계하였습니다(참고 1:17).

(3) 바울의 삶과 행동

이런 엄청난 (사도적) 은사를 가진 분이 자만하지 않고 "… 약하며 두려워하며 심히 떨었노라"(3절)고 합니다. 바울은 하나님의 "능력이 약함에서 온전하여짐"(고후 12:9)을 확신했습니다. 바울은 하나님의 구원의 능력을 선포하는 설교자로서 자신의 힘을 과시할 때 거기에 나타나는 것은 자신의 힘(곧 인간의 힘)이지 하나님의 힘이 아님을 깨달았습니다. 바울은 역으로 자신의 철저한 무력함 속에서 그가 선포한 하나님의 구원의 능력인 십자가의 복음이 듣는 이들로 하여금 변화되고 구원받도록 하였을 때 그 구원은 전적으로 하나님의 구원의 능력에 의한 것임이 온전히 드러남을 깨달았습니다. 그래서 바울은 인간적인 판단과는 정반대로 자기의 사도로서 연약함이나 고난을 수치스러운 결점이나 또는 하나님의 영광을 가리는 것으로 보지 아니하고, 도리어 하나님께서 십자가에 못 박힌 그리스도에 대한 증거로 쓰시며 하나님의 능력의 시위를 위한 수단으로 쓰심을 확신하였습니다(참고 고후 11:29~30).

복음 선포자가 자신을 높이면 높일수록 하나님의 영광은 더 가려지고, 자신의 지혜와 능력을 과시하면 할수록 하나님의 지혜와 능력이 더 나타나지 못하게 됩니다. 반면에 복음 선포자가 자신을 낮추면 낮출수록 하나님의 영광과 능력은 더 크게 드러나는 법입니다. 그리스도의 십자가의 복음이 선포될 때 성령은 청중들에게 회개와 믿음을 유발시키고 그들로 하여금 구원받도록 하는 능력을 나타냅니다. 그래서 바울은 세상적인 지혜나 수사학, 권세나 돈 등(=인간적인 능력들)에 전혀 의지하지 않고, "연약한 가운데 그리스도의 십자가만을 선포하여 성령의 역사가 나타나고 구원의 능력이 증명되도록 한 것입니다"(4절).

"복음"이 인간의 지혜나 능력의 부추김을 받을 때 그 "복음"을 믿는 사람은 사실 인간의 지혜나 능력을 믿는 것입니다. 그런 믿음은 구원을 가져올 수 없습니다. 인간의 지혜나 능력은 구원의 능력이 없기 때문에 바울이 고린도에서 인간의 지혜에 호소하지 않은 이유는 고린도인들의 믿음이 인간의 지혜가 아니라 하나님의 능력에 있게 하기 위해서였습니다(5절).

토론해 봅시다

1. 바울의 가르침에 비추어 오늘 한국의 설교자들의 설교 내용, 설교 방법, 삶과 행동 등을 생각해 보시오. 바울과의 차이점이 있다면 그것은 어디서 연유한 것인가? 오늘날 많은 목사들의 설교에서 그리스도의 십자가의 복음은 축복과 성공의 맘몬의 유사 복음으로 대치되거나, 아니면 세상의 상식거리(지혜)나 웃음거리의 나눔으로 전락한 심각한 상황이다.
2. 교회에서 스타 등을 동원한 쇼비지니스(show business)적 행사를 하여 어떤 "복음"을 선포하는 것인가?

5) 비밀에 싸인 하나님의 지혜(2:6~9)

6 그러나 우리가 온전한 자들 중에서는 지혜를 말하노니 이는 이 세상의
지혜가 아니요 또 이 세상에서 없어질 통치자들의 지혜도 아니요

7 오직 은밀한 가운데 있는 하나님의 지혜를 말하는 것으로서 곧 감추어졌
던 것인데 하나님이 우리의 영광을 위하여 만세 전에 미리 정하신 것이라
8 이 지혜는 이 세대의 통치자들이 한 사람도 알지 못하였나니 만일 알았더
라면 영광의 주를 십자가에 못 박지 아니하였으리라
9 기록된 바 하나님이 자기를 사랑하는 자들을 위하여 예비하신 모든 것
은 눈으로 보지 못하고 귀로 듣지 못하고 사람의 마음으로 생각하지도
못하였다 함과 같으니라

그러나 바울도 "온전한 자들" 즉 성숙한 그리스도인들(참고 2:12; 3:1), 영적인 사람들(2:15) 중에서는 "지혜"를 토론합니다.

바울은 이미 십자가에 달린 그리스도를 하나님의 지혜라고 선언하고 자신이 이 지혜를 고린도인들 —아직 "어린아이들"(3:1)— 에게도 선포하였다고 말했습니다(1:18~31). 그러므로 2:6의 "하나님의 지혜"는 본질적으로 십자가에 달린 그리스도와 별개의 것일 수 없습니다. 그것은 다만 십자가에 달린 그리스도에 대한 더 심오한 해석을 의미하는 것입니다.

"비밀"은 하나님께서 이미 작정하신 구원의 계획으로서 종말에 지상에서 실현될 것인데, 그 전에 선지자들에게 미리 계시되어 그들로 하여금 지레 선포케 하는 것을 말합니다. 여기서 "비밀로 싸인 하나님의 지혜"란 하나님께서 이미 작정하신 지혜로운, 아직 환히 드러나지 않은 구원의 계획을 의미합니다. 그래서 바울은 이 지혜를 하나님께서 "만세 전에 우리의 영광을 위해 정하신" 것이라고 하고 "감추어져 있는" 것이라고 합니다(7절).

이 하나님의 지혜는 이 세상에서 발원되거나 이 세상에 속한 지혜가 아닙니다. 이 세상의 통치자들—즉 사탄의 악령들과 그들의

사주 아래 있는 이 세상의 지배자들의 지혜도 아닙니다. 사실 이 세상의 통치자들 중 누구도 이 지혜를 알지 못했습니다. 만일 그들이 그것을 알았더라면 그들은 예수 그리스도를 십자가에 못 박아 그로 하여금 "영광의 주"로 승리하게 하지 않았을 것입니다(8절).

요한복음에 있는 예수의 수난사(요 18~19장)는 이 8절의 말씀을 잘 설명합니다. 유대의 대제사장은 예수의 메시아 운동을 종결지음으로써 로마 통치에 대한 민중의 반란과, 로마가 이 반란을 진압하는 과정에서 저지를 유대 민족에 대한 잔학행위를 방지하여야 한다는 자신의 지혜에 따라 예수로 하여금 "민족을 위하여" 죽어야 한다고 판단합니다. 그래서 로마 총독 빌라도에게 예수를 사형에 처하도록 넘긴 것입니다(요 11:50). 빌라도도 자신의 관할 아래 있던 유대의 질서와 평화를 지킨다는 지혜의 판단 아래 예수를 처형한 것입니다. 그러나 하나님께서는 대제사장의 바로 이러한 반역 행위를 이용하여 그의 구원의 계획을 성취하셨습니다. 대제사장이 하나님의 백성의 속죄를 위해 제물을 바치는 법에 따라 예수 그리스도를 대제사장이 우리를 위한 대속의 제사로 바친 것입니다. 대제사장은 예수 그리스도를 반대하여 그를 십자가에 죽게 하였지만 하나님은 그의 반역 행위를 이용하여 그리스도의 십자가를 통해 인류의 구원을 이루시려는 계획을 성취하셨습니다! 이 얼마나 큰 역설입니까?

이렇게 대제사장이나 빌라도(그리고 그 뒤에서 그들을 조종한 사탄의 세력들)가 하나님의 "지혜로운 구원의 계획"을 모르고 하나님과 그의 아들 예수 그리스도에 반역하였는데, 하나님은 오묘하며(지혜롭게)

그들의 반역을 이용해서라도 그의 만세 전에 정하신 구원의 계획을 성취하고야 말았습니다[필자의 「요한복음 강해」(두란노아카데미)를 참고하시오].

여기서 우리는 무엇을 배울 수 있습니까? 첫째, 인간은 그의 지혜로 하나님께 대항한다는 것입니다. 둘째, 인간의 또는 세상적 지혜의 "무지함"(고전 1:21; 2:8)입니다. 셋째, 하나님의 지혜는 승리하고야 만다는 것입니다. 넷째, 하나님의 지혜의 놀라운 "지혜로움"과 능력–인간의 지혜에서 나온 인간의 반역까지도 이용하며 자기 뜻을 관철하는 하나님의 오묘한 "지혜"(고전 1:25; 3:19~20)를 배울 수 있습니다. 다섯째, 믿는 자의 확신과 위안입니다. 곧 이 세상이 사상들과 가치들과 윤리들의 혼돈 속에 있고 불확실성으로 가득 차 있지만 하나님의 지혜(지혜로운 통치=섭리)가 역사하고 있다는 것입니다. 인간들이 하나님을 무시하고 그에게 반역하여 이 세상이 온갖 위기 속에 있지만 하나님은 그 반역들을 이용해서라도 그의 구원의 계획을 성취하신다는 것입니다. 인간의 죄악성 때문에 비관적 역사관을 가질 수밖에 없지만, 그리스도인들은 이러한 하나님의 지혜에 대한 믿음으로 비관을 극복하고 궁극적인 낙관을 가질 수 있습니다.

6) 성령을 통한 하나님의 지혜의 인식(2:10~16)

10 오직 하나님이 성령으로 이것을 우리에게 보이셨으니 성령은 모든 것 곧 하나님의 깊은 것까지도 통달하시느니라

11 사람의 일을 사람의 속에 있는 영 외에 누가 알리요 이와 같이 하나님의
일도 하나님의 영 외에는 아무도 알지 못하느니라
12 우리가 세상의 영을 받지 아니하고 오직 하나님으로부터 온 영을 받았
으니 이는 우리로 하여금 하나님께서 우리에게 은혜로 주신 것들을 알
게 하려 하심이라
13 우리가 이것을 말하거니와 사람의 지혜가 가르친 말로 아니하고 오직 성
령께서 가르치신 것으로 하니 영적인 일은 영적인 것으로 분별하느니라
14 육에 속한 사람은 하나님의 성령의 일들을 받지 아니하나니 이는 그것
들이 그에게는 어리석게 보임이요, 또 그는 그것들을 알 수도 없나니 그
러한 일은 영적으로 분별되기 때문이라
15 신령한 자는 모든 것을 판단하나 자기는 아무에게도 판단을 받지 아니
하느니라
16 누가 주의 마음을 알아서 주를 가르치겠느냐 그러나 우리가 그리스도
의 마음을 가졌느니라

10절

하나님의 지혜, 즉 십자가에 못 박힌 주 예수 그리스도를 통하여 인류를 구원하시려는 하나님의 구원의 계획은 이 세상에 속한 지혜가 아니어서, 어떤 인간도 보지 못하고 듣지도 못하고 생각하지도 못했습니다(2:6~10). 그러나 하나님께서 바로 그 지혜를 성령을 통하여 우리 믿는 자들에게 계시하였습니다. 우리가 어떻게 인간의 지혜의 개념과는 정반대인 "하나님의 지혜"를 깨달을 수 있게 되었습니까? 어떻게 십자가에 못 박힌 예수를 메시아, 곧 구원자로 깨닫고 그의 십자가에서의 죽음이 인류를 구원하려는 하나님 뜻의 성취이며 하나님의 오묘한 구원의 방법임을 깨닫게 되었습니까? 그것은 성령이 미리 우리 가운데 역사하셔서 우리의 먼눈을

띄우시고 우리의 눈에 그 "하나님의 지혜" 즉 구원의 계획을 환히 드러나게 하셨기 때문입니다.

성령이 하나님께서 그의 마음속에 품고 계신 구원의 계획, 그리스도 안에서 성취하신 그 영원한 구원의 계획을 우리들에게 계시할 수 있는 이유는, 성령은 창조주 하나님의 영으로서 모든 것들을 통달하시는 분이며 심지어 하나님의 "깊은 것" 즉 하나님의 속마음 또는 인간으로서는 도저히 뚫어볼 수 없이 신비스런 하나님의 마음속 생각(계획)까지도 통달하시는 분이기 때문입니다.

11절

이 이치를 바울은 인간의 인식 방법에 유비하여 설명합니다. 인간의 영이 인간의 자아의 중심이며 의식의 중심이기에 인간은 그의 영을 통하여 자기 "마음속에" 있는 것, 생각하는 것, 느끼는 것, 뜻하는 것 등을 알게 됩니다. 비슷하게 하나님의 영은 하나님께서 그의 "마음속"으로 무엇을 생각하고 무엇을 계획하시는가를 아는 것입니다. 그러기에 성령은 어떤 인간도 헤아릴 수 없는 하나님의 구원의 계획을 계시할 수 있는 것입니다.

12절

우리 그리스도인들은 이 모든 것을 통달하는 심지어 하나님의 마음속까지 통달하는 성령을 받았습니다. 이 "하나님께로 나온 영"은 "이 세상의 지혜"(6절)를 알게 하는 "이 세상의 영"과는 반대로 하나님의 지혜를 알게 합니다. 성령은 우리로 하여금 하나님의 지혜, 곧 하나님의 오묘한 구원의 계획만 알게 하는 것이 아니라,

동시에 우리 인간의 진정한 상황도 알게 합니다. 그리하여 우리는 우리 자신의 잠재력들을 실현하여 스스로 살 수 있다는 망상을 버리고, 우리가 전적으로 하나님의 은혜에 의존하여 살 수밖에 없는 존재임을 깨달아야 합니다. 그리하여 하나님께서 우리에게 은혜로 주신 것들을 인식하며 감사함으로 그것들을 받게 됩니다.

13a절

하나님의 지혜는 하나님의 영으로만 인식될 수 있으므로 그리스도 안에 나타난 하나님의 지혜(구원의 계획)는 "사람의 지혜의 가르친 말로가 아니라 오직 성령의 가르친 말"로 선포될 수밖에 없습니다(참고 2:4~5).

13b절

개역한글성경의 "신령한 일은 신령한 것으로 분별하느니라"는 난해합니다. 개역한글성경은 이곳과 뒤에 나오는 12~14장, 15장 등에서 "신령한"이라는 말을 많이 쓰는데, 그 말이 오늘 우리의 어감에는 오해를 불러일으킵니다. 그 말은 "성령의" 뜻을 가진 말을 번역한 것으로, 성령에 속한 사물이나 성령을 받고 성령에 의해 인도되는 사람을 지칭하는 말입니다. 따라서 오늘의 어감에 맞게 번역하기 위해서는 "영적인"이라는 말을 사용하는 것이 옳을 것입니다.

하여간 이 구절의 해석은 어려운데, 다음의 가능성들을 생각해 볼 수 있습니다. 첫째, "영적인 것들을 영적인 것들(=이전의 성령의 계시들)과 비교한다"는 것입니다. 둘째, "영적인 것들(=성령의 계시들)을 성령으로 주어진 말들로 해석한다"는 것입니다. 셋째, 우리(=바울 같은 복음 선포자들)가 "영적인 것들(=그리스도 안에 있는 하나님의 계시들)을 영적인 사람들에게 해석한다"는 것입니다. 여기서는 이 세 번째 해석이 가장 적합한 것 같습니다.

14절

모든 사람들이 다 그리스도의 십자가를 통한 하나님의 구원의 복음을 깨닫지 못하고 오로지 영적인 사람들만 그것을 터득하는 이유는 "혼적인 사람"(개역한글성경의 "육에 속한 사람"은 오역)은 "하나님의 영의 것들"을 받아들이지 않기 때문입니다.

바울은 여기서 "혼적인 사람"과 "영적인 사람"(2:15; 3:1 등; 개역한글성경 "신령한 사람")을 대조합니다(참고 3:1~3; 15:45~49). "혼적인 사람"은 하나님께서 흙덩이에 숨을 불어 넣어 "산 혼"(창 2:7; 개역한글성경 "생령"), 즉 생명을 가진 존재가 된 사람, 곧 첫 아담 같은 자, 즉 자연인을 지칭합니다(고전 15:45). 바울은 여기서 아담적 존재인 이 세상적 사람, 곧 "성령을 갖지 않는 자들"(참고 유 19절)을 지칭하기 위해 이 용어를 쓰고 있습니다.

바울은 아담적 존재를 여기서는 "혼적인 사람"이라 부르지만, "흙의 사람"(고전 15:45~49)이라고도 하고 "육적인 사람"(고전 3:1~3)이라고도 부릅니다. 이 칭호들은 같은 대상 곧 이 세상의 자연인에게 붙여진 것입니다. 그들이 나타내는 각기 다른 뉘앙스들은 이 자연인의 다양한 면들을 부각시키는 것입니다. 아담적 존재인 자연인을 "육적인 사람"[바울은 더 자주 이를 그냥 "육신/육체"(flesh)라고 부름]이라 칭할 때는 그가 창조주 하나님을 인정하지 않으며 그에게 의지하지 않고 자신의 자원(지혜와 능력)에 의지하며, 하나님의 뜻에 순종하는 것이 아니라 그에 대항하여 자신의 뜻을 좇으며 살려는 인간임을 나타내는 말입니다. 또 여기서 아담적 자연인들을 "혼적인 사람"이라 부르는 것은 "육적인 사람" 또는 "육신/육체" 만큼이나 큰 부정적인 뉘앙스는 담지 않고, 다만 그가 하나님의 지혜가 아닌, 세상적 지혜를 생각하고 인식하는 존재임을 나타내기 위해서입니다(F. Lang).

이 "혼적인 사람"이 하나님의 영에 의해서 계시되고 주어진 것들, 곧 그리스도의 십자가의 죽음을 통해 이루신 구원과 그에 따른 축복들을 받아들이지 않는 이유는 그의 세상적인 지혜로 판단해 볼 때 그것들은 미련한 것이기 때문입니다. 그 축복들은 "영적으로" 분별되는 것이기에 영을 받지 못한 "혼적인 사람"은 그것을 깨달을 수도 없습니다.

15절

그러나 "영적인 사람은 모든 것들을 판단한다. 그러나 그는 아무에게도 판단받지 않는다."

"영적인 사람"은 성령을 받아 하나님과 교제하고 성령의 인도함에 따라 하나님께 순종하며 사는 사람을 지칭합니다. 성령이 충만한 그리스도인들은 성령의 영감으로 모든 것들을 이해할 수 있으며, 모든 것들을 판단할 도덕적 기준을 가지고 있습니다. 그러면 그가 전지하고 무오한 사람이란 말입니까? 어떤 의미로 그는 다른 사람으로부터 판단을 받지 않습니까?

크리소스톰(Chrysostom)의 비유를 들어 봅시다. 눈뜬 사람은 모든 것들을 볼 수 있고, 장님과 관계되는 것들도 볼 수 있지만, 장님은 눈뜬 사람에 관한 것들을 볼 수 없다고 합니다. 이런 뜻으로 바울이 말하고 있습니까? 아니면 바울은 고린도전서 4:3~4의 뜻으로 말하고 있습니까?: 인간의 판단은 중요하지 않습니다; 오로지 주님만이 심판자이며, 그의 판단만이 중요합니다(Bruce; Barrett). 아니면, 바울은 다음과 같은 뜻으로 말하고 있습니까? 그리스도인은 그리스도 안에서 이루신 하나님의 구원에 의거해 모든 것들을 판단하고 그에 따라 그의 삶과 행동을 드러냅니다. 그는 성령을 받지 못한 어떤 (혼적인) 사람으로부터는 올바로 판단될 수 없습니다. 성령에 의해 깨우침 받은 사람은 세상적, "혼적" 사람들에게는 수수께끼일 수밖에 없습니다(F. Lang).

어쨌든 15b절은 고린도전서 12:10; 14:29을 거스릴 수 없습니다. 성령의 은사를 주장하는 사람들 가운데 영의 "분별함"이 있어야 하고(12:10), 선지자도 다른 선지자에 의해 판단되어야 합니다(14:29). 그래야 악령의 속임수가 일어나지 않고, 거짓 선지자의 그릇된 가르침이 제거될 수 있습니다(참고 살전 5:19~22; 요일 4:1 이하).

그러므로 15b절은 "영적인 사람"이 같은 성령을 받은 사람에 의해 판단되지 않는다는 말이 아니라, 성령을 받지 않은 "혼적인" 자연인 누구로부터도 판단을 받지 않는다는 말입니다. 이렇게 볼 때 위의 랭(F. Lang)의 해석이 옳은 것으로 보입니다.

16절

바울은 지금까지의 자신의 논증을 성경 인용(사 40:3)으로 뒷받침하고 결론을 내립니다. 어떤 인간도 주의 속마음을 헤아릴 수 없습니다. 그러나 우리 믿는 자들은 계시하시고 영감하시는 성령을 받아 하나님의 지혜(=그리스도를 통한 하나님의 구원의 계획)를 알게 됩니다.

이 문단(2:10~16)은 삼위일체론적 신 인식의 기본 논리들을 담고 있습니다. 하나님은 하나님만이 계시할 수 있습니다. 하나님은 스스로가 스스로를 계시하셔야만 인식될 수 있습니다(참고 요 1:18). 하나님은 그의 아들 예수 그리스도 안에서 스스로를 계시하셨습니다(=역사적 계시). 이 객관적 하나님 계시는 하나님의 영인 성령에 의해서만 우리에게 계시될 수 있습니다(=실존적 계시).

토론해 봅시다

기독교는 반지성적인가?

7) 복음의 선포자들(3:1~17)

1 형제들아 내가 신령한 자들을 대함과 같이 너희에게 말할 수 없어서 육신에 속한 자 곧 그리스도 안에서 어린 아이들을 대함과 같이 하노라

2 내가 너희를 젖으로 먹이고 밥으로 아니하였노니 이는 너희가 감당하지 못하였음이거니와 지금도 못하리라

3 너희는 아직도 육신에 속한 자로다 너희 가운데 시기와 분쟁이 있으니 어찌 육신에 속하여 사람을 따라 행함이 아니리요

4 어떤 이는 말하되 나는 바울에게라 하고 다른 이는 나는 아볼로에게라 하니 너희가 육의 사람이 아니리요

5 그런즉 아볼로는 무엇이며 바울은 무엇이냐 그들은 주께서 각각 주신 대로 너희로 하여금 믿게 한 사역자들이니라

6 나는 심었고 아볼로는 물을 주었으되 오직 하나님께서 자라나게 하셨나니

7 그런즉 심는 이나 물 주는 이는 아무 것도 아니로되 오직 자라게 하시는
이는 하나님뿐이니라
8 심는 이와 물 주는 이는 한가지이나 각각 자기가 일한 대로 자기의 상을
받으리라
9 우리는 하나님의 동역자들이요 너희는 하나님의 밭이요 하나님의 집이니라
10 내게 주신 하나님의 은혜를 따라 내가 지혜로운 건축자와 같이 터를 닦
아 두매 다른 이가 그 위에 세우나 그러나 각각 어떻게 그 위에 세울까
를 조심할지니라
11 이 닦아 둔 것 외에 능히 다른 터를 닦아 둘 자가 없으니 이 터는 곧 예
수 그리스도라
12 만일 누구든지 금이나 은이나 보석이나 나무나 풀이나 짚으로 이 터 위
에 세우면
13 각 사람의 공적이 나타날 터인데 그 날이 공적을 밝히리니 이는 불로 나
타내고 그 불이 각 사람의 공적이 어떠한 것을 시험할 것임이라
14 만일 누구든지 그 위에 세운 공적이 그대로 있으면 상을 받고
15 누구든지 그 공적이 불타면 해를 받으리니 그러나 자신은 구원을 받되
불 가운데서 받은 것 같으리라
16 너희는 너희가 하나님의 성전인 것과 하나님의 성령이 너희 안에 계시는
것을 알지 못하느냐
17 누구든지 하나님의 성전을 더럽히면 하나님이 그 사람을 멸하시리라 하
나님의 성전은 거룩하니 너희도 그러하니라

(1) 육신적인 고린도인들(3:1~4)

바울은 여기서 두 종류의 사람들을 구분합니다. 한편은 "영적인 사람들"이고, 다른 한편은 "육신적인 사람들"입니다. 전자는 성령에 의해 깨우침을 받고 성령에 따라 사는 사람들이고, 후자는 "육신"–하나님께 의존과 순종을 하지 않고 자신의 뜻대로, 자신

의 능력으로 살려는 존재–으로 사는 사람들입니다(참고 롬 8:1~17; 갈 5:16~26).

바울이 처음 고린도에 당도하여 복음을 선포할 때 고린도인들은 물론 육신적인 존재들이었습니다. 그러나 바울은 그들에게 복음을 선포하여 그리스도를 믿음으로 성령을 받도록 하였습니다. 이들은 영적인 삶을 시작하긴 하였으나 아직도 성령보다는 육신에 의해 더 많이 지배되는 자들이어서, 부정적으로 말하면 아직도 "육신적인 자들"이라고 할 수 있었고, 긍정적으로 말하면 기껏해야 영적인 삶의 초보자들 또는 "그리스도 안에서 아기들"이라고 할 수밖에 없었습니다.

이들에게 바울은 자신이 영적인 삶에 있어서 성숙한 사람들("온전한 자들"–2:1)에게 가르쳐 주는 십자가에 달린 그리스도에 관한 심오한 해석을 가르칠 수가 없었습니다. 그들에겐 그런 밥 같은 단단한 음식으로 먹일 수가 없었고, 십자가의 복음의 핵심을 쉽게 설명하여 줄 수밖에 없었습니다(3:1의 자동사의 시제는 과거임을 주의하시오: "하였노라").

그러나 문제는 고린도인들이 그동안에 영적인 삶에 있어 성숙한 자들이 되어 지금쯤은 바울의 심오한 가르침도 받을 수 있어야 하는데 그렇지 못하다는 데 있습니다. 그들 스스로는 풍성한 성령의 은사들을 받아(참고 1:5~7) 영적인 자들인 양 생각하지만(참고 14:37), 사실 그들은 아직도 긍정적으로 말하면 "아기들"이고, 부정적으로 말하면 "육적인 자들"이었습니다. 바울은 여기서 고린도인들을 부정적으로 "육신적인 자들"이라고 지칭할 수밖에 없었습니다. 그들이 바울파로, 아볼로파로 나뉘어서 서로 시기하고 분쟁하고 있다는 사실은 그들이 성령에 의해 깨우침을 받고 성령에 따라 사는

"영적인 자들"이기는커녕 "육신"에 의거해 사는 "육신적인 자들"이라는 증거이기 때문입니다.

토론해 봅시다

시기와 분쟁이 끊이지 않는 한국 교회는 "영적인 자들"의 교회인가? 아니면 "육신적인 자들"의 교회인가? 나의 영적인 성숙도도 반성해 보자.

(2) 복음 선포자들의 책임(3:5~15)

고린도의 파벌 다툼은 복음 선포자들과 하나님과 교회에 대한 위치를 오해한 결과이기도 합니다. 고린도인들은 인간의 탁월한 지혜나 재능을 남들로 하여금 존경하게 하고 섬기게 할 수 있는 힘으로 보았습니다. 그들은 성령의 은사들도 그렇게 세상적으로 판단하여 자신들이 받은 은사들을 서로 자랑했습니다. 또 겉으로 크게 드러나는 은사들(예 방언, 환상, 이적 등)을 과시하면 더 큰 존경과 섬김의 대상이 되는 줄 알고 그런 은사들을 추구하였습니다. 바울은 모든 은사들은 하나님께서 우리로 하여금 그들을 수단으로 써서 하나님과 남들을 섬기도록 하기 위해 주셨음을 역설할 것입니다(고전 12~14장). 고린도인들은 바울, 아볼로, 베드로 등을 그들의 은사들과 영적 능력으로 인해 존경하다 못해 그들을 자신들의 파당의 우두머리로 모시게 되었습니다.

5절

이렇게 그릇되게 판단하는 고린도인들에게 바울은 사도들이 지배하는 자들이 아니라 섬기는 자들(=종들)임을 강조합니다(5절. 개역한글성경의 "사역자들"은 이 뜻을 잘 나타내지 못함. 참고 4:1; 고후 1:24; 4:5).

헬라어 '디아코니아'(diakonia)는 원래 '식탁에서 시중들기'라는 뜻을 가진 말로 섬김(종의 역할)을 의미합니다. 신약성경에서 쓰는 교회의 직분들에 대한 칭호들을 살펴보면 놀라운 현상을 발견합니다: 당시 관직을 지칭하는 헬라어들(예 arche/archon, time, telos)을 로마나 유대의 관리들에게 적용을 해도, 그리스도의 교회 안에서의 직분들이나 사역자들에게는 일체 적용하지 않습니다. 반면 교회 내의 다양한 직분들을 구별 없이 모두 "디아코니아"(diakonia)라 하고, 다양한 직분자들을 모두 "디아코노스"(diakonos)라고 합니다(고전 12:4 이하).

여기서 우리는 신약성경의 직분관의 두 가지 특성들을 살펴볼 수 있습니다. 첫째는 교회 내의 모든 직분들은 지배하기 위한 것이 아니라 섬김을 위한 것이라는 점입니다. 심지어 사도직도 섬김, "디아코니아"(diakonia)입니다(롬 11:13; 고전 3:5; 고후 6:3; 행 20:24; 21:19). 둘째는 교회 내의 모든 직분들은 모두 "디아코니아"(diakonia)로서, 그들의 차이는 근본적으로 "디아코니아"(diakonia)의 다양한 형태에 있는 것이지(고전 12:5) 권위의 과다에 있지 않습니다.

사도 바울도 아볼로도 하나님으로부터 복음을 선포하여 듣는 이들로 하여금 그리스도를 믿게 하기 위해 고용되고 임무를 받은 종, "디아코노스"(diakonos) 이외의 아무 것도 아닙니다. 그들은 근본적으로 하나님의 종들이지만, 복음으로 성도들을 섬기도록 위임된 종들이기에 성도들의 종이라고도 할 수 있습니다(고후 4:5).

하나님께서 각각의 성도들에게 각각의 은사를 주시고 그 은사를 통하여 각각의 섬김을 하도록 하듯이(고전 12:4 이하), 각각의 사도에게도 각각의 은사와 각각의 섬김을 주셨습니다. 이것을 바울은 자신과 아볼로를 예로 들어 설명합니다.

자신은 개척 선교사의 은사와 사명을 따라 고린도에서 복음 선포를 시작하였고, 아볼로는 또 그의 은사와 사명에 따라 고린도에 뒤따라와서 가르침으로써 교회 설립의 일을 하였습니다. 그들의 "섬김들"은 그 자체로 교회를 성장시키는 것은 아닙니다. 그들이 의미를 갖는 것은 하나님께서 그들을 통하여 교회를 성장시키기 때문입니다.

하나님께서 교회를 세우시고 성장시키십니다. 그러나 하나님께서는 바울과 아볼로 같은 사람들에게 은사와 사명을 주어 그들의 섬김을 통하여 그 일을 하십니다. 그러므로 바울과 아볼로 같은 복음 선포자들은 하나님의 "동역자들"이라 할 수 있습니다. 또는 여기의 속격을 목적격적 속격으로 보면, "하나님을 함께 섬기는 동역자들"입니다. 하나님의 "밭", "심는 일", "건물" 등은 구약과 유대교에서 쓰이던 하나님의 백성에 대한 그림 언어들입니다(예 렘 1:10; 42:6). 사도들은 하나님의 새로운 백성인 교회를 세우고 양육하는 하나님의 일에 일꾼들로 섬기는 자들입니다.

그러므로 그들이 맡은 구체적인 일들은 다르다 할지라도 그들이 하나님의 교회 세우는 일에 같이 참여하고 있다는 데는 차이가 없습니다. 다만 각자 자기가 받은 은사와 사명에 따라 자기 몫의 섬김을 완벽하게 감당하는 것이 중요합니다.

바울은 자신의 사도직을 누차 "내게 주신 하나님의 은혜"라고 칭합니다(3:10; 롬 12:3; 15:15; 갈 2:9; 엡 3:2,7,8 등). 이로써 그는 교회의 핍박자로, 하나님의 원수로 행했던 자신을 하나님께서 다메섹 도상에서 구원하시고 사도로 부르신 사건을 표현합니다. 이 사도직으로 부르신 하나님의 은혜에 따라 그는 고린도 교회의 기초를 놓았습니다. 그 뒤 다른 복음 선포자들(아볼로, 게바 등)이 와서 바울이 닦아 놓은 기초 위에 집을 지어 가는 일을 하였습니다.

자신은 "지혜로운 건축자"(사 3:3)같이 그 기초를 잘 놓았습니다. 교회의 기초는 오로지 우리의 구원을 위해 십자가에 못 박히고 부활하신 예수 그리스도이십니다. 예수 그리스도를 믿어 구원을 받은 사람들의 공동체가 교회이기 때문입니다.

그러나 바울 뒤에 고린도에 와서 복음을 선포한 아볼로나 게바는 기초 위에 집을 지어 가는 역할을 잘 감당하였습니까? 이 점에 있어 바울은 두 가지 원칙을 제시합니다.

첫째, 자기가 이미 닦아 놓은 기초 –예수 그리스도– 외에 다른 어떤 기초도 놓아서는 안 된다는 것입니다. 오직 예수 그리스도의 구원의 사건으로만 구원받는 사실을 부인하거나 약화시키는 어떤 가르침 –가령, 율법, 지혜, 또는 인간의 공적 등도 중요하다고 하는 가르침– 도 용납될 수 없다는 것입니다. 그리스도의 십자가의 복음을 부인하거나 왜곡하는 어떤 사설도 허용될 수 없습니다.

일부 주석가들은 11절에서 바울은 마태복음 16:18의 말씀에 근거하여 베드로를 교회의 주춧돌로 숭상하는 게바파의 주장에 강력하게 대응하고 있다고 보기도 합니다(예 Barrett). 베드로가 예수 그리스도에 대한 대표적 증거자라는 의미로 그를 교회의 주춧돌이라 할 수 있습니다. 그 증거 위에 교회가 서 있기 때문입니다. 그런 의미에서 사실 모든 사도들과 복음 선포자들은 교회의 주춧돌이라 할 수 있습니다(엡 2:20). 그렇게 본다면 예수 그리스도는 건물의 모든 부분을 모아 연결하는 "모퉁이 돌"입니다(엡 2:20 이하).

교회는 베드로가 증거하는 예수 그리스도 위에 서 있습니다. 그러나 베드로 위에 서지는 않습니다. 이런 의미로는 오직 그리스도만이 "기초"가 되는 것입니다.

복음 선포자들이 유의해야 할 두 번째 요점은 그가 어떤 재료를 써서 집을 짓는가 하는 것입니다. 가장 값지고 단단한 금으로 짓습니까, 값도 없고 쉽게 파괴되는 지푸라기로 짓습니까, 어중간한 돌이나 나무로 짓습니까? 이와 같은 건축재료라는 그림을 통해서 바울은 복음 선포자들이 왜곡된 복음이 아니라 진정한 복음을, 비효과적으로가 아니라 효과적으로 선포하여 성도들로 하여금 바르고 굳건한 믿음을 갖도록 해야 하고 풍성한 열매를 맺는 삶을 살도록 해야 했습니다.

바울은 최후의 심판 때 복음 선포자들의 사역의 질이 드러나게 될 것을 말합니다. 자신의 역할들을 바르게, 성실히, 그리고 효과적으로 감당한 사람들은 그들의 하나님의 교회에 대한 공헌이 찬란히 드러나는 상을 받게 됩니다. 그렇지 못한 사람들은 그들이 거짓되게, 불성실하게, 그리고 비효과적으로 사역하여 하나님의 교회에 끼친 해악이 심판의 불로 태워져 버릴 것입니다. 여기서 "불을 통과한 자같이"(15절) 란 말은 "겨우"(just barely) 또는 "어렵사리"(by the skin of one's teeth)를 뜻하는 숙어입니다(참고 암 4:11; 슥 3:2 등). 그러므로 그런 사람들은 "겨우" 또는 "어렵사리" 구원받는다는 것입니다.

바울은 하나님께서 예수 그리스도의 대속의 죽음에 근거하여 은혜로 우리를 구원하심과 우리가 예수 그리스도를 믿음으로만 그 구원의 덕 입을 수 있음을 가르칩니다. 그러나 바울은 또 하나님께서 최후의 심판 때 우리의 행위대로 우리 모두를 심판하실 것임을 가르칩니다(고후 5:10). 이 두 가르침이 어떻게 상호 조화됩니까? 이 책 끝에 있는 "부록: 상급"을 참고해 보십시오.

토론해 봅시다

1. 우리는 본문에 비추어 교회의 직분들에 대한 이해를 어떻게 바꾸어야 하는가?
2. 바울이 자기가 세운 고린도 교회에서의 아볼로의 일을 정당하게 평가하는 데서 배울 것은 무엇인가?
3. 우리는 지금 하나님의 교회에 어떤(긍정적? 부정적?) 공헌을 하고 있는가?
4. 최후의 심판 때 우리가 일생 동안 쌓은 집은 어떻게 나타날까?

(3) 복음 선포자들에 대한 경고(3:16~17)

16절

9c절부터 바울은 교회를 하나님의 건물로, 그리고 사도들을 그 건물을 짓는 일꾼들로 비유해 왔습니다. 이 비유는 바울에게 교회가 하나님의 성전이라는 사실을 상기시키고, 따라서 교회의 사역자들의 역할의 엄숙함을 상기시켰습니다.

교회는 하나님의 성전입니다. 예수께서는 유대 백성이 자신이 선포하는 하나님 나라를 거부하고 예루살렘의 성전체제가 타락함을 보고 하나님의 심판에 의해 예루살렘의 성전이 파괴될 것을 예언하고(막 13:1~2), 자신이 새로운 성전을 짓겠다고 약속하였으며, 그의 성전에서의 시위(마 11:15~17 / 마 21:12~17 / 눅 19:45~48; 보통 "성전 청결" 사건이라고 잘못 이해하고 있음)로 그 예언과 약속을 상징적으로 나타내기도 하였습니다. 그리하여 그는 성전 파괴를 위협하고 새 성전을 건축하겠다고 주장했다는 죄목으로 산헤드렌에서 재판 받았습니다. 그 재판에서 예수의 그러한 주장은 구약의 나단의 신탁 전승(삼하 7:12~14)에서 유래한 메시아, 곧 하나님의 아들로서 성전을 새로 짓겠다고 한 주장이라 이해되었습니다. 따라서 하나님의 이름이 거하는 하나님의 집을 파괴하겠다고 위협하는 참람죄와 거짓 메시아 죄를 지었다 하여 사형선고를 받게 된 것입니다(막 14:53~64).

예수가 하나님의 심판에 의한 예루살렘 성전 파괴를 예언하면서, 자신이 새 성전을 건축하겠다고 약속할 때, 그는 새로운 건물을 짓겠다고 약속한 것이 아니라, 종말의 하나님의 백성을 창조하고 모으겠다는 뜻이었습니다. 이것은 "야곱이 나의 성전이요 이스라엘이 나의 왕국이라"(예 시 114:2)고 하는, 즉 하나님의 백성의 공동체를 하나님의 "집" 또는 "성전"이라고 하는 구약의 전승을 따른 것으로, 예수 자신이 하나님이 거처지로 정할 하나님의 종말 백성을 새롭게 창조하고 모으겠다는 것을 약속한 것이었습니다. 과연 예수는 자신을 십자가에서 속죄를 이루고 새 언약을 세우는 희생제사로 드려, 속죄된(의로운) 새 언약의 백성(언약 세움은 하나님의 백성을 창조하는 행위: "내가 너희의 하나님이고 너희는 나의 백성이라")을 창조하게 된 것입니다(막 14:17~25 / 마 26:20~29 / 눅 22:15~23).

하나님께서 예수를 죽은 자들 가운데서 부활시킨 것을 본 예수의 제자들은 예수의 속죄와 새 언약 제사가 드려져 자신들이 새 하나님의 백성으로 창조된 것을 보고, 하나님의 영(성령)의 강림으로 하나님이 자신들의 공동체 가운데 거처하심을 체험하게 된 것입니다. 그리하여 하나님의 새(종말) 백성으로서의 자신들의 공동체, 곧 교회가 예수가 새로 짓겠다고 약속한 새 성전이라는 확신을 갖게 된 것입니다. 여기 본문에서 바울이 그 사상을 나타내고 있는 것입니다.

17절

이 구절의 정확한 번역은 다음과 같습니다: "만일 누가 하나님의 성전을 파괴하면, 하나님은 그 사람을 파괴할 것이다. 왜냐하면 하나님의 성전은 거룩하기 때문이다. 너희들이 그 성전이다." 교회에서 유대 율법주의 등 교회의 기반인 예수 그리스도의 의미를 약화시키거나 왜곡하는 가르침을 가르치거나 분파 행위를 하는 것은, 교회의 기반을 흔드는 행위이고 하나님의 성전인 교회를 파괴하는 행위입니다. 그런 행위를 하는 자를 하나님께서는 파괴할 것입니다. 사무엘하 6:6 이하를 참고해 보십시오. 하나님의 거룩한 언약궤를 만진 웃사의 멸망 받음에 관해 나옵니다. 율법주의로 하나님의 은혜를 손상하는 행위는 스스로 은혜를 저버리는 행위이고 하나님과의 관계를 저버리는 행위입니다. 그 결과는 멸망일 수밖에 없습니다.

사도 등 교회의 사역자들이 미천한 재료를 써서 건물을 짓는 건축가들같이 가장 훌륭한 사역을 하지는 못하나 근본적으로 틀린 가르침을 가르치지 않는 경우, 그들은 불을 통과한 자들 같더라도 구원은 받습니다. 그러나 그들이 근본적으로 틀린 가르침을 할 경우 그들은 하나님에 의해 파괴되고 말 것입니다. 이것은 교회의 사역자들 – 아니, 우리 모두에게 엄중한 경고를 뜻하기도 합니다.

토론해 봅시다

1. 교회 건물은 "성전"인가?
2. 우리는 교회를 세우는 일을 하는가, 아니면 파괴하는 일을 하는가?(참고 고전 14:12)

8) 사도들과 그리스도와 그리스도인들(3:18~23)

18 아무도 자신을 속이지 말라 너희 중에 누구든지 이 세상에서 지혜 있는
줄로 생각하거든 어리석은 자가 되라 그리하여야 지혜로운 자가 되리라
19 이 세상 지혜는 하나님께 어리석은 것이니 기록된 바 하나님은 지혜 있
는 자들로 하여금 자기 꾀에 빠지게 하시는 이라 하였고
20 또 주께서 지혜 있는 자들의 생각을 헛것으로 아신다 하셨느니라
21 그런즉 누구든지 사람을 자랑하지 말라 만물이 다 너희 것임이라
22 바울이나 아볼로나 게바나 세계나 생명이나 사망이나 지금 것이나 장래
것이나 다 너희의 것이요
23 너희는 그리스도의 것이요 그리스도는 하나님의 것이니라

18~19a절

하나님의 지혜와 이 세상의(또는 인간의) 지혜는 정반대입니다. 그러므로 이 세상적인 지혜를 추구하지 말고, 또 사도들을 세상적 지혜의 선생들쯤으로 생각하지 말아야 합니다. 차라리 세상적 바보가 되어 하나님의 지혜를 얻는, 진정으로 지혜로운 자가 되어야 합니다.

19b절

이 구절의 옳은 번역은 다음과 같습니다: "(하나님은) 지혜 있는 자들을 그들이 부리는 꾀 가운데서 잡아내시는 분이다"(욥 5:13).

20절

"주는 지혜 있는 자들의 생각이 헛된 것임을 아신다"(시 94:11).

21절

"자랑"이 바로 고린도인들의 분파 행위 때 나타난 두드러진 현상이었습니다. 그들은 파벌로 나뉘어 각각 바울, 아보로, 게바 등을 "자랑"하였습니다. 그러나 그것은 커다란 판단의 오류에서 나온 것입니다. 고린도인들이 바울, 아볼로, 게바 등에게 속한 것이 아니라 또는 그들을 상전으로 모시고 자랑해야 하는 것이 아니라, 그들이 고린도인들의 것, 곧 고린도인들을 섬기는 자들입니다.

22절

그리스도가 만유의 주이시고 그의 죽음과 부활을 통하여 삶과 죽음, 이 세상과 오는 세상 위에 군림하는 주가 되셨으므로 그의 백성인 그리스도인들도 더 이상 숙명과 죽음의 노예가 아니고, 그리스도의 주권에 참여하는 자들이 되었습니다. 그러므로 그들이 아직 이 세상에 살지만 이 세상의 요구하는 대로 생각하거나 살지 않습니다. 그들은 도리어 그리스도의 주권에 참여하여 이 세상이 올바른 가치관과 생각을 갖도록 지배해야 합니다.

23절

그리스도인들은 그리스도에게 속합니다. 그리스도인들의 세상에 대한 주권은 그리스도를 통한 하나님의 원래의 창조의 질서가 회복된 결과입니다(창 1:26, 28; 시 8:6~9). 그러므로 그리스도인들이 그리스도의 주권으로부터 벗어난다면, 그들은 다시 타락한 이 세상의 질서, 즉 피조물들의 종으로 굴러 떨어지고 맙니다(창 3장; 갈 4:9; 롬 1:18~32).

9) 바울과 고린도 교회(4:1~21)

1 사람이 마땅히 우리를 그리스도의 일꾼이요 하나님의 비밀을 맡은 자로 여길지어다
2 그리고 맡은 자들에게 구할 것은 충성이니라
3 너희에게나 다른 사람에게나 판단 받는 것이 내게는 매우 작은 일이라 나도 나를 판단하지 아니하노니
4 내가 자책할 아무 것도 깨닫지 못하나 이로 말미암아 의롭다 함을 얻지 못하노라 다만 나를 심판하실 이는 주시니라
5 그러므로 때가 이르기 전 곧 주께서 오시기까지 아무 것도 판단하지 말라 그가 어둠에 감추인 것들을 드러내고 마음의 뜻을 나타내시리니 그 때에 각 사람에게 하나님으로부터 칭찬이 있으리라
6 형제들아 내가 너희를 위하여 이 일에 나와 아볼로를 들어서 본을 보였으니 이는 너희로 하여금 기록된 말씀 밖으로 넘어가지 말라 한 것을 우리에게서 배워 서로 대적하여 교만한 마음을 가지지 말게 하려 함이라
7 누가 너를 남달리 구별하였느냐 네게 있는 것 중에 받지 아니한 것이 무엇이냐 네가 받았은즉 어찌하여 받지 아니한 것 같이 자랑하느냐

8 너희가 이미 배 부르며 이미 풍성하며 우리 없이도 왕이 되었도다 우리가
너희와 함께 왕 노릇 하기 위하여 참으로 너희가 왕이 되기를 원하노라
9 내가 생각하건대 하나님이 사도인 우리를 죽이기로 작정된 자 같이 끄트
머리에 두셨으매 우리는 세계 곧 천사와 사람에게 구경거리가 되었노라
10 우리는 그리스도 때문에 어리석으나 너희는 그리스도 안에서 지혜롭고
우리는 약하나 너희는 강하고 너희는 존귀하나 우리는 비천하여
11 바로 이 시각까지 우리가 주리고 목마르며 헐벗고 매맞으며 정처가 없고
12 또 수고하여 친히 손으로 일을 하며 모욕을 당한즉 축복하고 박해를
받은즉 참고
13 비방을 받은즉 권면하니 우리가 지금까지 세상의 더러운 것과 만물의
찌꺼기 같이 되었도다
14 내가 너희를 부끄럽게 하려고 이것을 쓰는 것이 아니라 오직 너희를 내
사랑하는 자녀 같이 권하려 하는 것이라
15 그리스도 안에서 일만 스승이 있으되 아버지는 많지 아니하니 그리스도
예수 안에서 내가 복음으로써 너희를 낳았음이라
16 그러므로 내가 너희에게 권하노니 너희는 나를 본받는 자가 되라
17 이로 말미암아 내가 주 안에서 내 사랑하고 신실한 아들 디모데를 너희
에게 보내었으니 그가 너희로 하여금 그리스도 예수 안에서 나의 행사
곧 내가 각처 각 교회에서 가르치는 것을 생각나게 하리라
18 어떤 이들은 내가 너희에게 나아가지 아니할 것 같이 스스로 교만하여졌
으나
19 주께서 허락하시면 내가 너희에게 속히 나아가서 교만한 자들의 말이
아니라 오직 그 능력을 알아보겠으니
20 하나님의 나라는 말에 있지 아니하고 오직 능력에 있음이라
21 너희가 무엇을 원하느냐 내가 매를 가지고 너희에게 나아가랴 사랑과
온유한 마음으로 나아가랴

(1) 인간의 심판과 하나님의 심판(4:1~5)

고린도 교회의 분쟁 가운데 아볼로파, 게바파, 그리스도파 등은 그 교회의 개척 사도였던 바울에게 충실하고자 했던 자들(바울파)에 대항하여 바울에 대해 비판적인 견해들을 표현했던 것 같습니다. 바울은 이미 3:5~15에서 복음 선포자들은 하나님의 종(diakonos)들이고 동역자들로서, 그들의 일은 최후의 심판 때 심판받게 된다는 것을 강조하였습니다. 본문에서도 바울은 같은 생각을 전개하면서 인간의 심판 문제를 새롭게 첨가하여 다루고 있습니다.

1절

"이와 같이 사람이 우리들을 그리스도의 종들로, 그리고 하나님의 비밀들의 청지기들로 여길지어다."

여기서 "종"(hyperetes)으로 번역된 말은 원래 주인이나 상관을 수종드는 사람을 지칭하였습니다. "청지기"(oikonomos)는 주인의 가사를 위임 받아 관리하는 종을 지칭합니다. 그러므로 두 말들이 다 "종"(diakonos)의 동의어이나, 주인 또는 위임자에 대한 책임이 좀 더 강하게 함축된 말들입니다. 복음 선포자들은 복음을 선포하여 사람들로 하여금 예수를 주로 고백하고 그의 구원을 얻도록 하는 자들입니다. 그러므로 그들은 주 예수 그리스도가 인류를 위해 벌이는 구원 사업을 맡아 돌보는 "그리스도의 종들"입니다.

하나님의 "비밀"이란 하나님께서 미리 정하셨다가 그의 종들에게 계시하신 하나님의 구원의 계획을 지칭하는 말입니다. 복음 선포자들은 그리스도를 통하여 인류를 구원하시려는 하나님의 구원의 계획을 계시받은 자들로서, 이 계시(=복음)를 선포함으로써 하나님의 구원 사업을 경영하는 "청지기들"입니다.

2절

"그러므로 청지기들에게 요구되는 것은 그들이 충실해야 한다는 것이다." 그들은 자기 일을 자기 멋대로 적당히 해서는 안 되고, 주인으로부터 위임된 일을 주인으로부터 받은 권한 내에서 성실히 이행해야 합니다(참고 3:10~15).

3절

주 예수 그리스도는 그의 종들을 심판하실 것입니다. 그 심판의 기준은 그들의 사명에 대한 충실도일 것입니다(5절). 그것이 궁극적으로 중요한 것입니다(3:14~15). 그런데 그 전에 인간들이 복음 선포자들을 심판하는 것은 무슨 의미가 있습니까? 바울은 고린도인들에 의해 또는 어떤 인간적 법정에서 심판 받는 것이 극히 중요하지 않다고 말합니다. 사실 그는 자신도 스스로를 심판하지 않는다고 합니다.

4절

개역한글성경에 "깨닫다"로 번역된 동사는 원래 "양심"이란 명사와 연결되어 있습니다. 그래서 우리는 4절을 이렇게 번역할 수 있습니다. "왜냐하면 아무것도 내 양심에 거리끼는 것을 가지고 있지 않다." 이로써 바울은 자신의 사도직 수행에 있어 조금도 불충실하지 않았기에 양심에 조금도 가책을 느끼지 않음을 말하고 있습니다.

바울은 로마서 2:14~17과 고린도전서 8:10에서 양심의 중요성을 인정합니다. 그러나 양심은 절대적인 판단의 기준이 될 수 없을 뿐 아니라, 인간으로 하여금 그가 윤리적 규범을 지키고 있는가 혹은 어기고 있는가를 의식하게 하여, 후자일 경우 가책을 느끼게 할 뿐이지 의를 이루는 기능은 가지고 있지 않습니다. 그러므로 바울이 자신의 사도직에 대해 아무런 양심의 가책을 느끼지 않는다고 해서 그것으로 그가 의인이라고 할 수는 없는 것입니다. 바울이 양심에 거리끼는 아무 것도 알지 못한다는 것은 그의 무죄함보다는 그의 무지함 때문일 수 있습니다. 그리고 의인이라 선언하는 것은 하나님의 행위이고 그것은 인간의 무죄함에 근거한 것이 아니라 하나님의 은혜에 근거한 것입니다. 하나님으로부터 모든 권세를 위임 받은 주 예수 그리스도가 최후의 심판자이십니다(참고 고후 5:10). 그러므로 최후의 심판 때 그가 바울을 심판하실 것이고, 또 그가 그를 의롭다 선언하실 것입니다.

5절

그러므로 주의 재림과 더불어 벌어질 최후의 심판 전에, 인간들이 서로를 심판하려 해서는 안 됩니다(참고 마 7:1). 주께서 하실 최후 심판 전의 모든 인간들의 심판은 설익은 판단, 선입관(prejudice)일 수밖에 없습니다. 그것들은 또 인간의 외모만 보고 하는 것들이어서 오판일 가능성이 많습니다. 주 예수 그리스도는 인간들 눈에는 드러나지 않게 꼭꼭 감추어 놓은 비밀들과 마음속의 생각들과 동기들도 다 심판의 빛에 환하게 드러나게 하여 심판하실 것입니다. 그때 비로소 진정한 심판이 이루어지고 하나님께서 성실한 자들을 각각 칭찬하실 것입니다.

바울이 여기서 최후의 심판 때 주어질 하나님의 칭찬을 강조하는 데서 우리는 그가 인간의 비판이 중요하지 않다고 했듯이(3절) 인간의 칭찬도 중요하지 않다는 것을 간접적으로 나타내고 있음을 엿볼 수 있습니다. 인간의 비판도 칭찬도 결국 "설익은 판단"(prejudice)에 의한 것으로서 별 의미가 없는 것입니다.

진정으로 중요한 것은 최후의 심판 때 하나님의 심판이고 하나님의 칭찬입니다. 또 여기 5절에서 하나님의 칭찬만 언급하고 그의 벌은 언급하지 않는 데서, 우리는 바울이 그리스도인들의 은혜로만 구원받음의 진리를 타나내고 있으며(참고 3:15), 자신은 충실한 주의 종으로서 하나님의 칭찬을 의식하고 일했음을 암시하고 있음을 깨달을 수 있습니다.

따라서 복음 선포자들은 교인들의 비판이나 칭찬에 좌우로 흔들리지 말고, 그리스도의 종들로서 그리스도에게 절대적으로 충실해야 합니다. 또 교인들은 우리 모두의 심판관은 하나님, 주 예수 그리스도임을 깨닫고 외모만 보고 판단할 수밖에 없는 우리의 인간적 심판을 삼가야 합니다.

토론해 봅시다

그러면 한국 교회에서 자주 그렇듯이, 목사가 자신이 주의 종임과 양심의 깨끗함을 내세우며 독선적으로 행해도 된다는 말인가? 그럴 때 교회는 어떻게 해야 하는가? 그런 주장을 하는 목사들이 바울만큼 하나님의 최후의 심판을 의식하며 주의 종/교회의 종(고후 4:5)으로서 섬김의 도를 정진하는 것을 본 경우가 있는가?

(2) 자만하는 고린도인들과 고난 받는 사도들(4:6~13)

바울은 "형제들아"라는 부름으로 고린도인들의 근본 문제를 예리하게 지적하는 본문을 시작합니다.

6절

바울은 3:5 이래 줄곧 자신과 아볼로에 대해서는 심는 자, 건축자, 청지기 등의 그림 언어를 써서 말하고, 성장을 주는 것은 하나님의 역사라는 것과 최후의 심판에서의 복음 선포자들의 책임 등을 강조하였습니다. 그렇게 하는 데는 두 가지 목적이 있습니다. 첫째는 고린도인들이 바울과 아볼로에게서 "기록된 것들을 넘어가지 말 것"을 배우도록 하기 위한 것이었습니다. 둘째는 그리하여 그들이 서로 한 사도를 다른 사도 위에 치켜세움으로써 교만해지지 않도록 하기 위한 것이었습니다.

여기 "기록된 것들을 넘어가지 말 것"의 정확한 의미에 대해 많은 토론이 있습니다. 가장 그럴듯한 해석은 아마도 다음과 같은 것입니다. "기록된 것들"이란 (구약)성경(말씀)을 말합니다. 그런데 고린도의 "그리스도파"는 이제 그들이 성령을 받았고 구원을 받았으므로 완전한 자유를 얻게 되었다는 생각에서 구약의 율법들에 얽매일 필요가 없고 무엇이라도 할 수 있다고 생각한 것 같습니다(참고 6:12).

이들에 대항하여 "게바파" 유대 그리스도인들은 "기록된 것들(=성경 말씀)을 넘어가지 말 것"이라는 구호로 대꾸한 것 같습니다. 바울은 유대 그리스도인들의 이 구호를 빌려 "그리스도파" 헬라 그리스도인들의 방종을 경계하고 있습니다. 동시에 바울은 성경의 진정한 가르침은 유대 그리스도인들의 율법주의에 의한 교만도 지지하지 않음을 은근히 지적하면서, 바울 자신이 3:5 이래 설파한 것과 일치하는 것임을 깨닫도록 말하고 있습니다. "그리스도파"나 "게바파" 모두 바울과 아볼로의 예에서 성경의 진정한 가르침을 터득하고 방종 쪽으로든 율법 쪽으로든 성경의 가르침을 넘어가려고 해서는 안 됩니다.

고린도인들은 네 파로 나뉘어 자신들이 선호하는 사도를 다른 사도들 위에 치켜세움으로써 그 "잘난" 사도를 모시는 자신들이 다른 "못난 사도"를 추종하는 사람들보다 "잘났음"을 과시하는 치졸한 교만 경쟁에 빠져 있었습니다. 바울은 고린도인들의 교만을 "바람이 잔뜩 들어가 부풀어 있음"이라는 뜻의 동사로 표현하고 있습니다(참고 8:1). 바울이 자신과 아볼로를 예로 들어 설명한 것은 바울이 3:5 이하의 본문에서 설파한 대로 그들이 성경의 뜻을 올바로 깨달아 그런 치졸한 교만 경쟁에 빠지지 않게 하기 위한 것이었습니다.

7절

이제 바울은 교만의 문제를 일반화하여 논하고, 그것을 쳐부수는 가장 예리한 논법을 사용합니다. "누가 너를 유별나게 하였느냐" 또는 "누가 너를 (남보다) 더 돋보이게 했느냐?" 이 수사학적 질문으로 바울은 "아무도 너를 네 이웃보다 더 잘난 사람으로 만들지 않았다. 너도 네 이웃과 마찬가지로 기껏해야 용서받은 죄인일 따름이다"는 뜻을 나타내고자 했거나, 아니면 "네가 만일 남다른 은사들을 가졌다면 네가 하나님께서 그의 영으로 주신 은사들로 유별나므로 네가 너에 대해서 자랑할 것은 없다"는 뜻을 나타내고자 하고 있습니다.

"네가 가진 것 중에 받지 아니한 것이 무엇이냐? 네가 (모든 것들을 하나님의 은혜로) 받았으며 어찌하여 마치 안 받은 것같이(즉 그것들이 네 스스로 이룬 것들인 양) 자랑하느냐?" 이 질문들로 바울은 고린도인들의 근본 문제인 교만과 자랑을 철저히 부수고 맙니다.

한편 교만과 자랑은 피조물인 인간이, 모든 것(자신의 생명까지도)을 하나님으로부터 받은 인간이 도저히 할 수 없는 것입니다(참고 롬 3:27; 고전 1:29, 31). 그러나 인간은 "분수를 모르고"(또는 "주제 파악을 못하고") 교만하고 스스로를 자랑하는데, 이것이 죄의 본질(hybris)입니다.

8절

고린도인들의 교만을 이제 바울은 예리한 역설로 쳐부수고자 합니다. 그들은 성령의 풍성한 은사들을 받고(참고 1:4~7) 이미 종말의 하나님 나라의 구원을 다 얻은 양 상상하고 영적인 만족감과 풍요로움 속에 젖어 있으며 하나님의 통치에 참여하고 있는 것으로 착각하고 있습니다. 성령은 종말의 구원의 "첫 열매"(롬 8:23)이자 "보증금"(고후 1:22; 5:5)입니다. 그러므로 성령을 받은 사람은 종말의 구원의 "첫 열매"를 받았고(또는 "첫맛"을 보았고), 그 구원의 완성을 받을 것을 보장받는 것입니다. 그러나 그 구원의 완성은 "아직" 도래하지 않은 미래의 실재입니다. 성령은 그 구원의 "첫 열매"요, "보증금"이며, 이 세상에서 우리의 구원의 체험은 "첫맛"을 보는 것이요, "보증금"을 받는 것에 불과합니다. 그러므로 우리는 아직도 죄악과 고난의 세상에서 살고 있으며 죄악과 고난에 노출되어 있다는 사실을 명심해야 합니다.

고린도인들은 이 사실을 망각하고 자신들이 벌써 하나님 나라의 완성된 구원을 얻어 이 세상이 아니라 하나님 나라에 살면서 하나님 통치에 참여하는 양 착각하고, 그러므로 이 세상의 제약을 초월한 자들로 자처하였습니다. 이들에게 바울은 쓴웃음을 머금고 말합니다. "너희는 이미 배부른자들이 되었구나; 너희는 벌써 부요한 자들이 되었구나; 우리를 떼어놓고 너희는 벌써 왕들이 되었구나! 실제로 너희가 이미 왕들이 되었다면 얼마나 좋을까? 그랬으면 우리도 너희의 왕노릇함에 동참할 수 있었을 텐데"(유의: 개역한글 성경의 번역은 본 후반부절의 뜻을 잘 전달하지 못함)!

9절

성령을 통해 구원의 "첫맛"을 보고 그것의 완성을 보증받은 것은 결코 과소평가할 것이 아닙니다. 그것은 사실 이 세상을 얻은 것보다도 더 위대합니다. 그러나 그것을 미래에 있을 구원의 완성과 혼동하는 사람들에게는 그것의 "임시성"을 사실적으로 상기시키고 이 세상의 죄악과 고난의 사실성을 상기시켜 도취 상태에서 깨어나도록 해야 합니다. 그러기에 바울은 여기서 자신의 사도로서의 고난들을 생생하게 그리고 있습니다(참고 "고난 목록들"; 고후 4:7~10; 6:9~10; 11:23~33). 바울은 하나님께서 사도들을 맹수들과 또는 서로서로 싸워 죽도록 로마의 원형 경기장에 줄지어 끌려 가는 투사들처럼 만들었다고 합니다. 하나님은 사도들을 서로 싸우다가 죽도록 되어 있는 투사들의 줄 맨 끝에 서서 끌려 가도록 하여 온 세상의 모든 거주자들(천사들과 인간들)에게 구경거리가 되게 하였다는 것입니다.

이 무시무시한 그림으로 바울은 사도들의 복음 선포 사역이 사탄의 세력과의 사투인 것과 그 과정 속에서 복음 선포자들은 죽기까지 고난 받는 자들임을 절실하게 나타내고 있는 것입니다.

복음 선포자들은 말로만이 아니라 그들의 삶으로도 "십자가에 못 박힌 그리스도"를 그려 내는 것입니다. 그들의 삶은 "십자가에 못 박힌 그리스도"를 그린 플래카드(placard)입니다(갈 3:1). 그들은 몸에 "그리스도의 죽음"을 지니고 다닙니다(고후 4:10).

10절

바울은 자만하는 고린도인들과 고난 받는 사도들을 쓰디쓴 역설로 대조해 갑니다. 대조점들은 앞의 1장에서부터 고린도인들의 오해의 대상인 지혜, 능력, 그리고 자랑입니다.

11절

바울은 이제 역설을 떨쳐 버리고 사도로서의 고난들을 직접 표현합니다. 11~13절은 고린도 서신들에 다섯 번이나 되풀이하는, 바울이 사도로서 받은 고난들의 목록을 처음 보여 주는 곳입니다(비교 고후 4:7~10; 6:4~10; 11:23~27; 12:10).

12a절

바울은 스스로가 일하여 생계를 벌면서 사도직을 감당하였습니다(참고 고전 9:6; 12:15~18; 고후 11:9; 12:12; 살전 2:9; 살후 3:8; 행 18:3; 20:34).

12b~13a절

산상수훈(마 5~7장)에서 예수님께서 말씀하신 이웃 사랑, 복수 포기, 원수까지 사랑하기의 가르침들을 많이 반영하고 있습니다.

13b절

"더러운 것"은 더럽고 추한 것으로서 천대 받는 것이나 다른 더러운 것들을 씻어 내는 것입니다. 즉 걸레를 뜻합니다. 성경적으로는 속죄양을 뜻합니다(Barrett). 한편 "찌끼"는 때를 뜻합니다. 우리를 위해 자신을 속죄의 제사로 바친 예수님이 바로 이런 역할을 감당하신 것 아닙니까?

10~13절에 진술된 바울의 삶과 섬김의 자세를 예수님의 그것들과 비교해 보십시오. 바울은 과연 예수를 본받는 자였습니다(고전 11:1).

토론해 봅시다

1. 우리는 고린도인들같이 자랑하지 않는가?(예 교파 혹은 교회 자랑)
2. 우리는 우리의 구원의 체험을 어떻게 과소평가하며, 또 어떻게 과대평가하는가?
3. 오늘날 목회자들의 자기 이해를 바울의 사도적 자기 이해와 비교하시오. 또 둘을 주 예수 그리스도의 가르침과 비교하시오(예 막 8:34; 10:42~45; 마 23:8~11).

(3) 바울의 권면과 방문 계획(4:14~21)

자신들의 허황된 자만심에 바울이 그의 사도직의 고난을 역설로 대조시키는 것을 보고 고린도인들은 마땅히 부끄러워해야 합니다.

그러나 바울은 그들을 부끄럽게 하기 위한 것이 아니라 그들의 영적 아버지로서 영적 자녀들을 타일러 그들로 하여금 바르게 생각하고 살도록 하는 데 목적이 있다고 말합니다.

바울은 고린도인들을 자신의 사랑하는 자녀들이라 하고 자신을 그들의 아버지로 말합니다. 이 그림 언어는 바울이 고린도인들에게 복음을 선포하여 그들이 예수 그리스도를 믿고 구원을 얻어 새로운 피조물들이 되었음을 말하는 것입니다(참고 고후 5:17; 요 3:5; 딛 3:5).

바울 이후 고린도에 온 사도들이나 앞으로 또 올 기독교 지도자들은 그들의 영적 아버지인 바울과는 달리 "선생들"에 불과합니다(참고 갈 3:24 "몽학선생"). 그러므로 바울은 자신과 고린도인들의 관계의 독특성과 자신의 그들에 대한 사랑과 책임을 강조합니다.

고린도인들은 자녀들로서 마땅히 그들의 영적 아버지인 바울의 모범을 본받아야 합니다. 바울이 그들에게 자신을 본받으라고 자신 있게 말할 수 있는 이유는 자신이 그리스도의 모방자이기 때문입니다. 바울은 이 사상을 아주 중요하게 여겨 그의 서신들 곳곳에서 되풀이합니다(고전 11:1; 참고 갈 4:12; 빌 3:17; 살전 1:6; 2:14; 살후 3:7, 9). 그는 말로만이 아니라 삶 전체로 그리스도(즉 "십자가에 달린 그리스도")를 그려 내고 현현케 하기 때문에, 고린도인들은 그를 봄으로써 그리스도를 보게 되고, 그를 본받음으로써 그리스도를 본받아야 합니다(고전 4:11~13; 고후 4:10; 갈 3:1).

17절

"이를 인하여" 즉 고린도인들이 바울을 본받는 데 돕도록 하기 위하여 바울은 디모데를 고린도로 보냈습니다. 디모데는 바울이 사랑하고 신임하는 조력자로서 고린도 교회 개척에 동역하였을 뿐 아니라, 바울에 의해 그리스도인 된 바울의 "사랑하고 신실한 아들"이었습니다. 바울이 디모데를 이렇게 소개하는 데는 "신실한 아들"인 디모데와 신실하지 못한 자녀들인 고린도인들에 대한 대조가 내포되어 있으며, 후자가 전자를 본받아 신실한 자녀들이 되어야 한다는 생각이 함께 내포되어 있습니다. 바울의 모범적인 그리스도의 삶을 신실하게 따르는 디모데가 고린도인들에게 바울의 예수 그리스도 안에서의 "길들"(행동 양식을 가리키는 유대 숙어)을 상기시킬 것입니다.

바울은 그리스도 예수 안에서의 자신의 행동 양식 또는 삶의 방식을 모든 교회에서 같이 가르친다고 합니다. 이것은 세계의 모든 교회들에 지역 문화적 특수성들을 초월한 규범적 그리스도인의 삶의 방식이 있음을 암시합니다. 바울은 그리스도를 모방하는 자신의 삶이 모든 문화권들의 다양한 상황들 속의 교회들에게 그리스도인의 삶의 모범임을 암시하고 있는 것입니다.

18~21절

바울은 디모데만을 보낸 것이 아니라 자신이 직접 고린도를 방문하여 그곳의 문제들을 바로잡을 생각을 했습니다. 그가 오지 않으리라는 생각에서 허황된 자만 속에 빠져 있는 고린도인들에게 자기의 방문 계획을 발표하여 경고하고 있습니다. 바울은 "주께서 허락하시면"이라고 덧붙임으로써 자신의 모든 계획이 주님의 주권자적 뜻에 달려 있음을 보여 줍니다.

그는 곧 고린도를 방문하여 벌써 하나님 나라에 도달하여 왕이나 된 듯이 허황된 말로 자랑하며 날뛰는 자들(참고 4:8)을 살펴볼 것입니다. 그들의 교만하고 허황된 주장("말")이 아니라, 그들이 과연 하나님 나라의 백성으로서 성령의 능력, 즉 사람들을 도덕적으로 변화시키고 핍박 속에서도 진리와 의와 사랑에 충실하며, 고난 속에서도 믿음과 소망과 기쁨을 견지하는 능력을 가지고 있는지를 조사해 볼 것입니다. 하나님 나라, 곧 하나님의 다스림은 허황된 말로 나타나는 것이 아니라, 바로 이런 능력으로 나타나기 때문입니다. 바울은 버릇 나쁜 자녀들을 훈육하는 아버지같이 영적 자녀들인 고린도인들에게 묻습니다: 매를 들고 오랴, 사랑을 가지고 오랴(21절)?

바울은 디모데를 먼저 보냈음을 언급하고 자신이 곧 직접 가서 그곳의 문제들을 바로잡겠다는 여행 계획을 발표함으로써 세상적 지혜 사상에 오염되어 교만과 자랑과 분쟁 속에 휩싸여 있는 고린도인들에 대한 이 타이름의 편지를 결론지으려 한 것 같습니다. 그러나 여러 날 또는 여러 주간에 걸쳐 쓰여진 이 편지가 이 결론 부분에 도달하였을 때 고린도에서 더욱 심각한 문제들에 대한 새로운 소식이 바울에게 전달되어, 바울은 편지를 종결하지 않고 5:1 이하에 그 문제들을 다루는 내용을 더 구술해 내려간 것 같습니다(참고 5:1 이하; 16:17).

토론해 봅시다

1. 우리 한국 교회에 바울과 같이 "나를 본받는 자가 되라"고 할 만한 목자가 있는가?
2. 우리는 우리가 전도한 사람들에게, 또는 혹 목사로서 혹 장로로서 우리가 돌보아야 할 성도들에게 "나를 본받는 자가 되라"고 할 수 있도록 살고 있는가?

2. 교회의 거룩성(5:1~6:20)

이 부분은 고린도전서의 제2부에 해당됩니다. 제1부(1~4장)에서 바울은 고린도의 그리스도인들의 그릇된 "지혜" 자랑에 의한 분열에 대항하여 십자가의 진정한 지혜를 가르침으로써 교회의 하나됨을 고취하였습니다. 이제 제2부에서는 고린도인들의 그릇된 자유사상에 의한 도덕적 타락에 대항하여 바울은 하나님의 성전인 교회(3:16~17)의 거룩성을 강조합니다.

1) 음행과 교회(5:1~13)

1 너희 중에 심지어 음행이 있다 함을 들으니 그런 음행은 이방인 중에서도
없는 것이라 누가 그 아버지의 아내를 취하였다 하는도다
2 그리하고도 너희가 오히려 교만하여져서 어찌하여 통한히 여기지 아니하
고 그 일 행한 자를 너희 중에서 쫓아내지 아니하였느냐
3 내가 실로 몸으로는 떠나 있으나 영으로는 함께 있어서 거기 있는 것 같
이 이런 일 행한 자를 이미 판단하였노라
4 주 예수의 이름으로 너희가 내 영과 함께 모여서 우리 주 예수의 능력으로
5 이런 자를 사탄에게 내주었으니 이는 육신은 멸하고 영은 주 예수의 날
에 구원을 받게 하려 함이라
6 너희가 자랑하는 것이 옳지 아니하도다 적은 누룩이 온 덩어리에 퍼지는
것을 알지 못하느냐
7 너희는 누룩 없는 자인데 새 덩어리가 되기 위하여 묵은 누룩을 내버리라
우리의 유월절 양 곧 그리스도께서 희생되셨느니라
8 이러므로 우리가 명절을 지키되 묵은 누룩으로도 말고 악하고 악의에 찬
누룩으로도 말고 누룩이 없이 오직 순전함과 진실함의 떡으로 하자

9 내가 너희에게 쓴 편지에 음행하는 자들을 사귀지 말라 하였거니와
10 이 말은 이 세상의 음행하는 자들이나 탐하는 자들이나 속여 빼앗는 자
들이나 우상숭배하는 자들을 도무지 사귀지 말라 하는 것이 아니니 만
일 그리하려면 너희가 세상 밖으로 나가야 할 것이라
11 이제 내가 너희에게 쓴 것은 만일 어떤 형제라 일컫는 자가 음행하거나
탐욕을 부리거나 우상숭배를 하거나 모욕하거나 술 취하거나 속여 빼
앗거든 사귀지도 말고 그런 자와는 함께 먹지도 말라 함이라
12 밖에 있는 사람들을 판단하는 것이야 내게 무슨 상관이 있으리요마는
교회 안에 있는 사람들이야 너희가 판단하지 아니하랴
13 밖에 있는 사람들은 하나님이 심판하시려니와 이 악한 사람은 너희 중
에서 내쫓으라

1절

바울은 에베소에서 고린도 교회의 한 사람이 그의 계모를 데리고 산다는 소식을 듣고 큰 충격을 받았습니다. 이런 류의 음행은 이방인들 중에도 감히 행해지지 않는 악질적인 것이었습니다. 바울이 1절에서 이 이야기를 "실제로"(개역한글성경에서는 "심지어")라는 말로 꺼내기 시작한 것은 고린도인들의 도덕적 삶이 그들의 교만한 주장과 정반대되는 것에 대한 그의 꾸중을 나타내고 있습니다. 바울이 이런 음행을 저지른 남자에게만 책임을 추궁하는 것을 보면, 그 여자는 아마 그리스도인이 아니었던 것 같습니다. 바울은 사실 그 남자보다 그런 일이 일어날 수 있는 분위기를 만든 고린도인의 교회를 꾸짖고 있습니다.

2절

고린도의 교회는 이런 음행을 두고 통곡하고 그 행위자를 쫓아내

어야 했습니다. 그러나 그들은 도리어 영적 부요함으로 부풀어 있었고 교만해 있었습니다. 바울이 고린도인들에게 이렇게 나무라는 데서, 우리는 이런 상상을 할 수 없는 음행도 고린도 그리스도인들의 그릇된 구원론과 그릇된 자유 이해에서 연유하였음을 짐작할 수 있습니다: 원래 영과 육을 구분하는 이원론적 사고방식을 가진 고린도의 헬라 그리스도인들은 성령의 은사들을 받고는 그들의 영혼이 벌써 구원을 완전히 받아 썩어질 육신의 제약을 완전히 벗어난 것으로 생각했습니다. 따라서 한 사람은 그런 음행을 거리낌 없이 저지르고, 그것을 본 고린도의 교인들은 그것이 자신들의 영적 구원과 자유를 증명하는 것으로 뽐내며 박수갈채를 했던 것 같습니다.

3절

그러나 그런 음행을 행한 자에 대해 바울은 판단을 내렸습니다. 몸은 비록 떨어져 있으나, 바울은 고린도 교회의 개척자로서 그 교회의 안녕과 발전을 위해 늘 관심을 가지고 있으며 이번 일에도 소상히 듣고 근심하는 가운데(영적으로 그 교회의 상황에 참여하는 자로서 마치 자신이 그 상황에 있는 것같이) 판단을 내린 것입니다.

4절

그의 판단의 내용은 고린도 교회가 "주 예수의 이름으로"(즉 주 예수의 권위 아래, 그의 뜻을 순종하려는 의지를 가지고), 여기 이 편지로 전달되는 바울의 정신과 함께 모여 그 음행자를 주 예수 그리스도의 힘으로 사탄에게 넘겨주어야 한다는 것입니다. 사탄에게 넘겨줌은 예수의 주권 아래 있는 교회에서 사탄이 아직도 주권을 행사하는 세상으로 몰아내는 것을 말합니다. 교회는 그리스도의 부활로 사탄을 꺾음으로 성립되었고, 예수를 주로 고백함으로써 사탄의 영역에서 벗어나 예수 그리스도의 주권의 영역으로 들어온 사람들의 공동체입니다. 그러므로 교회로부터 쫓겨남은 예수 그리스도의 영역에서 사탄의 주권의 영역으로 쫓겨남을 의미합니다.

바울은 자신의 뜻을 확실히 밝히면서도 일방적으로 고린도인들에게 명령하지 않고 온 교회가 모여(그 중에 자신도 영적으로 한 회원으로 참여하여) 올바른 결정을 하고 집행하도록 부탁하고 있습니다. 여기서 바울은 한 지도자의 독단적 결정이 아니라 교회 공동체의 "민주적" 결정이 중요함을 암시하고 있습니다.

사탄에게 그 음행자를 넘겨주는 것은 그러나 궁극적으로 그의 구원을 위한 것입니다. 하나님은 사탄에게 "사망의 세력"을 주시고(히 2:14) 이것을 죄인들에게 행사하게 하셨습니다. 사탄에 의해 이 음행자의 육신도 멸망되어야 합니다. 그러나 이 음행자도 예수를 그리스도로 믿고 주로 고백하여 성령-종말의 완성된 구원의 보증금(고후 1:22; 5:5)이요 부활의 능력(롬 8:11)인-성령을 받아 새 피조물(고후 5:17), 즉 하나님과 올바르게 관계되었던 자이므로, 사탄의 죽음의 징벌(예 방탕과 파탄이 가져오는 고난들)을 받는 동안 자극을 받아 회개한다면 주 예수 그리스도의 재림 때 있을 최후의 심판 때 구원을 받을 수 있습니다. 그리하여 그의 행위와 육신까지도 심판의 불에 태워져 버릴 것이지만, 그의 본질적 자아-"영"-는 구원될 것입니다(고전 3:15). 이렇게 죄의 분량을 "넘치는 은혜"(참고 롬 5:15)가 이런 극단적인 죄에도 적용되는 것입니다.

바울의 관심은 첫째로 그 음행자의 심판과 구원에 관한 것입니다. 그러나 바울은 또 교회의 거룩성과 순결성을 지키고자 하는 것입니다. 이것이 그 음행자를 교회 밖으로 내쫓아야 하는 또 하나의 이유입니다. 구약의 하나님의 백성의 사상이 바울의 가르침의 배경을 이루고 있습니다. 하나님의 백성 이스라엘 중에 심각한 죄가 발생하면 그것은 하나님과 이스라엘 간의 언약의 관계를 훼손하여 이스라엘 민족 공동체 전체에 재앙을 가져옵니다. 그러므로 고린도의 음행자 같은 행악자들은 공동체에서 쫓아내고 처형해야 합니다(참고 민 18:8; 20:11; 신 17:5~7). 그리하여 훼손된 언약의 관계를 회복해야 합니다.

6절

이 음행자로 인하여 하나님과의 관계가 훼손되고 자신들의 공동체 전체가 더럽혀진 것에 아랑곳하지 않고 자만과 자랑에 빠져 있는 고린도인들에게 바울은 꾸짖습니다.

"적은 누룩이 온 반죽덩어리를 부풀게 하는 것을 너희는 모르느냐"(바울은 이 격언을 갈라디아서 5:9에서도 사용함)?

7절

"새 반죽덩이가 되기 위해서 묵은 누룩을 쓸어 내버리자. 사실 너희는 누룩에 부풀리지 않은 자들이므로, 뿐만 아니라 우리의 유월절 양 그리스도께서 희생되셨으므로."

바울은 아마 유월절을 앞둔 시점에서 이 편지를 쓰고 있기에(참고 고전 16:8) "누룩"에 관한 격언을 여기서 쓰고 있고 유월절을 그림 언어로 써서 고린도인들에게 권면하게 된 것 같습니다. 출애굽기

12:15, 19; 13:7에 의하면 유월절 7일 동안 유대인들은 무교병만을 먹어야 합니다. 이 관습에서 "누룩"이 악영향이나 더럽히는 것에 대한 상징어로 쓰이게 된 것입니다. 바울은 유대인들이 유월절에 누룩을 쓸어 내어 집 안을 제의적으로 깨끗케 하는 관습을 고린도인들의 도덕적 순결성 회복을 위한 그림으로 쓰고 있습니다.

바울은 고린도인들에게 모든 죄악을 쓸어 내버리고 순결해져야 한다고 권면합니다(명령형). 이 권면(명령)은 그들이 그리스도의 대속의 죽음으로 이미 깨끗케 되었음(서술형)(참고 벧전 1:2)에 근거하고 있습니다. 명령형과 서술형의 이러한 조합은 바울의 윤리의 근본 구조입니다(참고 롬 6:11~14, 19; 골 2:20~3:14 등): 첫째, 하나님의 백성은 그리스도의 대속의 죽음으로 말미암아 죄로부터 해방되었으며(구원의 사건/서술형); 둘째, 오로지 그렇기 때문에 그들은 이제 죄를 피하고 하나님께 순종할 수 있고(구원의 상태/서술형); 셋째, 그렇기 때문에 그들은 이제 죄를 짓지 말고 하나님의 뜻에 순종해서 살아야 한다(윤리적 행위/명령형)는 것입니다.

하나님의 그리스도 안에서의 구원 사건(서술형)이 없었으면 우리는 윤리적 행위(명령형)를 할 수 없습니다. 전자가 후자를 비로소 가능케 하는 것입니다. 고린도인들이 그들의 공동체로부터 죄악을 소제해야 하는 또 하나의 보다 근본적인 이유는 우리의 "유월절 양 그리스도"가 제물로 바쳐졌기 때문입니다(참고 요 1:29; 고전 15:3~5; 고후 5:21). 그리스도가 십자가에서 우리 죄를 위한 대속의 제사로 바쳐졌습니다. 그리하여 우리가 속죄된 것입니다("누룩에 부풀리지 않은 자들"이 되었음).

8절

그리스도의 속죄의 제사 후 그리스도인들은 그 제사가 이룬 유월절의 구원의 축제 속에 삽니다. 유대인들이 유월절의 축제를 즐기기 위해서는 묵은 누룩을 쓸어 내듯이, 고린도 교회도 그리스도가 이루신 구원의 축제를 즐기기 위해서는 악독함과 사악함의 "묵은 누룩"을 쓸어 내버리고 즐겨야 합니다.

9~13절

고린도 교회에서의 음행자를 처리하도록 권고하고 교회의 순결성을 회복하도록 권면함과 관련하여 바울은 그가 고린도인들에게 이 편지보다 먼저 쓴 편지에서 했던 하나의 충고를 고린도인들이 오해한 사실을 상기하고 그것을 바로잡습니다. 바울은 교회 내에서 그리스도인이라 자처하는 자가 음행을 하면 그런 자들과 상대하지 말라는 뜻으로 썼는데, 고린도인들은 바울이 마치 비그리스도인 음행자들까지도 상대하지 말라고 가르친 것으로 오해하였습니다. 세상의 불신자들 가운데는 온갖 행악자들이 당연히 있는데, 그들과 상대하지 않으려면 그리스도인들은 "세상 밖으로 나가야 할 것입니다." 이런 금욕주의적 수도원적 이상은 있을 수 없습니다.

그러나 교회 내에서는 행악자들을 관용해서는 안 됩니다. 그들을 쫓아내야 합니다(11절). 하나님의 백성의 거룩성과 순결성을 보존하고 하나님과의 언약의 관계를 유지하기 위해서 세상의 행악자들은 하나님의 심판에 맏기고 우리는 교회 내의 행악자들이 교회의 거룩성과 순결성을 훼손하지 않도록 힘써야 합니다.

토론해 봅시다

한국 교회는 교회 내의 행악자들과 교회 밖의 행악자들을 어떻게 취급하는가?

2) 불신자들의 재판정에 가서 재판 받는 문제(6:1~11)

1 너희 중에 누가 다른 이와 더불어 다툼이 있는데 구태여 불의한 자들 앞
에서 고발하고 성도 앞에서 하지 아니하느냐
2 성도가 세상을 판단할 것을 너희가 알지 못하느냐 세상도 너희에게 판
단을 받겠거든 지극히 작은 일 판단하기를 감당하지 못하겠느냐
3 우리가 천사를 판단할 것을 너희가 알지 못하느냐 그러하거든 하물며
세상 일이랴
4 그런즉 너희가 세상 사건이 있을 때에 교회에서 경히 여김을 받는 자들
을 세우느냐
5 내가 너희를 부끄럽게 하려 하여 이 말을 하노니 너희 가운데 그 형제간
의 일을 판단할 만한 지혜 있는 자가 이같이 하나도 없느냐
6 형제가 형제와 더불어 고발할 뿐더러 믿지 아니하는 자들 앞에서 하느냐
7 너희가 피차 고발함으로 너희 가운데 이미 뚜렷한 허물이 있나니 차라리
불의를 당하는 것이 낫지 아니하며 차라리 속는 것이 낫지 아니하냐
8 너희는 불의를 행하고 속이는구나 그는 너희 형제로다
9 불의한 자가 하나님의 나라를 유업으로 받지 못할 줄을 알지 못하느냐
미혹을 받지 말라 음행하는 자나 우상숭배하는 자나 간음하는 자나 탐
색하는 자나 남색하는 자나
10 도적이나 탐욕을 부리는 자나 술 취하는 자나 모욕하는 자나 속여 빼
앗는 자들은 하나님의 나라를 유업으로 받지 못하리라
11 너희 중에 이와 같은 자들이 있더니 주 예수 그리스도의 이름과 우리 하
나님의 성령 안에서 씻음과 거룩함과 의롭다 하심을 받았느니라

바울은 성 문제에 관한 그의 가르침을 다 마치지 않았습니다(6:12 이하; 7:1 이하). 그러나 5:12~13에서 바울은 심판에 관해 언급을 하게 되었는데, 차제에 고린도 교회의 또 하나의 문제인 재판의 문제를 다루고 넘어가기로 합니다. 고린도의 그리스도인들끼리 정부의, 즉 불신자들의 재판정에 나아가 서로 송사하였습니다. 이에 대해 바울의 충고는 첫째, 그리스도인들은 그들끼리의 다툼을 그들 스스로의 재판정에서 해결하여야 한다는 것(1~6절)이고, 둘째, 그들 가운데 다툼이 아예 없어야 한다는 것(7~8절)이었습니다.

1절

"너희들 중에 누가 다른 이와 사건이 있을 때 감히 불의한 자들 앞에서 송사하지 성도들 앞에서 하지 아니하느냐?"

바울은 여기서 "감히"(참고 롬 5:7; 15:18)라는 강한 말을 써서 그렇게 하는 것은 하나님과 교회에 대한 모욕으로 도저히 있을 수 없는 일임을 나타냅니다. 여기서 "불의한 자들"과 "성도들"은 일차적으로 도덕적 개념들이 아니고 종교적 개념들로서, 전자는 그리스도를 믿음으로 의롭게 됨(곧 하나님과 올바른 관계를 갖게 됨)을 아직 얻지 못한 자들을 지칭하고(참고 6절), 후자는 그리스도를 통하여 하나님의 백성이 된 자들(참고 1:2)을 말합니다.

2절

고린도인들의 그와 같은 행동은 자신들의 하나님 백성 됨의 특권을 완전히 망각한 행위입니다. "성도들"이 세상 사람들이 심판을 받는 게 아니고, 사실은 "성도들"이 세상 사람들을 심판하게 되어 있습니다. 5:12~13에서 바울은 교회 밖의 불신자들의 심판은 하나님께 맡기고 자신은 그들을 심판하지 않는다고 하고서 여기서는 무슨 뜻으로 "성도들"이 "세상"(곧 세상 사람들)을 심판한다고 합니까? 5:12~13의 요점은 그리스도인들이 현재 세상 사람들의 부도덕함에 대해 비판할 필요가 없다는 것이고, 여기서 성도들이 세상을 심판한다고 하는 것은 다니엘 7:13~27 등에 근거한 예수님의 가르침(마 19:28; 눅 22:30; 참고 눅 20:4)을 반영하는 것으로, 종말에 하나님의 백성이 주님의 최후의 심판에 참여할 것을 말합니다. 종말에 세상을 심판할 사람들이 그들 가운데 일어나는 지극히 소소한 갈등 하나 판단할 능력이 없다는 것입니까?

3절

"천사들" 가운데 좋은 천사들도 있고 사탄의 종노릇 하는 나쁜 천사들도 있다는 것이 성경의 가르침입니다(참고 고후 12:7). 그리고 하나님의 최후의 심판 때는 사람들뿐 아니라 천사들도 심판을 받습니다. 그러므로 하나님의 최후의 심판에 동참할 성도들은 천사들도 심판할 것입니다. 그러기에 그들의 일상생활에 관계된 사건들을 심판하는 것은 말할 나위도 없습니다.

4절

"그런데 너희가 일상생활에 관계된 사건들이 있을 때, 교회에서 아무런 존경도 받지 못하는 자들을 판사로 세우느냐?"

그리스도인들이 자신들의 다툼을 판정해 주도록 불신자들을 심판자로 세우는 일은 있을 수 없는 것입니다.

5절

서로 지혜를 자랑하며 날뛰는 고린도인들이 이 지경이 되었단 말입니까? 예나 지금이나 자기 자랑하는 교회치고 그 내면의 실제는 그 자랑하는 바의 반대가 아닌 경우가 없습니다.

6절

고린도 교회의 실상은 형제들 간의 갈등을 잘 판정해 줄 지혜로운 자가 있기는커녕 형제가 형제와 더불어 송사하고, 그것도 불신자들 앞에서 송사하는 것입니다. 한 교회의 교인들이 교회 내의 "형제들"로부터보다는 교회 밖의 불신자들로부터 공정한 판단과 정당한 해결을 얻을 수 있는 가능성이 더 크다고 본다면, 그 교회는 어떤 교회입니까?

7절

"사실 너희들이 서로와 더불어 송사한다는 것 자체가 너희에게 벌써 전적으로 패배를 의미한다. 왜 차라리 불의를 당하고 말지 않으며, 왜 차라리 사기당하고(또는 강탈당하고) 말지 않느냐?"

그리스도인들끼리 서로 다투어 제3자로 하여금 재판케 한다는 것 자체가 이기적 욕망이 사랑과 정의를 압도해 버렸음을 증명하는 것입니다. 그러므로 그렇게 서로 송사하는 그리스도인들은 그들의 송사로써 그리스도인의 가장 중요한 덕목들인 사랑과 정의를 저버렸음을 공표하는 것이고, 그들의 그리스도인적 실체(identity)를 포기했음을 공표하는 것입니다. 그러므로 그들의 송사는 그들의 그리스도인으로서의 "실패"를 보여 주는 것이며, 설사 그들 중 한

쪽이 그 재판에서 "승리"한다 해도 그것은 진정한(그리스도인적 의미로의) "승리"가 아니고 실제로는 "패배"인 것입니다. "왜 차라리 불의를 당하고 말지 않으며, 왜 차라리 사기당하고(또는 강탈당하고) 말지 않느냐?"는 예수님의 산상수훈을 강력하게 상기시키는 말입니다(마 5:38~48).

8절

주 예수 그리스도를 좇는 그리스도인의 이상은 차라리 불의를 당하고 강탈당할지언정 자신의 권리를 찾으려 하거나 보복하려 하지 않는 것입니다. 그런데 고린도인들의 실상은 이 이상과는 너무도 멉니다. 아니 정반대입니다. "너희가 (바로) 불의를 자행하고 강탈 짓을 한다. 그것도 형제들에게!"

9~10절

여기서는 죄악 목록을 기록하고 있습니다. 이런 죄악들을 저지르는 자들은 "하나님 나라를 유업으로 받지 못합니다. 여기 "하나님 나라를 유업으로 받음"은 바울이 예수의 언어를 답습하고 있음을 보여 줍니다. 예수의 메시아(종말의 구원자)적 행위인 대속의 죽음과 부활 후에는 예수의 "하나님 나라"의 복음이 사도들의 "그리스도의 죽음과 부활"의 복음으로 대치되어, 일반적으로 공관복음서들(마태복음, 마가복음, 누가복음) 밖에서는 "하나님 나라"라는 언어가 드물게 나옵니다.

그러나 바울은 여덟 번 이 언어를 쓰면서(고전 4:20; 6:9~10; 15:50; 갈 5:21; 골 4:10~11; 살전 2:11~12; 살후 1:5), 그곳들에 예수님의 가르침을 잘 반영하는데, 예수가 "하나님 나라"라는 개념과 함께 즐겨 쓴 동사들(오다, 주시다, 들어가다, 받다) 중 "(유업, 즉 상속으로) 받다"(예 마 25:34; 참고 5:5; 19:29)라는 동사를 특별히 애용합니다. 이 동사는 하나님 나라에 "들어가다"와 같은 뜻을 가지나, 구원에 있어 하나님의 은혜를 더욱 잘 나타내는 말입니다. 여기서 "하나님 나라"는 종말에 있을 완성된 구원에 대한 표상으로 쓰이고 있습니다. 그리스도인들은 그리스도를 믿음으로 이미 하나님 나라 속으로 들어가 하나님의 "백성"(성도들)이 되었고 하나님의 "자녀들"이 되었으므로 장차 완성될 "하나님 나라"를 "상속" 또는 "유업"으로 받게 되었습니다. 그러나 그들이 지금 여기서 "하나님 나라"에 계속 머무르지 않으면, 다시 말해 하나님의 통치를 받지 않으면, 즉 그 통치를 받아 하나님과 이웃을 사랑하는 삶을 살지 않고 그 대신 여기 나열된 것과 같은 죄들을 저지르면, 하나님 나라의 백성으로서 또는 하나님의 자녀들로서 실격되고 종말의 하나님 나라에서 탈락하게 된다는 엄중한 경고입니다. 이미 하나님 나라에 들어가 그리스도와 함께 왕노릇이라도 하는 양 착각하여 영적으로 들떠 온갖 육신적 죄들에 대하여 경각심을 잃고 있는 고린도인들이나(고전 4:8~21), 그리스도를 믿어 중생하여 지금 여기서의 윤리적 삶(즉 하나님의 통치를 받는 삶)과 관계 없이 종말의 구원을 보장받은 것으로 생각하는 이른 바 "구원파" 사람들에게는 엄중한 경고가 아닐 수 없습니다.

바울은 하나님 나라에 대한 이 가르침을 고린도인들에게 그의 교회 개척 시 이미 가르쳤습니다. 그런데 그들의 행실은 이것을 전혀 모르는 자들의 것과 같으므로, 꾸짖는 물음을 합니다: "불의한 자들은 하나님 나라를 유업으로 받지 못하리라는 것을 모르느냐?"

11절

“너희 중 몇은 이와 같은 자들이었다. 너희들은 주 예수 그리스도의 이름으로 그리고 우리 하나님의 영으로 그러나 씻겼고, 그러나 거룩해졌고 그러나 의롭게 되었다.”

여기서 “그러나”라는 표현이 세 번 되풀이되어 각 동사 앞에 나옴으로써 강조의 효과를 극대화하는 것을 눈여겨 보십시오.

고린도인들은 주 예수 그리스도의 이름으로 세례를 받을 때(예 행 2:38) 성령을 선물로 받았는데(고전 12:13), 그때 그들이 죄 씻음을 받고 하나님의 백성이 되어 하나님과 올바른 관계를 갖게 되었습니다. 그들은 전에 9~10절에 나열된 죄들을 저지른 자들이었습니다. 그러나 그리스도를 믿고 그의 이름으로 세례를 받음으로써 구원받고 하나님께 의존하고 순종하여 사는 하나님의 의로운 백성이 된 것입니다(서술형).

그런데 그들의 재판 행위는 아직도 그들이 하나님의 의로운 백성으로서의 삶을 살지 못한 증거입니다. 그러므로 바울은 권면합니다. “그리스도 안에서 얻은 너희들의 하나님의 거룩하고 의로운 백성으로서의 정체성(identity)을 실제 삶에서 실증하라”(명령형).

토론해 봅시다

1. 본문에 비추어 우리 교회 내 성도들 간의 관계를 생각해 보자. 우리 교회는 고린도 교회보다 나은가?
2. 그리스도인들은 세상의 법정에서 송사해도 되는가? 아니면 어떻게 해야 하는가?
3. 왜 판사들은 그리스도인들 간의 재판이 가장 어렵다고 하는가?

3) 너희 몸으로 하나님께 영광을 돌리라(6:12~20)

12 모든 것이 내게 가하나 다 유익한 것이 아니요 모든 것이 내게 가하나
내가 무엇에든지 얽매이지 아니하리라
13 음식은 배를 위하여 있고 배는 음식을 위하여 있으나 하나님은 이것 저
것을 다 폐하시리라 몸은 음란을 위하여 있지 않고 오직 주를 위하여 있
으며 주는 몸을 위하여 계시느니라
14 하나님이 주를 다시 살리셨고 또한 그의 권능으로 우리를 다시 살리시리라
15 너희 몸이 그리스도의 지체인 줄을 알지 못하느냐 내가 그리스도의 지
체를 가지고 창녀의 지체를 만들겠느냐 결코 그럴 수 없느니라
16 창녀와 합하는 자는 그와 한 몸인 줄을 알지 못하느냐 일렀으되 둘이
한 육체가 된다 하셨나니
17 주와 합하는 자는 한 영이니라
18 음행을 피하라 사람이 범하는 죄마다 몸 밖에 있거니와 음행하는 자는
자기 몸에 죄를 범하느니라
19 너희 몸은 너희가 하나님께로부터 받은 바 너희 가운데 계신 성령의 전
인 줄을 알지 못하느냐 너희는 너희 자신의 것이 아니라
20 값으로 산 것이 되었으니 그런즉 너희 몸으로 하나님께 영광을 돌리라

바울은 5장에서 다룬 성적 문란 문제로 복귀합니다. 그러나 5장에서 그는 구체적 음란 사건에서 시작하여 토론을 전개하였으나, 이제 이곳에서는 고린도인의 문란한 성도덕의 근저에 깔린 전제로부터 토론을 시작합니다. 그 전제는 고린도인들의 방탕주의를 잘 나타내는 그들의 구호들에 잘 표현되어 있는데, 바울은 그것들을 여기 인용하고 논평함으로써 고린도인들의 근본 문제를 깊이 다루고 있습니다.

12절

“모든 것이 내게 허락된다”: 그러나 모든 것이 유익한 것은 아니다: “모든 것이 내게 허락된다.” 그러나 나는 어떤 것에 의해서도 지배당하지 않겠다.

“모든 것이 내게 허락된다”(즉 “내게는 모든 것이 가능하다” 또는 “내게는 모든 것이 합법적이다”): 이것은 고린도 교회의 자유주의자들의 구호였습니다. 바울은 이 구호를 여기 되풀이하여 인용하면서 그것을 일단 수용합니다. 그리고 그는 그것에 대해 두 가지 논평으로 대응합니다: “그러나 모든 것이 유익한 것은 아니다” 그리고 “나는 어떤 것에 의해서도 지배당하지 않겠다.” 그리스도인의 삶은 율법을 지킴에 의한 것이 아니라, 하나님의 은혜에 의한 것이므로 근본적으로 자유의 삶입니다. 그러나 그렇다 해서 그리스도인이 그의 자유를 무책임하게 써도 된다는 것은 아닙니다(참고 갈 5:13; 벧전 2:16).

그는 그 자유를 자기뿐 아니라 남에게 특히 그리스도의 몸인 교회에 유익하게 써야 합니다(참고 10:23). 오로지 사랑과 사랑에 근거한 행위만이 하나님의 백성에게 유익하고 교회를 세우는 것입니다(8:1).

바울의 두 번째 논평은 그리스도인의 자유는 진정한 자유여야 한다는 것입니다. 사람들은 자기가 하고 싶은 대로 할 수 있는 것을 자유라고 생각합니다. 그러나 “자유”의 이름 아래 방종함은 실제로 자신의 욕망이나 나쁜 버릇의 노예임을 증명하는 데 지나지 않을 수 있습니다. 그리스도인의 자유는 방종이 아닙니다. 방종은 자유보다 더 큰 것이 아니라 더 작은 것입니다(Barrett).

13절

"음식은 배를 위하여 있고, 배는 음식을 위하여 있다. 그러나 하나님께서 이것이나 저것이나 둘 다 폐하실 것이다." 그러나 몸은 음란을 위해 있는 것이 아니고, 주를 위하여 있고, 주는 몸을 위하여 있다.

"음식은 배를 위하여 있고, 배는 음식을 위하여 있다. 그러나 하나님께서 이것이나 저것이나 둘 다 폐하실 것이다"도 고린도인들의 구호였는데, 거기에 바울은 대응합니다: "그러나 몸은 음란을 위해 있는 것이 아니고 주를 위하여 있고, 주는 몸을 위하여 있다." 헬라적 이원론으로 생각하는 고린도의 그리스도인들은 인간의 몸은 영과는 달리 영원한 가치가 없는 물질적인 것으로서 죽음으로 폐해져 버릴 것이고, 그것은 영의 구원에 아무런 영향을 주지 않으므로 몸으로 무엇을 하든지 괜찮고 그 속을 어떤 음식으로-그것도 영원한 가치가 없는 물질인데-채워도 괜찮다고 보았습니다.

고린도인들의 그런 사상을 표현하는 구호에 바울은 또 논평합니다. 고린도인들의 그 구호는 음식을 가리는 문제에 있어서는 합당할지 모릅니다(참고 8:8; 10:25~30). 그러나 배의 식욕을 만족시키는 것과 몸의 성욕을 만족시키는 것은 다릅니다. 고린도인들에게는 배가 몸이고 몸이 배일지 모르나 바울에게는 그렇지 않았습니다. 배는 단순한 물질이지만, 몸은 바울에겐 단순히 고깃덩어리가 아니라 혼(psyche)을 가진 인간(그의 자아) 자체이고, "영적인 몸"으로 부활되어 영생을 누릴 것입니다(15:4 이하; 고후 5:1~5; 빌 3:21).

그러므로 아무 음식을 위해서나 배를 쓸 수 있듯이 음란을 위해서 몸을 써도 괜찮다는 고린도인들의 생각은 옳지 않습니다. 몸은 주를 섬기기 위해서 있는 것이고, 주께서는 우리의 몸을 구원하시기 위해 자신을 바친 것입니다.

14절

음식 먹는 것과 달리 성관계는 인격체 전체("몸")의 행위로서, "몸"은 배와 같은 물질의 한시성을 갖는 것이 아니라 부활의 삶으로 지속될 몸의 영원한 의미를 갖는 것입니다. 그러므로 음란을 피해야 합니다.

15~16절

그리스도인들은 그리스도를 믿고 그의 이름으로 세례를 받음으로 그리스도와 연합하고("그리스도와 함께"; with Christ) 그리스도 안에 내포되었습니다("그리스도 안에서"; in Christ). 그러므로 바울은 그리스도인들의 공동체를 "그리스도의 몸"이라고 하고, 그리스도인들을 그리스도(의 몸)의 "지체들"이라 합니다.

이런 그리스도인들이 창기와 성적 결합을 하면, 그리스도와 연합된 그의 지체된 그들의 몸을 그리스도로부터 떼어서 창기와 연합시킴으로써 창기와 한 몸을 이루게 하는 것입니다. 성적 결합은 둘이 한 육체가 되게 하기 때문입니다(창 2:24 = 마 19:5~6 - 결혼의 "한 몸 됨" 원칙). 절대로 그런 일이 있어서는 안 됩니다. 이것은 고린도의 그리스도인은 마땅히 잘 알아야 하나, 마치 모르는 것같이 행동하니 바울은 한심스러운 것입니다("…를 알지 못하느냐?").

17절

"그러나 연합하는 자는 (그와) 한 영이다."

창기와 연합하는 자는 그와 한 몸을 이루는 반면, 주와 연합하는 자는 주와 한 영을 이루는 것입니다. 왜냐하면 부활하시어 만유의 주가 되신 예수 그리스도는 "영적 몸"을 가지신 분이기 때문입니다(참고 15:44~50; 빌 3:21). 주와 연합하여 그와 함께 한 영이 된 그리스도인은 더 이상 그의 "몸"으로 하나님께 적대하고 자존하려 하여 "육신"으로 전락하지 않고 하나님께 의존하고 순종하여 사는(진정으로 사는) "영적" 존재가 되는 것입니다(이 인간론적 언어들을 위해 앞의 3:14~15에 대한 설명을 참고하시오).

18절

"음행으로부터 도망하라. 사람이 저지르는 모든 죄는 그의 몸 밖에 있는 것이지만, 음행하는 자는 자신의 몸에게 죄를 저지르는 것이다."

고린도에서 음행과 우상숭배에 대한 유혹은 매우 컸습니다. 그러므로 바울은 여기서 음행으로부터 "도망하라"고, 그리고 10:14에서는 우상숭배로부터 "도망하라"고 강한 표현을 써서 권고합니다. 음행이 벌어질 수 있는 곳이나 계제를 만나면 도망하라는 것입니다. 칼빈은 "(바울은) 다른 죄들도 몸에 불명예를 가져온다는 사실을 완전히 부인하는 것이 아니다. 다만 그는 이 죄들은 음행이 우리 몸에 남기는 것과 같은 정도의 더러운 때를 남기지는 않는다는 것을 말하고 있는 것이다"고 했습니다. 음행은 하나님과 상대방에 대해서만 죄가 아니라 자신의 몸–주께 속하고 주를 위해 써야 하는 몸—에 대해서도 죄입니다.

19절

"너희의 몸은 하나님께로부터 받아, 너희 안에 계시는 성령의 성전이고 너희의 것이 아닌 줄로 너희가 알지 못하느냐?"

그리스도인들의 공동체(=교회)는 성령의 거처지, 곧 하나님의 성전입니다(참고 3:16~17). 본문에서 바울은 그리스도인 각자의 몸이 성령의 거처지, 곧 하나님의 성전이라고 합니다. 성령이 그의 몸 안에 계시는 것입니다. 그리스도인은 그리스도를 믿어 그의 이름으로 세례를 받았을 때 성령을 받았습니다. 그러므로 교회의 하나됨과 순결이 위기에 처했을 때 바울은 교회가 성령이 거하는 성전임을 상기시키고, 그리스도인의 개인적 도덕성이 위기를 맞을 때 성령이 각 개인 안에 거하심을 상기시켜, 성령의 성전으로서의 교회 또는 개인의 몸을 더럽혀서는 안 된다고 말합니다.

20절

"왜냐하면 (하나님께서) 너희를 값을 치르고 사셨기 때문이다."

하나님께서 예수 그리스도를 속전으로 삼아 사탄과 죄의 노예들인 인간들을 사셔서 그의 종들로 만드셨습니다. 이것이 구속입니다(롬 3:24; 갈 3:13; 4:4; 5:1). 그러므로 그들은 이제 이전의 상전인 사탄과 죄를 섬길 것이 아니라, 의와 사랑과 생명으로 다스리시는 하나님을 섬겨야 합니다. 그들은 "몸"으로, 즉 그들 자아의 모든 것으로 하나님께 영광을 돌려야 합니다.

Ⅲ. 고린도 교회의 편지에 답함
(7:1~16:12)

1. 결혼과 가정생활(7:1~40)

1) 부부관계(7:1~7)

1 너희가 쓴 문제에 대하여 말하면 남자가 여자를 가까이 아니함이 좋으나
2 음행을 피하기 위하여 남자마다 자기 아내를 두고 여자마다 자기 남편
을 두라
3 남편은 그 아내에 대한 의무를 다하고 아내도 그 남편에게 그렇게 할
지라
4 아내는 자기 몸을 주장하지 못하고 오직 그 남편이 하며 남편도 그와
같이 자기 몸을 주장하지 못하고 오직 그 아내가 하나니
5 서로 분방하지 말라 다만 기도할 틈을 얻기 위하여 합의상 얼마 동안은
하되 다시 합하라 이는 너희가 절제 못함으로 말미암아 사탄이 너희를
시험하지 못하게 하려 함이라
6 그러나 내가 이 말을 함은 허락이요 명령은 아니니라
7 나는 모든 사람이 나와 같기를 원하노라 그러나 각각 하나님께 받은 자
기의 은사가 있으니 이 사람은 이러하고 저 사람은 저러하니라

바울은 5:1 이후 성 문제를 다루어 왔습니다. 그는 이제 이곳 7장에서 결혼에 관한 제반 문제들을 다루게 되는데, 고린도에서 흔히 나타나는 왜곡된 남녀 관계에 비추어 결혼을 볼 수밖에 없습니다. 그러므로 우리가 이곳에 담긴 결혼에 관한 바울의 자상하고 균형 잡힌 가르침들을 살펴보면서 고린도인들의 상황이 정해 준 바울의 가르침의 한계점을 충분히 감안해야 합니다.

1절

"너희들이 쓴 것들에 대하여."

이 말은 7장에서 16장까지 다루는 문제들에 대한 제목입니다(참고 7:25; 8:1, 4; 12:1; 16:1, 12). 고린도인들이 바울에게 몇 가지 문제들에 대한 가르침을 요청하는 편지를 보냈습니다. 이제 바울은 그들에 대해 답하는 것입니다. 이 답하는 과정에서 바울은 고린도인들의 편지에서 가끔 그들의 말을 인용합니다. 첫째로 다루는 문제는 그들이 "남자가 여자를 만지지 않는 것이 좋다"라는 구호를 내세우며 결혼을 거부하는 문제입니다.

5장과 6장에서 바울은 "내게는 모든 것이 허용된다"는 구호를 내세우며 창녀들과 성관계를 하고 극도의 음란한 행동을 자행하는 고린도인의 열광주의적 "*성령파*"의 문제를 다루었습니다.

그는 이제 7장에서는 반대로 "남자가 여자를 만지지 않는 것이 좋다"는 구호를 내세우며 모든 성관계를 원칙적으로 부정하는 *금욕주의자*들의 문제를 다룹니다. 이런 금욕주의자들의 입장은 결혼한 부부는 이혼을 하든지 아니면 같이 살면서도 성관계를 하지 말든지 해야 하는 양자택일을 요구하는 것입니다. 여기서 근본 문제는 "성관계가 그리스도인들에게 신학적으로 용인되는 것인가?"입니다. 이 문제는 그리스도인은 도대체 결혼할 수 있는가? 이제 결혼한 사람들은 어떻게 살아야 하는가? 등의 또 다른 문제를 낳게 됩니다.

고린도의 그런 금욕주의적 태도는 앞의 5~6장에서 살펴본 열광적 방종주의적 태도와 똑같은 헬라적 이원론에 근거한 기독교 신앙의 오해에 근거하고 있습니다. 한편 방종주의자들은 자신들의 성령과 구원에 대한 체험을 내세우면서 이미 자신들의 영혼은 구원받았으므로 몸으로 무슨 일을 해도 괜찮다고 생각하였고, 다른 한편 금욕주의자들은 영적인 사람은 악한 육신과의 관계를 되도록 끊고 순결한 영의 상태를 보존해야 한다고 생각한 것입니다.

고린도인들의 질문에 대한 바울의 답은 1~2절에 담겨 있습니다. 독신 생활을 선호할 것이기는 하나, 결혼은 하나님의 창조의 뜻에 합당한 것이고 일반적으로 사람을 음행으로부터 보호하는 것입니다. 독신 생활의 장점을 임박한 그리스도의 재림에 비추어 천명하고 있습니다(29절 이하).

6장에서 그리스도인의 자유를 음행의 방종으로 왜곡시키는 것을 막은 바울은 이제 7장에서 그리스도인의 자유를 성생활에 대한 율법주의에 희생시켜서는 안 된다는 것을 가르치고 있습니다. 그래서 바울은 랍비들이 요구한 남자의 결혼 의무에 대항하는 한편, 고린도의 금욕주의자들이 요구한 무결혼 또는 성적 금욕주의 원칙에도 대항해서 그리스도인의 자유(방종과 율법주의는 둘 다 속박임. 참고 12절: 방종과 율법주의로부터 자유를 보호)를 천명하고 있습니다.

"남자가 여자를 만지지 않는 것이 좋다."

이 구호는 창세기 2:18에 완전히 배치됩니다. "남자가 홀로 있는 것이 좋지 않다." 바울은 7절에서 또 이 구호와는 반대되는 충고를 합니다. 그럼에도 불구하고 바울은 그 구호를 일단 수용하고, 그러고 나서는 그것을 수정하고 새로운 의미로 해석하기 시작합니다.

흑백 논리를 펴며 상대방의 주장은 무조건 반대하고 주로 자기 주장만 하는 한국인들의 대화법과 비교해 보시기 바랍니다.

2절

"그러나 음행의 사건들이 발생하므로 (또는 음행의 죄들을 피하기 위해서) 남자마다 자기 아내를 두고 여자마다 자기 남편을 두라."

고린도 사회의 영향으로 고린도 교회 내에서도 음행의 사건들이 자주 발생하였습니다(참고 5:1 이하; 6:12 이하). 바울은 바로 이러한 상황에 비추어 충고하는 것입니다. 바울은 인간의 성욕에 대해 아주 현실주의자적 입장을 취했습니다. 그리하여 그는 "남자가 여자를 만지지 않는 것이 좋다"는 구호를 내세우는 고린도의 금욕주의자들이 과장되게 주장하는 자신들의 자제 능력도 신뢰하지 않습니다. 그래서 그는 성욕에 의한 음행의 죄들을 피하기 위해서라도 남녀가 결혼하여 배우자와 성관계를 가져야 한다고 충고합니다.

물론 바울은 음행의 죄를 피하기 위한 것이 결혼의 유일한 목적이라고 말하는 것이 아닙니다. 결혼생활 내에서의 성관계가 음행을 피하게 하는 하나의 목적을 충족시킴을 말하고 있는 것입니다. 남녀 누구라도 성욕을 가지고 있습니다. 그것을 하나님이 정하신 결혼 내에서 충족시키면, 하나님이 금하는 방법으로 충족시키려는 가능성이 적어지는 것입니다.

2~4절에서 바울은 남녀가 동등한 권리와 의무를 가졌음을 철저히 표현합니다. 이와 같은 남녀 상호주의적 윤리는 고대 사회에서는 혁신적 사건이었습니다(참고 갈 3:28; 엡 5:21). 이러한 가르침으로 인하여 기독교가 전파된 어느 곳에서나 여성 해방이 일어난 것입니다.

3절

"남편은 아내에게 빚을 갚고, 아내도 자기 남편에게 마찬가지로 하라"(문자적 번역).

여기 "빚 갚음"은 일차적으로 성관계에서 상대방의 욕구를 충족시키는 의무를 다하라는 뜻입니다. 그러나 그것은 좀 더 포괄적으로 남편과 아내가 서로의 필요(needs)를 충족시키는 "섬기는 사랑"의 관계를 가져야 함을 함축하고 있습니다.

4절

"아내는 자신의 몸을 주장하지 못하고 그의 남편이 한다. 마찬가지로 남편도 자신의 몸을 주장하지 못하고 그의 아내가 한다."

이중으로 놀라운 말씀입니다. 첫째, 남편과 아내의 완전한 동등한 권리와 의무를 말합니다. 둘째, 결혼관계에서 남편과 아내는 서로에게 자기주장을 해서는 안 된다고 합니다. 스스로가 상대방의 권위 아래 있는 것으로 생각해야 한다는 것입니다(엡 5:21). 한국의 남편 우위사상과는 정면으로 대조됩니다. 에베소서 5:21의 대원칙은 무시한 채 에베소서 5:22만을 뚝 떼어 인용하면서 남편에 대한 아내의 일방적 순종만을 강조하는 대다수 한국의 목사들은 이 본문을 특별히 잘 살펴야 할 것입니다.

5절

"서로의 권리를 빼앗지 말라."

바울은 3절의 충고를 이제 부정적인 형식으로 되풀이합니다. 남편이나 아내나 서로의 성적 권리를 부정하여 상대방의 요구를 거절하지 말라는 것입니다. 그러나 결혼 내에서 금욕이 허용될 수 있는데, 그것은 상호 동의하는 가운데 일정 기간 동안만 영적 목적을 위해서 허용되는 것입니다. 기도에 전념하기 위해서 잠시 성관계를 중단할 수 있습니다. 이 말은 물론 성관계가 부정한 것이어서 기도에 방해된다는 뜻을 내포하고 있지 않습니다. 일정 기간이 지난 뒤에는 부부가 다시 성생활을 회복해야 합니다.

6절

"그러나 내가 이것을 말함은 양보이지 명령은 아니다."

여기서 "이것"은 5절을 지칭합니다; "서로의 권리를 빼앗지 말라. 그러나 내가 너희 가운데 금욕주의자들에게 한 가지 양보하겠는데, 남편과 아내가 합의하여 일정 기간 기도에 전념하기 위해 성관계를 중단할 수도 있다."

이것은 "양보"이지 명령이 아니라고 바울은 말합니다. 즉 "너희가 꼭 그런 금욕 생활을 해야 한다"는 말이 아니라, 그렇게 원하면 한시적으로 해도 좋다는 뜻입니다.

7절

모든 사람들이 자기와 같기를 바람은 모든 사람이 자기같이 성적 절제의 은사를 갖기를 바라는 것을 뜻합니다(참고 마 19:12). 바울은 모두가 이 은사를 가져서 전심으로 주를 섬기기를 바란다고 말합니다(참고 32절). 그러나 바울은 실제로는 사람마다 하나님으로부터 각기 다른 은사를 받았음을 압니다. 바울같이 성적 절제의 은사를 받은 이는 결혼하지 않고 전심으로 주를 섬기는 것이 좋습니다. 그러나 그 은사가 아니라 다른 은사를 받은 이는 결혼을 통하여 하나님께 순종하는 것이어야 합니다.

여기서 바울이 미혼이었는가? 상처하였는가? 아니면 이혼하였는가? 라는 호기심 어린 질문을 할 수 있습니다. 1930년대 독일의 요아킴 예레미야스(Joachim Jeremias) 교수는 바울이 상처한 홀아비였다고 논증하는 글을 썼습니다. 그러나 필자의 스승인 영국의 브루스(F. F. Bruce) 교수는 여러 정황 증거들이 열성파 유대주의자였던 바울이 갑자기 그리스도인이 되자 그의 아내가 그와 이혼하여 떠남으로 홀아비가 되었다는 견해를 더 잘 뒷받침한다고 말하곤 하였습니다.

토론해 봅시다

1. 남녀의 서로에 대한 권리와 의무에 대하여 토론하시오.
2. 그리스도인의 성생활에 대하여 토론하시오.

2) 결혼과 이혼(7:8~16)

8 내가 결혼하지 아니한 자들과 과부들에게 이르노니 나와 같이 그냥 지내
는 것이 좋으니라
9 만일 절제할 수 없거든 결혼하라 정욕이 불 같이 타는 것보다 결혼하는
것이 나으니라
10 결혼한 자들에게 내가 명하노니 (명하는 자는 내가 아니요 주시라) 여
자는 남편에게서 갈라서지 말고
11 (만일 갈라섰으면 그대로 지내든지 다시 그 남편과 화합하든지 하라)
남편도 아내를 버리지 말라
12 그 나머지 사람들에게 내가 말하노니 (이는 주의 명령이 아니라) 만일 어
떤 형제에게 믿지 아니하는 아내가 있어 남편과 함께 살기를 좋아하거
든 그를 버리지 말며
13 어떤 여자에게 믿지 아니하는 남편이 있어 아내와 함께 살기를 좋아하거
든 그 남편을 버리지 말라
14 믿지 아니하는 남편이 아내로 말미암아 거룩하게 되고 믿지 아니하는 아
내가 남편으로 말미암아 거룩하게 되나니 그렇지 아니하면 너희 자녀도
깨끗하지 못하니라 그러나 이제 거룩하니라
15 혹 믿지 아니하는 자가 갈리거든 갈리게 하라 형제나 자매나 이런 일에
구애될 것이 없느니라 그러나 하나님은 화평 중에서 너희를 부르셨느니라
16 아내 된 자여 네가 남편을 구원할는지 어찌 알 수 있으며 남편 된 자여
네가 네 아내를 구원할는지 어찌 알 수 있으리요

결혼과 성생활에 대한 일반적인 충고를 하고 나서(1~7절) 바울은 이제 결혼에 대하여 다양한 실제적 경우들을 다룹니다.

(1) 미혼자들과 상배한 자들에 대한 충고(8~9절)

바울은 "미혼자들"(남성)과 "과부들"에게 충고하고 있으나 앞뒤 문맥에서 그가 남녀에게 동등한 원칙들을 적용하는 것을 보면 그의 "미혼자들"과 "과부들"에 대한 충고는 미혼 여성과 상처한 남자들에게도 적용될 것임을 짐작할 수 있습니다.

이들에 대한 바울의 충고는 이렇습니다. 바울 자신과 같이 독신으로 지내는 것이 좋다는 것입니다. 그들이 절제의 은사를 받았을 경우에 그렇습니다(참고 7절). 그러나 그들이 이 은사를 받지 않았다면 그들은 결혼해야 합니다. 왜냐하면 내적으로 정욕에 불타는 것보다는 결혼하는 것이 낫기 때문입니다. 정욕으로 불타는 상태에서 "단정한 몸가짐으로 그리고 온전한 정신으로 주를 섬기기"(35절)는 불가능합니다(참고 딤전 5:11).

(2) 결혼한 자들에 대한 충고(10~11절)

절제의 은사를 받은 사람들은 독신으로 사는 것이 가장 좋으나, 이미 결혼한 사람들은(함축 의미상, 설령 절제의 은사를 가진 자들이라도) 결혼을 깨뜨려서는 안 됩니다. 여기에서 바울은 이혼을 금한 주 예수 그리스도의 명백한 가르침(막 10:2~12; 마 19:3~12; 눅 16:18; 마 5:31)으로 충고합니다.

유대교에서는 아주 드문 예를 제외하고는 주로 남자가 여자에게 [힐렐(Hillel)학파의 견해로는 빵을 태워 굽는 등 하찮은 이유만으로도] 이혼증서를 써주고 이혼할 수 있었습니다(신 24장). 헬라 세계에서는 여자도 이혼을 제기할 수 있었고, 당국에 보고하는 것으로 이혼이 성립되었습니다.

본문에서 바울은 헬라적 관습에 의해 아내가 남편과, 남편이 아내와 이혼하는 일이 벌어지는 고린도 교회의 상황에서 주 예수 그리스도의 가르침에 따라 이혼을 금합니다.

다음과 같은 바울의 용어에 유의하십시오.

"아내는 그의 남편으로부터 갈라서지 말 것"(10절)
"남편은 그의 아내를 이혼하지(내버리지) 말 것"(11절)
"남편은 … 그의 아내를 이혼하지(내버리지) 말 것"(12절)
"아내는 … 그의 남편을 이혼하지(내버리지) 말 것"(13절)

12~13절은 바울이 남녀를 동등하게 취급하는 것을 보여 주는 반면, 10~11절은 그가 (아마 무의식적으로) 유대교식 관습을 말하고 있음을 엿보게 합니다.

그리스도인들 간에 이혼을 금하는 주의 가르침이 있음에도 불구하고 이혼은 피할 수 없이 발생합니다. 이런 경우를 바울은 괄호 안에서 다루고 있습니다: "그런데도 결혼이 깨지는 일이 발생하면, 아내는 결혼하지 말고 그냥 지내든지 남편과 화합하든지 하라." 아마 결혼 반대와 이혼 주장이 고린도의 금욕주의 여성들에 의해 주도되어 바울이 이렇게 말하나, 전후 맥락의 남녀 동등과 상호주의적 원칙에 비추어 볼 때 이 충고는 남편에게도 그대로 적용된다고 보아야 합니다.

그런데 이 충고는 바울이 이혼 금지를 율법주의적으로 해석하지 않음을 보여 주고 있습니다. 또 주 예수 그리스도의 이혼 금지의 가르침은 결혼은 남편과 아내의 일생 동안 파괴될 수 없는 관계임을 암시합니다("한 몸 됨" 원칙; 참고 6:12 이하). 그러므로 이혼한 아내나 남편이 배우자가 살아 있는 동안 다른 사람과 결혼하면 간음을 범하는 것입니다(막 10:11~12; 참고 롬 7:2~3).

(3) 그리스도인과 비그리스도인의 결혼의 경우에 대한 충고(12~16절)

예수님은 유대인들 사이에서만 사역하셨으므로(참고 롬 15:8), 초대 교회의 헬라 세계 선교지에서 벌어진 상황, 즉 그리스도인과 비그리스도인의 결혼에 대한 구체적인 가르침을 남기지 않았습니다. 그러므로 이 상황에 대해서는 하나님의 백성 곧 그리스도인들 간의 결혼의 경우와는 달리, 바울이 주 예수 그리스도의 가르침을 인용하지 못하고 자신의 판단에 따라 충고하는 것입니다. 그러나 바울의 충고는 그의 사사로운 주관적인 의견에 불과한 것이 아니라, 예수의 결혼과 이혼에 대한 가르침을 혼합결혼의 새로운 상황에 비추어 새롭게 해석하고 그것을 새롭게 적용하는 것입니다.

12~13절

바울은 그리스도인이 비그리스도인과 결혼하는 것이 바람직하지 않다고 봅니다(고후 6:14~7:1). 그러나 여기서 바울이 다루는 고린도 교회 내의 혼합결혼은 물론, 이미 결혼 상태에 있는 부부 중 한쪽만 복음을 받아들여 그리스도인이 되고, 다른 쪽은 그렇지 않아 발생한 경우들입니다.

주 예수 그리스도의 가르침에 따라 그리스도인들은 이혼을 원칙적으로 피하므로, 혼합결혼의 지속은 비그리스도인 배우자에게 달려 있습니다. 비그리스도인 아내나 남편이 결혼생활을 계속 유지

하기를 원한다면, 그리스도인 남편이나 아내는 이혼하지 말고 같이 살아야 합니다.

14절

위와 같은 바울의 충고 뒤에는 주 예수 그리스도의 이혼 금지의 정신뿐 아니라 다음과 같은 신학적 이유가 있습니다. 즉 어쩌면 고린도의 영적 그리스도인들이 가지고 있었을지도 모르는 오해와는 반대로 결혼생활의 한 상대자가 그리스도인이 아니라고 해서 그 결혼이 "부정한" 것이 아니라, 도리어 그 비그리스도인 배우자가 그리스도인 배우자와 같이 결혼으로 연합되어 살아감으로써 간접적으로 그리스도 주권의 영역에 가까워져 도리어 "거룩하게 되는" 것입니다. 여기서 비그리스도인 배우자가 그리스도인 배우자에 의해 "거룩하게 된다"는 말이 무슨 뜻입니까?

바울은 보통 그리스도를 믿어 그의 이름으로 세례받은 자를 "거룩하게 된 자"(1:2)라고 부릅니다. 고린도전서 1:30과 6:11에 의하면, "거룩함"은 믿음으로 그리스도 안에서 얻은 하나님과의 올바른 관계(창조주-피조물)를 두고 말하는 것으로 성령의 인도함에 따라 하나님을 섬기는 삶의 의무를 내포합니다. 바울은 혼합결혼의 비그리스도인 배우자가 그리스도인 배우자에 의하여 "거룩해진다"고 할 때 물론 이런 풍부한 의미로(곧 "구원받음"과 동의어) 말하는 것은 아닙니다.

그는 다만 혼합결혼은 "거룩하지 못한" 비그리스도인 배우자에 의해 "더럽혀지는" 것이라는 오해에 맞서, 도리어 그리스도인의 "거룩한" 삶에 의해 비그리스도인 배우자가 영향을 받아 그리스도의 주권을 느끼게 되고 창조주 하나님을 의식하여 우리가 그에게 속한 피조물임을 의식하게 된다는 것입니다. 그것은 그리스도인 안에 계시는 성령이 세상의 영(사탄)보다 더 막강하기 때문이고(요일 4:4), 그리스도 안에 있는 하나님의 은혜의 역사가 이 세상의 죄악의 역사보다 더 크기 때문입니다(롬 5:15~20).

바로 이 진리에 근거하여 하나님 나라의 담지자(bearer)로 오셔서 하나님의 영(성령)으로 죄인들을 회개시키고 병자들을 치유하며 부정한 자들을 깨끗하게 하신 예수께서, 부정한 죄인들과 식탁교제를 하고 문둥병자들을 만져 치유하신 것입니다. 모든 종교들은 부정한 것을 접촉하면 부정 탄다는 원칙(defilement by association)을 가지고 있는데, 특히 유대교, 그 중에서도 바리새 유대교가 그 원칙을 가장 강조하였던 것입니다. 그런데 예수께서 바로 그 원칙을 뒤집어 하나님 나라의 놀라운 원칙, 즉 부정한 자들이 예수 자신의 거룩성에 접촉하여 정하고 거룩하게 된다는 원칙(sanctification by association)을 천명하고 실행하신 것입니다. 원래 바리새인이었던 바울은 이 진리를 터득하고 예수의 모범을 따라 부정한 이방인들을 하나님 나라의 거룩한 백성이 되게 하는 사도직을 감당하게 된 것입니다. 바울은 여기서 이 원칙을 혼합결혼 상태의 불신자 배우자들에게도 적용하고 있는 것입니다. 당시 헬라 세계의 비그리스도인 배우자들이란 오늘날 세속화된 사회의 불신자 배우자들과는 달리, 이방의 신전들에 가서 이방의 신들에게 제사하는 등 적극적인 우상숭배를 하는 사람들이었습니다. 바울은 그리스도인 배우자 안에 거하시는 성령이 불신자 배우자가 숭배하는 우상을 통해 힘을 발휘하는 귀신들(참고 고전 10:19~22)보다 훨씬 더 막강하다는 사실을 확신하는 것입니다.

이것이 사탄을 이긴 그리스도의 죽음과 부활의 복음의 일부가 아니고 무엇입니까? 이 복음에 대한 근본적 믿음이 없어 온갖 곳에 귀신 붙었나 의아해하고, 그리스도인 안에도 귀신이 있다 하고, 심지어 교회당 내에도 귀신이 있다고 주장하며 귀신 공포증에 사로잡혀 살면서 축사를 내세워 많은 영적 부작용들을 조장하는 그리스도인들을 볼 때 안타깝기 그지없습니다. 그들의 신학적인 유치함으로 조장되는 기독교의 미신화, 진정한 선교와 구원 사역의 실패에서 한국 교회는 하루 빨리 벗어나야 합니다. 도리어 복음의 진리를 굳게 믿고 그 복음이 주는 해방을 누리며, 주 예수 그리스도와 사도 바울의 모범을 따라 부정한 세상으로부터의 도피가 아니라 그 속에 뛰어들어 세상을 거룩하게 하고 정화하는 적극적 선교적 자세를 갖추어야 합니다(20b절). 그리스도인은 되도록 그리스도인과 결혼하는 것이 바람직하나(고후 6:14~7:1), 비그리스도인과 결혼해야만 하는 상황에 놓인 형제나 자매도 주 예수 그리스도에 대한 믿음에 근거하여 이런 긍정적이고 적극적인 선교의 자세를 갖추고 결혼해야 합니다.

혼합결혼에서 비그리스도인 배우자가 그리스도인 배우자에 의해 "거룩해짐"을 바울은 자녀들의 "거룩성"을 들어 증명합니다. 바울은 자녀들도 율법을 지킬 의무의 나이(약 13세)에 도달하기 전에 이미 하나님과의 언약관계에 서 있다는 유대교의 견해를 전제하는 것 같습니다.

본무에서 초대교회가 유아 세례를 시행했는가 아닌가에 대해 결론을 내릴 수는 없습니다. 그러나 본문은 적어도 부모 중 한 편이 그리스도인인 가정의 자녀로서 어떤 이유였든 세례를 받지 않은 아이들이 있었음을 전제하고, 그 아이들을 "거룩하다"고 말하고 있는 것입니다.

한국에서 가정사역 전문가로 행세하는 사람들 중 일부는 아버지/남편(그들의 언어로 "가장")이 가정의 "제사장"이라고 가르치고, 유교적 가부장제의 전통을 가진 한국의 많은 목사들과 평신도들이 무심코 그 가르침을 성경적인 것으로 받아들이고 있다고 합니다. 그런데 그런 교리의 성경적 근거가 도대체 어디에 있습니까? 구약 창세기 등에서 족장들이 자신들의 자손들에게 축복하는 가부장제에 근거하여 유독 한국에서만 만들어 낸 교리인 것 같습니다. 아버지/남편이 성전에서 제사 드리는 "제사장"이 아닌 것은 명백하므로, "제사장"이라는 말은 하나님의 은혜 또는 복의 전달자라는 전의어로 쓰는 모양인데, 그렇기로 한다면, 이 본문은 아내/어머니도 "제사장"이라고 해야 함을 가르치고 있지 않습니까? 본문은 신자 남편/아버지가 불신자 아내와 자식에게 거룩함을 전달함과 마찬가지로, 신자 아내/어머니가 불신자 남편과 자식에게 거룩함을 전달한다고 가르치고 있기 때문입니다.

실제로 역사상, 그리고 지금도 아내/어머니의 중보기도로 신자가 되고 구원받은 남편들과 자식들의 수가 남편/아버지의 중보기도로 신자가 되고 구원받은 아내들과 자식들의 수보다 더 적지 않습니다. 그런데 왜 아버지/남편만 "제사장"이라고 주장하는 것입니까? 개신교의 성도들은 누구나 이웃에게 하나님의 은혜의 전달자 노릇을 한다는 "만인 사제론"의 진리를 재발견하여 가톨릭 교회의 사제주의를 극복한 종교개혁자들의 후예들입니다. 그런데 한국의 일부 개신교 목사들이 스스로를 "제사장"으로 이해하여 교회 내에서는 위험한 사제주의적 권위주의를 앙양하는 오류를 범함과 동시에, 가정에서는 아버지/남편(그들의 언어로 "가장")만이 "제사장"이라는 이상한 교리를 만들어 내어 유교적 가부장적 권위주의를 부추기는 오류를 범하고 있는 실정입니다. 그러나 믿는 아내와 남편이 동등하게 가정에서 하나님의 거룩성의 중계자라고 가르치는 본문은 그런 그릇된 가르침들을 배격하고 있습니다.

15ab절

그러나 비그리스도인 배우자가 갈라서기를 원하면, 그리스도인 배우자는 그로 하여금 갈라서게 해야 합니다. 이런 경우에는 (그리스도인) 형제나 자매는 결혼관계를 기계적으로 지탱해야 할 의무가 없습니다.

여기서 우리는 바울이 예수의 이혼 금지 가르침을 율법적이고 기계적으로 적용하는 것이 아니라, 전혀 새로운 상황에서 새롭게 적용하고 있음을 발견합니다. 혼합결혼의 경우에 그리스도인 배우자를 통해 그 가정이 거룩하게 된다는 바울의 가르침(12~14절)에서 우리는 바울이 그리스도의 복음으로 얼마나 유대 율법주의를 극복하고 긍정적인 자세를 갖추게 되었는가를 살펴보았습니다. 이 절에서는 바울이 예수님의 이혼 금지 가르침도 모든 상황과 관계없이 불변의 철칙으로 지켜져야 하는 것, 즉 율법주의적인 것으로 인식하지 않음을 알게 됩니다. 모든 이혼은 당사자들과 자녀 등 관련자들에게 엄청난 상처를 가져오는 비극이고 악입니다. 그러므로 이혼은 될수록 말려야 할 것이며, 상담 등의 방법으로 부부 갈등이나 가정 문제를 해결하기 위해 최선을 다해야 할 것입니다. 그러기에 본문에서 보는 바와 같이 바울도 주 예수 그리스도의 이혼 금지 가르침을 인용하면서 이혼을 막고 있으며, 심지어 혼합결혼의 상황에서도 그 가르침의 정신을 적용하여 이혼을 막고 있습니다. 바울 당시 헬라 세계에서의 혼합결혼이 그리스도인 배우자에게 신앙적, 가치관적, 삶의 양태적, 사회 관계적 면들에서 얼마나 많은 부담을 주었겠습니까? 그런 부담들에도 불구하고 비그리스도인 배우자가 그리스도인 배우자와 계속 같이 살기를 원하면 그리스도인 배우자는 이혼을 하지 말라는 권면의 정신을 오늘날 배우자가 조금만 불만스럽고 불편하면 곧장 이혼하려 드는 세태에 적용해 보십시오.

그리스도인 배우자는 불만스러운 결혼에 처한다 할지라도 사랑과 오래 참음과 기도로 그 결혼생활을 건강하게 하려고 노력해야 합니다. 그러나 이 세상에서 우리가 자주 부딪치는 윤리의 한 딜레마는 명백한 선과 악 중 하나를 선택하는 것이 아니라, 두 악들 중 하나를 선택해야만 하는 것입니다. 이런 경우 그리스도인으로서 우리는 두 악들 중 보다 작은 악을 선택해야만 하는 것입니다. 이혼이 지옥 같은 결혼을 유지하는 것보다 작은 악이 되는 경우가 더러 있습니다. 그러기에 바울도 신앙과 가치관이 맞지 않아 혼합결혼이 지옥같은 결혼생활을 낳게 될 경우 이혼하라고 말하며, 이 경우 그리스도인 배우자가 얽매여서는 안 된다고 말합니다. 우리는 여기서 사도 바울이 주 예수 그리스도의 이혼 금지 가르침의 *정신*을 최대한 존중한 것이지, 그것을 *문자적인 율법*으로 인식하지 않고 있음을 알게 됩니다.

많은 근본주의적 신학자들, 목사들, 그리스도인들은 예수와 바울이 그렇게도 배격한 율법주의에 사로잡혀, 이혼은 어떤 경우도 불허해야 한다고 생각합니다. 예수께서 진정으로 강조한 하나님 사랑과 이웃 사랑은 도외시하고, 예수께서 진정으로 경계한 맘몬(재물) 우상숭배와 이웃 착취(산상수훈)에는 관대합니다. 즉 도둑질하고, 사기치고, 뇌물 수수하고, 고객 속이고, 불량상품 팔아 해 끼치고, 약한 자들 짓밟고 착취하고, 투기하고, 탈세하는 등의 온갖 방법으로 돈을 많이 벌려 하는 행태에는 관대하며, 심지어 하나님의 복을 빌어주기까지 하면서, 이혼, 음식 가리기(주초 문제)에 대해서는 율법주의적 엄격성으로 대하는 근본주의자들이 너무나 많습니다. 그들은 배우자의 폭력이나 도박 등으로 인하여 심각한 상해를 입고, 심지어는 생명의 위협을 느끼며, 자녀들은 지옥같은 집 밖으로 내몰려 비행 청소년으로 전락하는 상황에 놓인 가정에 대해서도 절대 이혼하지 말고 참고 기도하라고 가르칩니다. 그리하여 실제로 맞아 죽거나 정신적 또는 육체적 불구가 되는 배우자들이 얼마나 많으며, 망가지는 자녀들의 수는 또 얼마나 많은지요! 제대로 성경을 해석하고 신학적으로 사고하는 능력을 갖추지 못한 자들에 의해 생명을 가져다주는 성경 말씀이 도리어 죽음을 가져오도록 이렇게 오용되는 경우가 얼마나 많은지요?

원래 유대 사회에서 남편에 의해 함부로 버려져 모든 권리를 상실하고 내동댕이쳐지는 여성을 보호하고 가정의 거룩성을 북돋우기 위해 예수님은 이혼 금지 가르침을 주셨습니다. 그런데 상황의 구체적 필요와 관계없이 율법주의적으로 적용하여 얼마나 많은 가정들이 이혼보다 더 큰 해악에서 헤어나지 못하고, 특히 약자들인 아내와 어린 자녀들이 얼마나 많이 고난을 받습니까? 우리는 예수님의 구약 율법의 해석과 적용 방법에서, 그리고 사도 바울의 구약 율법과 예수님의 가르침에 대한 해석과 적용 방법에서, 율법의 *정신*을 존중해야지 변화된 상황의 필요와 관계없이 그 *문자*에 집착하면 안 된다는 것을 알아야 합니다. 우리는 왜 예수께서 바리새인들의 문자주의적 율법주의와 그토록 싸웠으며, 왜 사도 바울이 "문자는 (사람을) 죽인다, 그러나 정신은 살린다"(고후 4:6의 개역한글번역은 그 뜻을 잘 드러내지 못함)고까지 하였는가를 헤아려야 합니다.

성경과 신학에 대한 훈련을 제대로 받지 못한 근본주의자들은 이런 가르침은 "상황 윤리"이지 "성경적 윤리"가 아니라고 항변합니다. 그들은 성경의 깊은 뜻은 고사하고, 성경 고린도전서 7:15에 바울이 이혼을 허락하는 말이 들어 있다는 것도 모르기에, 오로지 이혼 금지만이 "성경적"이라고 상상하고 있는 것입니다. 또 근본주의자들보다는 조금 더 깨었고 열려 있다는 그리스도인들은 본문 15절에 의거하여 그리스도인과 비그리스도인의 혼합결혼의 경우에는 이혼이 가능하다고 가르치기도 하나, 그들도 이 본문을 또 문자적 율법주의적으로 해석하여 오로지 혼합결혼에만 적용하고, 그와 유비를 이루는 다른 상황들에는 적용하기를 거부하는 경우가 허다합니다. 그러나 그리스도인 부부들로 이루어지는 가정들에서도 얼마나 많은 학대가 있고 파탄이 있는지요? 하루 빨리 우리 그리스도인들이 성경을 제대로 해석하고 신학적으로 사고할 수 있는 능력을 갖추어야 하겠습니다.

15c~16절

15c~16절의 해석에 대해서는 완전히 상반되는 견해가 있습니다.

첫째, 남녀가 사랑과 조화 속에 사는 것이 하나님의 뜻입니다. 그러나 비그리스도인 배우자가 이혼을 요구하는데, 그리스도인 배우자가 이혼에 동의하지 않으면, 그들은 계속 싸울 것입니다. 그러나 하나님은 우리 그리스도인들을 평화 속으로 부르셔서 평화를 누리도록 하셨습니다. 그러므로 이런 경우는 이혼에 동의하여 평화를 얻는 것이 낫습니다. 이런 경우 어떤 그리스도인 배우자는 이혼하지 않고 같이 삶으로써 비그리스도인 배우자를 믿음에로 인도하여 그가 구원을 얻도록 하려고 하는데, 그 일에 성공하리라는 것을 어떻게 보장할 수 있겠습니까(F. Lang)?

둘째, "비그리스도인 배우자가 갈라서기를 원하면 그리스도인 배우자는 이혼금지법 같은 것에 얽매이지 않으므로, 그로 하여금 갈라서게 할 수 있다(15ab절). 그러나 하나님은 너희를 평화 속으로 부르셨다." 그리스도인 배우자가 결혼을 깨뜨리면 하나님의 이 부름의 뜻이 거스려질 수밖에 없습니다. 그러므로 그리스도인 배우자는 평화를 위해 결혼을 지속해야 합니다. 결혼을 지속해야 하는 또 하나의 이유는 그리스도인 배우자가 비그리스도인 배우자와 같이 삶으로써 그를 믿음에로 인도하며 그가 구원받도록 할 수 있을지도 모르기 때문입니다(C. K. Barrett).

본문의 문맥상에서 위의 두 해석들 중 전자의 해석이 옳은 것으로 보입니다. 바울은 여기 비그리스도인 배우자가 갈라서기를 주장하여 이미 평화가 깨진 가정에 대해 충고하고 있으므로, 그런 가정을 유지하는 것이 평화를 얻는 길이 아니라 그런 갈등의 관계를 청산하는 것이 평화를 얻는 길이기 때문입니다.

본문에서 다음의 점들에 유의해야 합니다. 첫째, 남편과 아내에 대한 철저히 동등한 권리와 의무를 인정했다는 것, 둘째, 새로운 상황에서 바울은 예수 그리스도의 이혼금지의 가르침의 정신을 존중하면서도 그것을 율법적으로 적용하지 않고, 새 상황에 맞게 재해석하고 재적용했다는 것입니다.

토론해 봅시다

본문에 비추어 오늘날 한국의 결혼과 이혼에 관련된 여러 문제들을 토론해 보라.

3) 하나님의 소명(7:17~24)

17 오직 주께서 각 사람에게 나눠 주신 대로 하나님이 각 사람을 부르신
그대로 행하라 내가 모든 교회에서 이와 같이 명하노라
18 할례자로서 부르심을 받은 자가 있느냐 무할례자가 되지 말며 무할례
자로 부르심을 받은 자가 있느냐 할례를 받지 말라
19 할례 받는 것도 아무 것도 아니요 할례 받지 아니하는 것도 아무 것도
아니로되 오직 하나님의 계명을 지킬 따름이니라
20 각 사람은 부르심을 받은 그 부르심 그대로 지내라
21 네가 종으로 있을 때에 부르심을 받았느냐 염려하지 말라 그러나 네가
자유롭게 될 수 있거든 그것을 이용하라
22 주 안에서 부르심을 받은 자는 종이라도 주께 속한 자유인이요 또 그와
같이 자유인으로 있을 때에 부르심을 받은 자는 그리스도의 종이니라

23 너희는 값으로 사신 것이니 사람들의 종이 되지 말라
24 형제들아 너희는 각각 부르심을 받은 그대로 하나님과 함께 거하라

이 문단에서 바울은 그리스도인과 세상의 다양한 처지들과의 관계에 대한 원칙을 천명합니다. 그 원칙은 다음과 같습니다: "모든 그리스도인들은 하나님의 부르심이 임했던 처지에 머무르라." 바울이 여기서 이 원칙을 천명하게 된 데는 고린도의 열광주의자들이 이 세상의 질서와 제도들을 혁명적으로 거부하려는 경향이 있었기 때문이 아닌가 짐작해 볼 수 있습니다.

바울은 하나님으로부터 부름 받은 인간을 하나의 추상적인 존재로, 이 세상과는 관계없는 하나님의 자녀로만 보지 않고 이 세상에서 삶을 꾸려 나가야 하는, 이 세상에서의 삶을 통하여 하나님의 부르신 뜻을 성취해 가야 하는 구체적인 존재로 보고 있는 것입니다.

17a절

"오직 주께서 각자에게 (은사를? 사명을?) 나누어 주신 대로 하나님께서 각자를 부르신 대로 그대로 걸으라."

바울은 하나님께서(롬 12:3), 주 예수 그리스도께서(고전 7:17a), 또는 성령께서(고전 12:11) 은사를 각 사람에게 나누어 주신다고 합니다. 이로써 그는 하나님 아버지와 주 예수 그리스도와 성령이 인간의 구원을 위해 하나로 일하심을 나타냅니다. 주께서 우리에게 은사를 주심은 그가 주시는 사명을 감당하도록 하기 위한 것입니다.

그러므로 그가 우리 각자에게 은사를 나누어 주셨다는 것은 우

리 각자에게 사명을 나누어 주셨음을 내포하는 것입니다. 하나님은 우리를 믿음과 구원에로 부르셨습니다. 그러나 이 부름은 동시에 사명에로 부르심을 내포합니다.

"걸으라"는 말은 삶의 길을 가라, 살아가라는 뜻의 유대교적 숙어입니다. 하나님의 우리에 대한 믿음과 구원에로의 부르심(소명)은 우리 각자를 각기 다른 은사로 장비시켜 각기 다른 처소에서 주를 섬기도록 하기 위함입니다. 이렇게 믿음과 구원에로의 부르심(소명)은 사명 또는 직업에로의 부르심(소명)을 내포합니다.

바울은 여기서 그리스도인 각자가 하나님의 소명이 임한 그 처소에서 주께서 주신 은사로 각자의 삶을 살아가야 한다고 가르치고 있습니다. 고린도의 열광주의자들의 혁명적 태도가 바울로 하여금 이 가르침을 주게 하였는지 모르지만, 이것은 그들에게만 적용되는 것이 아니라 바울이 모든 교회에서 똑같이 천명하는 원칙입니다(17b절).

바울은 당시 두 가지의 중요한 신분적 대립관계에 이 원칙을 적용합니다. 종교적 대립 관계로서 유대인과 이방인, 사회적 대립관계로서 자유인과 종을 대립관계에 놓습니다.

18~19절

"할례받은 자의 상태에서 부름 받은 자가 있느냐? 그는 무할례자가 되지 말도록 하라. 무할례의 상태에서 부름 받은 자가 있느냐? 그는 할례를 받지 말도록 하라…."

우리는 할례로 구원을 받은 것도 아니고 율법을 지킴으로 구원받는 것도 아니며, 오로지 그리스도를 믿음으로 구원을 받는 것입니다. 그러므로 할례나 무할례나 아무 의미가 없는 것입니다. 다만 하나님의 그리스도에 대한 믿음에로의 부름에 따라, 그 소명이 내포하는 사명을 충실히 이행하는 것이 중요합니다.

유대인들의 입장에서 보면 할례는 분명히 하나님의 계명입니다. 그러므로 그들에겐 19절은 어불성설입니다. 그러나 바울이 그렇게 말하는 것은 유대교가 문자적으로 해석한 하나님의 계명과 그리스도 안에서 비로소 깨닫게 된 영적인 뜻(계명)("그리스도의 법"-고전 9:20~21; 참고 고후 3장)을 구분하기 때문입니다.

할례하라는 계명을 문자적으로 지키는 것은 구원에 아무런 의미가 없습니다. 중요한 것은 그리스도 안에서 새로 계시된 하나님의 뜻에 충실히 순종하는 것입니다. 그러므로 할례받은 유대인으로서 그리스도에 대한 믿음에로 부름 받았으면 그 할례의 상태에서(즉 유대인의 처지와 관습을 유지하면서) 그 부름 속에 담긴 하나님의 뜻을 이루어 나가야 할 것이고, 할례받지 않은 이방인으로서 그리스도에 대한 믿음에로 부름 받았으면, 그도 그 무할례의 상태에서(즉 이방인의 처지와 관습 -종교적으로나 도덕적으로 죄악이 아니면- 을 유지하면서), 그 부름 속에 담긴 하나님의 뜻을 이루어 나가야 할 것입니다.

20절

바울은 18~19절의 예로 설명된 17절의 원칙을 다시 한 번 천명합니다. 그러나 이 절은 헬라어와 한국어의 구조적 차이 때문에 정확히 번역하기가 거의 불가능한 절입니다. 헬라어와 같은 인도-유럽계의 언어인 영어로 번역하면 다음과 같습니다: "Let each man remain in that calling in which he was called."

여기서 "부르심"(calling)은 하나님이 우리를 믿음에로 부르실 때 우리가 처해 있던 상황(인종적, 신분적, 또는 직업적)을 지칭하는데, 바울이 그것을 "부르심"이라고 부른다는 데 의미가 있습니다. 루터와 칼빈 이후 프로테스탄트의 소명사상이 여기에 근거하고 있습니다.

21절

바울은 그가 20절에 천명한 원칙을 이제 사회적 신분의 상황에 적용합니다. 종으로 있을 때 하나님으로부터 그리스도에 대한 믿음에로 부름 받은 자는 괘념치 말고 그 처지(곧 종의 상태)에 계속 머무르라는 것입니다. 22절은 이 가르침을 신학적으로 더 뒷받침해 줍니다. 주석가들이 엇갈리는 것은 21b절입니다. 바울이 그곳의 "이용하라"는 동사의 목적어를 생략해 버려서 발생하는 혼란입니다. 여기에 두 가지 상반되는 해석이 제시되어 있습니다. 하나는 "그러나 네가 자유롭게 될 수 있어도, 차라리 현재의 처지를 이용하라"이고, 다른 하나는 "그러나 네가 자유롭게 될 수 있거든, 그 기회를 이용하라"입니다.

바울의 (그리고 초대교회의) 노예제도에 대한 태도를 잘 보여 주는 이 말을 확실히 해석할 수 없다는 것이 아쉽습니다. 그러나 어떻게 해석되든 이 말은 노예제도가 좋은 것은 아니라는 인식을 담고 있습니다. 바울이 고대 세계의 노예제도가 복음과 기독교 신앙에 어긋나는 것이라는 비판적인 견해를 가지고 있었음은 다른 곳에서도 볼 수 있습니다(갈 3:28; 빌레몬서). 주석가들의 의견이 팽팽히 맞서나, 저는 루터(Luther), 칼빈(Calvin), 슐라터(Schlatter), 브루스(F. F. Bruce), 랭(F. Lang) 등과 더불어 후자의 뜻으로 해석하고, 이 21b절을 7:11a와 같이 일반 원칙에 대한 특수 (또는 예외) 경우를 다루는 괄호로 봅니다.

당시 로마 제국에서 노예 해방을 공개적으로 부르짖는 것은 큰 죄로서 무거운 처벌을 초래하는 것이었습니다. 그러므로 바울도 노예제도에 대한 그의 비판적인 견해에도 불구하고 노예 해방을 공개적으로 부르짖지는 않으나, 본문이나 갈라디아서 3:28 특히 빌레몬서에서 보듯이, 적어도 그리스도인들의 공동체(교회) 내에서는 노예제도를 사실상 무효화하여 노예들이나 상전들이나 같은 하나님의 자녀들이요, 서로에 대해서는 형제로 규정하고 있습니다. 이것은 당시로서는 대단한 사상적 혁명이 아닐 수 없습니다. 그러므로 이런 가르침의 정신이 제대로 이해된 기독교 문명에서는 여성 해방과 함께 노예 해방이 일어나게 되는 것입니다. 성경을 제대로 해석하지 못하는 근본주의적 문자주의자들이 이런 가르침의 정신을 제대로 이해하지 못하고, 다만 "성경에 노예를 해방하라는 명백한 말씀이 없다"라는 구호만 내세우며 노예제도를 옹호한 반동의 역사가 없지 않았던 것은 퍽 불행한 일이었습니다. 이것은 오늘 우리에게도 성경의 올바른 해석이 얼마나 중요한가를 깨우쳐 주는 사례입니다.

22절

22절은 그리스도인은 그가 부름 받았을 때의 처지에 머물러야 한다는 원칙에 대한 신학적인 뒷받침을 제공해 줍니다. 사회적 신분의 차이 –종, 자유인– 는 구원에 아무런 의미가 없습니다. 그리스도의 몸인 교회의 지체들로서 이전의 유대인이나 이방인, 종이나 자유인, 남자나 여자나 하나님의 자녀들로서 똑같은 특권과 똑같은 사명을 가졌습니다(갈 3:28).

그들은 모두 그리스도가 그의 피로 산 그리스도의 종들이고 그리스도가 피로 사서 사탄의 세력들로부터 해방시킨 자유인들입니다. 이 진리를 바울은 종과 자유인을 대칭시켜 이렇게 표현하고 있습니다: "주 안에서 부름 받은 종은 주의 해방된 자이고, 마찬가지로 부름 받은 자유인은 그리스도의 종이다." 둘 다 그리스도에 의해 사탄의 세력들로부터 해방된 자들이고, 둘 다 그리스도에게 속하고 그리스도를 주로 섬겨야 하는 종들입니다. 이것이 중요한 것이지 세상적 신분의 차이는 근본적 의미가 없습니다. 이러한 가르침으로 바울은 종과 상전의 근본적 평등함을 고취하여, 노예 해방을 직접적으로 부르짖지는 않았어도 고대 로마 사회에서 노예제도 타파 운동의 근본 정신을 제공한 것입니다(빌레몬서).

23a절

23a절은 22절에 신학적 근거를 제공합니다. 그리스도가 십자가에서 그의 목숨으로 대가를 치르고 우리를 샀기 때문에(참고 6:20; 막 10:45), 우리는 종이나 자유인이나 똑같이 그리스도의 "해방된 자"이면서 동시에 그의 종입니다. 이렇게 그리스도의 종이 되었으므로 우리는 그를 섬겨야지 인간들의 종이 되어 인간들을 섬겨서는 안 됩니다(23b). 어떤 이는 23b절을 그리스도에 반(反)한 이 세상의 인간들의 종이 되어 죄 짓는 자들이 되어서는 안 된다는 "종교적" 의미로도 해석하기도 하고, 또 어떤 이들은 고대 사회에서 스스로를 노예로 파는 자유인들이 종종 있었음을 상기시키면서 그리스도인 자유인이 스스로를 남의 노예로 파는 일을 바울이 금하고 있다고 해석하기도 합니다.

24절

바울은 그의 원칙을 다시 한 번 천명합니다: 각자의 믿음과 구원에로의 부르심을 받았을 때의 처지에서 계속 살아가라 –"하나님과 더불어."– 이 마지막 구는 각자가 하나님의 소명에 성실해야 함을 나타내고 이 세상의 신분과 처지를 상대화합니다.

토론해 봅시다

1. 우리는 바울의 사회 윤리를 어떤 상황적 맥락에서 이해해야 하는가?
   참고: 임박한 종말론적 상황(참고 29~31절), 그리고 당시 로마 제국에서의 작은 교회의 선교의 상황.
2. 바울의 사회 윤리는 반동적인 것인가?

4) "처녀들에 대하여"(7: 25~38)

25 처녀에 대하여는 내가 주께 받은 계명이 없으되 주의 자비하심을 받아서
충성스러운 자가 된 내가 의견을 말하노니
26 내 생각에는 이것이 좋으니 곧 임박한 환난으로 말미암아 사람이 그냥
지내는 것이 좋으니라
27 네가 아내에게 매였느냐 놓이기를 구하지 말며 아내에게서 놓였느냐 아
내를 구하지 말라
28 그러나 장가 가도 죄 짓는 것이 아니요 처녀가 시집 가도 죄 짓는 것이
아니로되 이런 이들은 육신에 고난이 있으리니 나는 너희를 아끼노라
29 형제들아 내가 이 말을 하노니 그 때가 단축하여진 고로 이 후부터 아
내 있는 자들은 없는 자 같이 하며

30 우는 자들은 울지 않는 자 같이 하며 기쁜 자들은 기쁘지 않은 자 같
이 하며 매매하는 자들은 없는 자 같이 하며
31 세상 물건을 쓰는 자들은 다 쓰지 못하는 자 같이 하라 이 세상의 외
형은 지나감이니라
32 너희가 염려 없기를 원하노라 장가 가지 않은 자는 주의 일을 염려하여
어찌하여야 주를 기쁘시게 할까 하되
33 장가 간 자는 세상 일을 염려하여 어찌하여야 아내를 기쁘게 할까 하여
34 마음이 갈라지며 시집 가지 않은 자와 처녀는 주의 일을 염려하여 몸과
영을 다 거룩하게 하려 하되 시집 간 자는 세상 일을 염려하여 어찌하여
야 남편을 기쁘게 할까 하느니라
35 내가 이것을 말함은 너희의 유익을 위함이요 너희에게 올무를 놓으려 함
이 아니니 오직 너희로 하여금 이치에 합당하게 하여 흐트러짐이 없이 주
를 섬기게 하려 함이라
36 그러므로 만일 누가 자기의 약혼녀에 대한 행동이 합당하지 못한 줄로
생각할 때에 그 약혼녀의 혼기도 지나고 그같이 할 필요가 있거든 원하
는 대로 하라 그것은 죄 짓는 것이 아니니 그들로 결혼하게 하라
37 그러나 그가 마음을 정하고 또 부득이한 일도 없고 자기 뜻대로 할 권
리가 있어서 그 약혼녀를 그대로 두기로 하여도 잘하는 것이니라
38 그러므로 결혼하는 자도 잘하거니와 결혼하지 아니하는 자는 더 잘하
는 것이니라

(1) "그냥 지내는 것이 좋다"(25~28절)

25절

25절의 첫마디는 고린도인들이 그들의 편지 가운데 처녀들의 결혼 문제에 대해 바울에게 충고를 구하였음을 짐작케 합니다. 이 문제에 대해서는 이혼의 문제와는 달리 주 예수 그리스도의 가르침이 없으므로, 바울은 자신의 의견을 줍니다. 그러나 그는 자신이

주로부터 자비로 받은 사도직(참고 롬 1:5; 고전 15:10; 롬 12:3; 15:15; 고전 3:10; 갈 2:9; 엡 3:2, 7~8 등)을 충실히 수행하는 자이기 때문에 자신의 의견은 곧 주의 뜻을 대변하는 것임을 주장합니다(참고 살전 2:4).

26절

그의 충고는 1~7절에서 이미 개진한 그의 입장과 17~24절에서 천명한 원칙과 일치합니다. 바울은 8절에서는 이 충고를 성적 절제의 은사와 연결시켰으나 이곳에서는 임박한 종말의 환난에 근거하고 있습니다. "환난"은 종말의 구원 전에 있으리라고 생각한 고난에 대한 묵시 문학적 표현입니다(참고 단 12:1; 계 7:14).

27~28절

바울은 모두가 믿음에로의 부름 받았을 때의 처지에 머무는 것이 좋다는 원칙(17~25절)에 의거해 이 충고를 줍니다: "이미 결혼한 남자는 이혼하려 하지 말고, 미혼인 총각은 아내를 구하지 말라." 그러나 앞의 10~16절의 남녀상호주의에 비추어 볼 때 이 본문은 여자에게도 그대로 적용된다고 보아야 합니다.

그러나 바울은 이 충고를 율법으로 주는 것이 아닙니다. 9절에서 이미 말한 대로 절제의 은사가 없으면 결혼하는 것이 낫습니다. 그러므로 총각이나 처녀가 결혼하는 것은 죄가 아닙니다. 그럼에도 불구하고 바울이 이 충고를 주는 것은 다가오는 종말의 환난에 결혼생활이 필연적으로 가져올 더 큰 어려움으로부터 그들을 보호하기 위해서입니다.

(2) 사라져 가는 이 세상 속에서의 그리스도인의 삶(29~31절)

미혼자들에 대한 충고를 계속하기 전 바울은 17~24절에서와 마찬가지로 그의 충고의 근거가 되는 신학적 원칙을 삽입합니다. 이 문단을 임박한 종말을 상기시킴으로 시작하고 이 세상이 사라져 가고 있음을 상기시킴으로 끝맺습니다. 그 사이의 문장들은 그리스도의 재림 때 없어질 이 세상에서 어떻게 살아야 하는가를 가르쳐줍니다.

이 가르침은 다섯 개의 "… 하지 않은 자같이 살라"는 말들로 구성되어 있습니다.

① "아내 있는 자들은 없는 자같이 살라"

바울은 본문의 맥락에 의거해서 결혼의 문제를 맨 처음 언급합니다. 이 말은 결혼 내의 성관계를 무시하라는 가르침이 아니라(참고 3~5절), 예수님의 가르침과 마찬가지로(참고 막 12:25) 결혼을 이 세상과 함께 종식될 제도로 보는 관점에서 결혼을 지고의 가치나 목표로 삼지 말고 진정으로 지고하고 절대적인 하나님 나라에서의 삶에 대한 소망으로 상대화하라는 가르침입니다.

② "우는 자들은 울지 않는 자같이 살며"

③ "기쁜 자들은 기쁘지 않는 자같이 살라"

이 세상의 가치들 -돈, 권력, 지식, 명예, 아름다움 등- 은 좋은 것입니다. 그러나 그것들이 오용되거나 우상화되면 도리어 우리에게 해악이 됩니다. 전정으로 고귀하고 절대적인 가치는 주 예수 그리스도의 재림 때 우리에게 주어질 하나님 나라에서의 영생입니다. 그러므로 이 사라져 가는 세상에서 곧 없어져 버릴 가치들을 많이 확보하지 못했다 하여–곧 출세하지 못하고, 성공하지 못하고, 가난하고, 고난 속에 있다 하여–울고 절망하고 "한(恨)"을 쌓고 살 것이 아닙니다. 반면에 그런 가치들을 많이 확보하였다 하여–곧 출세하고, 성공하고, 부자되고, 권세 잡고, 건강하고 등–마치 영생이라도 얻은 양 기뻐 날뛸 것도 아닙니다. 주 예수 그리스도의 재림 때 얻을 영생에 대한 소망은 고난 속에 있는 사람들에게 소망과 인내와 힘을 주고 "출세" 한 사람에겐 자만을 억제하고 책임 있는 사람이 되게 합니다. 그리하여 그것은 전자나 후자 둘 다에게 그들의 상황과 이 세상적 가치들로부터 진정으로 자유케 합니다.

④ "(물건들을) 사는 자들은 (그것들을) 소유하지 않은 자같이 사며"

⑤ "세상을 쓰는 자들은 (그것을) 다 쓰지 않는 자같이 살라"

이 사라져 가는 세상의 물건이나 이 세상이 제공하는 기회들을 하나님께 감사함으로 이용할 수 있습니다. 그러나 그들을 절대시하고, 그들이 마치 우리에게 구원–안전과 행복–이라도 가져다 줄 것으로 우상화하고, 그것들에 "푹 빠져서"는 안됩니다. 주 예수 그리스도의 재림 때 얻을 구원에 비추어 이 세상의 모든 물질적 가치들이나 기회들을 상대화하고 그것들을 이용하되 그것들에 얽매이지 않고 그것들로부터 자유로워야 합니다.

본문은 주 예수 그리스도의 재림과 더불어 우리에게 주어질 하나님 나라에서의 영생에 대한 확신과 소망을 강력히 나타내고 있습니다. 본문은 또 그리스도인의 이 세상과의 관계에 대한 중요한 원칙을 제시하고 있습니다. 그것은 이 세상으로부터의 도피도 아니고 이 세상에 동조하는 것도 아닙니다. 그리스도의 죽음과 부활로 시작되고 그의 재림으로 완성될 구원에 비추어, 인본주의자들이나 세속주의자들이 이 세상의 가치들을 절대화하고 우상화하며 그것들에 스스로를 얽어매는(노예화하는) 것에 반하여, 그것들로부터 그리스도인의 진정한 자유를 잘 표현하는 것입니다.

토론해 봅시다

1. 소비주의와 과소비 문제를 반성해 보라. 행복은 과연 소비에 있는가? 무엇을 가졌는가가 어떤 사람인가에 우선하는가? 인간성과 인간관계의 물질화에 대해 생각해 보라.
2. 본문의 가르침에 비추어 자본주의자들과 민중신학자들을 각각 비판해 보라.
3. 우리들의 삶을 반성해 보라.

(3) 독신 생활의 장점(32~35절)

바울은 29~31절에서 종말이 임박하여 이 세상은 곧 사라지리라는 것, 그러므로 이 세상의 가치에 연연하여 어떤 변화를 꾀하다가 종말에 증가하는 환난을 더 크게 당하는 일을 피해야 한다는 기본 생각을 피력하고는, 이제 그 생각에 따라 26절에 주었던 구체적 권면을 부연합니다. 즉 미혼자들은 계속 독신으로 살아가는 것이 낫다는 것입니다. 그들은 결혼한 사람들이 돌볼 수밖에 없는 가정사의 번거로움을 피하고 주의 일에 전념할 수 있기 때문이라는 것입니다.

(4) 약혼자에 대한 충고(36~38절)

이러한 종말의 환난에 비추어 독신 생활을 선호하는 정신에 따라, 바울은 약혼한 남자도 결혼하지 않고 자신의 "처녀"(곧 약혼녀)를 그냥 돌보는 것이 더 좋다고 충고합니다. 그러나 위 7절에서와 마찬가지로 그것은 어디까지나 성욕을 제어할 은사와 능력을 가지고 있는 자에 해당하는 것이고, 그런 은사와 능력을 갖지 못한 자는 결혼하는 것을 당연시 합니다. 그것이 죄가 아니고(36절) 잘하는 것이다(37절)라고 표현하는 것은 일부 고린도인들의 결혼에 대한 부정적인 이해를 교정하기 위한 것입니다.

5) 재혼(7:39~40)

이제 바울은 재혼의 문제를 다룸으로써 결혼과 부부관계에 대한 본 장의 가르침을 마무리합니다. 여기서 바울은 남편을 사별한 아내는 재혼할 자유가 있다; 그런데 "주 안에서만" 하라, 즉 예수를 주로 믿는 사람과만 재혼하라; 그러나 독신으로 살면서 주의 일에 힘쓰는 것이 더 행복할 것이다 등의 가르침을 줍니다. 재혼의 문제에 대해서도 바울은 주 예수의 가르침을 받지 못해서 그냥 자신의 가르침을 주는데, 자신이 하나님의 영 (곧 성령)의 인도함을 받는 사람이므로 독자들은 그것을 바르고 권위 있는 가르침으로 받아드리기를 바라는 말을 덧붙입니다(비교 10, 12, 25절).

여기서 바울은 아내의 재혼의 경우만 다루지만, 앞서 2~16절까지의 부부관계에 있어 그가 엄격한 상호주의와 상호 동등성에 기초한 가르침을 준 것에 비추어 볼 때 그가 아내와 사별한 남편의 재혼의 문제에 있어서도 같은 원칙들을 적용했을 것으로 짐작할 수 있습니다. 그리스도인은 여기 "주 안에서만" 재혼하라는 바울의 가르침의 정신을 받들어 되도록 예수를 주로 함께 고백하고, 그의 주권에 함께 순종해서 살 사람을 배우자로 맞아 재혼하는 것이 중요합니다.

그러나 앞의 12~14절의 가르침에 비추어 볼 때 바울이 이것을 율법주의적으로 꼭 그리스도인과만 재혼해야 한다고 못 박기 보다는, 혹 지금은 불신자일지라도 예수의 주권에 순종하는 가정을 꾸리려는 신자 배우자의 뜻에 동의하면 그 재혼을 허락하였을 것으로 짐작할 수 있습니다.

임박한 종말론의 압력을 바울과 같이 강하게 느끼며 살지 않는 오늘날 우리는 바울의 독신 생활 선호도 율법주의적으로 받아들일 것이 아니라, 우리는 독신 생활의 은사를 받았고 또 그것을 지탱할 여건이 되는가(참고 7절)와 오늘의 환경에서 독신 생활과 재혼의 경우 어떤 것이 더 주의 일을 효과적으로 할 수 있는가(참고 25~35절)를 잘 헤아려 결정하는 것이 바울의 정신에 더 충실한 것일 것입니다.

2. 우상에게 바쳐진 제물에 대하여(8:1~11:1)

고린도전서 후반부는 사실 7:1부터 시작합니다. 바로 7~16장까지는 고린도 교인들이 사도 바울에게 편지를 보내서 어떤 이슈들에 대해 가르침을 달라고 문제를 제기한 것들에 대해서 바울이 답변을 제공하는 형식을 취하고 있습니다. 7:1을 보면 "여러분들이 쓰신 것들에 대하여"로 시작합니다. 이 구절은 다음의 구절과 분리해서 이해해야 합니다. 이 구절은 곧 7~16장에 이르는 전체 내용의 제목입니다. 곧 "여러분들이 편지에 써서 문의한 것들에 대하여"라는 뜻입니다.

다시 반복하지만, 고린도전서는 크게 세 부분으로 되어 있습니다. 1~4장, 5~6장, 7~16장으로 나누어져 있습니다. 처음 1~4장은 지혜에 대한 잘못된 이해를 가지고 교회가 분파(바울파, 아볼로파, 게바파, 그리스도파)하는 것에 대한 오해를 꾸짖는 가르침이었습니다. 5~6장은 성적 타락과 교회 내의 계파에 대해서 다루었습니다. 그리고 마지막 7장이 바로 고린도 교회 교인들이 제기한 문제들에 대한 답변으로 이루어진 것입니다.

3부 전체의 제목인 "여러분들이 쓰신 것들에 대하여"를 쓰고 곧 이어 바울이 고린도인들의 구호 한 마디를 인용합니다. "남자가 여자를 만지지 않는 것이 좋다." 이 부분 역시 독립된 문장으로 끊어서 이해해야 합니다. 이것은 고린도인들의 구호입니다. 그리고 2절부터 바울이 새롭게 고칩니다. "음행의 연고로 남자마다 자기 아내를 두고 여자마다 자기 남편을 두라." 이것이 바울의 권고입니다.

중요한 것은 7:1의 시작 부분 곧 "여러분들이 쓴 것들에 대하여"입니다. 고린도인들이 요청한 가르침 첫째는 남녀관계, 부부관계, 성에 관한 것입니다. 그래서 7장에서 이런 문제를 다루고 있는 것입니다. 그리스도인들은 결혼을 해야 하나, 결혼을 할 경우 성적 결합을 하면 더럽혀지는 것이 아닌가, 금욕 생활을 해야 하지 않는가, 오히려 이혼을 해야 하지 않는가와 같은 문제들에 대해서, 정상적인 결혼을 하고, 정상적인 부부관계를 해야 하며, 오직 독신의 은사가 있는 사람들만 결혼을 하지 않고 주의 일에 힘쓰는 것이 옳다고 권면합니다. 그러나 대부분의 경우 그런 은사가 없으므로 결혼을 하고, 정상적인 성생활을 해야 한다고 합니다.

두 번째 문제는 8:1의 "우상에게 바쳐진 제물들에 대해서"입니다. 우상에게 바쳐진 제물 곧 음식, 특별히 고기와 관련한 문제를 다룹니다. 이 부분 역시 문장을 끊어서 이해해야 합니다. 여기서 제기한 문제를 바울은 8~10장에 이르기까지 다루고 있습니다.

세 번째 문제는 12:1의 "성령의 것들에 대하여"입니다. 12~14장에 이르기까지 성령의 은사, 역사, 작용들에 대하여 다루고 있습니다. 한편 11장은 두 가지 문제들을 다룹니다. 11:1~15까지 예배 시 여자 설교자들이 설교할 때의 복장 문제를 다루고, 다음은 11:17~34까지 성만찬에서의 무질서함을 바로잡고 새로운 가르침을 가르치고 있습니다. 이 두 가지 모두 예배와 관련한 것들입니다. 물론 12장의 성령에 관한 것도 예배에서 발생하는 것들의 연속적인 문제로 볼 수 있습니다. 예배 때 방언하는 것, 경쟁적으로 예언하는 것 등 모두 예배와 관련된 문제입니다.

이와 같이 11장부터 예배에 대한 문제를 다루고 있습니다. 그러나 11장의 예배와 관련한 처음 두 문제들은 "무엇 무엇에 대하여"라는 문구가 없기 때문에, 고린도인들이 제기한 문제가 아니고 글로에의 집안 사람들(고전 1:11)에게서 들은 것인지, 정확한 내용이 없습니다. 그러나 아마 이런 문제들이 모두 고린도인들이 질문한 내용일 수도 있고, 내용적으로 보면 가르침을 달라고 부탁한 것이라기보다는 글로에의 집안 사람들이 고린도인들의 편지를 바울에게 전달하면서 예배에 발생하는 문제들에 대해서 구두로 보고하고 가르침을 부탁한 것으로 보이기도 합니다. 이것이 더욱 바람직한 해석 같습니다.

16장 역시 "예루살렘 교회에 대한 헌금에 대하여"로 시작합니다. 고린도인들이 헌금에 대해서도 질문을 한 것으로 보입니다. 15장의 부활에 관한 문제는 앞의 예배와 관련한 문제처럼 글로에의 집안 사람들이 구두로 전한 문제로 보입니다.

그런데, 바울은 우상에 바쳐진 제물과 성령의 은사들에 대해서 각각 세 장에 걸쳐서 다루고 있습니다. 무엇을 뜻합니까? 이 두 문제들이 매우 중요하다는 것을 말하는 것입니다. 바울은 이 두 문제들을 아주 신중하게 다룹니다.

우리는 흔히 우상의 제물과 관련해서 그것은 먹으면 안 된다는 가르침으로 결론을 맺으려는 경향이 있습니다. 그러나 바울은 그렇게 하지 않습니다. 어떤 문제에 대해서든 신학적으로 사고하고 여러 면을 균형 있게 살펴보도록 유도하고 있습니다.

8~10장의 대강은 이렇습니다:

8장	바울은 우상의 제물을 먹을 수 있는 자유를 인정하되, 형제에 대한 고려를 그리스도인의 자유의 한계로 제시한다.
9장	바울 자신을 예로 들어 자유와 사랑의 올바른 관계에 대해 설명한다.
10:1~22	성만찬에 참여하는 자가 우상숭배 의식이 벌어지는 식사에 참여할 수 없음을 경고한다.

10:23~33 우상의 제물에 대한 그의 입장을 결론적으로 정리한다.

11:1 총 결론

이렇게 8장과 10장은 우상의 제물에 대해서 직접적으로 다룹니다. 9장은 우상의 제물과는 직접 관련이 없지만, 바울 자신의 사도적 삶과 사역의 자세를 모범으로 제시하여 그 문제에 대한 상이한 견해들을 가지고 갈등하는 두 집단들에게 올바른 태도를 갖도록 가르치기 위함입니다. 12장과 14장은 방언과 예언을 다룹니다. 여기에 13장은 사랑에 관해서 다룹니다. 이것은 사실 방언과 예언과 직접 관련이 없어 보입니다. 그러나 이것은 성령의 은사를 말할 때는 언제나 사랑이라는 신학적 원칙 속에서 이루어져야 한다는 것을 말하기 위함입니다. 이와 같이 이 두 부분들(8~10장과 12~14장)의 구조가 같습니다. 즉 어떤 문제를 다룰 때 중간에 한 장씩 끼워서 신학적인 원칙을 제공하는 것을 볼 수 있습니다.

이와 같이 문제제기와 답 사이에 문제에 대한 신학적 원칙을 제시함으로써, 모든 문제를 신학적으로 사고하고 평가하고 해결하기 위한 노력이 필요하다는 것을 말해 줍니다. 결국 모든 문제를 율법주의적으로 흑백논리에 의해 사고해서도 안 되고 반대로 자유주의식으로 모든 문제를 가볍게 치부해 버리는 태도 또한 경고하는 것입니다.

또 우리가 배워야 할 것은 11:1에 바울이 "내가 그리스도를 본받는 자 된 것 같이 너희는 나를 본받는 자 되라"고 한 것입니다. 그리스도를 본받는 것은 무엇을 의미합니까? 이것은 바울이 우상의 제물과 관련해서 길게 논의한 끝에 말한 마지막 결론입니다. 8:1을 보면, "우상에게 바쳐진 제물에 대해서"입니다. 이 문제와 관련해서는 "우리 모두가 지식을 가지고 있다"는 강한 자, 지식 있는 자의 구호가 먼저 나옵니다. 그러나 지식은 우리를 부풀리게 하고 교만하게 하고, 사랑은 교회를 세워 올립니다.

바울은 10:32~33에서 "유대인에게나 헬라인에게나 하나님의 교회에나 거치는 자가 되지 말고 나와 같이 모든 일에 모든 사람을 기쁘게 하여 나의 유익을 구치 아니하고 많은 사람의 유익을 구하여 저희로 구원을 얻게 하라"고 합니다. 이 말은 한마디로 이웃을 사랑함과 교회를 세워 올림을 뜻합니다. 이것은 8:1과 짝을 이룹니다. 지식은 교만하게 하나 사랑은 서로의 믿음을 세워 올립니다. 믿음을 세워 올린다는 것은 교회를 세워 올린다는 것을 뜻합니다. 이렇게 8:1이 10:32, 33과 짝을 이루는 이런 것을 가리켜 인클루지오(inclusio, 首尾雙關)라고 합니다.

8:3의 "누구든지 하나님을 사랑하면 이 사람은 하나님의 아시는 바 되었느니라"는 10:31의 "그런즉 너희가 먹든지 마시든지 무엇을 하든지 하나님의 영광을 위하여 하라"와 짝을 이룹니다. 곧 하나님 사랑함의 원칙을 천명하는 것입니다. 이와 같이 바울은 우상의 제물에 대하여 가르치는 8~10장에서 두 겹의 인클루지오를 만들어 8~10장에서의 가르침 전체의 논지를 밝히고 있습니다.

8:1	지식은 (우리를) 교만하게 한다. 그러나 사랑은 (이웃/공동체의 믿음/삶을) 세워 올린다.
10:32~33	유대인에게나 헬라인에게나 하나님의 교회에나 거치는 자가 되지 말고, 나와 같이 모든 일에 모든 사람을 기쁘게 하여 나의 유익을 구치 아니하고 많은 사람의 유익을 구하여 저희로 구원을 얻게 하라.

8:3 누구든지 하나님을 사랑하면 이 사람은 하나님의 아시는 바 되었느니라.

10:31 그런즉 너희가 먹든지 마시든지 무엇을 하든지 하나님의 영광을 위하여 하라.

8:1	8:3
10:31	10:32~33

이와 같이 우상의 제물 문제를 다룸에 있어서 두 가지 원칙을 제시합니다. 첫째는 하나님에 대한 사랑, 둘째는 이웃 사랑입니다. 어떤 음식을 어떤 계제에 먹는지의 행위가 첫째 하나님에 대한 사랑을 표현하는 것인가, 아니면 하나님을 사랑함에 반하는 것인가를 따져 결정해야 한다는 말입니다. 우상숭배는 하나님의 사랑에 반하는 행위입니다. 둘째는 그 행위가 이웃의 믿음과 삶에 거침돌이 되는 행위인가, 이웃의 믿음과 삶을 북돋우는 행위인가를 따져 결정해야 한다는 것입니다. 가장 마지막에 전체를 요약하면서 바울은 "모든 것을 하나님의 영광을 위해서 하라"(10:33)고 합니다. 모든 것을 하나님의 영광을 위해서 한다는 것은 우상숭배를 배격하고 하나님을 사랑함은 물론 이웃에게 거침돌이 되지 않는 것도 포함하는 것입니다. 하나님의 뜻은 우리로 하여금 이웃을 사랑하고 섬기며 살라는 것이기 때문입니다. 그러기에 그 이웃이 유대인이든 헬라인이든 교회든 누구든 그에게 거침돌이 되지 않게 행동하라는 것입니다. 이웃을 섬겨서 그들도 구원받게 하는 방향으로 하라는 것입니다. 이웃을 세워 올리는 원칙을 따르라는 것입니다.

이와 같이 8:1과 10:32~33이 그리고 8:3과 10:31이 이중 수미쌍관을 이룹니다. 이것은 바울이 8~10장까지 줄곧 우상의 제물에 관해 논하고 있음을 보여 줍니다. 사실 이 문제는 초대교회에서 비교적 간단히 해결한 문제였던 것으로 보입니다. 사도행전 15:29에 보면 예루살렘 사도회에서 세 가지를 금하는 이른바 사도적 교시를 내렸습니다. 그 가운데 첫 번째가 우상의 제물을 먹으면 안 된다는 것입니다. 이렇게 이미 법으로 정한 문제입니다.

요한계시록 2:14~20을 보면 우상의 제물을 먹는 교회에 훈계하는 내용이 나옵니다. 초대교회에서는 이와 같이 우상에 바쳐진 제물은 법적으로 먹지 못하는 것으로 생각했습니다. 구약성경에서부터 오는 우상숭배에 대한 강한 거부의 전통에 비추어 볼 때 초대교회의 그리스도인들은 이 문제를 그렇게 복잡하게 생각하지 않고 그냥 율법으로 받아들이기 쉬웠음을 이해할 수 있습니다. 그러나 바울은 이러한 법적 사고방식을 거부합니다. 바울은 율법주의적 사고를 넘어서서 오히려 훨씬 더 신학적으로 깊이 생각해야 하는 방식으로 문제를 해결합니다.

이와 같이 세 장에 걸쳐 처음에 원칙을 제시하고 마지막 결론에 그 원칙을 부연함으로써 원칙을 강조하는 것이 바울의 방식입니다. 여기서의 원칙은 사랑의 이중계명(하나님 사랑 그리고 이웃 사랑)입니다. 이 원칙에 의해서 모든 그리스도인들의 윤리적 문제들이 판단되고, 해결되어야 한다는 것을 말해 줍니다.

8~10장의 이와 같은 구조 분석을 통해서 우리는 바울이 이 문제를 어떻게 다루는가에 대해서 이미 상당한 교훈을 얻게 됩니다. 모든 것을 율법주의적으로 단순화해서 흑백논리로 판단하려는 성숙하지 못한 태도를 지양하고, 항상 신학적으로 깊이 생각하며 구체

적으로는 사랑의 이중계명에 의거하여 판단하고 행동해야 하는 것을 가르쳐 줍니다.

서론적으로 좀 더 부연하려는 것은, 우상의 제물을 먹는 것이 구체적으로 왜 문제가 되느냐입니다. 8:10을 보면 "지식 있는 네가 우상의 집에 앉아 먹는 것을 누구든지 보면 그 약한 자들의 양심이 담력을 얻어 어찌 우상의 제물을 먹게 되지 않겠느냐"고 기록되어 있습니다. 우상의 제물을 먹는 것의 문제는 양면성을 지닙니다. 이 말은 곧 "지식 있다고 자랑하는 네가 우상의 집에 앉아서, 곧 신전에 앉아서 먹는 것을 누구든지 보면 약한 자들의 양심이 세워 올림을 받아, 즉 담력을 얻어 어찌 우상의 제물을 먹지 않겠느냐? 그러면 네 지식으로 약한 자가 멸망하나니 그는 그리스도께서 그를 위해 죽은 형제라"는 뜻입니다. 문제의 양면성이라는 것은 하나는 우상의 제물을 먹는 문제가 우상숭배의 표현이 될 수 있다는 것이고, 다른 하나는 이웃을 상하게 할 수도 있다는 것입니다.

9장에서는 처음에 바울이 자신의 사도적 사역의 자세를 예를 들어, 자신이 사도로서 교회의 경제적 재정적 지원을 받아서 살 권리가 있지만 교회를 더 잘 세워 올리기 위해, 교회에 짐이 되지 않게 하기 위해, 그 권리를 포기하고 사도직을 자비량으로 감당하면서 복음을 공짜로 선포한다는 예를 다룹니다. 우리의 자유와 권리 행사로 이웃에게 짐이 되지 않고 도리어 그 자유와 권리를 포기함으로써 이웃을 섬겨야 한다는 것을 다룹니다.

그리고 나서 9:23~27에서는 바울이 자신의 구원을 이미 확보한 것으로 생각하지 않고 두렵고 떨림으로 사역함으로써 어떻게 자신의 구원을 이루어 가는가를 천명합니다. 이렇게 함으로써 8장에서 처음 다루었던 문제를 다시 다루기 시작합니다. 지식 있는 자들은 우상은 존재하지 않는다는 지식을 가지고 자기의 자유를 만끽하며 경거망동함으로써 자신들도 모르게 우상숭배에 빠져서 우상을 이용해 활약하는 마귀의 영향력 아래에 들어갈 수 있다는 것을 바울이 바로 10장에서 다루고 있습니다. 10장은 9장에서 다룬 것을 징검다리 삼아서 8장에서 다룬 문제를 집중적으로 다루고 있습니다. 10:14~33까지는 결론과 요약입니다. 11:1은 마지막 요약과 호소로 이루어져 있습니다. 전체적으로 보면 9장이 매우 중요합니다. 바울은 양면성을 지닌 문제를 자신의 사도적 자세를 예로 들면서 신학적으로 고찰하도록 제시하는 구조를 사용합니다. 이런 구조를 '키아스무스'(X자) 구조라고 합니다.

지금까지는 바울이 문제를 다루는 방식과 8~10장의 구조에 대해서 설명했습니다. 지금부터는 그것을 더욱 구체적으로 살펴보겠습니다.

우상에 바쳐진 제물에 대해서, 이것이 왜 고린도 교회에 문제가 되었습니까? 사도행전 15:29과 요한계시록 2:14, 20에 보면 초대교회는 우상에 바쳐진 제물을 먹지 말도록 금지했습니다. 이것은 초대교회의 헬라 세계에서 상당히 중요한 문제였음을 알 수 있습니다. 왜 이것이 심각한 문제였습니까? 당시 고린도 같은 도시에서 시장에서 파는 고기 대부분은 신에 바치는 의식을 거친 후 도축된 것들이기 때문입니다. 지금도 무슬림들은 짐승을 도살할 때 알라에게 바치는 의식을 한 후에 도살합니다. 전통적인 유대인들도 마찬가지입니다. 당시 종교인들은 모두 그렇게 했습니다. 그런 이유로 대개 신전에 도축장이 부설되어 있었습니다. 따라서 시장에 나와 있는 대부분의 고기는 신전에서 우상에게 바쳐지는 과정을 거쳐 나온 것입니다. 물론 그렇지 않은 것도 가끔 있었지만 그것은 얼마 되지 않았습니다.

고대 문서를 보면, 유대인들은 관원들에게 로비를 해서 유대 율법에 합당하게 도살한 고기를 시장에서 살 수 있도록 해달라고 청원했습니다. 그래서 우상에게 바쳐지지 않고 도축된, 유대인들만을 위한 고기가 있기도 했습니다. 그래도 그리스도인들이 시장에서 고기를 살 때는 이미 우상에 바쳐진 고기를 살 가능성이 매우 많았습니다. 그것을 어떻게 해야 합니까? 사먹어야 합니까? 아니면 자세히 물어서 우상에 바쳐졌다면 사지 말고, 그렇지 않았다면 사야 했습니까?

그러나 더욱 심각한 문제는 당시 직업 동맹(길드)들에는 수호신들이 있었습니다. 그들은 매년 정기적으로 그들의 수호신들에게 제사하는 축제를 합니다. 그때 길드에 속한 모든 사람들과 가족들이 함께 축제에 참여하면서 그 신전에서 먹고 마십니다. 그런 직업 동맹(길드)의 축제에 참석하는 것은 직업을 유지하는 데 긴요하여서 빠지기도 어려운 것이었습니다. 더구나, 불과 30여 년 전 한국의 상황같이, 당시 서민들은 고기를 먹을 기회가 매우 제한적이어서, 그런 축제에 참석하는 것은 엄청난 유혹이었습니다. 당시 사람들은 매우 어렵게 살았고 명절 때의 이런 잔치에서나 고기를 얻어먹을 수 있었습니다. 따라서 그런 신전 축제가 바로 고기를 마음껏 얻어먹는 장이 된 것입니다. 또 헬라 도시들의 유력자들이 중요한 행사 때, 가령 고린도에서 격년제로 열렸던 올림픽 경기에 버금가는 도시대항운동회(이스미안 경기; Isthmian Games) 때, 신전들을 중심으로 큰 잔치를 베풀어 시민들을 잘 먹이곤 했습니다. 시민권을 가진 자들은 이때 권문세가들이 제공하는 한 턱을 크게 얻어먹고, 권문세가들은 이런 기회를 통해서 공명심을 얻곤 하였습니다. 이런 것들에 참여하는 것은 시민들에게 상당한 권리였습니다. 이런 것은 노예나 하류 계층에게는 거의 없는 혜택이었습니다. 결국 이런 일들에 참여하는 것만으로도 상당한 위세를 드러내는 것이었습니다. 곧 고린도 사회의 주류 사회에 참여하는 것이라고 볼 수 있었기 때문입니다. 그리스도인들이 그런 곳에 참여해야 하는가, 하지 말아야 하는가는 항상 문제가 되었습니다. 그 축제들은 신전에서 우상에 대한 제사와 함께 이루어지기에 그곳들에 참석 여부가 그리스도인들에게는 문제가 된 것입니다.

다시 정리하면, 우상에 바쳐진 제물과 관련하여 두 가지 문제가 있습니다. 하나는 시장에서 파는 고기들을 그리스도인들이 사먹어도 되느냐입니다. 둘째는 길드의 축제, 또는 이스미안 운동 경기 중에 이루어지는 축제가 모두 신전에서 이루어지는데, 이때 그리스도인들이 거기에 참여해서 그 잔치 음식을 먹을 수 있느냐입니다.

이 문제에 대해서 고린도인들이 혼란 속에 빠져 있습니다. 왜냐하면 두 가지 상반된 입장들이 있기 때문입니다. 하나는 지식을 가졌다고 주장하는 자들은 그런 것을 마음대로 먹을 수 있다는 자유를 주장했습니다. 이들은 자신들의 지식에 근거하여 그런 주장을 한 것이었습니다. 그 지식은 바로 우리의 신앙은 하나님, 곧 유일신에 근거한 것이므로, 이방인들이 신이라고 주장하는 것은 아무런 의미도 없는 심지어 존재하지도 않는 돌 조각이나 나무 조각에 불과한 것들이라는 것입니다. 그런 우상의 실체는 없는 것이기 때문에, 비그리스도인들이 자신들의 신들에게 음식을 바치는 것은 아무런 의미도 없다는 것입니다. 실체도 없는 우상이 무슨 영향력을 발휘해 그 음식을 더럽힌 것도 아니기 때문에, 그리스도인들은 그런 것을 마음 놓고 먹을 수 있다는 것입니다. 바로 이런 지식에 근거해서 완전한 자유를 주장했던 것이었습니다.

반면에 거기에 반해서 "약한 자들"이 있었습니다. 이들은 과거에 우상숭배의 관습을 지녔으나 최근에 그리스도인들이 된 사람들이어서, 그 우상을 항상 실제 신으로 믿었던 관행으로부터 아직 자유를 얻지 못한 사람들이었습니다. 기독교 신앙에 대한 성숙한 이해가 없는 자들이었습니다. 그래서 "약한 자들"이라고 불렸습니다. 이들은 우상에 바쳐진 음식을 먹으면 그 음식을 통해서 우상의 힘이 작용한다고 보았습니다. 그래서 그것을 먹고 나면 양심에 거리낌을 느꼈던 소심한 자들, 불안해하는 자들이었습니다. 그러므로 이 사람들은 그런 음식을 먹으면 안 된다는 완전한 금지를 주장하였습니다.

그런데 사도행전 15장과 요한계시록 2~3장에 보면 초대교회가 우상의 제물을 사도회의의 결의로 명백히 금지한 것을 볼 수 있습니다. 게바(베드로)가 고린도를 방문했을 가능성이 많은데, 그가 이 사도의 회의의 결의를 고린도인들에게 가르쳐서, 그들이 그 교회를 처음 개척한 사도 바울이 주지 않았던 것으로 보이는 가르침에 대해서 알게 된 것으로 보여집니다. 예루살렘에 있었던 사도회의는 그리스도인의 자유를 모두 누릴 수 있지만 세 가지를 금했습니다. 우상의 제물을 먹지 말 것, 음행을 하지 말 것, 그리고 목을 메어 도살한 짐승을 먹지 말 것(행 15장)입니다. 이 세 가지를 삼가라고 결의한 바가 있다는 것을 게바가 고린도인들에게 가르친 것이어서, 아마 그것들을 게바파가 고집한 것이 아닌가 추측할 수 있습니다. 그렇다면 게바파가 "약한 자들"이었을 가능성이 높습니다.

바울은 그 사도회의의 결의를 유대 그리스도인들과 이방 그리스도인들이 함께 교회를 이루고 식탁 교제를 하는 안디옥 교회와 같은 곳들에만 적용성이 있고, 고린도 교회같이 헬라 교회들에는 적용성이 없는 것으로 생각해서 그 결의를 가르치지 않았을 가능성이 있습니다. 바울 역시 9장에서는 유대인들과 함께 있을 때는 유대인들같이, 약한 자들에게는 약한 자들처럼 행동한다고 하며 때로는 자신도 이런 음식에 관한 규례를 지킨다고 설명합니다. 이제 어떤 연유로든지 고린도 교회에도 우상에 바쳐진 음식을 금하는 "약한 자들"이 있게 되었고, 또 그들에 반해 지식을 가지고 있다고 주장하는 자들의 경거망동이 우려스럽기도 하므로 바울은 그런 음식에 대한 올바른 태도를 가르치게 되었습니다. 바울은 그것을 단순히 허용, 또는 불허용의 율법의 문제로 가르치지 않고 신학적으로 깊이 생각하는 자세를 가르치고 있습니다.

이것을 현재의 표현으로 말하면, 복음이 새로운 문화 환경에 전해질 때 그리스도인들이 어떻게 이방 종교적 문화 상황에 적응해야 하는 문제에 대한 좋은 신학적 지침을 제공해 주는 것입니다. 구체적으로 우상의 제물과 관련한 것이지만 더욱 일반화해서 표현하면, 압도적인 이방 종교적 문화 속에서 그리스도인들이 어떻게 적응해가면서 살아가야 하는지에 대한 문제를 신학적으로 고찰하는 것입니다. 이런 배경적 이해를 가지고 한 절씩 그 의미를 살펴 보도록 합시다.

1) 지식보다는 사랑에 따라 행동해야 함(8:1~13)

1절

"우리 모두 지식을 가지고 있다"는 거의 모든 주석가들의 동의하는 바와 같이 고린도의 강한 자들의 구호입니다(비교 6:12; 7:1; 10:23). 바울은 이것을 일단 인정합니다. "지식"은 고린도의 열광주의자들의 중심 개념으로 1~4장에서 다룬 "지혜"와 연결된 것입니다. 그것은 고린도의 열광주의자들이 성령의 은사로 얻었다고 생각한 하나님과의 관계에 대한 깨달음으로 구원론적 의미가 있는 것이었습니다. 그것은 그들로 하여금 자만하게 하고 남을 업신여기게 하였습니다. 그러므로 바울은 그들의 구호에 "사랑"을 대조시킵니다. 이것은 바로 7:1에서 "남자가 여자를 만지지 않는 것이 좋다"는 구호에 대해서 바울이 인정하는 것과 같습니다.

그런데, 그렇게 하다가 음행에 빠질 수 있기 때문에 혼자 사는 독신의 은사가 없는 자들은 결혼해야 한다고 바울이 그 구호를 교정했습니다. 여기 이와 똑같은 식의 가르침을 하고 있습니다. 일단 상대방의 주장을 인정합니다. 그리고는 교정합니다. "그러나 지식은 우리를 부풀리게(교만하게) 한다. 그러나 사랑은 세워 올린다." 이것은 지식을 자랑하며 자유를 만끽하겠다는 강한 자들의 주장을 교정하는 바울의 말인데, 8~10장 전체 논지의 천명이라고 해도 과

언이 아닙니다. “부풀음” 또는 우리의 속어로 말하면 “허파에 바람이 잔뜩 들어감”, 즉 자만하여 경거망동함은 고린도의 열광주의자들의 특징이었습니다(4:6, 18, 19; 5:2; 참고 13:4). 그것에 대항하여 바울은 교회를 “세워 올리고자” 하는 관심을 줄곧 강조합니다(3:9, 10, 12, 14; 10:23; 14:3, 4, 5, 12, 17, 26). “지식”은 “사랑”을 동반하여야 교회를 “세워 올릴” 수 있습니다.

8:10을 보면 “지식을 가지고 있는 네가 신전에 앉아서 그 식탁에 참여하면 약한 자들이 우상에 바쳐진 음식을 먹도록 그의 양심이 부풀려지고, 세워 올려지지 않겠느냐”는 표현이 나옵니다. 바로 여기 1절에서와 같은 표현이 나옵니다: “세워 올리다.” 지식이 약한 자들의 양심을 “세워 올린다”는 것입니다. 지식을 자랑하는 자들(고전 8~10장에서와 유사한 가르침을 주는 롬 14:1~15:13에서는 이런 자들을 “강한 자들”이라 부름)은 약한 자들에 대해서 하나님은 한 분 외에 없다는 지식을 가르침으로써, 우상들이 신들인 줄로 믿고 벌벌 떠는 약한 자들의 믿음을 “세워 올린다”(북돋운다)고 생각했습니다. 지식을 통해서 약한 자들의 믿음을 세워 올린다는 뜻입니다.

바울은 이것을 교정합니다. 강한 자들이 말하는 지식은 도리어 사람을 “부풀려서” 즉 교만하게 해서 경거망동으로 인도하게 하고, 약한 자들을 “세워 올리기”는 하나 파멸 쪽으로 “세워 올리는” 것이라고 합니다. 약한 자들의 약한 양심(즉 우상에 예민한, 꺼림칙한 양심)이 북돋워져서 강한 자들을 따라 신전 축제에 참석하였다가, 결국 그 행위로 인해 후회와 근심을 얻게 되어 곤경에 처하게 된다는 것을 지적합니다. 그래서 8:10에서 사용하는 “세워 올려진다”는 표현은 바울이 냉소적으로 사용한 말입니다. 지식으로 약한 자들을 세워 올린다는 것이 오히려 그들을 파멸하도록 세워 올린다고 경고하는 것입니다. 이것은 바로 사랑이 없는 태도입니다. 그러므로 고린도의 지식 자랑자들, 곧 강한 자들이 알아야 할 것은 그들의 지식으로 약한 자들을 "세워 올리려" 하지 말고, 사랑으로 "세워 올리려" 해야 합니다. 왜냐하면 사랑이 진정으로 약한 자들의 믿음도 세워 올리고, 교회 공동체도 화평하고 건실한 교제의 공동체로 세워 올리기 때문입니다.

2절

"누가 만약에 무엇을 안다고 생각하면 그 사람은 아직 자기가 마땅히 알아야 할 바를 알지 못하는 것이다."

고린도인들은 하나님에 대한 단편적인 지식 조각들을 자랑할지 모르나, 중요한 것은 하나님을 인격적으로 알고 그와 올바른 관계 속에 있는 것인데 이점에 있어서는 아직 많이 부족합니다. 앎에 대한 올바른 신학적 이해와 표현은 사랑을 포함해야 합니다. 결국 지식으로 약한 자들을 올바르게 세우지 못하는 것은, 그 지식이 제대로 알아야 할 바를 알지 못한 부족한 것임을 나타냅니다. 제대로 알아야 할 바는 3절에 나오는 "하나님을 사랑하는 것"입니다.

3절

"그러나 누가 하나님을 사랑하면, 이 사람은 하나님에 의해서 아는 바 된 자이다."

"하나님이 아는 자"라는 말은 구약부터 하나님이 선택해서 자기의 사랑의 대상으로 삼은 자라는 뜻입니다. 안다는 것은 하나님의 선택의 언어입니다. 하나님의 선택함을 받고 하나님의 사랑을 받은 사람은 하나님을 사랑하고 그 사랑으로 인해서 이웃을 사랑하는 것입니다. 하나님에 대한 진정한 지식은 오로지 그의 아들 그리스도 예수 안에서의 자기 계시에 의해서만 가능합니다. 마찬가지로 인간의 하나님에 대한 사랑도 그의 인간에 대한 사랑에 근거하는 것입니다. 어떤 사람이 하나님을 사랑한다면 이는 하나님께서 자신과 사랑의 관계(연합)를 갖도록 하였음을 의미합니다. 우리의 하나님에 대한 사랑은 하나님의 우리에 대한 사랑에 근거하고 그로부터 이웃을 사랑할 수 있는 힘을 얻습니다.

이와 같이 하나님에 대한 진정한 지식은 하나님으로부터 사랑받고 하나님을 사랑하는 상호 사랑의 관계에 있음을 의미하고, 하나님을 사랑하기에 그의 뜻 곧 이웃 사랑을 실천함으로 표현되는 것입니다. 우상에 바쳐진 제물을 먹는 문제는 고린도 사람들을 교만하게 하고 경거망동하게 하는 고린도의 지식파의 것과 같은 단순히 인간 중심적인 지식이 아닌 하나님과의 관계 중심적인 사랑의 원리로 풀어 가야 한다는 원칙을 제시해 주는 것입니다. 이 원칙을 제시한 후에 4절에서 우상에 바쳐진 제물을 먹는 문제를 다시 진술합니다.

4절

"그러므로 우상의 제물을 먹는 문제에 대하여: '이 세상에 우상은 아무 것도 아니다는 것과 하나님(신)은 한 분밖에 없다는 것을 우리는 안다'."

바울은 여기 고린도의 지식파의 주장을 다시 인용합니다. 그것은 곧 "이 세상에 우상은 아무 것도 아니다"는 것, 그리고 "하나님(신)은 한 분밖에 없다는 것" 입니다. 우상은 실체가 없다는 것입니다. 하나님(신)은 한 분 외에 없기 때문에 곧 기독교의 유일신 사상을 올바로 인식한다면, 당연히 실체가 없는 우상은 단지 목석에 불과하다는 것을 알아야 한다는 것입니다. 바울은 지식파의 이 주장에 동의합니다. 바울은 마귀들의 존재를 믿었고 또 마귀들이 사람들의 우상숭배 행위를 이용하여 그들에게 영향력을 행사한다는 것을 곧 설명할 것이지만(10:20~21), 우상 자체는 실재가 없는 한 조각의 목석에 불과하다는 고린도의 지식파의 "지식"을 수긍합니다. 또 그리스도인들이 신(神)이라 할 때 그 의미대로는 물론 한 분의 신(神) -아브라함과 이삭과 야곱의 하나님, 우리 주 예수 그리스도의 아버지- 밖에 없다(참고 신 6:5; 사 44:8; 45:5)는 그들의 주장이 옳음을 인정합니다. 그리고는 5~6절에서 그것을 부연 설명합니다.

5절

헬라 세계의 다신교들의 상황을 지칭하여 "신이라 불리는 자들과 주라 불리는 자들이 많다"고 말합니다.

거기에 대항하여 6절에서 바울은 "우리에게는 한 하나님, 아버지, 한 주 예수 그리스도"만이 있을 따름이라고 신앙고백 합니다. 그러고 나서 하나님을 "만물이 그에게서(ek/from) 나왔고, 우리는 그를 위하여(eis/unto) 존재하는" 분으로 설명합니다. 이 말은 원어로 살펴보면 전치사를 달리해서 그 뜻을 더욱 분명하게 표현하고 있습니다. 만물이 그에게서 나옴은 창조를 말합니다. 하나님은 창조의 원천이십니다. 만물이 하나님에 의해 지음을 받았지만, 아직 그것들 모두가 그를 위해 곧 그의 영광을 위해 존재하는 것은 아니고, 다만 구원받은 우리만 그를 위해 곧 그의 영광을 위해 존재합니다.

주 예수 그리스도를 "만물이 그로 말미암아(dia/through) 났고 우리는 그로 말미암아(dia/through) 났다"고 설명합니다. 이 말의 전반부는 예수 그리스도가 창조의 중보자, 곧 일꾼임을 뜻합니다. 여기서도 우리는 구원받은 그리스도인들을 지칭합니다. 예수 그리스도는 창조의 중보자(일꾼)일 뿐 아니라, 구원의 중보자이기도 합니다. 하나님은 창조와 구원의 원천이시기에 아버지라 지칭되고, 예수 그리스도는 하나님의 우편에 높임 받아 하나님의 주권을 대행하는 분이기에(참고 고전 15:24~28; 빌 2:9~11 등) 주라고 지칭됩니다.

여기 6절의 하나님 아버지와 주 예수 그리스도에 대한 신앙고백을 이위일체론(二位一體論/binitarian)적 신앙고백이라 합니다. 이것을 자세히 살펴보면, 신명기 6:4~5의 "셰마(들으라) 이스라엘아, 야훼 너희의 하나님, 야훼는 한 분이시다"라는 말을 바울이 해석한 것임을 알 수 있습니다. 헬라어를 사용하던 디아스포라 유대인들은 야훼를 "주(kyrios)"로 읽었으므로, 헬라번역본 구약성경(칠십인경)에는 이 본문이 "들으라, 이스라엘아, 주 너희의 하나님, 주는 한 분이시다"라고 되어 있는데, 바울은 칠십인경의 언어 용례를 따릅니다. 그러나 그는 본문에서 "주"는 예수 그리스도를 지칭하는 것으로 해석합니다. 하나님은 말 그대로 하나님에게 적용합니다. 원래 유대교의 가장 근본적인 신앙고백인 이 셰마를 기독론적으로 재해석해서 이위일체론적으로 표현한 것입니다.

여기 6절에 나오는 신앙고백을 대부분의 신약학자들은 바울 이전에 이미 형성된 것을 바울이 인용하고 있다고 봅니다. 이 신앙고백은 고린도전서의 이 본문에 가장 적합한 고백입니다. 그러므로 바울 이전에 이루어진 신앙고백을 바울이 이곳에서 인용했다고 보기보다는, 바울이 우상들과 관계하는 것을 염두에 둔 이 상황에서 셰마를 기독론적으로 재해석하여 만든 신앙고백이라고 보는 것이 더욱 타당한 것 같습니다. 덧붙여서, 위의 이위일체론적인 신앙고백을 보면 예수 그리스도의 선재(先在) 사상이 두드러지게 나타납니다. 예수 그리스도가 창조와 구원의 중보자라는 사상은 구약과 중간사 시대의 지혜 신학에 배경을 두고 있습니다. 그리스도를 구약과 유대교의 의인화되고 실체화된 지혜의 범주로 해석하는 것을 지혜 기독론이라고 부릅니다.

저는 바울이 이것을 초대교회에서 가장 먼저 시작한 것으로 봅니다. 바울이 자신을 그리스도인, 그리고 사도가 되게 한 다메섹 도상의 그리스도의 계시와 관계해서 예수 그리스도를 지혜의 범주로 해석하는 것을 볼 수 있기 때문입니다. 그리스도가 "하나님의 형상"(고후 4:4~6; 골 1:15 등)이라고 한 것과 그리스도가 "율법의 마침"(롬 10:4)이라고 한 것이 바로 지혜 신학, 곧 지혜 기독론의 표현입니다. 바울이 다메섹 도상에서 예수 그리스도를 "하나님의 형상"으로 보았기 때문에 바울 서신에만 그리스도를 가리켜 "하나님의 형상"이라는 표현이 나오는 것입니다. 그리고 구원을 하나님의 형상인 그리스도의 형상과 "같은 형상으로 되는 것"이라고 설명하는 것은 바울 신학에만 등장하는 카테고리입니다(롬 8:29; 고후 3:18; 빌 3:21 등). 이것이 바로 바울의 다메섹에서의 계시의 체험과 관련된 것이기 때문에 바울이 예수 그리스도를 지혜의 범주로 해석하기 시작한 것이라고 볼 수 있습니다. 그렇다면 지혜 기독론이 잘 나타나는 8:6의 신앙고백도 바울이 만든 신앙고백이라고 볼 수 있는 가능성이 많습니다.

창조주요 구원주이신 한 하나님, 그리고 창조의 중보자요 구원의 중보자이신 한 주 예수 그리스도 믿는다는 이 신앙고백은 신명기 6:4~5, 유대교의 근본적인 셰마 신앙고백을 기독론적으로 재해석한 것입니다. 그러기에 라이트(Tom Wright)는 이 신앙고백을 기독교적 셰마(the Christian Shema)라고 합니다. 신명기 6:4~5이 유대인들에게 가장 기본적인 신앙고백이라면 기독교인들에게는 바로 이것이 가장 기본적인 신앙고백입니다. 신명기 6:4~5은 절대 유일신론을 천명함으로써 다신(多神) 사상과 우상숭배를 배격하는 것입니다. 이런 천명을 통해 신의 다수성을 배제하는 바로 그 신앙고백을 이용해서, 바울은 거리낌없이 이위일체론적인 신앙고백으로 해석하는 것입니다. 예수 그리스도를 창조와 구원의 수단으로 선재하면서 하나님 쪽에 속한 분으로, 곧 신과 피조물의 구분 가운데 신적 편에 속한 분으로 설명합니다. 이것은 복수신을 말하는 것이 아니고 한 신의 복수성을 표현하는 것입니다. 여기서 바로 삼위일체론적인 신론의 발전 과정을 볼 수 있습니다. 절대 유일신론을 평생 고백하여 왔던 유대신학자 바울이 이제 그리스도인으로서 이런 인식을 아무 스스럼없이 표현하고 있다는 것은 놀라운 일입니다.

여기서 중요한 것은 이위일체론적인 신론의 이해입니다. 구약과 유대교의 전승사를 보면 하나님이 그의 "딸"인 자신의 지혜(때로는 그의 "아들" 인 자신의 말씀)를 세상에 *보내셔서*, 그 지혜를 통해서 세상을 *창조하시고* 그 지혜를 통해서 자신을 *계시하시고*, 그 지혜를 통해서 *구원하신다*는 사상이 점차 발달합니다. 곧 지혜가 하나님의 창조와 계시와 구원의 중보자, 수단 또는 일꾼이 된다는 이위일체론적인 신(神) 인식이 발달한 것입니다. 이런 신(神) 인식이 발달한 이유가 무엇입니까? 즉 하나님을 이위일체론적으로 생각하는 의도는 무엇입니까? 이것을 통해서 표현하고자 하는 진리는 무엇입니까? 그것은 하나님의 초월성과 내재성을 동시에 천명하려는 것입니다. 하나님은 초월하셔야 우리를 구원하실 수 있는 분이고, 그가 또 우리 가운데 오셔야 우리에게 구원이 있게 됩니다. 하나님은 온 우주보다 크신 분이고 우주 밖에 계셔야 고장난 우주를 고칠 수가 있는 것입니다(초월성). 우주 속에 포함되는, 그러기에 우주보다 작은 신이 어떻게 고장난 우주를 고칠 수 있겠습니까? 그러므로 하나님의 초월성은 구원의 한 조건입니다. 그런 초월의, 전능의 하나님이 이슬람의 알라처럼 이 세상에 오지 않고 하늘 꼭대기에 홀로 고고히 앉아 있으면, 어떻게 고장난 우주가 고침을 받고 우리가 구원을 받겠습니까? 그가 이 세상에 오셔야, 이 세상에 그의 전능의 손을 내밀어야, 비로소 우리는 구원을 받을 수 있는 것입니다(내재성). 그러기에 하나님의 내재성은 구원의 또 하나의 조건입니다.

초월의 하나님이 그의 "딸"인 그의 지혜를, 또는 그의 "아들"인 그의 말씀을 *보내셔서*, 세상에 자신을 *계시하시고*, 세상을 *구원하신다*는 사상은 구원의 두 조건들인 하나님의 초월성과 내재성을 동시에 천명하고자 하는 언어 수단입니다. 곧 하나님이 초월하시어 전능하시며, 동시에 우리와 함께 내재하시는 분(임마누엘)이어서 우리를 구원하시는 분이라는 인식을 표현하는 것입니다. 구약과 유대교에서 이스라엘은 창조주이시며 자신들의 왕으로서 스스로를 계시하시고 자신들에게 구원을 베푸시는 하나님을 체험하면서, 하나님의 초월과 내재를 동시에 천명하는 수단으로서 지혜(또는 말씀)의 언어를 발전시켰던 것입니다.

이런 전승사적인 연속성 속에서, 또는 계시적으로 말하자면 계시의 진전 상황 속에서 초대교회 그리스도인들은 예수 그리스도의 사건(즉 예수의 하나님 나라에 대한 복음 선포, 예수의 대속적 죽음, 그리고 하나님에 의한 예수의 부활)을 체험하면서 예수 그리스도가 바로 하나님의 계시자요, 하나님의 구원의 중보자라는 것을 깨달았습니다. 하나님의 이름으로 하나님 나라를 선포하고 자신의 죽음으로 하나님의 구원을 이루심을 주장했던 예수를 하나님께서 부활시켜 만유의 주로 높이셨다고 선포하는 그리스도인들을 핍박했던 바울도, 다메섹 도상에서 부활하신 영광의 주 예수 그리스도의 계시를 보고 그 진리를 깨달았습니다. 예수 그리스도가 하나님의 계시자요, 하나님의 구원의 중보자라는 깨달음은 바울 등 초대교회의 신학자들에게 되돌아보는 관점을 갖게 하여 점진적 계시의 이전 단계인 구약과 유대교에서, 즉 예수 그리스도 안에서와 같이 아직 환하게 되지 않은 계시 상태에서 하나님의 딸인 지혜의 활동이라고 이해되었던 것이 사실은 하나님의 아들 예수 그리스도에 관한 것으로 깨닫게 한 것입니다. 이런 깨달음으로부터 유대교의 하나님과 그의 딸 지혜 또는 그의 아들 말씀의 구도보다 더욱 발달된 이위일체론적 신앙고백(즉 하나님 아버지와 그의 아들, 우리 주 예수 그리시도의 구도)이 나오게 되고, 이것이 더욱 발전해서 삼위일체론적인 신앙고백이 생성되게 된 것입니다.

여기 6절의 이위일체론적 신앙고백은 지식을 가졌다고 주장하는 자들의 지식, 곧 하나님이 한 분이시니까 세상에서 말하는 신들은 실체가 없는 목석에 불과하다는 지식을 바울이 인정하고 그 지식이 무엇인가를 부연한 것입니다. 그것은 앞서 말씀드린 대로 구약의 셰마를 기독론적으로 재해석한 것으로, 한 하나님, 창조주이시고 구원주이신 하나님, 그리고 한 주 예수 그리스도, 곧 창조와 구원의 중보자이신 한 주를 믿는 것이라고 합니다.

그런데 7절을 보면 이 지식이 모든 자들에게 있는 것이 아니라는 것입니다. 약한 자들은 그 관습상 지금까지 우상을 실체(實體) 있는 것으로 생각해 왔습니다. 그래서 우상에게 바쳐진 제물을 먹되 실제로 실체 있는 우상에게 바쳐진 것으로 먹는다고 생각해서 그들의 약한 양심이 훼손을 받는다는 말입니다. 이것이 약한 자들의 문제입니다.

그런데 약한 자들의 문제를 다루기 전에 왜 바울이 6절에서 정확한 지식, 곧 이위일체론적인 신론으로 길게 부연을 했는가를 물을 수 있습니다. 이것이 지식파, 즉 강한 자들에게는 무엇을 뜻하고, 약한 자들에게는 또 무엇을 뜻합니까? 왜 바울이 강한 자들이 주장하는 지식을 부연했습니까?

바울에 따르면 창조주이시고 구원주이신 하나님이 한 분이고 창조의 중보자이시고 구원의 중보자이신 한 주 예수 그리스도를 믿는다고 말합니다. 다른 사람들은 신들도 많고 주들도 많은데 우리는 한 주님을 믿는다는 것입니다.

이 말은 약한 자들에게 무엇을 의미합니까? 약한 자들에게는 그들의 지식을 일깨워 주는 것입니다. 기독교 신앙에 대해서 더욱 성숙한 이해를 가져야 된다는 것입니다. 다른 사람들에게는 신들도 주들도 많지만 우리에게는 한 하나님, 그리고 한 주밖에 없다는 것, 곧 다른 신들은 실체가 없다는 것을 약한 자들에게 깨우쳐 주는 것입니다.

강한 자들에게는 무엇을 뜻합니까? 6절 후반부를 보면 우리가 하나님의 영광을 위해서 존재한다는 것을 강조합니다. 이것이 바로 10:31의 먹든지 마시든지 무엇을 하든지 주님의 영광을 위해서 하라는 것과 연결되어 있습니다. 10:31의 이 구절은 일반화해서 적용할 수도 있겠지만, 본문의 맥락에서는 우상에게 바쳐진 음식을 먹기로 결정하든지 먹지 않기로 결정하든지 하나님의 영광을 위한 것인지 아닌지의 관점에서 결정해야 한다는 가르침입니다. 이것이 첫째 관점 곧 하나님에 대한 사랑입니다. 그리고 둘째 관점, 곧 이것이 형제에게 덕이 되느냐 아니냐의 관점에서 결정하는 것입니다. 강한 자들은 지금 자신들이 지식을 가졌다고 뽐내지만, 그 지식이 바로 하나님의 영광을 위한 행동을 유발시켜야 한다는 것을 간과하고 있습니다. 그래서 바울이 6절에서 그들에게 한 하나님을 믿는다는 것은 바로 우리의 존재 목적이 바로 하나님의 영광을 위한 것임을 상기시키는 것입니다.

이와 같이 바울이 강한 자들이 자랑하는 유일신 사상에 대한 지식을 이위일체론적 신앙고백으로 부연하는 것은 두 가지 목적을 지닙니다. 하나는 약한 자들로 하여금 올바른 기독교적 신 지식을 가지고 헬라적 다신교들의 우상들에 대한 두려움을 없애도록 교육하는 것이고, 다른 하나는 강한 자들에게 그 지식이 요구하는 삶의 방법이 무엇인지를 알도록 교육하는 것입니다.

7절

"그러나 이 지식이 모든 사람들에게 있는 것이 아니다. 그 반대로 어떤 이들은 지금까지 우상에 대한 의식이 있어 우상의 제물로 알고 먹는다. 그리고는 그들의 양심은 약하기 때문에 더러워진다."

개역한글성경의 "그들의 양심이 약하여지고"는 새로운 번역이 필요합니다. 음식을 먹어서 양심이 약해진 것이 아니고, 그 양심이 약하기 때문에 우상에게 바쳐진 제물로 알고 먹고는 그로 인해서 양심이 더렵혀진다는 것입니다. 모든 사람들이 우상은 아무 것도 아니라는 지식을 가지고 있으면 문제는 간단할 것입니다. 그러나 (1절에 인용된 주장과는 달리) 기독교 신앙의 이 기본 지식을 고린도의 모든 그리스도인들이 터득한 것이 아닙니다. 우상이 영적인 힘을 가진 실재(實在)로 믿어 온 사람들 중 그리스도인이 된 후에도 그 생각을 계속 가지고 있어 우상에게 바쳐진 제물도 실제로 종교적 또는 영적 의미가 있다고 보는 자들이 있습니다. 바울은 이들을 "약한 자들"이라 칭합니다(참고 고전 9:22; 롬 14:15, 21). 그들은 양심이 "약한 자들"입니다. 소심하고 초조해하며 근심하는 자들입니다. 우상의 제물을 먹는 것은 그들의 양심에 어긋나는 것입니다. 그런데도 그것을 먹는다면 그들의 양심은 더러워집니다. 이것은 어리석은 소심증이어서 바울은 그것 자체를 옹호하지 않습니다. 여기서 바울은 이들 약한자들이 깨우침을 받아야 한다고 보고 은근히 깨우침을 주고 있습니다.

이 부분을 잘 생각해야 합니다. 바울은 여기서 대체로 약한 자들을 위하여 강한 자들을 나무라는 형식을 취하고 있습니다. 그러나 사실 바울은 강한 자들만이 아니라, 약한 자들을 교육하기도 합니다. 그들에게도 하나님을 향한 올바른 지식이 필요하다는 것을 가르치고 있습니다. 그런 이유로 8:6의 기본 신앙고백을 강조하는 것입니다. 이 지식이 있어야 하는데, 7절을 보면 불행하게도 아직 모든 그리스도인들이 그것의 함축 의미들을 다 터득한 것이 아니라는 것입니다. 지금까지 우상숭배를 하던 관습에서 완전히 벗어나지 못하여 우상이 실제 신이라는 의식을 가지고 있는 사람들이 있습니다. 그래서 우상에 바쳐진 제물은 정말로 우상의 힘이 작용해서 한국적 표현으로 하면 귀신 붙어서, 그것을 먹으면 큰일나는 것으로 생각하는 자들, 곧 그것을 먹고 마음에 근심을 갖는 사람들이 있다는 것입니다. 바울은 그런 그리스도인들을 "약한 자들"이라 합니다.

한국의 상황에 그 유비를 적용할 수 있습니다. 어떤 음식(술, 담배 등)이나 문화적 표현들이 하나님 사랑과 이웃 사랑의 기독교적 윤리의 대원칙들, 즉 사랑의 이중계명(막 12:28~34 / 마 22:35~40 / 눅 10:25~28)에 전혀 어긋나지 않음에도 통념상 그런 것들을 터부로 보고 율법주의적으로 피하는 사람들을 흔히 믿음이 좋은 사람들로 보는 경향이 있습니다. 이런 사람들은 대개 이 사랑의 이중계명에 대한 순종이 걸린 큰 윤리적 문제들(예 맘몬 우상숭배에 빠져 이웃을 착취해서라도 과도한 부를 쌓으려는 행위, 투기, 세금 포탈, 뇌물 받기, 나쁜 물건이나 서비스 제공, 사기)은 소홀히 하면서, 기독교 윤리를 기껏 해야 술 담배 안 하는 것으로 축소하여 생각하고 그런 것들에만 율법적으로 집착합니다.

그러나 술이나 담배 같은 음식이나 기호품도 철저히 하나님 사랑과 이웃 사랑의 원칙들에 의거해서 생각해야 합니다. 담배는 하나님께서 우리에게 하나님을 사랑하고 이웃을 사랑하라고 주신 몸의 건강을 해칩니다. 또 옆에 있는 이웃의 건강까지도 해치니 삼가야 할 것입니다. 하루 한 잔 정도의 술은 건강에 좋다고 의학은 말하고 있고, 이웃과의 관계 증진에도 좋을 수 있습니다. 그러기에 그 정도 마시는 것은 그리스도인의 자유입니다. 그러나 술을 많이 마시면 정신이 혼미해져 죄를 짓기 쉽고, 또 하나님을 사랑하고 이웃을 사랑하라고 주신 몸이 건강치 못하게 되어 하나님께 영광드리지 못하고 가족에게 부담만 지우고, 이웃과 다투고, 심지어는 처자식에게 폭력을 휘둘러 우리가 사랑해야 할 가장 가까운 사람에게 해악만 끼치니 아주 주의해야 할 것입니다. 여기 8~10장의 바울의 가르침에서 유비를 도출하여, 한 잔 정도의 술을 즐기는 것을 그리스도인의 자유임을 깨달은 사람들도, 절대로 술 마시면 안 된다는 "약한" 그리스도인들이 함께 있을 때는 그들의 연약한 양심을 손상시키지 않기 위해서 그 자유를 자제하는 것이 이웃 사랑의 원칙이 요구하는 바입니다.

이런 연약한 양심을 가진 그리스도인들을 바울은 믿음이 좋은 자들이라거나 "강한 자들"이라 하지 않고 "약한 자들"이라 합니다. 그들은 기독교 신앙에 대한 더 깊은 지식을 터득해야 하고, 그 지식이 가져다주는 그리스도인의 자유를 누릴 수 있도록, 그리고 자신의 좁은 식견에서 나오는 맹목적인 율법주의로 이웃을 비판함(이웃 사랑 원칙에 위반)을 자제하도록 성숙해져야 합니다. 반면에 그리스도인의 자유를 누리려는 강한 자들은 자신의 행동이 과연 하나님 사랑과 이웃 사랑의 원칙들에 합당한가를 잘 헤아려 그 자유를 책임감 있게 누려야 합니다.

8절

"음식은 우리를 하나님 앞에 세우지 않는다."

이것 역시 지식파 또는 강한 자들의 구호로 보여집니다. 하나님 앞에 세운다는 뜻은 두 가지로 해석됩니다. 하나는 하나님 앞에 책망받도록 심판대 앞에 세우지 않는다는 뜻입니다. 어떤 음식을 먹었다고 해서 그것이 죄가 되는 것은 아니라는 뜻입니다. 둘째는 음식을 가려 먹었다고 해서 하나님으로부터 칭찬받는 것이 아니라는 뜻으로 해석할 수도 있습니다. 음식이 우리를 하나님께 천거하는 것이 아니라는 뜻입니다.

이 구호로 지식파는 어떤 음식을 먹었다고 해서 하나님께 심판받는 것도 아니고, 음식을 가려 먹었다고 해서 하나님으로부터 칭찬받는 것도 아니라고 주장합니다. 결국 음식은 가려도 그만 안가려도 그만인 것(헬라어 adiaphoron; 영어 no difference)이라는 것입니다. 이 구호로 지식파는 다음과 같이 주장했습니다: "우리가 우상의 제물을 먹는다고 하여 우리의 그리스도인적 신분이나 자유를 조금도 잃는 게 아니다. 또 '약한 자들'같이 안 먹는다고 해도 무슨 이익을 보는 것도 아니다." 바울은 이에 동의하면서 여기 그 역도 성립됨을 말하여 고린도의 '강한 자들' 입장을 교정하기 시작합니다. "우리가 먹지 아니하여도 부족함이 없고 먹어도 풍성함이 없으리라." 음식을 먹지 않는다고 해서 무슨 부족함이 있는 것이 아니고, 먹었다고 해서 무슨 이익이 있는 것도 아니란 뜻입니다. 이것은 바울의 말입니다. 강한 자들의 구호가 맞지만 그 역도 맞다는 것입니다.

우상의 제물을 안 먹어도 무슨 불이익이 있는 것이 아니고, 먹어도 무슨 이익이 있는 것이 아니라는 뜻입니다. 바울이 강한 자들의 구호를 인용해서 그 역도 성립한다는 것을 알아야 한다고 깨우치는 것입니다. 우상의 제물을 먹어도 별 이익도 없는데, 왜 자꾸 먹는다는 것을 주장하냐고 반문하는 것입니다. 먹는 행위로 인해서 형제들을 손상시키면 하나님이 책망한다는 것입니다. 바울은 강한 자들의 주장에 일면 동의하면서 그것을 교정해 가는 전형적인 방법을 사용하고 있습니다.

고린도인들은 하나님 앞에서 우상의 제물을 먹어도 불이익이 없고 먹지 않아도 이익이 없다고 하는데, 바울이 거꾸로 말하는 것은 사실 그들에게 달갑지 않은 것입니다. 먹으면 그들은 이 세상에서 이익이 있습니다. 이스미안 경기와 길드의 축제들에 참여하면 고기도 많이 얻어먹을 수 있을뿐더러, 사회적 소외를 경험하지 않기 때문입니다. 그런 곳에 참여하지 않으면 소외당해서 일도 잘 못 하고 쫓겨날 수도 있기 때문입니다. 그래서 사회학적으로 보면 음식을 먹지 않아서 많은 해를 입은 것입니다. 신학적으로는 먹는 것과 먹지 않는 것이 하나님 앞에서는 아무런 의미도 없지만 당시 직업과 사회의 인간관계에서 보면 우상의 제물을 먹지 않는다는 것은 많은 불이익을 초래한 것입니다. 지식파가 이러한 현실적인 이익을 신학적으로 정당화하면서 자꾸 먹으려 하고 그것을 약한 자들에게 강요하는데, 바울은 바로 이런 강요를 하지 못하게 하는 것입니다. 그들이 스스로 깨달아서 할 수 있을 때까지 기다려야 한다는 것입니다.

바울은 8~10장을 통해 겉으로는 강한 자들에게 약한 자들을 강요하거나 무시하지 말라고 말하고 있습니다. 약한 자들을 무시하고 그들의 양심을 손상시키는 일을 해서는 안 된다는 것입니다. 또 이스미안 경기에 참여하고 신전의 잔치에 참여하면 우상숭배에 빠질 가능성도 있다고 경고합니다(10장). 출애굽한 백성들이 우상숭배하다가 죽었듯이, 그들도 구원의 첫맛을 본 후 죽을 수 있음을 강력하게 경고하고 있습니다. 바울은 이방인들의 축제들에 참여하는 것의 위험을 상기시키며, 그것이 가져오는 이익을 상쇄시킵니다. 그런 우상숭배의 위험에 비하면 사회적 소외가 가져오는 손해는 별것 아니라는 것입니다.

9절

"그러나 너희의 이 권리가 약한 자들에게 걸림돌이 되지 않도록 조심하라."

지식파 또는 강한 자들의 우상의 제물을 먹을 수 있는 "권리" 또는 자유가 약한 자들에게 걸림돌이 되어서는 안 됩니다. 이것은 바울이 형제 사랑의 원칙에서 주는 권고입니다. 권리라는 말은 일차적으로 신학적 자유를 뜻합니다. 그리고 이차적으로는 길드에 소속되어 있다든지 이스미안 경기 때 사회의 인정을 받는 자들이 초대되는데, 바로 그러한 권세를 말하기도 합니다. 지식파는 사회적으로는 상류층입니다. 이 사람들은 신학적으로 자유와 권세를 주장하면서 사회적으로도 그 권세를 과시하는 자들입니다. 그들이 이런 권세로 자유롭게 먹을 수 있는데, 그것을 함부로 행사하다가 약한 자들에게 거침돌이 될 것을 유의하라고 합니다. 어떻게 거침돌이 됩니까? 10절에서 부연 설명합니다.

10절

“지식 있는 네가 우상의 집에 앉아 먹는 것을 누구든지 보면 그 약한 자의 양심이 세워 올려짐을 받아(담력을 얻어) 어찌 우상의 제물을 먹게 되지 않겠느냐?”

여기 “약한 자의 양심이 세워 올려져서, 곧 북돋워져서”라는 표현은 지식파가 주장하는 바를 냉소적으로 반영하고 있습니다(참고 8:1). 약한 자들은 아직 마음에 강한 자들의 “북돋움”을 받아들일 준비가 되어 있지 않습니다. 그들은 아직 신앙이 약해서, 아직 기독교 교리에 대한 지식과 심장에 느끼는 바를 통합시키지 못해서, 설령 하나님 한 분이니까 우상 신들은 아무 것도 아니라는 것을 이론적으로는 안다 해도 우상을 보면 거기에 무엇이 살아 있는 것으로 느껴져 두려워하는 자들입니다. 이들에게 지식파가 우상의 신전에서 행해지는 축제 등에 참여하여 음식을 먹는 “모범”을 보이며 자꾸 따라 하라고 강요하는 것은 그 사람의 양심을 또는 신앙을 세워 올리는 것이 아니라는 것입니다. 도리어 그의 양심과 신앙을 파괴하는 것이라는 것입니다. 만약 그렇게 하면 약한 자가 강한 자의 “모범”을 보고 그의 양심이 세워 올려져서(북돋워져서) 신전의 축제에 참여하여 우상의 제물을 먹을 텐데, 그 사람은 아직 실체 있는 우상의 제물을 먹는다는 의식을 떨쳐 버릴 수 없으므로 나중에 근심하게 되고 죄책감에 빠지게 된다는 것입니다.

11절

“네 지식에 의하여 그 약한 자가 멸망하게 되는데, 그는 그리스도가 그를 위해서 죽은 형제라.”

이렇게 그 약한 사람이 강한 자의 지식에 의해 충동되어 멸망하게 된다는 것입니다. 그런데 그 사람은 바로 그리스도가 그를 위해서 죽은 강한 자의 형제라는 것입니다. 지식 있는 자가 연약한 자들, 곧 아직 신앙의 지식에 올바르게 도달하지 못해서 아직도 심장에 느끼는 바까지 통합하지 못한 자들에게 억지로 자기를 따라 하게 만들면 도리어 그들의 신앙을 파괴하게 되는 것입니다. 이것이 바로 약한 자들에게 거침돌이 되는 일입니다.

그런데 약한 자들에 대해서 바울이 "형제"라고 표현한 것이 중요합니다. 그리고 "그리스도가 그를 위해서 죽었다"고 말하기까지 합니다. 지식을 가진 강한 자의 입장에서는 약한 자를 무시하기 쉽습니다. 그러나 그렇게 하지 못하도록 그 약한 자의 가치를 최고로 높이고 있습니다. 곧 그리스도께서 그 사람을 위해서 죽었다고 말하고 있습니다. 그리스도께서 그 사람을 위해서 죽은 형제라는 것입니다. "형제"라는 표현은 다른 종교 집단들에서도 교우들끼리 친밀감을 표현하기 위해 쓰는 말인데, 초대교회에서는 성도들이 그리스도를 함께 믿음으로써 한 하나님 아버지의 자녀들이 되었음을, 그러므로 서로에 대해서는 형제가 된다는 의식을 표현하는 말입니다. 그리스도께서 그 사람을 위해서 죽었기 때문에 그 사람의 지고한 가치를 누구도 무시할 수 없습니다. 교회 생활을 하다 보면 세상적으로 권세 있는 자들을 높이고, 세상적으로 약한 자들 특히 신앙이 약한 자들을 무시하기 쉬운데 그들을 무시해서는 안 된다고 바울은 강조합니다. 바울은 그리스도께서 그 사람들을 위해서 죽었다는 것을 생각하라고 호소합니다.

12절

"이같이 너희가 형제에게 죄를 지어 그 약한 양심을 상하게 하는 것이 곧 그리스도에게 죄를 짓는 것이니라."

형제에게 죄를 짓는 것이 바로 그리스도에게 죄를 짓는 것이라고 말합니다. 이것은 바로 마태복음 25장의 예수께서 가장 약한 자에게 한 선행이 곧 그리스도에게 한 것이라는 내용을 뒤집어 표현한 것입니다.

양심을 상하게 한다는 말은 그 양심을 "때린다"는 뜻입니다. 형제를 타격하는 것이 그리스도에게 죄를 짓는 것인 이유는 그리스도가 바로 그 사람을 위해서 죽었기 때문입니다. 그리스도가 그 사람을 위해서 죽었는데 그 사람을 귀하게 여기지 않고 그 사람을 신앙의 어려움 속으로 빠뜨리는 것, 곧 양심에 아픔을 갖게 하는 것은 결국 그 사람을 멸망시키는 일만이 아니고 그리스도에게 죄를 짓는 것이라는 뜻입니다.

13절

"그러므로 만일 음식물이 내 형제로 실족케하면 나는 영원히 고기를 먹지 아니하여 내 형제를 실족치 않게 하리라."

11~12절에서 바울은 지식파 또는 강한 자들에게 자신의 지식과 그것에 근거한 자유의 무분별한 행사는 형제를 해칠 수 있다는 것, 그리고 그것은 형제에 대한 죄일 뿐 아니라 결국 그를 위해 죽으신 그리스도에 대한 죄인 것을 설명하며 강력히 경고하였습니다. 그리고는 이제 자신의 모범을 이야기합니다. 음식이 자신의 형제들에게 거침돌이 되어서 넘어지게 한다면 자신은 고기를 영원히 먹

지 않겠다고 합니다. 신전의 잔치 고기는 말할 것도 없고, 시장에서 사는 고기도 혹 우상에게 바쳐지고 도살되었을 가능성이 있으니, 그것도 안 먹겠다는 것입니다.

바울은 그가 이미 앞에서도 암시했으려니와 뒤에서(10:25~28) 명백히 가르치는 대로 시장의 고기는 그것이 설령 우상에게 제사되는 과정을 거쳐 도살되었다 한들 그리스도인들이 거리낌 없이 먹을 수 있다고 보았습니다. 그런데도 그 행위가 형제에게 거침돌로 작용할 가능성이 있으면 그를 위해 자신은 그 자유를 포기하겠다는 것입니다(10:28~30). 바울은 자신의 자유를 형제의 이익을 위하여 스스로 제한할 준비가 되어 있음을 밝혀 지식파 또는 강한 자들에게 자신의 모범을 따르기를 바라고 있습니다.

바울은 거침돌이 된다는 것을 두 가지로 표현합니다. 9절에서는 '프로스콤마'(거침돌)라는 말을 쓰고, 13절에서는 '스칸달리자인'(걸려 넘어지게 함)이라는 말을 씁니다. '스칸달리자인'은 헬라어 문서들에 아주 드물게 나오는 말입니다. 그런데 이 단어는 예수의 말씀에 즉 마가복음 9:42~48(/마 18:6~9/ 눅 17:2)에서 나옵니다. 그러므로 이 표현은 바울이 여기서 "누구든지 나를 믿는 이 작은 자들 중 하나라도 걸려 넘어지게 하면(스칸달리자인), 그는 목에 연자 맷돌을 달고 바다에 던져지는 것이 낫다"는 예수의 말씀을 생각하고 있음을 보여 주는 것입니다.

바울이 역사적 예수에 대해서는 관심을 갖지 않은 채 오로지 초대 교인들이 그리스도에 대해 한 신앙고백과 선포(케뤼그마)에만 관심을 가졌다고 보고, 그래서 바울은 예수의 말씀들을 잘 인용하지 않았다고 보는 비판적인 학자들이 많이 있습니다. 그들은 바울에 있어 그리스도를 모방함은 중요한 사상인데, 그리스도의 자기 비움만이 모방의 대상이라고 봅니다. 그리스도의 자기 비움과 관계하여 그들은 그리스도의 십자가에서 자신을 내어 주심과 그것의 소급 적용인 성육신을 생각합니다. 원래 하나님의 형상이신 분이 자신을 비워서 인간이 되셨고 우리를 위해 스스로를 십자가의 죽음에 내어 주셨다는 것입니다(예 빌 2:6~8; 고후 8:9). 바울이 이 두 가지만 생각하고 그리스도를 모방한다고 생각했다는 것입니다. 그래서 비판적인 학자들은 고린도전서 11:1에서도 바울이 그리스도를 모방한다는 것은 그리스도의 성육신과 십자가에서의 죽으심만 모방한다고 생각해 왔습니다.

십자가의 자기 비움이 그리스도의 모범적 행위의 클라이맥스라는 것은 사실입니다. 그러나 그리스도를 모방한다 할 때 바울은 그것만을 염두에 둔 것이 아니고, 역사적 예수 그리스도의 가르침과 말씀들과 그의 실제 죄인들을 사랑하고 영접함 등의 행위 자체까지도 염두에 두고 있는 것입니다(후에 언급될 9:14, 19; 10:33과 그것의 강해를 참고하시오). 바로 13절이 바울이 예수의 말씀을 염두에 두고 그의 가르침에 따라 자신의 가르침을 주고 있음을 보여 줍니다.

10장 끝에서 더 자세히 볼 것입니다만, 그리스도인들에게 우상의 제물에 대한 근심을 떨쳐 버리고 시장에서 파는 고기나 불신자 이웃집에서 대접받는 음식을 거리낌 없이 먹으라고 바울이 권면한 것은 하나님은 한 분이니까 우상이 없다는 신학적 이유에서이기도 하고, 다른 하나는 예수 자신이 그런 음식 가리는 법을 무시하셨기 때문이기도 합니다. 예수께서는 밖에서 우리 입으로 들어가는 것이 우리를 더럽히는 것이 아니라, 우리 안에서 나오는 것이 우리를 더럽힌다고 하셨습니다(막 7:15).

유대인들은 구약 레위기의 율법에 따라 돼지고기, 조개류, 토끼고기 따위는 사람을 더럽히는 것으로 보았으나, 예수는 그런 음식들이 우리를 더럽히는 것이 아니라, 우리 안에서 나오는 배설물이 우리를 더럽히는 것이라고 하셨습니다. 예수가 이것으로 비유하고자 한 것은 우리의 심장에서 나오는 불신앙, 증오, 악한 생각, 음란한 생각 등이 우리를 더럽히는 것들이라는 것입니다. 이런 것들이 우리의 하나님과의 관계 그리고 이웃과의 관계를 파괴하고 더럽히는 것들이라는 것입니다. 바울이 바로 예수의 이런 관점에서 우상의 제물을 먹는 문제에 대해 가르침을 주고 있는 것입니다.

지금까지 8장에서 바울은 ① 우상의 실재와 우상의 제물을 먹는 문제 자체에 대해서는 "지식"을 가지고 그리스도인의 자유를 아는 "강한 자"들과 동의합니다; ② 그러나 "지식"은 사람을 방자하게 할 수 있고, 그것에 근거한 자유는 형제를 해칠 수 있기에 교회를 "세워 올림"에 장애가 될 수 있음을 지적하고 있습니다; ③ 그리스도인은 자유를 형제에 대한 사랑에 의해 제한할 수 있어야 함을 역설합니다.

교회에서는 언제나 "강한 자"와 "약한 자"의 대립이 있습니다. 주초 문제, 주일성수 방법의 문제, 제사 문제, 삶의 방식에 대해서 언제나 강한 자와 약한 자의 대립이 있습니다. 이것은 10장까지 살펴본 후에 다루어 보기로 합니다.

2) 바울의 모범(9:1~27)

1 내가 자유인이 아니냐 사도가 아니냐 예수 우리 주를 보지 못하였느냐
주 안에서 행한 나의 일이 너희가 아니냐
2 다른 사람들에게는 내가 사도가 아닐지라도 너희에게는 사도이니 나의
사도 됨을 주 안에서 인친 것이 너희라
3 나를 비판하는 자들에게 변명할 것이 이것이니
4 우리가 먹고 마실 권리가 없겠느냐
5 우리가 다른 사도들과 주의 형제들과 게바와 같이 믿음의 자매 된 아내
를 데리고 다닐 권리가 없겠느냐
6 어찌 나와 바나바만 일하지 아니할 권리가 없겠느냐
7 누가 자기 비용으로 군 복무를 하겠느냐 누가 포도를 심고 그 열매를
먹지 않겠느냐 누가 양 떼를 기르고 그 양 떼의 젖을 먹지 않겠느냐
8 내가 사람의 예대로 이것을 말하느냐 율법도 이것을 말하지 아니하느냐
9 모세의 율법에 곡식을 밟아 떠는 소에게 망을 씌우지 말라 기록하였으니
하나님께서 어찌 소들을 위하여 염려하심이냐
10 오로지 우리를 위하여 말씀하심이 아니냐 과연 우리를 위하여 기록된 것
이니 밭 가는 자는 소망을 가지고 갈며 곡식 떠는 자는 함께 얻을 소망
을 가지고 떠는 것이라
11 우리가 너희에게 신령한 것을 뿌렸은즉 너희의 육적인 것을 거두기로 과
하다 하겠느냐
12 다른 이들도 너희에게 이런 권리를 가졌거든 하물며 우리일까보냐 그러
나 우리가 이 권리를 쓰지 아니하고 범사에 참는 것은 그리스도의 복음
에 아무 장애가 없게 하려 함이로다
13 성전의 일을 하는 이들은 성전에서 나는 것을 먹으며 제단에서 섬기는
이들은 제단과 함께 나누는 것을 너희가 알지 못하느냐
14 이와 같이 주께서도 복음 전하는 자들이 복음으로 말미암아 살리라 명
하셨느니라
15 그러나 내가 이것을 하나도 쓰지 아니하였고 또 이 말을 쓰는 것은 내

게 이같이 하여 달라는 것이 아니라 내가 차라리 죽을지언정 누구든지
내 자랑하는 것을 헛된 데로 돌리지 못하게 하리라
16 내가 복음을 전할지라도 자랑할 것이 없음은 내가 부득불 할 일임이라
만일 복음을 전하지 아니하면 내게 화가 있을 것이로다
17 내가 내 자의로 이것을 행하면 상을 얻으려니와 내가 자의로 아니한다
할지라도 나는 사명을 받았노라
18 그런즉 내 상이 무엇이냐 내가 복음을 전할 때에 값없이 전하고 복음으
로 말미암아 내게 있는 권리를 다 쓰지 아니하는 이것이로다
19 내가 모든 사람에게서 자유로우나 스스로 모든 사람에게 종이 된 것은
더 많은 사람을 얻고자 함이라
20 유대인들에게 내가 유대인과 같이 된 것은 유대인들을 얻고자 함이요
율법 아래에 있는 자들에게는 내가 율법 아래에 있지 아니하나 율법 아
래에 있는 자 같이 된 것은 율법 아래에 있는 자들을 얻고자 함이요
21 율법 없는 자에게는 내가 하나님께는 율법 없는 자가 아니요 도리어 그
리스도의 율법 아래에 있는 자이나 율법 없는 자와 같이 된 것은 율법
없는 자들을 얻고자 함이라
22 약한 자들에게 내가 약한 자와 같이 된 것은 약한 자들을 얻고자 함이
요 내가 여러 사람에게 여러 모습이 된 것은 아무쪼록 몇 사람이라도 구
원하고자 함이니
23 내가 복음을 위하여 모든 것을 행함은 복음에 참여하고자 함이라
24 운동장에서 달음질하는 자들이 다 달릴지라도 오직 상을 받는 사람은
한 사람인 줄을 너희가 알지 못하느냐 너희도 상을 받도록 이와 같이
달음질하라
25 이기기를 다투는 자마다 모든 일에 절제하나니 그들은 썩을 승리자의
관을 얻고자 하되 우리는 썩지 아니할 것을 얻고자 하노라
26 그러므로 나는 달음질하기를 향방 없는 것 같이 아니하고 싸우기를 허
공을 치는 것 같이 아니하며
27 내가 내 몸을 쳐 복종하게 함은 내가 남에게 전파한 후에 자신이 도리
어 버림을 당할까 두려워함이로다

8장에서 바울은 자유와 사랑의 올바른 관계를 역설하고, 8:13에서 자신을 모범으로 내세웠는데, 이제 9장에서 자신의 사도직 수행에 있어서의 모범을 예로 들어 그 관계를 설명합니다. 바울은 사도로서 교회로부터 생계비를 받아 살 권리와 자유를 가졌습니다. 그러나 그는 교회를 위해, 그리고 복음의 효과적 선포를 위해 이 권리와 자유를 자발적으로 포기하였습니다.

그러나 바울의 이 권리의 포기를 고린도에 침투한 거짓 사도들과 그들의 영향을 받은 고린도인들은 바울의 사도직의 결함의 증거로 왜곡 해석하였습니다. 즉 바울은 진정한 사도가 아니어서 그의 생계를 담당하도록 교회에게 감히 요구를 못한다는 것이었습니다.

이런 연고로 바울은

① 자신이 진정한 사도임을 강력히 주장함으로 본장을 시작합니다(1~2절);

② 자신도 사도로서 교회로부터 생계비를 받아 살 권리를 가졌음을 증명하고(3~15절);

③ 자신의 그 권리 포기는 자신의 사도로서의 권위에 결함이 있어서가 아니고 사랑을 위해서 자발적으로 함이요(16~18절);

④ 그것은 누구에게 매인 바 되지 않은 자유로운 자로서 모든 사람들에게 복음을 효과적으로 선포하기 위해서라고 논증합니다(19~23절);

그리고 마지막으로

⑤ 바울은 자신의 절제 있는 사도직 수행의 모범을 요약하며 10장에서 그가 말할 "강한 자들"에 대한 경고를 준비합니다(24~27절).

바울과 바나바는 자비량 원칙으로 선교를 하고 있습니다. 바울은 9:7~14에서 여러 이유로 고린도 교회의 재정적 지원을 받아서 생활할 수 있음을 설명하고 있습니다. 첫째는 군사의 언어와 예를 듭니다. 7절을 보면, "누가 자비량하고 병정을 다니겠느냐"라고 말합니다. 또한 "누가 포도를 심고 그 실과를 먹지 않겠느냐"고 말합니다. 또한 "누가 양 떼를 기르고 그 양 떼의 젖을 먹지 않겠느냐"고 말합니다. 그리고 8절에서 "내가 사람의 예대로" 곧 "인간적으로 말하는데" "율법도 이것을 말하지 아니하느냐"라고 말합니다. 지금까지 설명한 군대, 포도나무, 양치기는 인간적인 예들입니다.

1절

"내가 자유자가 아니냐? 내가 사도가 아니냐? 내가 우리 주 예수를 보지 아니하였느냐? 너희는 주 안에서 내가 한 일의 열매 아니냐?"

바울은 이 네 개의 강력한 수사적 질문들로 자신이 정당한 사도이고, 또 사도로서 누릴 자유를 가지고 있음을 주장합니다. 이 질문들은 모두 'ouk'라는 부정사를 써서 헬라어 문법에 의하면 모두 긍정적인 답을 요구합니다. 바울은 자신도 그리스도께서 모든 그리스도인들에게 주신 자유를 가졌음과(갈 5:1) 사도로서 누릴 자유를 가졌음을 주장합니다. 그러나 초대교회에서 바울의 사도직에 대한 시비가 많았습니다. 왜냐하면 사도의 요건들에 대한 의견이 달랐기 때문입니다.

바울은 사도의 요건을 두 가지로 봅니다(참고 고전 15:8; 갈 1:15~16): 첫째, 부활하신 예수 그리스도를 보는 것과, 둘째, 그로부터 복음을 선포하도록 위임되고 보냄을 받는 것입니다.

그런데, 사도행전 1:21~26을 보면, 누가는 "열두" 사도들의 요건을 제시합니다: 첫째, 역사적 예수의 목격자였고 예수의 제자였어야 합니다. 이것은 세례 요한에 의해 예수가 세례 받고 메시아로 취임하여 하나님 나라의 선포 사역을 시작할 때부터 예수의 제자가 되어서 줄곧 예수와 동행한 자로 그에 대해서 증거할 수 있어야 하고 그의 가르침을 전달할 수 있는 자여야 한다는 것입니다. 둘째로 부활하신 예수 그리스도의 나타나심을 보아서 그의 부활의 증인 노릇을 할 수 있어야 한다는 것입니다. "열둘"은 초대교회에서 전문 언어로 쓰이기도 하였는데 그들만 사도들이 아닙니다. "열둘"과 "사도"는 서로 연결되었으면서도 조금 다른 개념들입니다. "열둘"은 예수께서 하나님 나라를 선포하여 새로운 (종말의) 하나님의 백성을 창조하고 모으면서 세운, 그들의 상징들로 세운 사람들로서, 옛 하나님의 백성 이스라엘의 열두 족장들에 상응하는 사람들을 지칭합니다. 그러나 "사도"는 부활하신 주 예수 그리스도께서 자신의 전권대사로 파송하여 자신의 복음을 선포하게 하고 자신의 구원을 전달하도록 한 사람들을 일컫는 말입니다.

물론 "열둘"도 사도들이었지만, 그들 외에도 사도들이 있었습니다(고전 15:5의 "열둘"과 15:7의 "모든 사도들"을 비교하시오; 롬 16:7 "안드로니고와 유니아"). 바울은 물론 이 "열둘" 속에는 끼지 않았습니다. 원래 교회의 핍박자였던 바울이 다메섹 도상에서 부활하신 그리스도를 보고 그로부터 사도로 소명되고 파송되었을 때(주후 32~34년)까지는 초대교회에 이미 "모든 사도들"의 동아리가 정해진 뒤라, 그가 추가적으로 사도로 파송되었다는 것을 초대교회로 하여금 인정하게 하는 것이 쉽지 않았습니다. "모든 사도들"은 예수의 제자들로부터 뽑힌 사람들이었을 가능성이 많은데, 바울은 예수의 제자가 아니었으니 그것이 더욱 어려웠을 것입니다.

나아가서 바울의 복음이 형식에 있어서 예루살렘의 사도들과 약간 달랐고 강조점이 달랐습니다. 그래서 바울이 역사적 예수의 제자가 아니었음과 그가 선포하는 복음의 내용이나 선포의 형식이 예루살렘의 사도들의 그것과는 다르다는 것 등을 내세워 바울의 사도직을 시비하는 사람들이 초대교회 여러 곳에 있었습니다(갈 1~2; 고후 2~6; 10~13; 고전 15:8~11 등). 그러나 바울은 고린도전서 15:8에서와 같이 여기서 자신이 부활하신 "주 예수 그리스도를 보았다"는 것을 강력하게 내세우며 자신이 정당한 사도임을 주장합니다.

그리고는 더 나아가 1b~2절에서 자신의 사도직에 대한 시비를 의식하고 바울은 자신의 사도직의 또 하나의 증거를 댑니다. 곧 자신의 사도직의 수행, 곧 자신의 복음 선포 사역에 의해 복음을 믿어 구원을 얻게 된 고린도의 교회가 바로 자신의 사도직의 증거라는 것입니다. 고린도 교회는 하나님께서 바울의 사도로서의 복음 선포를 통하여 믿음에로 불러 모은 자들의 공동체입니다. 그러므로 고린도 교회는 바울의 사도직의 결실로서 그 사도직을 확인하는 "도장"이요, "추천서"(고후 3:2~3)라고 강조하고 있습니다. 그러므로 다른 사람들은 바울을 사도로 인정하지 않을지라도, 고린도의 그리스도인들은 그것을 인정하지 않을 수 없다는 것입니다.

"주 안에서"라는 말은 근본적으로 "예수의 주권의 영역에서"의 뜻으로, 여기서는 고린도 교회가 바울 자신이 주 예수의 명령을 받들어 복음 선포의 일을 하여 얻은 열매이며 그것이 예수의 주권의 영역 안에 존재하는 것이라는 뜻을 나타내고 있습니다.

3절

"나를 조사하겠다는 자들에게 줄 나의 답변은 이것이다."

바울의 사도직에 대해 부정적인 견해를 가진 자들이 누구일까요? 고린도후서에서는 영적 열광주의자들이었던 것으로 드러나고 있습니다(고후 10~13장). 그러나 고린도전서에서도 같은 자들이었는지, 아니면 게바파, 또는 "약한 자들"인지, 아니면 12~14장까지의 성령의 은사 가운데 방언을 주장하는 자들이었는지에 대한 토론이 있습니다. 특히 방언을 하는 자들은 이미 성령 체험을 해서 그들이 하늘나라에 도달한 것으로 생각해서 천사와 같은 존재들이 되었다고 생각했습니다(4:8; 13:1). 방언이 바로 천사의 언어로서 증거가 된다고 보았습니다(13:1).

훌륭한 고린도전서 주석을 쓴 고든 피(Gordon Fee)는 이 방언파, 성령 열광주의자들을 지목하고 있습니다. 그 사람들이 바울의 영성에 대해서 시비를 건 것입니다. 바울이 영적으로 좀 부족하다는 것입니다. 그들이 바울의 사도적 권위에 도전했다는 것입니다. 그래서 바울이 14장에서 자신이 누구보다도 방언을 더 많이 하지만 교회에서는 한마디도 하지 않는다고 했다는 것입니다. 그러면 고린도전서에서도 고린도후서와 마찬가지로 열광주의자들이 바울의 사도직과 그 권위를 부인하는 사람들이라고 볼 수 있으나 분명치는 않습니다. 게바파일 것이라는 주장도 꽤 그럴듯하기 때문입니다.

4~5절

여기서 "우리"는 바울과 바나바를 지칭합니다. "먹고 마시는 권"은 바로 교회로부터 생계비를 받아 생활할 권리를 말하는 것입니다. 이 질문도 긍정적인 답을 요구하는 것입니다. 바나바와 바울 자신도 "다른 사도들과 주의 형제들과 게바"와 같이 "아내를 자매로 데리고 다니면서" 가족들을 위한 생계 지원을 교회로부터 받을 권리가 있다는 것입니다. "주의 형제들"이란 표현을 통해서 이 서신이 쓰일 때쯤에는 야고보만이 아니라 주의 다른 형제들도 복음 사역에 동참하고 있는 것을 증언하고 있습니다. 예수님 당시에는 예수의 가족들이 예수의 하나님 나라 운동을 지원하지 않았습니다(막 3:31~35 / 마 12:46~50 / 눅 8:19~21). "다른 사도들과 주의 형제들과 게바"라는 표현에 유의하시기 바랍니다. 왜 특별히 게바를 여기 따로 언급하고 있을까요? 그가 부인을 동반하고 고린도를 다녀 갔었기에 독자들에게 그 사실을 확실히 상기시키기 위함일까요?

6절

바울과 바나바는 가족의 부양을 요구할 권리는 말할 것도 없고 자신들의 부양 권리도 포기하고, 스스로 일하며 자신들의 생계를 벌면서 복음을 공짜로 선포하였습니다(참고 살전 2:9; 고후 11:7 이하; 참고 행 18:3; 20:33~34). 상류 헬라인들은 당시 신체적 노동은 시민들에게는 합당치 않고 노예들이나 하는 것으로 천시하였습니다. 그러므로 바울이 사도의 생계 부양 권리를 주장하지 않고 비천한 육체적 노동을 하여 생계를 벌어 가면서 복음 선포하는 것은, 고린도의 일부 그리스도인들의 눈에는 그의 사도직에 있어서의 결함 때문인 것으로 비쳐졌습니다.

7절

사도가 마땅히 교회로부터 부양받아야 함을 여러 유비들을 들어 증명합니다: 군인, 포도원, 농부, 양치기.

8~10절

그런 사람들의 예들뿐 아니라, 율법도 같은 원리를 가르칩니다. 바울은 여기 신명기 25:4을 인용하고, 랍비들의 해석과 같이 남의 밭에서 일하는 일꾼도 그가 거둬들인 곡식의 일부를 받을 권리가 있음을 의미하는 것으로 해석하고 있습니다.

11절

그리고 그것을 또 자신과 자신의 동역자들에게 적용합니다. 예수의 비유들(마 13:3~9, 24~30, 31~32; 막 4:26~29)로 인하여 씨 뿌리는 것과 수확하는 것은 그리스도인들 간에 복음선포 사업에 대한 그림으로 널리 쓰였습니다. 바울은 자신이 고린도에서 복음을 선포하여 교회를 세운 것을 영적인 씨 뿌림으로 비유하여 말하고 있습니다. 이렇게 귀한 영적 씨 뿌림을 한 사도를 고린도의 교회가 육신적인 재물로 부양하는 것은 전혀 지나친 것이 아닙니다(참고 롬 15:27).

12절

바울이 세운 고린도의 교회에 와서 그들의 재정적 지원을 요구하는 선교사들이 있었습니다. 그들도 그런 주장을 할 권리가 있다면, 그 교회를 세운 바울은 얼마나 더 많이 그렇게 할 수가 있습니까? 그러나 바울은 이 권리를 자발적으로 포기하였습니다. 그리스도의 복음에 아무 장애가 없게 하려고, 즉 복음의 효과적인 선포를 위해 바울과 그의 동역자들은 중노동의 고난을 견디며 생계를 직접 벌면서 사도직을 감당하였습니다.

13절

복음 선포자들이 교회로부터 부양 받을 권리가 있음을 또 하나 증명합니다. 성전에서 일하는 사람들은 성전으로부터 음식을 얻고, 제단에서 제사를 드리는 제사장들은 제단의 음식을 나누어 먹는다는 원리입니다. 이 유비는 바울이 민수기 18:8~31과 신명기 18장에 규정된 예루살렘 성전의 제사에 관한 법들에서 가져왔지만, 고린도인들은 그들의 성전들에서도 똑같은 원리가 적용되므로 그 뜻을 곧장 알아들을 수 있었습니다.

14절

"이와 같이 주께서도 복음 선포하는 자들은 복음으로부터 생계를 얻도록 명령하셨다."

지금까지 사도인 자신과 자신의 동역자들이 마땅히 교회의 생계 지원을 받아서 생활할 권리가 있음을 다른 사도들의 예들, 인간사의 예들, 율법의 규정, 성전의 원리 등을 들어 논증한 바울은 이제 그 절정으로 누가복음 10:7과 마태복음 10:10에 있는 예수의 명령을 인용합니다. 이런 주의 명백한 명령이 있는데, 바울의 그 권리 주장에 누가 저항할 수 있겠습니까? 바로 그 명령에 따라 게바와 다른 사도들도 자신들의 복음 선포를 받는 교회로부터 생계 지원을 받으며 사도직을 감당하고 있는 것 아닙니까? 그런데 곧장 이어서 다음 절에서 바울이 무엇이라고 덧붙입니까?

*참고 데살로니가전서 2:5~6에서 바울은 재정적 이익을 추구하기 위해 아첨이나 속임수를 쓴 선교사로부터 자신을 구분합니다.

15절

"그러나 나는 이 권리를 전혀 사용하지 않았다. 내가 이 말을 쓰는 것은 내게 이같이 되도록 하기 위해서가 아니다. 왜냐하면 (그렇게 하기) 보다는 내게는 차라리 죽는 편이 더 좋을 것이기 때문이다. 아무도 나의 자랑거리를 헛되게 하지 못할 것이다."

여기 바울은 놀랍게도 앞 절에서 인용한 예수의 명백한 명령을 따르지 않는다고 선언하고 있습니다. 또 예수의 말씀을 여기 인용한 것은 고린도인들로 하여금 바울 자신에게 재정적 지원을 해달라는 뜻을 전달하기 위한 것도 아니라고 합니다. 그런 의도가 전혀 없음을 강조하기 위해 바울도 우리 한국 사람들이 잘 쓰는 극단적 표현까지 씁니다.

이 본문을 지적하며 비판적인 학자들은 바울이 예수의 말씀을 중시하지 않아 잘 인용하지 않았는데 어쩌다 여기에서와 같이 한마디를 인용해 놓고는 곧장 그것을 따르지 않는다고 하니, 바울은 분명히 역사적 예수를 무시해 버렸다고 봐야 한다고 결론을 내립니다. 그들은 고린도전서 7:10~15의 예를 들어서도 같은 결론을 내립니다. 바울이 예수의 이혼 금지 명령을 인용해 놓고도(7:10) 곧 장 7:15에 보면 혼합결혼의 상황에서 믿지 않는 배우자가 이혼하자고 하면 이혼을 허용하고 있으니, 예수의 명령을 어기고 있는 것 아니냐는 것입니다. 비판적인 학자들은 성경에 대한 경외심이 부족해서 성경의 말씀을 깊이 새기려 하지 않고 너무도 쉽고 경솔하게 판단해 버리는 약점이 있습니다. 고린도전서 7:15의 경우는 앞서 그 본문에 대한 강해를 보십시오. 여기 9:14~19을 자세히 살펴보면, 바울은 예수님의 명령의 정신에 순종하기 위해서 그것의 문자를 어긴다는 사실이 드러납니다.

원래 복음 선포자들은 복음에 의해서 생계를 얻으라는 예수님의 명령(눅 10:7 / 마 10:10)의 의도, 곧 그 정신이 중요합니다. 예수의 명령의 의도와 정신은 바로 복음의 효과적인 선포에 있습니다. 예수께서는 하나님 나라의 도래 곧 종말이 임박했다고 보고, 그 전에 제자들을 하나님 나라의 도래에 대한 복음을 선포하도록 보내면서 그들이 그 짧은 시간 동안 선교에 필요한 경비를 스스로 마련하기 위해 시간을 허비하지 말도록 한 것입니다.

최근 신약성경에 대한 사회학적 고찰 방법에 의해서 더욱 확실하게 드러나는데, 예수의 하나님 나라 운동에는 권문세가 지지자들도 많았습니다. 니고데모, 아리마데 요셉, 베다니의 나사로 집안, 누가복음 9장의 헤롯 궁정의 고관의 부인 등, 이런 사람들은 큰 자본가 또는 지주들이었습니다. 상류층에 속했던 그들은 사회적 지위나 경제적 형편상 예수와 동행하면서 하나님 나라 운동에 동참할 수는 없었습니다. 노예들도 이동성이 없어서 예수와 동행할 수 없었습니다. 그러므로 예수는 이동성이 있는 중산층 출신의 사람들, 특히 이동성과 함께 재정적 자립성도 갖춘 장인들을 특별히 소명하여 자신을 수행케 했으며 그의 하나님 나라 운동에 동참하게 했던 것입니다. 예수께서 그들에게 하나님 나라에 대해서 가르치고 그들을 갈릴리의 여러 동네들에 보내 복음을 선포하게 했습니다. 그러면 그 동네들에 사는 예수의 하나님 나라 운동을 지지하는 부유한 자들이 이 제자들을 자신들의 집에 맞아 들여 숙식을 제공하며 그 동네에서 복음 선포하는 일에 전념하게 해주었습니다. 예수는 그런 사람들을 염두에 두고 복음 선포하는 제자들에게 선교비 마련하느라 지체하지 말고 각 동네에 가서 그들을 환영하는 집에 들어가 먹고 자며 하나님 나라의 복음을 선포하라고 하신 것입니다(눅 10:4~9/ 마 10:9~13). 이 맥락에서 이들에게 복음 선포자가 복음 선포로 생계를 얻는 것이 마땅하다고 한 것입니다. 그러니까 예수께서 하신 말씀의 의도는 복음 선포자들이, 종말이 임박하여 시간이 없는데 생계를 위해서 시간을 쓰면 복음 전파에 지장을 주니까, 효과적인 복음 선포를 위해서 복음에 호의적인 다른 사람들로부터 생계 지원을 받도록 한 것입니다. 예수가 새로운 사제계급을 만들기 위해서 복음 선포자들에게 복음 전파로 먹고 살라고 한 것이 아니었습니다.

그러나 바울이 가서 복음 선포한 고린도나 데살로니가와 같은 헬라 도시들의 상황은 예수의 갈릴리나 유대의 상황과 완전히 다른 것이었습니다. 당시 헬라 세계에서는 스토아 철학자들, 냉소주의 철학자들, 궤변가들 등이 참다운 삶을 위한 지혜를 가르친다고 하면서 사람들에게 강연을 하고 돈을 거두어 생계를 유지하며 이 도시 저 도시로 유랑하였습니다. 그런 사람들이 즐겨 모였던 곳이 바로 고린도나 데살로니가와 같은 부유한 항구 도시였습니다.

바울의 예수 그리스도 복음 전도단을 한번 상상해 보십시오. 바울이 실라와 디모데와 함께 데살로니가나 고린도에 와서 예수의 말씀을 문자 그대로 실천하려 했다면, 즉 "내가 예수 그리스도를 통해 얻는 영생의 길을 가르쳐 주겠다"고 선포한 후에 돈을 거두어 생계를 유지하려 했다면, 헬라인들의 눈에는 바울이 냉소주의 철학자, 스토아 철학자들의 일종으로밖에 보이지 않았을 것입니다. 그렇게 해서는 바울은 자신이 선포하는 복음을 그들의 철학 또는 지혜와 차별화할 수가 없었습니다. 그래서 바울이 이 도시들에서 복음을 차별화하는 수단으로 복음을 무료로 선포하고, 자신의 생계는 자신의 중노동으로 해결하기로 한 것입니다. 그것은 그렇게 함으로써 청중들에게 복음의 진리(은혜성)를 시위하여, 그것이 결코 철학자들의 지혜의 일종이 아닌 것을 확인시키고자 한 것입니다.

바울 자신이 마침 천막 제조업 기술자였습니다. 천막 제조를 위해서는 가죽을 다루는 기술도 있어야 합니다. 바울은 그런 기술로 생계를 유지하면서 복음을 무료로 선포하여 데살로니가나 고린도에서 냉소주의 철학자나 스토아 철학자들의 메시지와 그리스도의 복음을 차별화하고 복음의 은혜성을 시위하며 복음을 효과적으로 선포한 것입니다.

이와 같이 바울은 예수의 상황과 전혀 다른 자신의 새로운 상황 속에서 복음을 효과적으로 선포하기 위해서는, 유대인들의 상황 속에서 주신 예수의 명령의 문자를 거스를 수 밖에 없었습니다. 그렇게 해야만 그 명령의 의도와 정신(복음의 효과적 선포)을 진정으로

따를 수 있었기 때문입니다.

여기서 해석학적으로 중요한 것은 우리는 성경의 또는 예수님 말씀의 정신 또는 의도를 살려서 지켜야지, 가끔 문자에 얽매이다가 그 정신을 잃어버려서는 안 된다는 것입니다. 많은 근본주의자들과 율법주의자들의 문제가 바로 여기에 있습니다. 성경의 말씀들이 지닌 의도와 정신을 헤아리지 않고 외형적인 문자에 매달리다가 그 정신을 잃어 버리고 맙니다.

바울은 고린도후서 3:6에서 "문자는 죽음을 가져오고, 그 영(곧 정신)은 생명을 가져온다"고 말합니다. 이것이 바로 중요한 해석의 원칙입니다. 바울이 구약성경과 예수의 말씀을 이렇게 다룹니다. 바울은 그 의도와 정신을 살리지 문자에 얽매이지 않습니다. 문자와 정신이 대립되지 않을 경우는 문제가 되지 않습니다. 가끔 대립되는 경우가 생기는데, 그럴 때는 정신과 의도에 집중해야지 문자에 얽매이다가는 하나님의 선하신 뜻을 저버리고 맙니다.

토론해 봅시다

목회자들에 대한 교회의 적절한 재정적 지원은 어떤 것들을 고려하여 결정되어야 하는가? 그것에 대한 올바른 교회의 태도는 무엇이며, 또 목회자들의 태도는 무엇인가? 목사는 성도들에게 맘몬 우상숭배를 배격한 청빈한 삶의 모범을 보이기 위해서 최소의 생계 유지만을 위한 사례를 받아야 하는가? 아무개 목사는 자신이 교회를 개척하여 부유한 대형 교회로 성장시켰으니 큰 회사의 회장만큼이나 많은 연봉을 받고, 또 부수적으로 온갖 명목의 혜택도 받아야 하는가? 오늘날도 목사가 바울과 같이 복음의 진리(은혜성)을 시위하기 위해 자비량으로 목회해야 하는 상황들이 있는가? 왜 한국 교회에서는 고린도 교회에서와 같이 자기 희생적으로 겸손히 섬기는 목사는 잘 인정받지 못하고 교회도 '성장'시키지 못하며, 강력한 카리스마적 리더십을 발휘하여 성도들을 압도하는 목사는 존경받고 교회도 '성장'시키는가?

16절

"왜냐하면 내가 복음을 선포한다 할지라도, 그것은 내게 자랑거리가 되지 못한다. 왜냐하면 숙명이 내 위에 지워져 있기 때문이다. 왜냐하면 내가 복음을 선포하지 않으면 내게 화가 있을 것이기 때문이다."

바울은 복음 선포하는 것 자체가 자신의 자랑거리가 아니라고 말합니다. 복음을 선포하는 직책은 바울이 임의로 선택한 것이 아니라 하나님께서 바울에게 지워 주신 "숙명"(anangke)이고, 그 "숙명"을 거스려 복음을 선포하지 않으면 그에게는 "화"가 있을 것이라고 합니다. 바울은 헬라의 이교도적 세계관이나 가치관이 깊이 배어 있는 어휘들은 피하는 경향이 있으나, 여기서는 헬라 사상에 중요하고 비극 문학에서 항상 주제가 되었던 "숙명"(anangke)이란 개념을 사용해서 자신의 사도직에 대한 이해를 설명합니다.

"… 에게 화가 있을 것이다"는 임박한 하나님의 심판과 재앙을 경고하는 구약성경의 숙어적 구문입니다. 바울은 하나님께서 자신에게 복음 선포의 숙명을 지워 주셔서, 만약 자신이 그 숙명을 거스리면 하나님으로부터 재앙을 받게 되어 있다는 것입니다. 곧 자신이 파멸에 이르고 만다는 것입니다.

이 강한 표현은 바울이 다메섹 도상에서 하나님으로부터 받은 사도직에로의 소명을 두고 말한 것입니다(갈 1:15~16). 자신의 사도직에의 소명을 예레미야의 소명에 비추어서 말하는 것입니다(렘 20:9; 참고 암 3:8). 거짓 선지자들이 "평화, 평화"를 외치며 하나님의 보호 아래 있는 유다는 절대 멸망하지 않는다고 예언하는 가운데, 예레미야는 하나님이 패역한 유다를 곧 바빌로니아를 통해 심판하시리라 예언하여 많은 핍박을 받았습니다. 예레미야가 핍박에도 불구하고 인기 없는 심판의 메시지를 선포하지 않으면 안 되는 자신의 선지자로서의 숙명을 토로하는데, 바울은 여기서 바로 그러한 소명감을 표현하고 있는 것입니다.

17절

"왜냐하면 만일 내가 이 일을 내 임의로(나의 의지로) 한다면, 나는 보수를 받게 된다. 그러나 내 임의로(나의 의지로) 하지 아니하면, 나는 직분(복음의 경영자)을 부여받은 자다."

바울은 자신의 소명에 대한 깊은 인식이 있었습니다. 17절을 보면, 바울이 스스로 택하여 복음 선포를 하면 그는 그것에 대한 "보수"를 기대할 수 있으리라는 것입니다. 그럴 경우는 바울이 하나님께 자신이 복음 선포의 일을 해드리겠다고 제안하여 하나님과 고용의 계약 관계에 들어간 셈이므로, 당연히 하나님으로부터 자신의 일의 대가 즉 "보수"를 받을 수 있으리라는 것입니다. 그러나 바울은 그 일을 스스로 택한 "노동자"가 아니라, "예수 그리스도의 종"(롬 1:1)으로서 스스로의 선택권 없이 사도직에로 부름 받은 자이기에, "노예"인 그는 "보수"를 요구할 수 있는 것이 아닙니다.

바울은 여기서 자신이 받은 사도직을 "직분"(oikonomia)이라고 하는데, 그것은 보통 노예들이나 노예 신분에서 해방되었으나 계속 주인 집에서 주인의 살림을 담당하는 자(청지기)의 직분을 뜻하는 말입니다(참고 4:1). 바울은 그 개념으로 자신의 사도직을 복음의, 또는 하나님의 구원사의 경영자로서의 역할로 표현하고 있습니다. 바울이 복음 선포하는 것은 하나님의 구원사역을 실행하는 것이기 때문입니다.

18절

"그러면 나의 보수가 무엇인가? 내가 복음을 선포함에 있어 그것을 무료로 선포하고 복음으로 인하여 내게 있는 권리를 다 쓰지 않는 것, 그것이다."

바울은 하나님 나라의 청지기, 또는 복음의 경영자로 일한 데 대한 자신의 "보수"(상)는 바로 복음을 무료로 선포한다는 것 자체라고 말합니다. 복음으로 인하여 자신에게 있는 권한(즉 생계를 교회로부터 지원받을 수 있는 권리)을 쓰지 않고, 복음을 공짜로 선포는 것이 바로 바울 자신이 받는 "보수"라고 말합니다. 3장의 강해에서 설명했듯이, 바울은 복음을 자기희생적인 자세로 전하여 하나님 나라에서 다른 사도들보다 더 큰 상급을 받아 하늘나라의 로열층으로 올라갈 것으로 기대하는 것이 아니라, 복음을 공짜로 선포한 것 자체가 상급이라고 말합니다. 공짜로 복음을 선포해서 많은 사람들이 구원을 받으면 그 자체가 상급이라고 합니다.

3장에서 본 바와 같이 우리 모두는 하나님 나라의 집을 세우는데 각자의 역할을 하도록 부름 받았습니다. 각자 하나님 나라의 집의 한 부분을 맡아 세우는 역할을 부여받았습니다. 바울은 자신이 토대를 구축하는 일로 부름을 받았다고 합니다. 그리고 게바와 아볼로는 그 위에 집을 쌓아올리는 일을 맡았다고 합니다. 그래서 각자가 담당하여 지은 부분이 최후의 심판의 불에 의해 찬란한 보석으로 지은 것처럼 드러날 수도 있고, 지푸라기나 나무로 지은 것으로 (곧 하나님 나라에 합당하지 못한 죄악스러운 것이면) 태워져 버릴 수도 있다는 것입니다. 우리가 우리의 소명을 신실히 감당하면 우리가 하나님 나라에 한 공헌의 부분은 최후의 심판의 불에 의해 찬란히 빛나게 드러나고, 게으르게 감당하면 태워져 버린다는 것입니다. 따라서 바울이 기대한 상(보수)이란 것은 그가 복음을 무료로 선포하여 복음의 진리(은혜성)를 잘 드러내서, 더 많은 사람들로 하여금 그리스도를 믿게 한 것으로 환하게 드러나게 되는 것이었습니다. 그것이 바울의 "자랑거리"입니다(15~16절). 자기희생적으로 복음을 선포한 것을 하나님께 자랑하여 큰 상급(하나님 나라의 로열층)을 얻겠다는 뜻이 아니라(바울은 이런 자랑을 죄의 본질로 봅니다 - 참고 1:29~31), 그런 사도직의 수행으로 복음이 효과적으로 선포되는 것 자체가 자신의 자랑거리라는 것입니다.

많은 한국 교회는 은혜의 복음을 공로-상급 신학으로 변질시키고 있습니다. 곧 구원은 은혜로 받지만 그 위에 하나님 나라를 위해 쌓은 공로에 따른 상급이 있다고 주장하는 것입니다. 구원이라는 것은 하나님의 온전에 참여하여 하나님과 같이 온전해지는 것을 뜻합니다. 온전해진 상태에서 무슨 더함이 필요합니까? 그 위에 무엇이 더 필요하고 무엇이 더 주어질 수 있다는 것입니까? 중세 가톨릭의 공로 신학, 상급론으로 빠지지 않도록 주의해야 합니다. 차라리 이웃 사랑에 대한 선행을 촉구하는 것이라면 좀 낫지만, 순전히 물질주의적인 가치관에서 교회에 헌금 많이 하고 교회 봉사 많이 하면 물질적으로 큰 상급을 받는다는 식으로 가르치는 것은 한국 교회 성도들의 영성을 타락시키는 매우 위험한 사상입니다. 이런 가르침으로 한국 교회에 "열성" 있는 신자들은 많고 교회와 선교의 양적 팽창은 크나, 진정한 기독교적 영성과 윤리는 왕성하지 않는 심히 모순된 상황이 벌어지고 있는 것입니다.

19~23절

19절의 "내가 모든 사람들로부터 자유로운 사람이나 모든 사람들에게 내 스스로를 종으로 만든 것은 더 많은 사람들을 얻기 위해서이다"는 19~23절의 주제입니다. 이것을 구체화해서 20절부터 전개하고 있습니다. 유대인들에게는 그들을 얻기 위해서 유대인같이 되고, 율법 아래 있는 자들에게는 그들을 얻기 위해서 율법 아래 있는 자들같이 된다고 합니다. 또한 법이 없는 자들에게는 법이 없는 자들처럼 된다고 합니다. 이것은 법 없는 자들을 얻기 위해서입니다. 약한 자들에게는 약한 자들처럼 된다고 합니다. 이런 내용을 종합적으로 말하면 모든 사람들에게 모든 모양으로 그들과 같이 된다는 것입니다. 그렇게 해서 그들 가운데 몇이라도 얻기 위해서 그렇게 하는 것이라고 말합니다. 23절에는 이것을 정리하여 "복음을 위해서 모든 것을 행함"이라 합니다.

이와 같이 바울은 우선 그리스도의 자유자임을 천명합니다. 그리고 나서 스스로 종이 된다고 합니다. 이것이 바로 그리스도인의 패러독스입니다.

19절

"내가 모든 사람들로부터 자유로운 사람이나 모든 사람들에게 내 스스로를 종으로 만든 것은 더 많은 사람들을 얻기 위해서이다."

바울은 그리스도의 구원의 은혜로 인간을 구속하는 모든 세력들로부터 자유하게 되었습니다(갈 5:1; 롬 8:2). 이것은 사탄의 주권의 영역에서 그리스도의 주권의 영역으로 이전된 결과입니다(골 1:13). "그리스도의 종"이 되는 것이 진정한 자유인이 되는 것이고, 그를 섬기는 것이 진정한 자유입니다. 이 패러독스를 옛 교회의 예배 의전에 나오는 기도문, "당신을 섬김이 가장 온전한 자유입니다"(Thy service is perfect freedom)에서 잘 표현하고 있습니다. 이 자유로 바울은 스스로를 모든 사람들의 종으로 만들었습니다. 이것은 예수의 말씀에 상응한 행위였습니다: "너희 중 누구든지 위대해지기를 원하면 너희들의 종이 되어야 한다.… 인자의 온 것은 섬김을 받으려 함이 아니라 도리어 섬기려 하고 자기 목숨을 많은 사람들의 대속물로 주려 함이니라"(막 10:43~45/ 마 20:26~28).

바울의 그리스도인의 자유에 대한 이 가르침을 루터는 이렇게 표현하였습니다: "그리스도인은 (믿음으로) 모든 것 위에 군림하는 자유인이고 누구의 종도 아니다; 그러나 그리스도인은 (사랑으로) 모든 것을 섬기는 종이고 모두의 종이다."

바울이 자신의 생계비를 지원받을 권리를 자유롭게 스스로 포기하고 모두에게 아무 "보수"도 요구하지 않고 종같이 섬기는 것은 더 많은 사람들을 그리스도의 복음으로 얻기 위해서였습니다. 여기서 "얻는다"는 말은 선교적 의미를 지닙니다. 즉 그들을 그리스도를 위해서 얻는다, 그리스도를 주로 믿고 섬기는 자들이 되게 한다는 뜻입니다.

20절

바울은 유대인이었지만 이제 그리스도를 믿는 자로서 더 이상 모세의 율법 아래 있지 않고 "은혜 아래" 있는 자입니다(롬 6:15). 그는 모세의 율법으로부터 해방된 자였습니다(롬 8:1~4). 그러나 그는 유대인들에 대한 사랑으로, 그리고 그들을 복음으로 구원하기 위해 그들 가운데서 "유대인같이 되고" 율법을 지켰습니다(행 16:3; 21:20~26). 이것은 그들에게 걸림돌이 되지 않기 위해서, 그리고 그들의 호감을 사서 그들로 하여금 복음을 잘 받아들이도록 하기 위해 그렇게 한 것입니다.

21절

반면에 모세의 율법을 가지지 않은 이방인들 가운데서 바울은 스스로 유대인이면서도 모세의 율법으로부터 오는 그의 습관 등을 벗어던지고 "법 없는" 이방인들같이 되었습니다. 물론 이방인들도 그들의 법을 가지고 있지만 모세의 율법을 가지고 있지 않다는 뜻으로 바울은 그들을 "법 없는 자들"이라고 칭합니다. 바울은 모세의 율법과 관계없는 생활습관을 가진 이방인들 가운데서는 그들과 같이 행동함으로써 그들에게 받아들여져 복음 선포할 기회를 얻어 그들을 더 많이 구원하고자 하였습니다.

바울은 앞 절에서 자신이 더 이상 모세의 율법 아래 있지 않다고 말했고 또 이 절에서 "법 없는" 이방인들같이 된다고 말하면서, 그런 표현들이 자신이 완전히 무법자로 산다는 오해를 불러일으킬까 봐 곧 덧붙입니다. 즉 자신이 그리스도인으로서 "하나님의 법을 가지지 않은 자"가 아니고, "그리스도의 법" 아래 있는 자라는 것입니다.

바울은 여기서 모세의 율법과 하나님의 율법을 구분하고 있습니다. 유대인에게는 모세의 율법이 곧 하나님의 율법인데, 바울은 그리스도인으로서 그 둘을 구분하고 하나님의 법을 "그리스도의 법"과 동일시합니다. "그리스도의 법"은 모세의 율법을 통하여 계시된 하나님의 뜻을 성취하여 그것을 완전히 드러내는 법으로서, 예수가 사랑의 이중계명을 중심으로 주신 가르침을 내용으로 하는 법입니다(갈 6:2; 참고 롬 12:1~2; 13:8~10).

바울은 그리스도인으로서 이 "그리스도의 법"을 지키는 사람입니다. 모세의 법의 요약이라고 볼 수 있는 십계명에서도 잘 볼 수 있듯이 모세의 법도 사랑의 이중계명(첫 네 계명들: 하나님 사랑; 다음 여섯 계명들: 이웃 사랑)을 중심으로 되어 있습니다. 그러기에 예수께서 율법을 이 사랑의 이중계명으로 요약하신 것입니다(막 12:28~34/ 마 22:35~40/ 눅 10:25~28). 바울도 이 가르침을 이어받아서 구약의 법들을 더 이상 바리새인 식으로 해석하지 않고 철저히 사랑의 이중계명에 비추어 재해석합니다. 오늘의 우리도 그렇게 해야 합니다. 곧 그리스도의 법(즉 예수가 사랑의 이중계명을 중심으로 주신 가르침과 그 이중계명의 삶으로서의 시위)에 비추어 구약의 법들을 해석하고 삶에 적용하여야 합니다.

22절

바울은 스스로 "약한 자"가 아니면서 "약한 자들"에게 복음을 효과적으로 선포하여 그들을 얻기 위해 "약한 자같이" 되었습니다. 이로써 바울은 8장에서 다룬 문제를 직접 거론하면서, "강한 자들"에게 그들의 자유를 사랑으로 섬기는 일에 써야 함을 가르치고 있습니다. 이것이 바울의 초점이었으므로 그는 여기서 "강한 자들"

에게 "강한 자같이 되었다"는 말로 짝을 이루지 않습니다. 그리고는 바울은 "모든 사람들 중 몇이라도 구원하기 위하여 나는 모든 사람들에게 모든 것들이 되었다"(22b절)라는 종합적인 결론으로 자신의 선교 관행을 천명합니다.

23절

"내가 복음을 위하여 이 모든 것들을 행함은 나도 그것(복음)에 함께 참여하는 자(동참자 co-participant)가 되기 위해서이다."

바울은 자신의 효과적인 복음 선포를 통하여 되도록 많은 사람들을 구원함으로써 자신도 그들과 더불어 구원의 능력인 복음의 덕을 입고자 하였습니다. 바울은 복음의 파트너로서 복음의 향연 곧 구원에 동참하는 자가 되고자 했습니다. 이것은 앞서 16절과 뒤에 나오는 27절과 더불어 갈라디아서 1:15~16과 로마서 1:14 등에 나타나는 바울의 소명사상의 표현으로 보아야 합니다.

하나님께서는 그의 이방인들을 구원하시려는 구원의 계획에 바울을 도구로 쓰시고자 그를 다메섹 도상에서 구원과 사도직에로 부르셨으므로(갈 1:15~16), 바울은 하나님께만이 아니라 이방인들에게도 자신의 구원의 "빚을 진 자"로서(롬 1:14), 그들에게 복음을 효과적으로 선포하여 그들로 하여금 구원에 이르게 함으로써 스스로도 구원을 얻게 되는 것입니다. 그러므로 복음 선포는 그의 숙명으로서 그의 구원과 직결되어 있는 것입니다. 그러기에 그가 이 숙명을 거스리면 그는 구원에 이르지 못하고 "화"를 당하게 되는 것입니다(16절).

구조

9:16~17 복음 선포의 직분/소명/숙명 – 이것을 불순종하면 "화"를 당함(그러므로 순종하면 구원을 얻음)

9:18 그러기에 이 소명을 잘 감당하려 복음을 "무료로" 선포함

9:19~22a 청중들의 자리들에 내려가 종노릇 함

9:22b 효과적인 선포와 그 열매를 위한 자신의 노력 요약

9:23 효과적인 복음 선포 – 그리하여 남들을 구원하고 – 자신도 그들과 함께 구원의 능력인 복음에 동참자가 됨

9:24~26a 경주자같이 구원의 목표를 향해 집중하여 달림

9:26b~27a 권투선수같이 목표를 분명히 하고 절제하고 단련함

9:27b (분명한 목표를 가지고 절제의 자세로 사도직을 효과적으로 수행하여) 남들을 구원하고 – 자신도 구원 받음

– 9:16~17, 23, 27은 같은 생각을 세 번 반복하고 있습니다.

24~25절

"강한 자들"의 경거망동(輕擧妄動)을 경고하기 위한 준비로(10장) 바울은 운동선수의 예를 들어 구원의 완성을 절제하며 달려갈 것을 권면합니다. 고린도에서는 2년마다 이스미안 경기가 열렸습니다. 따라서 경기의 예가 고린도인들에게는 잘 이해되었습니다. 우선 달리기 선수들의 예를 듭니다. 그러나 경주자들과 우리의 신앙생활의 유비점은 하나의 중요한 목표를 향해서 절제하며 전력해야 한다는 것, 그렇게 하지 못하면 상을 받지 못하고 탈락한다는 것이지, 한 사람만 상을 받는다는 것까지 포함하는 것은 아닙니다. 경주자들 중에서는 잘 절제하고 단련된 한 사람만 상을 받지만, 우리

는 절제하며 주 예수께 순종하는 신앙생활을 하면 모두 상(구원)을 받을 수 있기 때문입니다. 경주자들은 썩어질 이 세상적 상을 얻기 위해 모든 것에서 절제하고 단련하려 전력 질주합니다. 우리 그리스도인들은 썩지 않는 영원한 구원을 얻기 위해 달리는 자들이니, 더욱 절제하고 올바른 생활을 영위해야 합니다.

이 절제는 10:1~13과 연결된 내용입니다. 우상의 신전에서 자신의 자유를 만끽하는 등 절제 생활을 잊고 경거망동하다가는 우상숭배에 휩쓸려서 도리어 구원을 상실할 수 있다는 것입니다. 10장에서는 이것을 출애굽의 구원을 체험한 이스라엘 사람들이 절제하지 못해 광야에서 자신들의 구원을 모두 잃어버린 것을 경고의 예로 삼아서 설명합니다.

26~27a절

이제 바울은 자신이 어떻게 달리기 선수같이 그리고 권투선수같이 뚜렷한 목표를 가지고 자신의 복음 선포의 직분에 정진하는가를 예로 듭니다. 목표가 불분명한 상태로 달리는 것이 아닙니다. 더욱 많은 사람들에게 복음을 효과적으로 선포하여 그들을 구원하고 그들과 더불어 스스로도 구원받으려는 그 뚜렷한 목표를 향하여 정진합니다.

고린도의 "강한 자들"은 그들의 구원이 벌써 완성된 것으로, 완성된 구원이 이미 그들의 소유물인 양 생각하고 자만할 것이 아니라고 합니다. 그들은 아직 그 목표를 향하여 달려가는 자들입니다. 사도 바울 자신도 그 구원의 완성을 향해 달려가는 과정 중에 있기 때문입니다. 그러므로 경거망동은 금물입니다.

구원의 확신은 우리의 구원이 하나님의 은혜로만 이루어짐을 알고 하나님의 은혜에 전적으로 의존할 때만 가능합니다. 우리의 구원이 조금이라도 전능하지 못하고, 선하지 못하고, 지혜롭지 못하고, 신실하지 못한 우리의 손에 달려 있다고 생각하면 누가 구원의 확신을 가질 수 있겠습니까? 아닙니다. 우리의 구원은 처음부터 끝까지 전적으로 하나님의 은혜에 의한 것입니다. 이것이 예정론과 성도의 견인론이 말하는 진리입니다. 복음에 대한 이런 올바른 이해가 있을 때 우리는 구원의 확신을 가질 수 있고 안도할 수 있습니다. 그러나 이러한 이해는 무책임한 삶과 부도덕을 조장하는 것일 수 없습니다. 왜냐하면, 나는 하나님의 은혜에 전적으로 신뢰하는 자로서만, 즉 그의 사랑의 뜻에 순종하는 것으로 표현되는 나의 그에 대한 신뢰로만 그의 구원을 얻을 수 있기 때문입니다.

그러므로 궁극적으로 진정한 "구원의 확신"은 객관적 근거 없는 주관적 감정의 문제가 아니라, 지금 나의 생각과 삶에서 구체적으로 하나님께 의존하고 그의 선한 뜻에 순종하려는 의지를 갖고 있는가의 문제입니다. 이 의지가 내게서 확인되는 한 나는 하나님께서 은혜로 불러 주신 자신과의 올바른 관계에 내가 서 있다는 사실, 하나님이 나를 계속 그 관계 속에 지탱하여 주고 계시다는 사실을 깨달아 구원의 확신을 가지고 안도할 수 있습니다. 그러나 이 의지가 약화되거나 흔들릴 때, 우리는 스스로 불신앙의 도전을 받고 있음을 인식하고 하나님과의 올바른 관계로부터 자신이 불신앙과 불순종으로 뛰쳐 나온 것이 아닌가 살펴보아야 하는 것입니다. 그리고 그 불신앙의 유혹을 믿음으로 극복하는, 즉 새롭게 하나님의 은혜에 의지하고 그의 선한 뜻에 순종하려 결단하는 일을 통해 하나님과의 올바른 관계(구원의 관계) 속으로 복귀해야 합니다. 하나님 나라의 완성과 그때 있을 우리의 구원의 완성 때까지 우리의 믿음은 완전할 수 없고, 사탄의 세력과 공격에 계속 노출되어서 회개와 새로운 신앙의 결단을 되풀이할 수밖에 없는 것입니다. 우리가 날마다 회개와 신앙의 결단을 새롭게 하는 한 우리는 우리의 구원의 완성을 향하여 확실히 달려가는 자로서 "구원의 확신"을 가져야 합니다. 왜냐하면 그것이 곧 사탄의 주권을 뿌리치고 예수의 주권에 순종하겠다고 결단함으로써 성령의 우리 안에 내재함의 실증이기 때문입니다(12:3).

이렇게 성도는 "구원의 확신"를 가지고 안도할 수 있어야 하나, "구원의 확신"이 자만과 방종이 되지 않도록 자제하고 회개하고 새롭게 결단하는 "달려가는 자"(경주하는 자)의 긴장("두렵고 떨림" 빌 2:13)을 동시에 가져야 합니다. "구원의 확신"과 "두렵고 떨림"이 상호 긴장을 이루며 동시에 있을 때 그것은 건전한 신앙입니다.

바울이 절제하고, 분명한 목표를 향해서 달리고, 허공에 권투하는 것처럼 하지 않고 자신의 몸을 쳐 복종시키는 철저한 절제 생활을 하면서 사도직을 감당하는 것은 "남에게 (복음을) 선포한 후에 도리어 나 자신은 불합격자로 판정나지 않도록 하기 위해서이다"라고 합니다. 바울 자신이 철저한 자기 절제를 통해서 자신의 사도직을 모든 사람들에게 섬기는 종의 자세로 감당하면 당연히 그의 복음 선포를 통하여 "더 많은 사람들"(위 19절)을 구원할 있을 것입니다. 그러나 그가 자기 절제를 못해서 자신의 사도직을 게으르거나 또는 자기주장하는 방법으로 감당하면서 복음을 선포하면, 그 사역을 통하여 혹 남들 몇 명은 구원할지 몰라도 자신은 최후의 심판에서 사도직의 소명을 제대로 감당하지 못한 자로 판정나고 말 것입니다(참고 3:13~15; 고후 5:10). 바울은 이것에 대한 "두렵고 떨림"의 자세로 자기를 다스리며 신실하게 자신의 소명을 수행해 간다고 말하고 있습니다.

여기서 바울의 소명 사상을 다시 확인할 수 있습니다. 바울의 소명 사상을 이해하기 위해서는 갈라디아서 1:15~16부터 언급해야 합니다. 바울이 자신의 다메섹 소명을 가리켜 하나님께서 모태로부터 자신을 은혜로 부르시고 자신에게 그의 아들을 계시하셨는데, 그 목적은 이방인들에게 그의 아들을 복음으로 전파하기 위해서라고 합니다. 바울은 자신의 소명을 하나님 중심적으로 해석합니다. 그러므로 그는 그 사건의 신적 목적을 강조합니다. 경건주의와 복음주의적 전통 아래서 회심을 강조하는 사람들일수록 회심과 구원의 체험을 자기중심적으로 생각합니다: '내가' 복음을 듣고, '내가' 복음을 깨닫고, '내가' 죄를 회개하고, '내가' 믿기로 결단하고, 그래서 '내가' 구원을 얻었다고 합니다. '나 자신'을 강조합니다. 그러나 바울은 처음부터 끝까지 '하나님'이 내게 은혜를 베푸셨다, '하나님'이 나에게 그의 아들을 계시해 주셔서, '하나님'이 나로 하여금 이방인들에게 그의 아들을 복음으로 선포하게 하셨다는 신적 목적을 강조합니다. 다메섹 도상에서의 하나님의 구원의 체험을 자기중심적 관점에서 본 것이 아니고, 하나님 중심적 사고방식으로 본 것입니다. 따라서 자연스럽게 하나님이 무엇을 위해서 자신을 구원하시고 부르셨는지에 대한 신적 목적에 관심을 갖게 된 것입니다.

바울은 자신의 구원과 소명을 분리하지 않습니다. 하나님이 자신을 구원하심은 곧 이방인들에게 복음을 선포하도록 하기 위한 소명이라고 합니다. 하나님이 이방인들에게 복음을 선포하도록 하기 위해서 자신을 구원하여 주셨으므로, 바울은 자신의 구원이 그의 소명의 대상인 이방인들 덕분에 이루어진 것이라고 보게 된 것입니다. 이것을 로마서 1:14에서 자신이 모든 이방인들에게 "빚진 자"라고 표현합니다. 자신이 구원의 빚을 지었다라는 말입니다. 따라서 바울은 이 빚 갚는 일을 해야 합니다. 결국 복음을 무료로 선포하는 것은 우선 자신의 행태를 스토아 또는 냉소주의 철학자들의 것으로부터 차별화하여 복음의 은혜성을 시위하기 위해서이고, 또 다른 이유는 그가 모든 이방인들에게 자신의 구원의 빚을 갚는 자세로 자신의 사도직을 감당했기 때문입니다. 자신이 이방인 덕분에 구원을 얻었기 때문에, 그들에게 구원의 능력인 복음을 무료로 선포하여 그들로 하여금 구원을 얻도록 하는 것이 그 빚을 갚는 것이었습니다. 그러므로 바울이 복음을 선포하지 않는다면 그것은 자신의 구원에 담긴 하나님의 목적을 저버리는 것이고, 그것은 당연히 최후 심판에서 화 곧 멸망을 초래하게 될 것입니다(9:16). 그래서 모든 사람들에게 종이 되어 복음을 효과적으로 선포해서 그들과 함께 복음의 구원의 능력에 동참하는 자가 되고자 한다고 말합니다(9:23).

우리는 우리의 소명을 이렇게 봐야 합니다. 하나님께서 자신을 무슨 신적 목적을 위해서 구원해 주시고, 지금의 직분으로 세워 주셨는가를 생각해야 합니다. 중세까지만 해도 신적 소명은 성지자에게만 해당되는 것으로 보았습니다. 세속적 직업은 신적 소명이 아닌, 생계 유지 수단의 의미만 있는 것으로 보았습니다. 종교개혁 당시 루터가 고린도전서 7:20 등에서 깨달아 모든 직업에 신적 소명의 의미가 있음을 강조했습니다. 하나님의 소명(vocatio/Ruf/call)은 각 사람에게 임한다는 것, 각 사람은 그 소명 곧 하나님이 나누어 주신 그 직분(vocatio/Beruf/calling)에서 하나님을 섬기고 이웃을 섬겨야 한다는 것을 강조했습니다. 여기에 근거해서 모든 직업은 우리가 이웃에게 사제 역할을 하는 장이라고 강조했습니다. 모든 직업은 바로 우리가 이웃에게 하나님의 은혜의 전달자 역할을 하는 장입니다. 그러므로 직업은 단지 생계유지 수단의 의미만이 아니라, 신적 의미를 가진 것입니다. 그러므로 우리는 우리의 직업에 충실해서 그것을 이웃을 섬기는 수단으로 사용해야 한다는 것입니다. 여기에서 프로테스탄트의 직업 윤리가 시작되는 것입니다.

이것을 더욱 강화시킨 인물이 바로 칼빈입니다. 그는 우리가 하나님의 부르심(소명/직분)에 충실하게 살아가는 것은 하나님의 예정의 구체적인 증명이라고 보고, 성실한 직분 수행을 가르쳤습니다. 막스 베버는 자본주의의 정신이 바로 이러한 프로테스탄트의 윤리에서 비롯된 것이라고 주장합니다. 루터에 의해서 바울의 복음이 하나님의 은혜의 복음인 것으로 재발견된 것이 종교적 혁명을 가져왔다면, 루터와 칼빈에 의한 바울의 소명 사상의 재발견이 사회문화적 혁명을 가져왔다고 볼 수 있습니다.

그러나 사실 바울의 소명 사상은 루터나 칼빈이 발견한 것보다 더 철저합니다. 우리의 소명이 단순히 이웃에게 사제 노릇 하는 장으로서 하나님을 섬기는 수단만이 아니라, 그 소명을 어떻게 감당하느냐가 우리의 구원과 직결되어 있다고 이해해야 한다고 바울은 가르치고 있는 것입니다. 우리가 소명을 잘 감당하지 못하면 구원을 받지 못할 수도 있다는 것입니다.

기독교의 은혜의 복음이 값싼 복음으로 전략하지 않으려면 바울의 이런 가르침을 올바르게 이해해야 합니다. 이 가르침을 잘 이해하기 위해서는 우리는 우리의 구원의 종말론적 유보 상황을 이해해야 합니다. 그리스도의 초림으로 하나님 나라가 이미 출범하고 우리가 구원을 받았지만 그 구원은 첫 열매에 불과한 것입니다. 그리스도의 재림 때에 모두 그의 심판대 앞에 서게 되고(고후 5:10), 그때 구원이 완성됩니다. 그리스도의 초림과 재림 사이를 살아가는 우리는 구원의 첫 열매를 받고 구원의 완성을 향해 가는 자들입니다. 그러기에 신약성경에는 구원과 관련해서 세 가지 시제를 사용합니다.

과거: 예수 그리스도로 말미암아 우리가 구원을 받았다.

미래: 그리스도의 재림 때 구원을 받을 것이다.

현재: 우리가 구원을 받아 가고 있다.

이미 받은 구원은 첫 열매로서, 장차 받을 완성된 구원에 대한 보증금입니다(롬 8:23; 고후 1:22). 그러나 이 보증금은 우리가 하나님과의 구원의 관계에 서 있을 때만 효력이 있습니다.

10장에서 바울은 출애굽의 구원을 받은 자들을 예로 들어 설명합니다. 홍해를 건너 출애굽한 이스라엘은 세례를 받은 우리 기독교인들같이 이미 구원을 받은 자들이었습니다. 또한 출애굽 세대도 우리가 성만찬의 떡과 포도주, 영적 음식을 먹듯이 만나와 물을 마셨습니다. 그러나 출애굽 구원은 구원의 첫 열매에 불과하고 약속의 땅, 구원의 땅 가나안에 당도해야 온전한 구원을 받는 것이었습니다. 그러나 출애굽 구원의 첫 열매를 받은 이스라엘의 다수는 가나안에로 가는 도정에서 신실하지 못하여 구원의 완성에 이르지 못하고 중도 탈락하고 말았습니다. 이 경고의 예에서 우리는 그리스도의 재림 때 있을 구원의 완성을 향해 가는 과정에서 탈락의 가능성이 있음을 알아야 합니다.

바울은 구원의 첫 열매를 받았다는 것을 칭의(稱義)라고 합니다. 의인 됨에는 두 가지 측면이 있습니다. 하나는 법정적 무죄 선언입니다. 곧 의인이라는 선언입니다. 칭의를 순전히 법정적 범주로만 이해하면 윤리가 설 공간이 없게 됩니다. 바로 이 부분에 극단적으로 집착하는 자들이 곧 한국의 구원파와 같은 무리들입니다. 하나님께서 우리를 이미 의인이라 선언하셨으니까 종말의 심판에서 우리는 의인으로 확인되는 일만 남았으니, 구원은 따논 당상이라는 것입니다. 그러니 이제 아무렇게나 살아도 구원받는다는 것입니다. 그러나 칭의에는 보다 기본적인 관계론적 측면이 있습니다.

구약에서 보면 의(義)는 기본적으로 관계론적 개념으로서, "관계에서 나오는 의무를 다함"이란 뜻을 지닙니다. 인간은 수많은 관계의 그물망 속에서 살아가고 있습니다. 모든 관계는 관계 속에 있는 두 파트너들에게 서로에 대한 의무를 부여합니다. 예컨대, 부자관계는 아비에게 자식을 잘 부양할 의무를 지우고, 자식에게는 아비를 공경하고 순종할 의무를 지웁니다. 관계 속에 있는 두 파트너들이 이 관계에서 나오는 자기 쪽의 의무를 다 행하면 그 관계는 원만한 관계가 됩니다. 바로 이 원만한 관계를 "샬롬"이라고 합니다. 그러므로 의는 관계에 신실함, 또는 원만한 관계, 즉 "샬롬"(화평)을 이루는 힘이라고 정의할 수도 있습니다. 반대로, 관계에서 나오는 의무를 다하지 않는 것을 가리켜 "불의"라고 합니다. 불의는 관계를 갈등으로 만듭니다. 불의는 갈등을 초래합니다.

탕자의 비유(눅 15:11~32)는 예수께서 창세기의 아담의 얘기를 새롭게 한 것입니다. 아담(인간)이 하나님과의 관계에서 나오는 자기 쪽의 의무, 즉 하나님께 의지하고 순종하기를 거부하고 자신의 자원으로 살겠다고 주장하며 하나님께 등을 돌리고 멀리 가버림의 비극을 인간의 근본 문제로 설명한 것입니다. 창조주 하나님과 피조물 인간 간의 관계에서 나오는 의무를 다하지 않은 아담(인간)은 그러니까 불의한 자가 된 것입니다. 그 불의의 행위(죄)의 대가는 이방인의 종이 되고 결국 굶어 죽음에 이르게 된 것이었습니다(참고 롬 6:23). 이러한 상황에서 우리의 창조주 하나님이 인간이 자신을 저버렸다 하여 인간을 저버리시면 하나님도 인간에 대한 자기 쪽의 의무(하나님 노릇 해주심, 아비 노릇해 주심)를 다하지 않아 "불의"하게 되는데, 그런 경우 인간에게는 어떤 소망이 있겠습니까?

예수는 "복음"(기쁜 또는 좋은 소식)을 선포하는 것입니다. 창조주 하나님과 피조물 인간의 관계 속에서 인간은 자기 쪽의 의무를 저버려 불의해도 하나님은 의로우시다, 즉 하나님은 끝까지 우리 피조물들에 대한 의무(하나님 노릇해 주심, 아비 노릇 해주심)을 다하시는 분이라는 것입니다.

예수 자신이 하나님의 위임을 받고 와서 하나님 나라의 구원의 복음을 선포하고 결국 십자가에서 죄인들의 죄를 대신 속죄하는 죽음을 죽게 된 것이, 하나님의 인간들에 대한 하나님 노릇해 주심, 죄인들을 용서해 주시는 아비 노릇해 주심입니다. 이 하나님의 하나님/아비 노릇 해주심에 힘입어 죄인들의 죄가 용서되고(부정적인 표현), 하나님과의 올바른 관계에로 회복되어(긍정적 표현), 인간은 자신의 피조물적 결핍성 속에서 죽어 가는 것이 아니라, 창조주 하나님의 충만한 부요함을 힘입어 "영생"(신적 생명)을 얻을 수 있다고 "복음"을 선포한 것입니다. 이렇게 하나님께서 자신의 아들 예수 그리스도를 우리를 위해서 보내시고 십자가의 죽음에 내어주시기까지 한 것은 하나님의 "의"(하나님 편의 의무를 다함 – 하나님/아비 노릇해 주심)의 행위인 것입니다.

그러기에 바울은 그리스도의 십자가에서의 대속의 죽음을 "하나님의 의의 계시"라 하고(롬 3:21~26), 이 그리스도의 사건에 대한 소식인 "복음"이 선포될 때 하나님의 "의"가 드러난다고 하는 것입니다(롬 1:16~17). 이렇게 하나님은 탕자의 아버지같이 끝까지 의로워서 그리스도의 대속의 제사로 우리 죄인들을 용서하시고(부정적 개념; 법정적 개념) 자녀들로 회복시켜 주셔서(긍정적 개념; 관계론적 개념) 우리로 하여금 "영생"을 얻게 하십니다(롬 1:16~17). 따라서 칭의는 법정적 개념으로는 무죄 선언인데, 이것은 칭의를 부정적으로 표현한 것입니다. 관계론적 개념으로는 창조주 하나님과의 올바른 관계에의 회복인데, 그것은 칭의를 긍정적으로 표현한 것입니다.

하나님의 의가 이미 계시되었기에, 즉 그리스도의 구원의 사역이 이미 이루어졌기에, 우리는 그 하나님의 의(그리스도의 구원의 사역)에 힘입어 의인이 된 것입니다. 즉 죄가 용서되고 하나님과의 올바른 관계에로 회복된 것입니다. 그러나 그것은 우리가 구원의 첫 열매를 받은 셈입니다. 중요한 것은 그리스도의 재림 때 있을 구원의 완성을 받는 것입니다. 그러니까 칭의론은 우리가 하나님과의 올바른 관계에로 이제 진입한 것을 뜻합니다. 종말론적 유보 상황에서 의인으로 칭함 받고 하나님과의 올바른 관계에 진입한 우리는 이제 그 관계 속에서 계속해서 머물러 있어야 하는 과제를 갖게 된 것입니다. 그 관계 속에 계속 서 있어야 한다는 것입니다. 최후의 심판 때까지 계속해서 서 있어야 합니다.

그런데 지금 서 있다고 생각하는 자도 넘어질 수도 있다고 바울은 경고합니다(10:12). 그러므로 우리는 옛 아담적 죄를 되풀이하지 말고, 하나님과의 회복된 그 관계에서 나오는 의무를 다함으로써 서 있어야 합니다. 그 관계에서 나오는 우리 쪽의 의무 –하나님께 의지하고 순종함– 를 다하여 그 관계 속에 계속 지탱되어야 합니다. 하나님은 우리 모두에게 하나님을 사랑하고 이웃을 사랑하라는 요구를 하십니다. 우리 인간들 모두는 이 사랑의 이중계명을 지킴으로써 하나님에 대한 의무를 다하고 그리하면 하나님과의 올바른 관계 속에 머무르는 "의인"인 것입니다.

그런데 이런 보편적 순종의 영역과 함께, 우리 각자가 하나님을 섬기고 이웃을 섬기는 양태가 상이하게 요구되는 영역이 있습니다. 그것이 각자의 소명을 성취하는 영역입니다. 하나님께서 바울에게는 이방인들을 위한 사도로 소명하셨습니다. 따라서 바울은 이방인들에게 복음 선포하는 것으로 하나님과 이웃을 섬기는 의무를 다함으로 하나님과의 올바른 관계에 서 있게 되는 것입니다. 하나님께서 목사들에게는 양 떼들에게 복음을 선포하고 그들을 잘 목양하라는 소명을 주셨습니다. 따라서 그들이 그 소명을 신실히 감당함으로써 그들은 하나님과의 올바른 관계에 서 있게 되는 것입니다. 하나님께서 선생들에게는 학생들에게 진리를 잘 가르치라는 소명을 주셨습니다. 따라서 그들은 자기의 학생들에게 선생의 역할을 잘 감당함으로써 하나님과의 올바른 관계에 서 있게 되는 것입니다. 하나님께서 의사들에게는 병자들을 잘 치유하라는 소명을 주셨습니다. 따라서 그들은 병자들을 신실히 보살피고 치료함으로써 하나님과의 올바른 관계에 서 있게 되는 것입니다. 하나님께서 사업가들에게는 많은 좋은 물건과 서비스로 고객들의 삶을 풍성히 하라는 소명을 주셨습니다. 따라서 그들은 그 소명을 신실히 이행함으로써 하나님과의 올바른 관계에 서 있게 되는 것입니다.

하나님께서는 이런 다양한 소명을 받은 사람들에게 각자의 소명을 이루어 갈 수 있는 힘을 주시는데, 그것을 "은사"라 합니다. 우리를 하나님과의 올바른 관계에로 진입시키는 하나님의 은혜는 항상 소명을 내포하는데(바울의 경우: 이방인들의 사도가 되라는 부름; 그러기에 바울은 자신의 사도직을 보통 "내게 주신 은혜"라 칭함 – 롬 1:5; 12:3; 15:15; 고전 3:10; 갈 2:9 등), 그 은혜(charis)는 또 은사(charisma)들로 구체화되어 우리로 하여금 그 소명을 감당해 가게 하는 힘이 되는 것입니다. 그러니까 하나님의 은혜로 의인이 된 사람은 즉 하나님과의 올바른 관계에로 진입한 사람은, 모든 사람들과 같은 방법으로 하나님께 순종하고 이웃을 사랑하는 삶을 살 뿐 아니라, 각자에게 주어진 소명에 따라 특별한 양태의 하나님에 대한 순종과 이웃 섬김을 함으로써 이미 진입한 하나님과의 올바른 관계에 서 있게 된다는 것입니다. 의인 됨과 소명이 이렇게 연결된 것입니다.

그러니 바울이 자신의 소명을 제대로 수행하지 않으면 하나님께서 진입시켜 주신 올바른 관계에서 탈락할 수도 있다고 우려하는 것입니다. 만약 자신이 복음 선포를 게을리하면 화를 당해서 구원에서 탈락하게 된다는 것입니다. 그러기에 바울이 9:19~22에서 스스로 자유하지만 스스로를 모든 사람들에게 종으로 만들어서 그들을 섬김으로써 그들을 구원에 이르게 하고(자신의 소명의 신실한 수행), 그렇게 함으로써 자신도 하나님과 올바른 관계에 계속해서 서 있게 되어 종말의 완성된 구원에 이르려는 것입니다. 이것이 바로 바울의 위대한 소명사상입니다. 이것이 이웃에게 사제의 역할을 하는 것과 연결되어 있습니다. 자신의 소명이 바로 하나님의 영광을 위하고 이웃을 섬기는 장입니다. 하나님의 은혜를 이웃에게 전달해 주는 장입니다. 이렇게 소명은 구원론의 일부분입니다. 그러므로 우리 모두는 바울처럼 우리 자신의 소명을 이룸에 있어서 두렵고 떨림으로 그 일을 감당해야 합니다.

우리 각자는 자신의 순종의 양태를 우리 자신의 힘으로 해나갈 수 없습니다. 우리를 하나님과의 올바른 관계에 진입시킨 하나님의 그 은혜(구원 또는 칭의의 은혜)는 우리로 하여금 그 관계 속에서 각자 특별한 역할을 감당하기를 요구하는 그 은혜(소명의 은혜)이고, 또 그것은 우리가 그 역할을 감당할 수 있도록 힘을 주는 은혜, 즉 은사로 작용합니다. 그러기에 신학자들은 은사를 은혜의 개별화되고 구체화된 힘이라고 정의하는 것입니다. 그러므로 우리는 하나님의 은혜-은사에 힘입어 우리의 소명을 신실히 수행해 나가야 합니다. 이때 우리는 만인이 만인에 대해 늑대 노릇 하는 죄인들의 사회를 극복하고, 만인이 만인에게 종노릇 하고 사제 노릇 하는 의인들의 사회를 이루게 되는 것입니다.

바울은 강한 자들에게 충고합니다. 첫째는 약한 자들을 배려해서 자신의 그리스도인의 권리와 자유를 포기하라는 것입니다. 약한 자들에게 양심을 훼손시키고 신앙을 어렵게 만들 가능성이 있으면 자신의 자유를 포기하라고 합니다. 둘째는 자신들의 구원을 마땅히 따놓은 것으로 여기지 말라고 합니다. 구원에 서 있다고 생각하면 넘어질까 조심하라고 권면합니다(10:12). 바울 역시 자신의 사도직의 성공적인 수행에 곧 소명의 완성에 자신의 구원이 달려 있다고 하면서, 절제하고 종으로서 섬기는 자세로 그 사역에 임하는 자신의 예로 설명합니다. 이와 마찬가지로 10장에서 강한 자들에게 그들이 세례를 받고 성찬에 참여하고 있다는 이유로 마치 구원을 '따논 당상'으로 생각하지 말라고 권면합니다.

여기 고린도전서 9~10장에서 바울은 구원을 이미 '따논 당상'으로 여기고 그리스도인의 자유을 방종으로 전락시키려는 "강한 자들"에게 이렇게 엄중히 경고하지만, 로마서 8:18~39이나 고린도전서 1:8~9 같은 곳에서는 하나님께서 우리를 끝까지 지켜 주셔서 구원의 완성에 이르게 하신다는 성도의 견인 사상을 강조하기도 합니다. 우리를 끝까지 지켜 주시는 것은 곧 하나님의 신실성에서 비롯한 것입니다. 하나님은 우리를 끝까지 붙드셔서 우리의 구원의 확실함을 보장해 주십니다. 예정론은 우리의 구원이 처음부터 끝까지 철저히 하나님의 은혜에 의한 것임을 말하는 교리입니다. 그 교리는, 그러므로 우리는 하나님과의 관계에 신실하지 못해도 하나님은 우리에게 끝까지 신실하셔서 우리의 구원을 지켜 주신다는 성도의 견인론을 내포하는 것입니다.

이렇게 바울 신학을 보면 두 가지 측면이 나타납니다. 하나는 하나님께서 우리를 그의 은혜로 그와의 올바른 구원의 관계에 진입시키시고 끝까지 그 속에 지탱하여 주신다는 것입니다. 다른 하나는 우리는 그 관계가 요구하는 의무(하나님을 사랑하고 이웃을 사랑함)를 다함으로써만 그 관계에 계속 서 있게 되는 것이고, 그 의무를 다하지 못하면 아담의 범죄를 되풀이해 그 구원의 관계에서 스스로 탈락한다는 것입니다. 전자는 우리에게 구원의 확신을 주고 안도함을 줍니다. 후자는 우리에게 성화의 노력을 촉구합니다. 이 두 가지 가운데 어느 하나를 약화시켜서는 안 됩니다. 이런 경우 두 가르침들의 논리적 대립보다는 의도의 측면에서의 통일성을 이해해야 합니다. 그리고 두 가지를 논리적 긴장 가운데서 함께 유지하는 것이 건전한 신앙입니다. 전자가 가져오는 구원의 확신과 안도를 즐기면서, 동시에 이 안도함이 지나쳐서 방탕함으로 흐르지 않을까 늘 하나님 앞에서 자성하면서 "두렵고 떨림으로" 성화 또는 제자의 길을 가야 하는 것입니다.

토론해 봅시다

1. 바울의 소명사상과 구원론, 그리고 그것이 우리에게 주는 교훈. 각자의 소명에 대해서 생각해 보라.
2. 그리스도인의 자유와 사랑의 의무에 대해서 생각해 보라.
3. 9:20~22의 해석학적, 선교 신학적 교훈은 무엇인가.
   이 본문에서 바울의 모범은 우리가 전도나 선교의 상황에서 청중들의 문화에 적응하는 방법으로 복음을 선포하여, 그들의 문화적 충격을 줄임으로써 복음을 잘 받아들이도록 해야 한다는 선교 신학적 교훈을 주기도 한다. 이 원리는 의복, 음식, 교회 건물의 양식, 또는 예배 의식이나 음악 등 외형적인 것들에만 적용되는가? 아니면 복음을 해석하고 선포하는 범주까지 포함해야 하는가? 구약과 신약의 범주들로만 해석하고 선포할 것이 아니라, 선교지의 전통적인 종교나 문화에서 도출된 범주들로도 복음을 선포해야 하는가(토착화)? 또 현재적 상황의 필요에서 범주들을 도출하여 복음을 해석하고 선포하는 것도 포함하는가?(상황화: 예 정치·경제적 범주로서의 해석을 통한 해방신학)

3) 출애굽 세대의 예를 통한 경고(10:1~13)

1 형제들아 나는 너희가 알지 못하기를 원하지 아니하노니 우리 조상들이
다 구름 아래에 있고 바다 가운데로 지나며
2 모세에게 속하여 다 구름과 바다에서 세례를 받고
3 다 같은 신령한 음식을 먹으며
4 다 같은 신령한 음료를 마셨으니 이는 그들을 따르는 신령한 반석으로
부터 마셨으매 그 반석은 곧 그리스도시라
5 그러나 그들의 다수를 하나님이 기뻐하지 아니하셨으므로 그들이 광야에
서 멸망을 받았느니라
6 이러한 일은 우리의 본보기가 되어 우리로 하여금 그들이 악을 즐겨 한
것 같이 즐겨 하는 자가 되지 않게 하려 함이니
7 그들 가운데 어떤 사람들과 같이 너희는 우상숭배하는 자가 되지 말라
기록된 바 백성이 앉아서 먹고 마시며 일어나서 뛰논다 함과 같으니라
8 그들 중의 어떤 사람들이 음행하다가 하루에 이만 삼천 명이 죽었나니
우리는 그들과 같이 음행하지 말자
9 그들 가운데 어떤 사람들이 주를 시험하다가 뱀에게 멸망하였나니 우리
는 그들과 같이 시험하지 말자
10 그들 가운데 어떤 사람들이 원망하다가 멸망시키는 자에게 멸망하였나
니 너희는 그들과 같이 원망하지 말라
11 그들에게 일어난 이런 일은 본보기가 되고 또한 말세를 만난 우리를 깨
우치기 위하여 기록되었느니라
12 그런즉 선 줄로 생각하는 자는 넘어질까 조심하라
13 사람이 감당할 시험 밖에는 너희가 당한 것이 없나니 오직 하나님은 미
쁘사 너희가 감당하지 못할 시험 당함을 허락하지 아니하시고 시험 당
할 즈음에 또한 피할 길을 내사 너희로 능히 감당하게 하시느니라

바울은 9:1~22에서 자신이 어떻게 이웃 사랑의 계명에 따라 자신의 사도적 자유/권리를 다 쓰지 않고 도리어 섬기는 자세로 사도직을 수행하는가를 모범적으로 보여 줌으로써 왜 "강한 자들"이 자신들의 자유/권세를 약한 형제들의 입장을 고려하는 마음으로 제약해야 하는가를 가르쳤습니다. 그리고 9:23~27에서는 자신도 자신의 구원을 이미 완전히 확보한 것으로 자만하지 않고 근신과 섬김의 자세로 자신의 사도적 소명을 신실히 수행해 감으로써 어떻게 구원을 얻고자 하는지를 보여 줌으로써, 10장에서 펼칠 "강한 자들"이 우상숭배 잔치에 참여하는 등 방종하여 초래할 위험에 대한 경고를 준비하였습니다.

고린도의 열광주의자들은 성령과 지식을 가진 것을 자랑하면서 물질이나 육신적인 것은 영적 구원에 영향을 미칠 수 없다는 생각으로 문란한 성생활을 자행하고(5~6장), 신자들이 그리스도 안에서 얻은 자유를 무책임한 방종으로 왜곡하여 이방인들의 우상숭배 잔치에 참여하기까지 하였습니다(8:10). 8장과 9장에서는 이 열광주의자들(지식 자랑하는 자들, 또는 "강한 자들")의 이방인들의 신전에서 벌어지는 우상숭배 잔치에 참여함이 어떻게 약한 형제들을 시험에 들게 하고 넘어지게 하는지, 설령 그들이 기독교의 유일신론에 근거하여 그런 자유/권리를 가지고 있다 한들 그것은 이웃 사랑의 계명을 어기는 것이므로 옳지 않다고 바울은 지적하였습니다. 이제 10장에서 바울은 그들이 이방인들의 신전에서 벌어지는 우상숭배 잔치에 참여함은 실제로 우상숭배가 가져오는 해악에 스스로를 노출시키는 위험을 내포하고 있다는 사실을 가르치며, 출애굽 세대의 예를 들어 엄중히 경고합니다.

그것을 위해 10장에서 바울은 그들의 열광주의의 또 하나의 뿌리, 즉 세례와 성만찬이 마술적 능력으로 그들의 구원을 보장한다고 본 오해를 다룹니다. 고린도의 열광주의자들("강한 자들")은 세례를 통하여 성령을 받고 성령을 통하여 지식을 얻어, 그들의 영혼이 구원을 받았으므로 이방 종교에서와 비슷하게 성찬예식을 통하여 그 구원을 지탱할 수 있다고 보고, 그러므로 몸으로는 무슨 짓을 해도 그들의 영혼의 구원에는 아무런 지장을 받지 않을 것으로 본 것입니다.

10:1~22의 본문에서 중심 되는 충고는 12절에 나옵니다. "서 있다고 생각하는 자는 넘어질까 조심하라"입니다. 우상의 실재를 부인하는 고린도의 "강한 자들"은 보란 듯이 이방인들의 종교적 잔치에 참여하는데, 그들은 실상 우상숭배에 빠질 가능성이 많습니다. 왜냐하면 설령 우상들 자체는 생명 없는 목석에 불과하다 해도, 그들 뒤에는 귀신들이 작용하고 있기 때문입니다(19~22절). 즉 귀신들이 그들을 이용하여 우상숭배자들에게 악한 영향력을 행사하기 때문입니다. 당시의 사회적 상황 속에서 특히 지식층, 권세층의 사람들은 그들의 원만한 경제 및 사회 생활을 위해서 직업 연맹(길드)의 축제나 이스미안의 경기의 축제에 참여하고자 하는 유혹을 받았는데, 이 계층의 일부 그리스도인들이 유일신론에서 연역한 지식, 성령의 체험, 세례와 성찬에 대한 신뢰 등을 내세우며 그런 잔치에 적극 참여하였던 것입니다. 그리하여 그들은 우상숭배의 위험에 빠지고, 그런 성창(聖娼)이 딸린 이방 신전의 잔치들에서 우상숭배와 으레 함께 행해지는 음란에 빠질 위험을 자초하고 있었습니다.

이들에게 파멸의 위험을 경고하기 위해 바울은 출애굽한 이스라엘인들의 예를 "경고의 예"(typos/type)로 듭니다. 유대인들의 역사관은 종말(Endzeit)=태초(Urzeit) 사상을 한 원칙으로 가지고 있었습니다. 이 원칙은 (종말의) 구원은 곧 (태초의) 낙원의 회복이라는 것을 함축하였는데, 그러기에 한편 출애굽의 구원은 태초의 낙원의 회복으로 이해되었고, 다른 한편 종말의 구원은 제2의 출애굽 구원이요 동시에 태초의 낙원의 회복으로 기대되기도 하였습니다. 이런 역사관에 따라 유대 신학은 종말의 메시아를 "모세와 같은 선지자"(신 18:15)로 보고, 그를 통한 구원을 제2의 출애굽 사건으로 기대한 것입니다(참고 요 6:1~15).

바울과 초대교회도 이러한 사상을 이어받아 예수 그리스도를 통한 구원을 한편 제2의 출애굽으로 설명하고, 그를 통한 새 언약을 모세를 통해 시내에서 세운 옛 언약에 비교하고, 교회를 "새 이스라엘"로 보며(갈 6:15; 벧전 2:9), 예수 그리스도의 죽음을 "새 유월절 양의 희생"으로 보았습니다(고전 5:7). 또 다른 한편으로는 예수 그리스도를 "마지막 아담"이라 부르고(고전 15:45), 그리스도인들을 하나님의 영광된 형상을 회복할 자들로 그리고 있습니다(롬 8:29; 고후 3:18; 고전 15:45~49; 빌 3:21 등). 그리스도를 통한 종말론적 구원을 이와 같이 하나님의 구원사의 중요한 인물들이나 사건들의 모형에 비추어 해석하는 것을 모형론(typology)이라고 합니다.

본문에서도 바울은 이와 같은 모형론(typology)을 적용하며, 출애굽하여 가나안으로 가기 위해 광야를 지나는 세대를 새 언약에 의해 하나님의 종말의 백성된 교회의 모형(type)으로 보고, 전자의 홍해 건넘을 후자의 세례의 모형으로, 전자의 광야에서 만나 먹음을 후자의 성만찬의 모형으로 보며, 고린도인들의 우상숭배 잔치에 참여하는 등의 방자한 행위들이 전자의 우상숭배(금송아지)와 불순종의 되풀이가 되어서는 안 될 것임을 경고하고 있습니다. 고린도의 "강한 자들"은 세례와 성만찬식이 마력을 가진 것으로 오해하여 방자하게 행동하는데, 그들은 홍해를 건너고 만나를 먹음으로써 그들의 세례와 성만찬식과 같은 체험을 한 출애굽 세대가 우상숭배와 성문란으로 대부분 죽임 당한 것을 경고의 모형(type)으로 터득해야 합니다. 성례는 자동적으로 구원을 보장하는 것이 아닙니다.

1절: 엄숙한 선언의 형식

그리스도인들의 세례는 출애굽 세대의 구름 아래 있음(시 105:39)과 홍해를 지나감(출 14:21~22)에 해당됩니다. 고린도의 헬라 그리스도인들에게도 구약의 하나님의 백성은 그들의 "조상들"입니다. 하나님의 백성의 연속성을 강조하는 표현입니다.

2절

출애굽 세대의 구름 아래 있음과 홍해를 건넘은 "모세 속으로 세례받음"의 사건이었습니다. 이 표현은 분명히 "그리스도 속으로 세례받음"(롬 6:4; 갈 3:27)에 비유하여 만들어진 것입니다. 후자는 "그리스도의 (또는 주 예수의) 이름 속으로 세례받음"(고전 1:13; 행 8:16; 19:5)의 약자로서 그리스도의 (구원의) 주권의 영역으로 들어감과 그리스도와 연합함을 통하여 구원을 얻게 됨을 뜻합니다. "구름"은 구약에서 보통 하나님의 임재하심을 나타냅니다. 그러므로 출애굽 세대 위에 있었던 "구름"은 그리스도인들의 세례 시 강림하는 성령에 해당하는 것입니다.

그리스도인의 세례를 받음은 두 가지 의미를 지닙니다. 첫째는 그리스도의 우리의 대신됨과 대표됨을 인정하고 받아들이는 것입니다. 이것이 믿음입니다. 따라서 믿음은 우리를 그리스도와 연합시키고 그리스도가 우리 모두를 자신의 몸에 내포해서 십자가에 달려 죽으심을 받아들이는 것입니다. 믿음은 십자가에 달려 죽으신 그리스도와 우리를 연합시키는 것입니다. 그리하여 믿음을 통하여 우리는 그리스도와 함께 또는 그 안에 내포되어 나의 옛(아담적) 사람이 죽고, 새(아담적) 사람으로 부활하는 것입니다. 이것을 극(劇)으로 표현한 것이 세례입니다(롬 6:1~11; 골 2:20; 3:1~3). 세례받음의 두 번째 의미는 주 예수 그리스도의 권세 아래 들어가는 것입니다. 그리스도의 이름으로 세례를 받음은 곧 사탄의 권세에서 해방되어 그분의 주권 아래에 들어가 그의 종이 되어 그의 보호에 의지하고 그에게 순종하는 관계 속에 있게 되는 것을 의미합니다(롬 10:9; 골 1:13).

여기 1~2절은 그리스도인들이 세례를 통해 체험하는 것과 똑같은 구원의 체험을 출애굽 세대도 했다는 것을 말하고 있습니다.

3~4절

출애굽 세대에게 광야에서 공급된 만나(출 16:4)와 물(출 17:6; 민 20:7~11)은 그리스도인들의 성찬식의 떡과 포도주에 해당합니다. 신령한 음식은 성령이 마련해 주신 음식을 말합니다. 영적인 밥과 음료는 모두 성령이 마련해 주신 음식입니다. 이것이 바로 성찬식과 견주어 이해할 수 있다는 것입니다.

출애굽 세대를 동행하며 그들에게 물을 공급한 반석은 그리스도라고 합니다. 유대 신학은 민수기 20:7~11과 21:6에 근거하여 이스라엘에게 물을 공급하는 바위가 광야 여행 중 그들을 줄곧 동반했다고 보았습니다. 유대 철학자 필로(Philo)는 이 바위가 하나님의 "지혜"였다고 가르쳤습니다. 이 말은 출애굽 세대를 하나님이 동행하시며 그들에게 먹을 것과 마실 것을 공급하시며 계속 구원해 가셨음을 뜻하는 것인데, 초월의 하나님이 어떻게 동시에 땅 위의 그의 백성과 함께 하시며(내재), 그들에게 구원을 베풀었는가의 문제를 해결하기 위해 동원된 언어 수단이 (초월의) 하나님이 그의 딸 "지혜"를 보내어 그의 백성과 동행하며 그들에게 구원을 베풀게 했다는 것이었습니다(이것이 하나님의 "지혜"를 인격화하여 하나님의 창조, 계시, 구원 사업의 일꾼으로 상상한 유대교의 지혜 신학입니다). 이런 이위일체론적 신론의 전통(즉 하나님과 그의 "딸" 지혜, 또는 "아들" 말씀의 구도로 하나님의 초월과 내재를 동시에 천명하는 신/神 이해)을 이어받은 바울은 다메섹 도상에서 예수가 하나님의 아들로서 계시와 구원의 중보자로 나타나심을 보고(갈 1:15~16; 고후 3:18; 4:4~6 등) 예수 그리스도가 선재(先在)한 하나님의 아들로서 하나님의 창조, 계시, 구원 사역의 일꾼이었음을 깨닫습니다. 또한 바로 이 하나님의 아들 예수 그리스도의 활동을 구약과 유대교에서 하나님의 지혜 또는 말씀의 활동으로 그린 것임을 알게 되었습니다. 그러기에 본문에서 그는 광야의 이스라엘에게 구원의 수단이 된 (물을 공급한) 영적 바위를 그리스도였다고 말하는 것입니다. 이것이 바로 "지혜 기독론"의 한 표현입니다. 결국 출애굽 시대의 하나님의 백성도 바울 시대의 하나님의 백성과 마찬가지로 그리스도를 통해서 구원을 받았다는 것입니다. 이것을 강조한 이유는 출애굽한 백성들이 멸망할 수 있듯이 우리도 멸망할 수 있다는 것을 가르치기 위함입니다. 이것이 바로 우리에게 경고의 겨울이 됩니다.

5절

바울이 다섯 번이나 강조하는 바와 같이, "모든" 이스라엘이 똑같이 하나님의 구원을 체험했습니다. 그러나 대부분은 하나님의 노여움을 사 광야에서 죽었습니다(민 14:16; 시 78:31).

6~10절

이 사건은 우리 그리스도인들에게 하나의 모형(typos/type)으로 발생하였습니다. 즉 종말의 사건을 미리 알리는 의미를 함축하는 사건이었습니다.

이스라엘의 죄들	고린도인들의 위험
악을 열망함(즉 "애굽의 고기 가마") (출 16:3; 민 11:4 이하)	우상숭배 고기 열망함
우상숭배(금송아지, 출 32:6~7에서 인용)	우상숭배
간음(민 25:1~9; 시 106:28~29) (모압 여인들과) + 바알 숭배	간음
주를 시험함(민 21:5~6; 시 78:18) (먹을 것과 마실 것 없음을 불평)	우상숭배 잔치에 참여함으로써 주를 시험함(고전 10:22)
원망함(출 16:2~3; 민 14:36; 16:11; 17:6; 21:5~6) (출애굽시킨 모세와 아론에게 원망하고 하나님께 원망)	(불신앙과 불순종)

바울은 이스라엘의 광야에서의 죄들을 하나하나 열거하고 고린도인들이 같은 죄들을 범하지 않도록 경고하고 있습니다.

11절

출애굽 세대가 당한 것들은 종말의 구원의 세대인 그리스도인들을 경고하고자 하는 함축 의미를 가진 경고의 거울입니다. 이 구절에서 교회를 가리켜 "말세를 만난 우리"라고 표현하고 있습니다. 말세를 당한, 곧 이미 종말에 진입해 있는 우리라고 표현하고 있습니다. 교회는 이미 종말론적 세대입니다.

12절

그래서 자만은 금물입니다. "서 있다고 생각하는 자는 넘어질까 조심하라." "서다"는 "믿음 안에 서다"(15:1; 16:13; 롬 11:20; 참고 약 1:13)를 뜻합니다. 지금까지 체험한 구원의 첫 열매를 너무 과신해서 종말에 얻을 구원의 완성을 이미 확보한 것으로 생각하는 사람들, 특히 세례와 성찬식을 마력으로 생각해서 그런 체험이 우리의 구원을 영원히 보장한다고 생각하는 사람들은, 같은 체험을 하고도 하나님에 대한 불신앙, 우상숭배, 간음 등으로 멸망당한 출애굽 세대의 이스라엘에게서 경고를 받으라고 합니다.

13절

하나님께서 우리를 지켜 주심을 강조합니다. 신실하신 하나님이 우리의 한계를 잘 아시고 피할 길을 예비해 주십니다. 시험이 있을지라도 피할 길을 보여 주셔서 잘 감당하게 해주십니다. 구원에 대한 확신 없이 너무 근심하는 것을 막기 위해서 하나님의 신실하심을 강조하고 있습니다. 민수기 21:4~8을 참고하면 출애굽 세대에는 이스라엘 백성들에게 놋뱀을 허락하셔서 뱀에게 물려도 죽지 않도록 구원의 방도를 마련해 주셨습니다. 바로 이것을 염두에 두고 13절을 언급하는 것입니다.

우리 그리스도인들은 한 번 믿어 세례를 받으면 자동적으로 항구적 안녕을 얻는 것이 아닙니다. 그도 "넘어질" 수 있습니다. 우리는 계속 주께 의지하고 순종하는 믿음의 관계 속에 서 있을 때만 안심할 수 있습니다. 우리가 안심 또는 안도할 수 있다는 말은 그에게 시험이 없다는 말이 아닙니다. 하나님은 우리가 시험 받도록 허락하기도 합니다. 교육과 연단을 위해서 시험을 받도록 허락하시기도 합니다(참고 히 12:6~10). 그러나 하나님은 우리가 그 시험에서 헤어나지 못하고 허우적거리게 방치하지 않습니다. 하나님은 우리에게 말씀을 보내기도 하고 때로는 자연과 역사의 이치(일반 계시)에 의해 죄악의 무서움을 깨닫게 하여 시험을 저지하고 빠져 나오게 하십니다. 이러한 하나님의 시험을 피하게 하시는 은혜를 체험하려면 우리는 항상 하나님과의 올바른 관계(의지하고 순종하는 관계)에서 있으려 애써야 하는 것입니다.

*본문은 바울의 성례에 대한 이해를 암시하고 있습니다.

① 세례와 성찬식은 우리로 하여금 예수 그리스도의 대속의 죽음을 통한 구원에 동참케 하는 진정한 은혜의 수단들입니다.

② 그러나 그것들은 마력적으로 작용하여 우리의 구원을 부장하는 것은 아니고, 도리어 우리를 믿음과 순종에로 부릅니다.

루터는 "성례들은 그리스도에 대한 믿음으로만 효과 있게 된다"고 말했습니다. 믿음과 순종이 없으면 그것들은 무효이고, 도리어 하나님의 징벌을 초래합니다(참고 11:30).

4) 성찬식과 우상숭배 잔치에 같이 참여할 수 없음(10:14~22)

14 그런즉 내 사랑하는 자들아 우상숭배하는 일을 피하라
15 나는 지혜 있는 자들에게 말함과 같이 하노니 너희는 내가 이르는 말을
스스로 판단하라
16 우리가 축복하는 바 축복의 잔은 그리스도의 피에 참여함이 아니며 우
리가 떼는 떡은 그리스도의 몸에 참여함이 아니냐
17 떡이 하나요 많은 우리가 한 몸이니 이는 우리가 다 한 떡에 참여함이라
18 육신을 따라 난 이스라엘을 보라 제물을 먹는 자들이 제단에 참여하는
자들이 아니냐
19 그런즉 내가 무엇을 말하느냐 우상의 제물은 무엇이며 우상은 무엇이냐
20 무릇 이방인이 제사하는 것은 귀신에게 하는 것이요 하나님께 제사하는 것
이 아니니 나는 너희가 귀신과 교제하는 자가 되기를 원하지 아니하노라
21 너희가 주의 잔과 귀신의 잔을 겸하여 마시지 못하고 주의 식탁과 귀신
의 식탁에 겸하여 참여하지 못하리라
22 그러면 우리가 주를 노여워하시게 하겠느냐 우리가 주보다 강한 자냐

14절

"그러므로 나의 사랑하는 형제들이여, 우상숭배로부터 도망가라."

바울은 7절에서 언급한 우상숭배에 대한 경고를 이제 본격적으

로 펼칩니다. 여기서 우상숭배란 신전 제사에 참여하는 행위를 가리킵니다. 신전의 제사에 참여하는 것을 성찬식에 참여하는 예로 들어 설명합니다.

"우상숭배로부터 도망가라"는 강한 표현은 우상숭배의 위험이 있는 곳이나 계제를 적극적으로 피하라는 것을 강조하기 위한 것입니다.

15절

지혜 있다고 뽐내는 고린도인들은 당연히 바울의 경고를 수긍해야 합니다.

16절

"우리가 축복하는 바 축복의 잔은 그리스도의 피에 참예함이 아니며 우리가 떼는 떡은 그리스도의 몸에 참예함이 아니냐?"

바울은 그리스도를 믿음과 우상을 숭배하는 것은 도저히 화합될 수 없는 것임을 성찬예식과 우상숭배 잔치의 관계를 들어 설명합니다.

"축복의 잔": 유대교의 유월절 만찬에서는 모두 네 잔의 포도주를 마셨는데, 그 중 세 번째 잔은 주식(主食), 즉 떡과 양고기를 나누어 먹은 후 마셨습니다. 유대인들이 세 번째 잔에 대해 감사하고 복을 빌고 포도주를 마셨던 관행에 기초하여 예수께서도 그의 최후의 만찬 때 포도주 잔에 대해 하나님께 감사하고 복을 빌었습니다. 그래서 초대교회도 그들의 성만찬 때 그것을 관행으로 삼았는데, 바울은 여기 이 잔을 "축복의 잔"이라 지칭하고 있는 것입니다.

바울은 이 세 번째 잔, 곧 "축복의 잔"은 "그리스도의 피에 참예함"을 의미한다고 말합니다. 그것은 주 예수께서 그의 최후의 만찬 때 이 잔을 "이 잔은 나의 피로 세우는 새 언약이다"(고전 11:23) 또는 "이것은 많은 사람들을 위해서 흘리는 나의 언약의 피다"(막 14:24)라고 임박한 자신의 죽음의 의미를 해설해 주신 것에서 기인하는 말입니다. "그리스도의 피"는 그리스도의 속죄와 새 언약의 제사로서의 죽음을 의미하며, 그것에의 "참예함"은 그 사건의 덕을 입음을 말합니다. 따라서 성찬식에 참여하는 자는 포도주를 마심으로써 속죄와 새 언약 세움을 위한 그리스도의 죽음의 덕을 입어 죄가 용서되어 의로운 새 하나님의 백성이 되는 구원을 받은 자입니다.

또 주 예수께서 그의 최후의 만찬 때 "이것은 너희를 위한 나의 몸이다"(고전 11:24)라고도 임박한 자신의 죽음의 의미를 해설해주셨으므로, 바울은 성찬식 상의 떡을 그리스도의 몸이라 하고, 그리스도인들이 그 떡을 떼어 먹는 행위를 그리스도의 몸에 참예함이라고 말합니다. 곧, 그 행위로 그들이 그들을 위한 속죄와 새 언약의 제사로 십자가에 달리신 그리스도의 몸에 참여하는 것이라는 말입니다.

최후의 만찬 기록은 신약성경의 모두 네 곳에서 볼 수 있습니다. 마태복음(26:26~29), 마가복음(14:22~25), 누가복음(22:15~20), 바울의 기록(고전 11:23~25)입니다. 이 기록된 내용을 보면 순서는 언제나 떡을 떼는 것이 먼저 나오고 그 후 잔을 마시는 것이 나옵니다. 바울은 여기서만 순서를 뒤집었습니다. 잔의 말씀이 나오고 그 다음에 떡의 말씀이 나옵니다. 그런데 지금 이 본문은 최후의 만찬의 의식을 전승하는 것이 아니고, 최후의 만찬의 의미를 우리에게 설명하는 것이기 때문에 바울이 맥락의 필요상 순서를 바꾸어 놓은 것입니다.

17절

성찬식에서 모든 참석자들이 한 개의 떡을 나누어 먹음으로써 함께 십자가의 죽음에 내어 주신 그리스도의 몸에 참여하는 것이므로, 모두가 한 "그리스도의 몸"에 함께 내포되어 하나의 "그리스도의 몸"(교회)을 이루게 된 것입니다. 그래서 성찬예식은 항상 교회의 하나 됨을 나타내는 상징입니다.

교회를 "그리스도의 몸"이라고 부르는 것은 바울의 독특한 가르침입니다(롬 12장; 고전 12장). 여기서 바울은 그것을 십자가에 달린 그리스도의 몸, 성찬식에서 떡으로 상징되는 그리스도의 몸과 연결시키고 있습니다.

바울의 이 그림 언어의 기원에 대한 신학자들의 토론을 조금 생각해 보겠습니다. 교회를 "그리스도의 몸"이라고 하는 비유는 바울 서신들에만 나오는데, 그것은 교회의 속성들을 잘 표현하는 아주 좋은 그림 언어입니다. 그것은 교회가 믿음과 세례로 우리 대신/대표로서 십자가에 달린 그리스도의 몸 속으로 내포되어서, 그의 구원 행위의 덕을 입은 자들의 공동체임을 밝히며 교인들과 그리스도와의 유기적 관계를 잘 설명해 줍니다.

또 그것은 교인들의 상호관계를 잘 설명해 주고 있습니다. 즉 그리스도와의 연합으로 인해서 교인들은 그리스도의 몸의 지체들이 되어 하나 됨을 이루고 있음을 잘 설명하고 있습니다. 지체들로서의 복수성과 다양성, 그러나 동시에 한 몸으로서의 단수성과 통일성을 잘 드러내 주고 있습니다.

이 그림이 교회의 속성들을 나타내는데 워낙 탁월한 까닭에 많은 사람들이 성경의 여러 곳들에 나오는 것으로 생각하지만 사실은 바울만이 사용한 그림입니다. 그래서 바울을 연구하는 신학자들은 바울이 이 그림을 어디에서 착안한 것인지를 연구 토론합니다.

필자는 바울이 다메섹에서 부활하신 영광의 그리스도를 보고 그를 "하나님의 형상"(고전 15:49; 고후 3:18; 4:4, 6; 골 1:15 등)이라고 하는 것을 중시하여, 유대교에서 하나님의 나타나심을 보는 환상을 체험하는 사람들이 하나님의 몸과 그 지체들을 그리는 전승에 비추어 바울이 다메섹 도상에서 환상 가운데 체험한 그리스도를 해석하게 된 것도, 교회를 "그리스도의 몸"이라고 하는 그림 언어의 기원에 이바지하였다고 봅니다. 그러나 여기서는 이 가설을 자세히 뒷받침할 수 없고, 또 그 외의 다른 가설들도 토론할 수 없습니다. 그러나 어떤 가설도 교회를 "그리스도의 몸"이라고 하는 그림 언어가 성찬식의 떡이 상징하는 십자가에 달린 그리스도의 몸, 즉 내포적·대신적 몸과 관련 있다는 것을 포용해야 유효할 것입니다. 그러므로 그리스도의 몸을 상징하는 성찬식의 떡을 떼어 먹음으로써 우리 모두가 십자가에 달린 그리스도의 몸에 참여하여 하나의 몸을 이룬다고 하는 이 본문은, 교회를 "그리스도의 몸"이라고 하는 바울의 교회론에 있어 한 중심 사상을 표현하고 있는 것입니다. 이것은 우리가 교회를 "그리스도의 몸"이라고 할 때 그리스도의 성찬식의 떡/몸과 십자가에 달린 몸을 동시에 생각해야 함을 일깨워 줍니다.

18절

"육신적인 이스라엘"은 성령에 힘입어 하나님의 자녀된 자들의 공동체, 즉 바울이 "하나님의 이스라엘"(갈 6:16)이라고 부르는 교회와 대조하여, 아브라함과 이삭과 야곱의 육신적 후손들로서 아직 그리스도를 믿지 않고 있는 이스라엘 민족을 지칭하는 말입니다.

바울은 유대인들의 제사의 예로 성찬식의 성격을 말합니다. 성전에서 제사를 드린 후 제물의 일부를 먹는 제사장들(레 7:6)을 제단의 동무라고 불렀습니다. 또 친교를 북돋우는 감사 잔치(Toda)에서는 제물 가운데 고기의 일부는 하나님께 바치고, 다른 일부는 그 잔치에 참여하는 자들이 나누어 먹었습니다. 이러한 잔치를 통하여 하나님과 잔치의 참여자들 사이에, 그리고 잔치의 참여자들끼리의 깊은 친교를 이룩한 것입니다.

이 말은 고린도인의 그리스도인들이 이방인들의 제사에 참여하여 먹고 마시면 그 제사의 동무가 된다는 것을 유비로 암시하기 위해서 하는 말입니다.

19절

바울은 우상을 실제로 신으로 생각하는 것은 아닙니다. 야훼 하나님 외에는 어떤 신도 존재하지 않습니다. 그러므로 우상에게 바쳐진 제물도 실제 어떤 신에게 바쳐진 것이 아닙니다. 그러기에 우상이나 우상에게 바쳐진 제물을 대수롭지 않게 여길 수 있습니다(8:4~6).

지식 있는 자들의 항의를 염두에 두고 다시 한 번 바울이 그들의 주장에 동의를 해주고 있습니다.

20절

우상 자체는 아무 것도 아니고, 그저 실체가 없는 목석에 불과한 것이지만, 귀신들이 우상 뒤에 숨어서 또는 우상을 이용해서 작용하는 것이 문제입니다. 귀신들이 그 자체로서는 목석에 불과한 우상을 이용하여 우상을 숭배하는 사람들에게 영향력을 행사하는 것입니다. 그러므로 바울은 우상에게 제사하는 것은 귀신들에게 제사하는 것이라고 말합니다.

그리스도인으로서 이방인들의 우상숭배 잔치에 참여하는 것은 스스로를 귀신들의 영향력 아래 밀어 넣고 귀신들과 교제하는 행위입니다. 바울은 고린도의 "강한 자들"을 이 위험으로부터 보호하고자 합니다.

21절

성만찬과 마찬가지로 우상숭배 잔치도 참여자들을 그 예배의 대상과 하나 됨을 가져옵니다. 그러므로 성만찬에 참여하여 "주의 잔"을 마심으로써 "그리스도의 피에 참예" 하는 그리스도인들이(위 16절), 우상숭배 잔치에 참여하여 "귀신들의 잔"을 마심으로써 귀신들의 동무들이 되는 것은 있을 수 없습니다.

22절

고린도의 자만하는 "강한 자들"은 출애굽 당시 광야의 이스라엘 같이 우상숭배하여 하나님으로 하여금 질시의 노여움으로 그들을 징벌하도록 해서는 안 될 것입니다(참고 신 32:21).

이미 14절에서 우상숭배를 강하게 금했습니다. 우상숭배가 일어날 가능성이 있으면 그곳에 가까이 하지 말라고 합니다. 그리고 우상숭배를 정의하기를 신전의 제사에 참여하는 것이라고 말합니다.

5) 결론적인 당부(10:23~11:1)

23 모든 것이 가하나 모든 것이 유익한 것은 아니요 모든 것이 가하나 모
든 것이 덕을 세우는 것은 아니니
24 누구든지 자기의 유익을 구하지 말고 남의 유익을 구하라
25 무릇 시장에서 파는 것은 양심을 위하여 묻지 말고 먹으라
26 이는 땅과 거기 충만한 것이 주의 것임이라
27 불신자 중 누가 너희를 청할 때에 너희가 가고자 하거든 너희 앞에 차
려 놓은 것은 무엇이든지 양심을 위하여 묻지 말고 먹으라
28 누가 너희에게 이것이 제물이라 말하거든 알게 한 자와 그 양심을 위하
여 먹지 말라
29 내가 말한 양심은 너희의 것이 아니요 남의 것이니 어찌하여 내 자유가
남의 양심으로 말미암아 판단을 받으리요
30 만일 내가 감사함으로 참여하면 어찌하여 내가 감사하는 것에 대하여
비방을 받으리요
31 그런즉 너희가 먹든지 마시든지 무엇을 하든지 다 하나님의 영광을 위
하여 하라
32 유대인에게나 헬라인에게나 하나님의 교회에나 거치는 자가 되지 말고
33 나와 같이 모든 일에 모든 사람을 기쁘게 하여 자신의 유익을 구하지
아니하고 많은 사람의 유익을 구하여 그들로 구원을 받게 하라
1 내가 그리스도를 본받는 자가 된 것 같이 너희는 나를 본받는 자가 되라

바울은 8장에서부터 지금까지 우상에 바쳐진 고기를 먹는 문제

에 있어 두 가지 원칙을 제시하였습니다.

첫째, 8~9장: 그런 음식을 먹는 것이나 안 먹는 것이나 무슨 이익이나 손해를 가져오는 것은 아닙니다. 이런 점에서 볼 때, 그리스도인은 자유인입니다. 그러나 그의 자유를 약한 형제에 대한 사랑으로 스스로 제약해야 합니다.

둘째, 10장: 우상숭배 잔치에 참여하는 것은 귀신과 연결되는 것이므로, 성만찬을 통하여 그리스도와 하나 되는 그리스도인은 절대 피해야 합니다.

여기서 유의할 것은 바울은 이방인들의 우상숭배 잔치에 참여하여 그들의 우상숭배 행위에 참여하는 것(10장의 문제)과 우상숭배 하는 이방인 이웃들과 사회적 교류를 하며 사는 것(8장의 문제)을 구분한다는 것입니다. 그리스도인도 후자는 피할 수 없고 피해서도 안 됩니다(참고 5:9~10). 그러나 전자는 절대 피해야 합니다.

이제 결론적으로 바울은 위의 두 원칙들에 의거하여 고린도인들에게 그들의 일상생활을 위해 구체적인 가르침을 줍니다.

23~24절

6:12에서처럼 "모든 것이 가하다(허락된다)"는 "강한 자들"의 구호를 인용하고, "그러나 모든 것이 유익한 것은 아니다"라며 그것을 교정하는 것으로 바울은 이 결론적 요약의 부분을 시작합니다. 바울은 "모든 것이 가하다(허락된다)"는 그들의 구호를 다시 한 번 인용하고, "그러나 모든 것이 (교회를) 세워 올리는 것은 아니다"는 말

로 그것을 재차 교정합니다. 그것은 고린도의 "강한 자들"이 자신들의 지식에 근거하여(참고 8:1) 어떤 행동도 정당화된다는 생각에서 우상숭배의 잔치에 참여하고 우상에게 바쳐진 제물을 먹는 것도 가리낌 없이 하고 있었기 때문입니다.

"강한 자들"은 그리스도인의 자유를 극단적으로 주장하고 있습니다. 바울은 일단 이런 주장에 대해서 동의를 합니다. 바울도 그리스도인은 모든 것들에서 자유함을 강조합니다(3:23). 그러나 그는 첫째, "모든 것이 유익한 것은 아니라"고 합니다. 둘째, "모든 것이 (교회를) 세워 올리는 것은 아니라"고 합니다. 이 두 마디로 그리스도인의 자유를 제한합니다. 그리스도인의 자유가 방종이 되지 않기 위해서는 자유를 어떻게 행사하는지에 유의해야 합니다. 자신의 자유를 남용하면 자신에게도 유익하지 않을 때가 많고, 이기적으로 사용하면 교회 공동체를 파괴하기도 합니다.

주님은 다른 사람들을 섬기도록 우리를 부르셨습니다. 그러므로 우리는 우리의 자유를 이웃의 신앙을 북돋우고 교회의 화평을 이루도록 사용하여야 합니다. 그렇지 않을 경우 우리는 우리의 자유를 제약해야 한다고 합니다. 자유와 사랑은 모두 중요하지만, 사랑이 더 중요하다고 강조하는 것입니다. 이 원칙을 바울은 "누구든지 자기의 유익을 추구하지 말고 남의 이익을 추구하라"는 권면으로 표현하고 있습니다. 바울은 이 권면을 뒤 33절에 다시 한 번 부연하는데, 여기서 그는 예수 그리스도의 가르침과 모범을 생각하면서(참고 막 10:45; 빌 2:4~11) 그의 제자들이 된 그리스도인들이 마땅히 지켜야 할 계명으로 제시하고 있습니다.

이렇게 바울은 23~24절에서 먼저 그리스도인의 자유와 사랑의 의무의 원칙들을 제시한 후, 이제 그 원칙들을 우상에 바쳐진 제물을 먹는 문제에 적용하여 구체적인 권면들을 제시합니다.

8~10장 전체에 걸쳐 바울은 여기서 주로 지식 가진 자들, 곧 "강한 자들"을 타이르고 있는 것처럼 보입니다. 그러나 실제로 자세히 살펴보면 바울은 간접적으로 "약한 자들"도 계속 교육하고 있습니다. 다음 25~27절에서 바울은 그들에게 그 교육을 직접적으로 표현하고 있습니다. 28~33절은 특히 "강한 자들"에게 해당하는 교훈입니다.

25절

첫 번째 가르침: "시장에서 파는 것은 양심을 위하여 묻지 말고 먹으라."

우상의 실체가 있는 것으로 생각해서 시장에서 파는 고기가 우상에게 바쳐졌는지 아닌지 묻지 말고 자유롭게 사서 먹으라는 말입니다. "약한 자들"이 율법주의적으로 안절부절함을 바울은 분명히 비신앙적인 것으로 비판합니다. 바울은 신전의 제사에 참여하여 우상에게 바쳐진 고기를 먹는 것은 금하지만, 시장의 푸줏간에서 파는 고기는 설령 그것이 우상에게 제사되는 과정을 거쳐 도살된 것일지라도 괜찮으니, 그런 것을 따져 가리려 하지 말고 그냥 사서 먹으라는 것입니다. 그런 것을 가지고 양심에 가책을 느끼는 약한 믿음은 옳지 않으므로, 괘념치 말고 그리스도인의 자유를 누리라는 것입니다.

26절

첫 번째 가르침의 신학적 근거: "왜냐하면 '땅과 거기 충만한 것이 주의 것'이기 때문이다"(시 24:1), 즉 창조사상.

세상의 모든 것들은 다 하나님께로부터 온 선물입니다. 그러기에 그것들은 다 좋은 것입니다. 하나님께서 음식으로 주신 것은 그 자체로서 깨끗한 것입니다. 그러므로 그리스도인은 아무 거리낌 없이 그것들을 먹을 수 있습니다(참고 막 7:15, 19; 롬 14:20; 딤전 4:4). 이것은 레위기의 청결의 법을 완전히 부정해 버린 것입니다.

이것은 우리의 신앙에 시사하는 바가 많습니다. 율법주의로 사람들의 영성을 옭아매어서는 안 됩니다. 우리 그리스도인들은 예비 계시인 구약을 완성된 계시인 신약의 관점에서 읽어야 합니다.

27절

두 번째 가르침: "불신자 중 누가 너희를 청하면 너희가 가고자 하거든 너희 앞에 무엇이든지 차려 놓은 것은 양심을 위하여 묻지 말고 먹으라."

불신자 친구 집에 초청받아 식사할 때 똑같은 자유로 그가 대접하는 모든 음식을 먹으라고 합니다[이방인들의 사원에서 벌어지는 우상숭배 잔치에의 참여(10:14~22)와는 다른 사적인 식사 초대를 말하고 있습니다]. 불신자들과의 교류가 자신을 더럽게 하고 음식도 제물을 내어 놓을 것을 염려하지 말고, 직접 가서 교제하고 내어 놓는 음식을 먹으라고 합니다.

당시 유대교의 보수 랍비들은 유대인들더러 그들의 성별을 유지하기 위해 이방인들의 집에 가서 식사하는 것을 절대 금했고, 좀 더 너그러운 랍비들은 이방인들이 식탁에 초대하면 가되 그들이 대접하는 음식을 먹지 말고 유대인 자신의 음식을 가지고 가서 먹으라고 가르쳤습니다. 바울은 원래 가장 철저한 바리새적인 랍비였습니다. 따라서 절대 이방인들의 집에 가서 밥을 먹어서는 안 되는 전통에서 자랐습니다. 그러한 바울이 그리스도인, 그리스도의 사도가 되어 그리스도인의 자유를 이렇게 놀랍게 천명하게 된 것입니다. 여기서 바울은 분명 예수 그리스도의 가르침과 모범에 근거하기에 이런 혁명적인 가르침을 아무 거리낌 없이 주고 있는 것입니다.

예수께서는 일반적으로 사랑의 이중계명의 원칙을 강조하며 율법주의를 배격하였을 뿐 아니라, 구체적으로 음식과 관련하여 "무엇이든지 밖에서 사람에게 들어가는 것(예 음식)은 사람을 더럽게 하지 못하되, 사람 안에서 나온 것(예 욕심, 증오심, 음란한 생각)이 사람을 더럽게 하는 것이다"(막 7:15~23)라고 가르쳤습니다.

또 앞서 7:12~14 강해에서 말한 바와 같이 예수는 자신과 그의 제자들이 이른바 불결한 사람들과 어울려 불결해지는 것이 아니라 도리어 그들이 성결케 된다는 원칙에 의거해 문둥병자 등을 만져 깨끗게 했을 뿐 아니라, 죄인들과 자유로이 먹고 마심으로써 그들을 거룩한 하나님의 백성으로 만들기도 했습니다.

이런 예수 그리스도의 가르침과 모범을 바울은 이제 자신의 이방 선교의 상황에 적용하여 그리스도인들로 하여금 시장에서 고기를 자유롭게 사 먹도록, 그리고 불신자 이웃과 자유로이 식탁 교제를 하도록 가르치고 있는 것입니다.

28~29a절

세 번째 가르침: 이방인 불신자 친구 집에 초대되어 식사할 때 누군가에 의해서 식탁의 고기가 우상에게 제사되었던 것이라고 지적될 경우는 그것을 먹지 말라고 합니다. 그 사람의 양심을 위하여 먹지 말라고 합니다.

여기서 그것을 지적하는 사람이 누구라고 보는 데에 있어 두 개의 상반된 견해들이 있습니다. 하나는, 바울이 지금까지 쓴 "우상에게 바친 제물"(eidolothuton – 8:1, 4, 7, 10; 10:19)이라는 표현 대신에 "성전의 제물"(hierothuton)이라는 표현을 쓰고 있는 데서 어떤 주석가들은 그 지적하는 사람을 불신자 주인이라고 봅니다(예 F. Lang; H. Conzelmann). 그는 자신의 신에 제사하고, 그 신이 복을 내린 고기를 먹고 그런 고기로 손님 대접하는 것을 자랑스럽게 생각하며, 더욱 적극적으로 그리스도인 친구로 하여금 자신의 신을 믿게 하기 위해 그렇게 지적할 수도 있을 것입니다. 이런 경우 그리스도인은 그 지적한 자의 양심을 고려해서 그 고기를 먹지 말아야 합니다. 이런 상황에서 그리스도인은 그 고기를 안 먹음으로써 자신의 그리스도에 대한 신앙고백을 밝히고, 또 역으로 그 이방인 불신자 친구의 우상숭배 행위에 대한 거부의 태도를 밝힐 수 있을 것입니다(참고 Lang).

그러나 바울이 그 지적자의 "양심"을 고려하여 먹지 말라고 할 때 이런 것을 의미했겠습니까? 왜 이것이 그 불신자의 "양심"을 고려하는 행위라고 할 수 있습니까? 이런 어려움 때문에 어떤 주석가들은 그 지적자를 함께 초대된 "약한" 그리스도인으로 봅니다(예 Barrett).

그의 "약한" 양심이 그로 하여금 식탁의 고기에 대해 미리 조사하게 하고, 그 조사 결과를 동료 그리스도인에게 알려 주면서 자신의 "양심"의 관점에서 그에게 그것을 먹지 말도록 은근히 종용하는 것입니다. 그는 불신자 주인의 기분을 상치 않으려고 그리스도인들이 쓰는 "우상에게 바친 제물"(eidolothuton)이라는 말 대신 그 주인의 언어인 "성전의 제물"(hierothuton)이라고 부르는 것입니다. 지적자의 "양심"을 고려해 그 고기를 먹지 말라는 바울의 가르침은 8:8~13에서 그가 "강한 자들"에게 "약한 자들"의 "양심"을 고려해서 "우상에게 바친 제물"을 먹을 수 있는 자유를 자제해야 한다고 한 가르침과 일치하므로, 이 해석이 옳은 것 같습니다.

29b~30절

"왜냐하면 어찌하여 내 자유가 남의 양심에 의해 판단을 받으리오?" 아주 난해한 말입니다. 아마 가장 그럴 듯한 해석은 바울이 여기서 "강한" 그리스도인들이 절제해야 하는 이유를 8:7~13에 덧붙여 하나 더 들고 있다고 보는 것입니다: "약한" 그리스도인이 우상의 제물을 지적하는 경우 네가 "강한" 그리스도인으로서 자신의 자유를 그냥 행사해 버리면 그 "약한" 그리스도인은 그의 "양심"에 근거하여 비판할 것입니다. 스스로를 남의 양심의 비판거리로 만들면서까지 자신의 자유를 행사하는 것이 그리 바람직한 것은 아니지 않습니까?

31~33절

바울은 이제 결론을 내리면서, 그리스도인들의 행동에 있어 두 원칙들을 천명합니다: 하나님 사랑(31절), 그리고 이웃 사랑(32~33절)입니다. 이것들은 앞에서 본 바와 같이 각각 8:3과 8:1과 짝을 지어 수미쌍관(首尾雙關)을 이루고 있습니다. 바울은 이렇게 우상의 제물을 먹는 문제에 대한 올바른 그리스도인들의 태도는 하나님 사랑(영광)과 이웃 사랑 이 두 원칙들에 의거해서 결정되어야 함을 다시 한 번 확인하는 것입니다.

그리스도인은 그의 일거수일투족을 하나님의 영광을 위해서 해야 합니다. 우상숭배, 교회 내에서 추문을 일으키는 것, "약한" 형제의 "양심"을 상하게 하는 것 등은 하나님께 영광 돌리는 것이 아니므로 삼가야 합니다. 따라서 우상의 제물을 비롯하여 무엇을 먹고 마시는가의 모든 문제들에 있어서 우선적으로 고려해야 할 원칙은 그 행위가 하나님께 영광을 돌려드리는 것이냐 아니냐입니다. 그리고 그것이 이웃에게 거침돌이 되는 것인지 유익한 것인지를 따져야 합니다. 이방의 신전에서 우상숭배 잔치에 참여하는 등 우상숭배에 휩쓸리는 것은 명백히 하나님께 영광돌리는 행위가 아니고 하나님을 사랑하는 행위가 아니므로 그것은 피해야 합니다(10:14~22). 그리스도인이 불신자 친구 집에 가서 대접 받는 음식을 자유로이 먹을 수 있으나, 다른 사람에게 거침돌이 될 가능성이 있으면 그에 대한 사랑의 의무로 자신의 자유를 제한하여 우상의 제물을 먹지 말아야 하는 것입니다.

앞의 23절과 이 결론(31~33절)에서 우리는 바울이 예수의 사랑의 이중계명 원칙에 대한 강조(막 12:28~34), 모든 음식에 대한 정결 선언(막 7:15~23), 형제에게 걸림돌 되는 것에 대한 경고(막 9:42~50), 특히 섬김을 받으려 하지 않고 많은 사람들을 위해서 자신의 목숨을 대속물로 주러 왔다는 "인자"의 말씀(막 10:44~45) 등을 집중적으로 반영하고 있음을 유의해야 합니다.

32절

"유대인들과 이방인들"은 유대인의 입장에서 구분되는 인류의 두 집단들입니다(참고 롬 1:14). 바울은 이 두 집단들에 덧붙여 "하나님의 교회"를 언급함으로써, 교회(즉 그리스도인들)가 진정한 하나님의 백성이라는 것과 교회가 유대인들과 이방인들 출신자들로서 그리스도를 믿는 자들로 구성된 새로운 인종/민족임을 함축합니다. 이런 의식을 이어받아 교부들은 2세기부터 그리스도인들은 "제3인종"이라는 이해를 발전시킨 것입니다.

33절

이 말은 9장에서 바울이 밝힌 자신의 사도직 수행의 자세를 한마디로 요약하는 것인데, 예수의 "인자" 말씀(막 10:44~45)을 반영함으로써, 그가 예수의 모범을 고스란히 따르고 있음을 보여 주고 있습니다.

11장 1절: 총 결론

"내가 그리스도를 본받는 자 된 것 같이, 너희는 나를 본 받는 자들이 되라."

빌립보서 3:17과 데살로니가전서 1:6 그리고 데살로니가후서 3:7, 9에서와 마찬가지로 여기서도 바울은 자신을 모범으로 내세우고 독자들로 하여금 그를 본받으라고 합니다. 그가 이렇게 할 수 있는 것은 스스로 그리스도의 본을 받는 자이기 때문입니다(4:9~17; 참고 빌 2:5~11, 17).

앞서 본 바와 같이 10:31~33에서 바울은 우상의 제물 문제에 대하여 8~10장에서 준 자신의 가르침을 결론 내리면서, 여러 가지로 예수의 가르침과 모범을 반영하였습니다. 특히 33절에서는 자신이 마가복음 10:45의 말씀에 나타나는 인자 예수의 모범을 그대로 따르고 있음을 보여 주었습니다. 이렇게 그는 자신이 그리스도의 본을 따르고 있음을 보여 주고, 고린도인들에게 그러한 자신의 본을 따르라고 말하고 있는 것입니다.

"내가 그리스도를 본 받는 자 된 것 같이, 너희는 나를 본받는 자들이 되라"는 말로 8~10장에서의 우상의 제물 문제에 대한 가르침을 총 결론한다는 사실은 무엇을 말합니까? 그것은 바울이 이 문제를 다룸에 있어 그리스도의 가르침과 모범에 따라 다루었음을 말하는 것이고, 자신이 항상 그리스도의 가르침과 모범에 따라 사고하고 행동하는 사람이라는 것을 말하는 것입니다. 동시에 그것은 고린도인들/우리들에게도 모든 윤리적 문제를 그리스도의 가르침과 모범에 따라 다루도록 예시하고 있는 것입니다.

지금까지 살펴본 우상의 제물을 먹는 문제에 관한 바울의 가르침은 예수님의 가르침과 그 정신과 일치합니다. 예수께서도 유대인들의 음식이나 청결의 율법들을 무시하고 그런 것들에 대한 율법주의적 속박에서 자유를 가르쳤습니다. 예수는 밖에서 우리 뱃속으로 들어가는 음식이 우리를 더럽히는 것이 아니라, 우리 속에서 나오는 것들(탐욕, 증오심, 음란심 등)이 우리를 더럽히는 것이라고 정결의 법을 새롭게 정의하며, 음식을 가리는 일은 더 이상 무의미한 것으로 가르치고(막 7:15~23), 죄인들과 기꺼이 먹고 마시는 교제를 나누셨던 것입니다. 이렇게 예수는 음식이나 정결의 율법으로부터 우리 그리스도인들에게 자유를 선포하신 것입니다.

그러나 예수께서 진정으로 중요한 것으로 절대적으로 요청되는 것으로 가르치신 것은 사랑의 이중계명입니다. 우리의 혼신을 다해서 하나님을 사랑하는 것과, 이웃을 내 몸과 같이 사랑하는 것입니다.

하나님을 사랑하는 것의 반대말은 무엇입니까? 우상숭배입니다. 그런데 예수께서 어떤 우상숭배의 형태를 가장 크게 경계하셨습니까? 맘몬(재물)이었습니다(마 6:24/ 눅 16:13). 탐욕은 맘몬에 대한 우상숭배(하나님께 의지하고 사랑하는 것을 거부)에서 나오는 죄악이고, 증오심이나 음란심은 이웃 사랑을 거부하는 죄악입니다.

그러기에 그런 우리의 심장 안에서 나오는 것들이 우리로 하여금 하나님과 이웃과 올바른 관계를 유지하게 하는 사랑의 이중계명을 거스르는 것들로 우리를 "더럽히는" 것들입니다. 즉, 우리의 하나님과 이웃과의 올바른 관계를 깨뜨리는 것들입니다.

음식 가림은 그 자체로서는 이 사랑의 이중계명을 거스르는 것이 아니고, 지켜도 그만 안 지켜도 그만인 "차이 없음"(adiaphoron)의 영역에 속하는 것입니다. 어떤 음식이 우리의 뱃속으로 들어간다 한들 우리의 하나님과 이웃과의 올바른 관계를 깨뜨리는 것은 아닙니다. 그러기에 음식에 대해서는 우리 그리스도인들은 어떤 율법주의에 얽매일 필요 없이 자유를 누릴 수 있는 것입니다. 그래서 우상의 제물을 먹는 문제에 관하여 가르치는 본문에서 바울은 원칙적으로 그런 음식을 먹을 수 있는 그리스도인의 자유를 천명하는 것입니다. 그러나 그 자체로서는 "차이 없음"(adiaphoron)의 영역에 속하는 음식일지라도 우상숭배의 자리에서 먹으면 안 된다고 경고하는 것은, 그렇게 될 경우 하나님 사랑의 계명을 어기게 되기 때문입니다. 또한 이웃에게 거침돌이 될 가능성이 있는 경우에 그것을 먹을 수 있는 자유를 포기하라고 가르치는 것은 이웃사랑의 계명을 어기지 않도록 하기 위함입니다.

바울은 자신이 다메섹 도상에서 부활하신 영광의 그리스도의 계시를 보고 거기서 복음과 사도직을 받았다고 합니다(갈 1:10~17). 바울은 이렇게 계시로 받은 복음을 구약뿐 아니라 예수의 가르침과 행위에 의거해 해석하여 더 깊이 이해하고 적절히 표현하는 신학 작업을 하였습니다. 그러므로 바울의 복음은 다메섹 도상에서의 그리스도의 계시와 역사적 예수의 전승에 그 근거를 두고 있습니다. 그러기에 바울 신학은 다메섹 계시의 관점에서도 일관되게 설명될 수 있으면서, 동시에 예수의 가르침과 행위에 대한 재해석과 재현으로도 일관되게 설명될 수 있습니다.

많은 비판적인 학자들은 바울 서신들에 예수의 말씀들이 잘 인용되지 않고, 예수의 행적에 대한 이야기들이 많이 나타나지 않는다는 이유를 들어 바울이 역사적 예수를 중시하지 않았다고 주장합니다. 그러나 사실은 바울 서신들을 자세히 보면 본문에서와 같이 예수의 가르침이 많이 반영되어 있으려니와 그의 복음과 사도적 행태가 역사적 예수의 복음과 행태와 놀랍게 일치하는 것을 볼 수 있습니다.

여기 11:1의 말씀 "나는 그리스도를 본받는 자이다"가 공허한 소리가 아니고, 그리스도의 십자가에서의 자기 헌신만을 염두에 둔 말도 아니고, 역사적 예수의 가르침과 모범까지도 염두에 둔 절실한 말임을 알게 됩니다.

우상 음식에 관한 바울의 가르침(고전 8~10장): 바울은 이 점에서 예수 그리스도를 어떻게 "본받고" 있는가?

1. 명제: 두 가지 근본 원칙(8:1~3)
   가. 이웃 사랑(8:1) - 10:32~33(6의 나)과의 수미쌍관
   나. 하나님에 대한 사랑(8:3) - 10:31(6의 가)과의 수미쌍관

2. 네 가지 명령(참고 10:14, 23~33의 요약)
   가. 우상숭배를 피하라: 이교도 신전의 식탁 교제에 참여하지 말라(10:1~22, 특히 14~22절)
   나. 시장에서 파는 음식은 양심을 위해 묻지 말고 먹으라(10:25)
   다. 이교도 이웃의 초대를 받을 때 묻지 말고 차린 음식을 먹으라(10:27)
   라. 그러나 먹는 행위가 "연약한" 형제들(혹은 이교도 친구의 그리스도인에 대한 도덕적 기대)을 걸려 넘어지게 할 수 있을 때는 먹지 말라(10:28)

3. 세 가지 원칙
   가. 우상숭배 반대(2의 가)
   나. 그리스도인의 자유(2의 가 + 2의 다)
   다. 이웃 사랑(2의 라)

4. 예수님의 가르침과 일치함
   가. 예수님은 유대인의 음식/정결 율법을 무시함(막 7:15~23 / 마 15:11~20; 롬 14:14, 20)(= 2의 나 + 2의 다; 3의 나)
   나. 예수님의 이중적 사랑 계명(막 12:28~34 / 마 23:34~40 / 눅 10:25~28)
      (1) 존재 전체를 다해 하나님을 사랑하라 - 그 반대는 우상숭배 (= 2의 가; 3의 가)
      (2) 이웃을 자기 자신처럼 사랑하라(= 2의 라; 3의 다)

5. 바울은 이것들을 그 자신의 사도적 태도에 적용한다

(바울은 예수님을 "본받는다" 혹은 "그리스도의 율법"을 준수한다) – 9:19~22

가. 아디아포라 문제에 관한 그의 선교적 자세를 청중에 따라 조정함

(1) 유대인들과 연약한 자들 가운데서는 음식법/결례를 준수함

(= 4의 나 + 2 → 이웃 사랑)

(2) 이방인들과 강한 자들 가운데서는 음식법/결례를 무시함

(= 4의 가 + 4의 나 + 2 → 그리스도인의 자유와 이웃 사랑)

나. 하지만 "하나님의 율법"/"그리스도의 율법"에 복종함

(= 4의 가 + 4의 나)

6. 요약적 진술과 요구(이중적 사랑 계명)

가. 모든 것을, 하나님의 영광을 위해 하라(10:31)

(= 4의 나 + 1) – 8:3(1의 나)과의 수미쌍관

나. 그리고 이웃 사랑으로 행하라(10:32~33)

(= 4의 나 + 2) – 8:1(1의 가)과의 수미쌍관

7. 최종적 요약과 요구

"내가 그리스도를 본받는 자 된 것 같이 너희는 나를 본받는 자 되라"(11:1)

토론해 봅시다

1. 오늘 우리의 교회 지도자들도 바울과 같이 그들의 양 떼들에게 "나를 본받으라"고 할 수 있는가? 없으면 왜인가?
2. 어떤 점에서 기독교 신앙은 그리스도를 본받는 것인가? 또 어떤 점에서 우리는 그리스도를 본받을 수 없는가?
3. 그리스도인의 사회적 교류에 대해 생각해 보라.

우리 주변의 모든 문제들에 대해서 신학적 사고를 할 수 있어야 합니다. 바울이 우리에게 가르쳐 준 세 가지 원칙은 ① 하나님을 사랑해야 하기에 우상숭배를 하지 말하야 함; ② 이웃을 사랑해야 하기에 이웃에게 상처를 주고 걸림돌 되는 일을 해서는 안 됨; ③ 위 두 원칙들이 저촉되지 않을 경우 그리스도인은 자유를 누릴 수 있음이었습니다. 이 원칙들을 한국 그리스도인들의 신앙생활 현장에서 일어나는 문제들과 결부시켜 보십시오.

예를 들어, 한국 사람들의 음식 문제, 곧 술과 담배의 문제에 대해서 본문의 교훈을 어떻게 적용할 수 있겠습니까? 한국 교회에서 대다수 성도들은 주초가 구원과 직결되어 있다고 보고, 술 마시고 담배 피우면 타락한 그리스도인들이라고 비판합니다. 그런 그리스도인들은 본문의 표현대로 말하자면 "약한 자들", 즉 아직 신학적으로 덜 깨우쳐져서 신앙이 성숙하지 못한 자들입니다. 그런 사람들에게는 바른 지식을 갖도록 가르침을 주어야 합니다. 술 마시고 담배 피우는 등의 음식 가림은 그 자체로서는 "차이 없음"(adiaphoron)의 영역에 속하는 것으로서, 그런 문제에 대해서 그리스도인들은 근본적으로 자유를 가지고 있다는 것을 가르쳐야 합니다. 그리하여 주초 문제가 마치 기독교 윤리의 핵심이나 되는 양, 그들의 구원이 그 문제에 달린 양 율법주의적으로 불안해하는 그들에게 그리스도인의 자유를 누릴 수 있도록 해야 합니다.

그러나 동시에 이런 "지식"을 자랑하며 절제 없이 술 마시고 담배 피우는 "강한 자들"에게도 가르쳐야 합니다. 술과 담배를 무절제하게 많이 하면 하나님 사랑과 이웃 사랑의 계명들을 어겨 하나님께 욕되게 하고 이웃에게 해를 가져오므로 그리스도인들은 그것들을 삼가야 한다는 것을 가르쳐야 합니다. 술과 담배를 많이 하면 우리의 건강을 상하게 하는데 그것은 자신에게도 유익한 것이 아니지만, 하나님의 영광을 위해서 쓰라고 주신 우리의 몸과 마음을 망가뜨려 하나님께 영광 돌리지 못하게 될 터이니 죄악이 되는 것입니다. 또 가족과 이웃에게 부담이 되고 갈등을 일으키니, 이웃 사랑의 계명을 거스르는 죄이기도 합니다.

바울이 우상의 제물의 문제를 사랑의 이중계명의 관점에서 다루듯이, 우리도 주초 문제를 그 관점에서 다루어야 합니다. 담배는 명백히 건강에 해로운 것으로 의학적으로 증명되어 있습니다. 하나님이 우리에게 건강한 몸을 주신 것은 하나님과 이웃을 섬기도록 하기 위해서입니다. 그런데 담배를 통해 몸을 상하게 하면 그것이 하나님의 영광을 위한 것입니까? 하나님의 사랑에 위배됩니다. 또한 자신의 몸을 상하게 해서 가족들에게 부담을 주고 사회보장제도에 부담을 안기면 그것은 이웃 사랑의 원칙에도 어긋나는 것입니다. 술을 조금 마시는 것은 건강에 도움이 된다고 현대 의학은 가르치고 있고, 신구약 성경에서도 적당한 양의 술 마심을 당연지사로 보고 있습니다. 그러나 과도한 술마심으로 취하게 되면 하나님 사랑과 이웃 사랑의 도구로 써야 할 우리의 몸을 망가뜨리고, 혼미한 정신으로 죄짓기 쉽고, 가족과 이웃과 갈등을 일으키는 등 심각한 죄들을 짓게 됩니다. 그러기에 "강한 자들"에게는 술 취하지 말도록 경고해야 합니다. 또 이웃 사랑의 원칙에 의거해서 소량의 술이라도 마시면 절대로 안 된다는 "약한" 그리스도인이 동석한 자리에서는 그의 "양심"을 위해서 자신의 적당량의 술을 마실 수 있는 그리스도인의 자유를 포기하라고 가르쳐야 합니다.

한편 제사 문제는 어떻습니까? 제사 문제로 인해서 신자가 되지 못하는 자들이 많고, 그 문제로 가족과 심각한 갈등을 겪는 신자들이 상당수 있습니다. 이것과 관련해서 본문의 교훈은 무엇입니까? 제사 문제도 철저히 사랑의 이중계명의 원칙에 입각해 다루어야 합니다. 즉 "오늘날 제사에 조상의 신을 잘 대접하여 그 후손들에게 액을 방지하고 복을 비는 우상숭배의 요소가 있는가?" "그 제사 행위를 혹 귀신들이 이용하여 제사 지내는 사람들에게 해악을 끼칠 가능성이 있는가?" "아니면 제사는 순전히 세상을 떠난 부모님들에 대한 사랑의 표현에 불과하며 종교성을 배제하기에 귀신들이 작용할 가능성은 없는 것이 아닌가?" "부모의 제사를 두고, 하자는 형제들과 하면 안 된다는 형제들 간에 원수가 되도록 갈등하는 것은 옳은가?"를 잘 생각해 보아야 합니다.

200여 년 전 가톨릭교가 한국에 전래될 때 초기 천주교인들은 특히 제사거부 문제로 엄청난 순교의 고난을 당했습니다. 그러나 이제 가톨릭교는 제사가 종교성을 띠지 않고 순전히 효의 연장일 수 있다고 본 것 같습니다. 그래서 종교성만 배제하면 제사는 가능하다는 원칙을 세운 모양입니다. 그래서 가톨릭교는 지방을 써 붙임으로써 죽은 자의 혼백을 불러들이는 의식만 제거한 상태의 제사를 허용하는 모양입니다. 가톨릭교는 개신교가 배격하는 죽은 자들을 위한 기도를 행합니다. 혹 그 전통이 가톨릭교로 하여금 제사를 허용하는 데 어떤 영향을 주었는지 모르겠습니다(필자가 이렇게 쓰는 것은 가톨릭교를 잘 모르는 상황에서 추측해 보기 때문입니다). 개신교도 제사를 극구 배격하면서도 "추도 예배"의 형식을 통해서 가톨릭교와 비슷하게 세상을 떠난 부모들에 대한 효심을 표현하고 있습니다.

그 효심을 한국의 전통 양식인 무릎 꿇고 허리 굽히는 방법(곧 절함)으로 표현하는가, 아니면 그냥 눈감고 머리만 숙이는 방법으로 표현하는가는 전혀 중요한 이슈가 아닙니다. 다만 그 의식에 우상숭배의 요소가 담겨 있느냐 아니냐만 중요한 문제입니다.

이 문제로도 한국 개신교 내에 절대 다수의 "약한 자들"과 소수의 "강한 자들"이 대립할 것인데, "강한 자" 그리스도인들은 우상숭배의 뜻과 의식이 부여된 제사에 참여하는 일은 하나님 사랑의 계명에 어긋나므로 허락될 수 없음을 알아야 할 것이고, "약한 자들"은 제사와 추도 예배가 어떻게 다른지 정확히 알아야 하며, 또 제사를 배격할 때 정확한 신학적 이유를 알고 배격해야 할 것입니다.

3. 예배 때 여자들의 복장(11:2~16)

2 너희가 모든 일에 나를 기억하고 또 내가 너희에게 전하여 준 대로 그 전통을 너희가 지키므로 너희를 칭찬하노라
3 그러나 나는 너희가 알기를 원하노니 각 남자의 머리는 그리스도요 여자의 머리는 남자요 그리스도의 머리는 하나님이시라
4 무릇 남자로서 머리에 무엇을 쓰고 기도나 예언을 하는 자는 그 머리를 욕되게 하는 것이요
5 무릇 여자로서 머리에 쓴 것을 벗고 기도나 예언을 하는 자는 그 머리를 욕되게 하는 것이니 이는 머리를 민 것과 다름이 없음이라
6 만일 여자가 머리를 가리지 않거든 깎을 것이요 만일 깎거나 미는 것이 여자에게 부끄러움이 되거든 가릴지니라
7 남자는 하나님의 형상과 영광이니 그 머리를 마땅히 가리지 않거니와 여자는 남자의 영광이니라

8 남자가 여자에게서 난 것이 아니요 여자가 남자에게서 났으며
9 또 남자가 여자를 위하여 지음을 받지 아니하고 여자가 남자를 위하여 지음을 받은 것이니
10 그러므로 여자는 천사들로 말미암아 권세 아래에 있는 표를 그 머리 위에 둘지니라
11 그러나 주 안에는 남자 없이 여자만 있지 않고 여자 없이 남자만 있지 아니하니라
12 이는 여자가 남자에게서 난 것 같이 남자도 여자로 말미암아 났음이라 그리고 모든 것은 하나님에게서 났느니라
13 너희는 스스로 판단하라 여자가 머리를 가리지 않고 하나님께 기도하는 것이 마땅하냐
14 만일 남자에게 긴 머리가 있으면 자기에게 부끄러움이 되는 것을 본성이 너희에게 가르치지 아니하느냐
15 만일 여자가 긴 머리가 있으면 자기에게 영광이 되나니 긴 머리는 가리는 것을 대신하여 주셨기 때문이니라
16 논쟁하려는 생각을 가진 자가 있을지라도 우리에게나 하나님의 모든 교회에는 이런 관례가 없느니라

11:2~14:40에서 바울은 예배에 관계되는 세 주제들을 다룹니다. 첫째, 예배 때 여자들의 복장(11:2~16), 둘째, 성만찬의 올바른 거행(11:17~34), 셋째, 성령의 은사들(12~14장)입니다. 고린도인들이 그들의 편지에서 제기한 문제에 답함을 뜻하는 "…에 대하여는"은 12:1에만 나타났습니다(참고 7:1, 25; 8:1; 16:1). 그러나 11:2은 고린도의 교회가 바울의 가르침을 잘 따른다고 주장하면서도 예배 때 여자들이 너울을 쓰는 관행에 대해 의문을 제기한 것 같습니다. 아니면, 글로에의 권속으로부터(참고 1:11) 또는 스데바나, 브드나도, 아

가이고로부터(참고 16:7) 고린도 교회 성찬식 때의 무질서와 아울러 이 문제에 대해서도 보고를 받았던 것 같습니다.

고린도 교회의 예배는 이 세 문제들, 기도하고 설교하는 여자들의 단정치 못한 복장, 성만찬 때의 추태, 그리고 방언과 예언의 무질서한 출현으로 혼돈과 추태를 보였습니다. 그래서 바울은 11:2~14:40에서 이 문제들을 차례로 다루고 올바른 예배를 위해 권면합니다.

11:2~16의 본문에서 바울은 고린도 교회의 여자 성도들이 공예배에서 기도나 예언을 할 때 머리에 너울을 쓰고 해야 한다는 것을 여러 가지 논거들을 대면서 주지시키고 있습니다. 유대 그리스도인들은 여자가 외출할 때 머리를 덮는 유대인들의 관습을 지속하였습니다. 그리스에서도 양반집 여자들은 그렇게 하였으나, 거기서는 유행에 따라 관습이 변하기도 하였습니다. 일부 유대 그리스도인들을 포함한 고린도 교회에서도 초기에는 여자들이 머리에 너울을 쓰고 예배에 참석하였을 것입니다. 그러나 바울이 떠난 뒤 고린도인들의 일반적인 "열광주의"의 영향 아래 그리스도인의 자유의 이름으로 여자들이 너울을 벗어던진 것 같습니다. 13~16절에서 바울은 그의 뜻을 분명히 밝힙니다. 고린도 교회의 여자들도 그리스도의 교회 전체에서와 마찬가지로 예배 때 머리에 너울을 쓰고 기도나 예언을 해야 한다는 것입니다.

2절

바울은 현명한 선생으로서 독자들의 잘못을 교정하는 가르침을 그들을 칭찬하는 말로 시작합니다. 고린도의 성도들이 자신의 가르침의 전통을 잘 지키고 있다는 것을 칭찬합니다. 그러나 우리는 이 편지의 이전 부분들에서 그리고 이후 부분들에서 그들이 그들 교회의 개척자인 사도 바울의 가르침의 전통에서 많이 벗어나 잘못된 길로 들어갔고, 그리하여 바울이 그들을 옳은 길로 되돌리려 노력하고 있다는 것을 살펴보았습니다. 지금 다루려는 예배 시 여성의 복장 문제도 사실은 일부 성도들이 바울의 전통에서 벗어났기에 발생한 것이고, 그리하여 바울이 그것을 교정하게 된 것입니다. 그러므로 이 칭찬은 사실 고린도의 성도들로 하여금 자신의 전통을 잘 지켜야 된다는 주문인 것입니다.

3절

바울은 4~6절에 줄 충고의 근거로 먼저 신학적 원칙을 천명합니다. 남자의 "머리"는 그리스도이고, 여자의 "머리"는 남자이고, 그리스도의 "머리"는 하나님이라고 합니다.

바울은 "머리"라는 말을 4, 7절에서는 문자적으로 쓰지만 여기서는 전의어로 쓰고 있습니다. "머리"가 전의어로 쓰일 때 구약에서는 한 공동체의 우두머리(지도자)를 의미하고(삿 10:18), 헬라어 '케팔레'(kephale)는 전체의 성격을 결정하는 부분을 뜻하거나 "원천"을 뜻하기도 했습니다. 8~9절에 비추어 볼 때 바울은 "머리"를 여기서 주로 "원천"의 뜻으로 쓰고 있는 것 같습니다. 창세기 2:18~23에 의하면, 여자는 아담의 갈비뼈를 빼내어 지어졌습니다. 그런 의미로 여자의 "머리"(기원)는 남자입니다.

유대교는 남녀의 근본적 동등을 선포하는 창세기 1:27에도 불구하고, 창세기 2:18~23에서 남자에 대한 여자의 복속의 관계를 주장하였습니다. 그러나 바울은 7절에서 남자는 "하나님의 형상과 영광"이라고 한 반면 여자는 "남자의 영광"이라고만 쓰고, "남자의 형상"이라고는 쓰지 않음으로써, 그가 여기서 남녀가 공히 하나님의 형상임을 천명하는 창세기 1:27도 아울러 생각하고 있음을 암시합니다.

또 10절까지 여자가 남자에게서 기원했다는 창조 기사(창 2:18~23)에 근거하여 남자가 여자의 "머리"라고 주장하면서 여자들에게 그들의 머리를 너울로 가리라고 요구하던 바울은 11~12절에서 남자도 여자(어머니)에게서 기원한다는 사실을 떠올리고, 특히 주 예수 그리스도 안에서 이루어진 새 창조의 질서 속에서는 남녀의 차별이 해소되었다는 사실(갈 3:28)을 기억하여, 자신의 "머리"론을 교정하고, 특히 그것이 가부장적으로 이해되는 것을 막습니다.

그러나 10절까지에서는 남자가 여자의 "머리" 됨을 강조하는데, 그 기본 뜻은 "원천"이지만, 이차적으로 "지배자"의 뜻도 함축하고 있는 것 같습니다. 그것은 그가 남녀의 관계를 하나님과 그리스도의 관계로 유비한 사실에서 드러납니다.

그리스도는 하나님 아버지로부터 보냄을 받은 하나님의 아들이십니다. 그러므로 그리스도의 "머리"는 하나님이시고, 하나님의 아들인 그리스도는 하나님 아버지의 뜻을 순종하여 그것을 실행하는 분이십니다. 이렇게 하나님은 그리스도의 "원천"이고 순종의 대상으로서 그리스도의 "머리"입니다.

그러나 "각 남자의 머리는 그리스도이다"의 뜻은 무엇일까요? 아마 그리스도가 남자의 창조에 있어 중보자 노릇을 하셨음을 뜻할 것입니다. 그러나 그리스도는 여자의 창조에 있어서도 중보자

노릇을 하시지 않았습니까? 그러기에 그리스도를 여자의 "머리"라고도 해야 하지 않겠습니까? 그러나 바울은 그렇게 하지 않습니다. 그것은 바울이 이 절에서의 논증을 오로지 여자들로 하여금 머리에 너울을 쓰게 하기 위해 임시변통적으로 전개하고 있는 것이지 모든 측면들을 다 고려하여 정확히 신학적으로 전개하고 있는 것은 아닌 것을 짐작케 합니다. 11~12절에 가서 아예 이 "머리" 론을 포기하는 것을 보면, 이 짐작이 더 확실해집니다.

4절

여기 첫 번째 언급된 "머리"는 문자적 "머리"를 의미합니다. 그러나 두 번째 언급된 "머리"는 문자적인 "머리"입니까? 아니면 전의어로서 그리스도를 의미합니까? 아니면 둘 다 의미합니까?

유대 회당의 예배에서는 남자들만 기도하고 설교할 수 있었는데, 그때 남자들은 구약의 전통에 따라(출 28:40; 왕상 19:13) 하나님에 대한 경외심의 표현으로 자신의 머리에 덮개를 썼습니다. 그러나 그리스도의 구속으로 말미암아 그리스도인들은 아담이 잃어버린 하나님의 영광을 회복하게 되었습니다(참고 롬 3:23~24). 그래서 그리스도인들은 너울로 가리지 않은 얼굴로 주 예수 그리스도의 영광을 보면서 그의 형상으로 변하여 가는 것입니다(고후 3:18). 그러므로 그리스도인 남자는 머리에 덮개를 쓰면 자신의 머리로 그 기본 기능 –그리스도의 영광을 반사함– 을 못하게 하고, 동시에 그의 "머리"인 그리스도로 하여금 자신의 영광을 반사시킬 도구를 갖지 못하게 하는 것입니다.

5~6절

그리스도 안에서의 구속에 근거하여 그리스도인 여자들은 유대 여자들과는 달리 공적 예배에 참석하여 성령의 영감을 따라 기도도 하고 예언도 하게 되었습니다. 여자들이 이와 같은 공적 예배에 남자들과 함께 참여하고, 심지어는 대표 기도도 하고 예언도 하는 것이 당연히 받아들여진 관행이었음을 본절은 전제합니다.

여기서 말하는 신약 시대의 예언이란 주로 성령의 영감에 호소하며 구약성경을 해석하면서 성도들을 권면하는 것을 포괄적으로 일컫는 말입니다. 요즘 말로 하면 설교인 셈입니다. 바울은 이렇게 여자들이 남자들과 함께 공예배에 참석하고, 기도를 인도하며 설교하는 등의 활동 자체에 대해서는 아무런 교정을 가하지 않습니다(뒤의 14:33~36과 대조해 보시오). 다만 유대 사회와 헬라 사회에서 공히 교양 있는 여자는 머리를 감추고 그렇게 하지 않는 여자는 남자들을 유혹한다 하여 상스럽게 간주되는 관습에 따라, 그리스도인 여자들을 공적 예배에서 머리를 너울로 감추고 기도하고 예언해야 한다고 가르치고 있는 것입니다. 여자가 머리를 드러내고 기도하고 예언하는 것은 그의 머리를 면도로 민 것만큼이나 수치스러운 일이라는 것입니다.

당시 머리에 수건을 쓰지 않음이 문제였습니다. 이 본문은 남편과 아내의 창조 질서나 가정 내에서의 부부관계를 가르치는 것이 아닙니다. 그것들은 본문의 의도가 아닙니다. 본문의 의도는 어디까지나 공예배에서 여자들이 복장을 단정히 하여야 한다는 것을 가르치는 것입니다. 이 본문은 너무도 오랫동안 교회에서 여성의 리더십 행사를 제약하는 구절로 사용되어 왔는데, 그것은 본문의 명백한 오해이고 오용입니다. 이 본문 어디에서도 바울은 여자들 더러 교회에서 기도 인도 또는 설교를 하지 말라고 제지하지 않기 때문입니다. 사실 본문이 다루는 여자들의 복장 문제는 원래 바울이 고린도 교회에서 여자들도 설교하고 공예배를 인도할 수 있다고 가르쳤기 때문에 발생하게 된 것입니다. 바울이 만약 유대교의 관행처럼 가르쳤다면 공예배에서 남자들과 여자들이 한 방에서 예배하는 일도 없었으려니와, 여자들이 기도를 인도하고 설교하는 일은 더더구나 일어나지 않았을 것입니다.

바울은 갈라디아서 3:28에서 천명한 그리스도 안에서 이루어진 구속과 새 창조의 질서를 공예배에 적용한 것입니다. 그리스도 안에서 이루어진 구속과 새 창조의 질서에서는 옛 창조의 전형적인 세 가지 구분(유대인과 이방인의 차별, 남녀의 성적 차별, 신분적 차별)이 해소되었습니다. 11:17~34에 가서 바울은 이 원칙이 선언하는 사회 신분적 구분의 무효를 성만찬의 교제에 적용할 것입니다. 성만찬의 식탁 교제가 바로 이 원칙을 천명하는 계기가 되어야 하는데, 상전들이 종들과 가난한 자들을 수치스럽게 하고 있다고 호되게 꾸짖을 것입니다.

여기 11:2~16에서 바울은 새 창조 질서의 남녀 동등함의 원칙을 예배, 설교, 그리고 교회의 리더십 행사에 적용하고 있습니다. 이로 인해서 고린도 교회에서 남녀가 함께 예배하고 여자들도 활발하게 기도와 설교를 하게 된 것입니다. 그런데 이것이 부작용을 일으킨 것입니다. 공 예배시 여자들이 머리에 수건을 쓰지 않고 기도 인도도 하고 설교도 한 것입니다. 그리하여 여기서 바울은 이 복장의 문제를 바로잡으려 하는 것입니다.

7~9절

4~6절에서 제시한 그의 충고에 대한 신학적 근거를 제시합니다. 창세기 1:27에 근거하여 바울은 남자를 "하나님의 형상과 영광"이라 부르고, 남자가 머리를 가리는 것은 하나님의 형상과 영광을 가리는 일이라 하여 금합니다. 그러나 그는 창세기 2:22~23에 근거하여 여자는 남자에게서 남자의 "돕는 배필"로 지음 받은 자이므로 "남자의 영광"이라고 부르고, 여자가 자신의 머리를 너울로 가려야 한다고 합니다. 남자는 "하나님의 형상과 영광"이므로 하나님의 영광을 위한 예배에서 자신의 머리를 드러내어 하나님의 영광을 드러내야 하는 반면에, 여자는 "남자의 영광" 이므로 그것을 드러내면 남자의 영광을 드러내게 되기 때문에 안 되니, 그 머리를 너울로 가려야 한다는 뜻인 것 같습니다.

10절

예배 때 여자들은 머리를 너울로 가려야 한다고 설득하기 위해서 바울은 이제 또 하나의 이유를 들고 있습니다. 그것은 "천사들 때문에 여자는 그의 머리에 권세를 가져야 한다"는 것입니다. 이 구절은 난해하여, 아직도 많은 학자들이 동의하는 해석이 존재하지 않습니다.

바울이 여기서 창세기 6:14을 염두에 두고 천사들이 머리를 훤하게 드러낸 인간 여자들에게 유혹을 받을 것을 우려하고 있는가? 아니면 바울도 자신들의 예배에 천사들이 함께 참여한다는 쿰란 공동체의 사상과 비슷한 사상을 가지고 예배 중 여자들이 단정치 못한 복장으로 그들을 노엽게 해서는 안 된다고 생각하는가? 등.

11~12절

지금까지 여자가 남자에게서 기원했다는 창세기 2:22~23의 창조 기사에 의거해 남자가 여자의 "머리"이므로 예배 때 여자는 "머리"를 덮어야 한다는 논리를 펴온 바울은 그 논리가 무리 있음을 갑자기 깨달은 것입니다. 남자도 여자(어머니)에게서 기원하는 자연(창조)의 이치를 기억한 것입니다. 남자가 여자의 뱃속에서 나오는 것도 하와가 아담의 갈비뼈로부터 나온 것과 같이 하나님의 창조 질서라는 사실을 깨닫고, 전자에 근거하여 남자가 여자의 "머리"라는 논리를 계속 펼치다가는, 후자에 근거하여 여자가 남자의 "머리"가 된다고도 해야 할 것을 깨달은 것입니다. 그래서 바울은 남녀가 서로에게서 기원함을 지적하고 함께 창조주 하나님으로부터 기원함을(창 1:27~28) 말함으로써, 지금까지의 자신의 논증을 사실상 번복합니다.

게다가 바울은 "주 안에서"라는 말을 덧붙이는데, 이 말은 예수 그리스도의 주권의 영역을 상기시키는 말로서, 그 안에 이루어진 새 창조의 질서, 즉 남녀의 차별이 해소된 질서(참고 갈 3:28)를 천명하기 위해서 덧붙여진 말입니다.

예수 그리스도의 주권의 영역에서는 여자가 일방적으로 남자에게 종속되는 것이 아니라, 남녀 둘 다 하나님께로서 기원하므로 하나님께 속하고 예수 그리스도의 주권에 종속된 자들입니다. 이로써 바울은 이제까지 여자가 머리에 너울을 써야 함을 위해 전개한 그의 논증을 여자의 남자에 대한 일방적인 종속으로 오해하는 것을 막고자 한 것입니다.

이 구절들은 우리로 하여금 앞의 "머리" 론에 너무 큰 무게를 두어서는 안 된다는 것을 가르쳐 주고 있습니다. 우리가 정작 무게를 두어야 할 곳은 바울이 이런 논증을 하는 이유와 의도입니다. 곧 여자들더러 공예배에서 기도하고 설교할 때 머리에 수건을 쓰고 하라는 것에 집중을 해야 합니다.

본문 11:2~16은 남자가 여자의 "머리" 됨이나 가정생활에서의 부부 간의 위계질서를 가르치는 것이 아닙니다. 바울은 이미 새 창조의 질서(갈 3:28)에 근거하여 가정생활에서 부부가 전적으로 동등함을 7:2~16에서 가르쳤습니다. 이 본문 11:2~16은 가정생활에서의 부부관계에 대해서 가르치려는 것도 아니며, 일반적인 남녀 간의 위계질서를 가르치려는 것도 아니고, 오로지 공예배에서 여자가 설교할 때 머리에 수건을 쓰라고 설득하기 위한 것입니다. 그러므로 바울이 스스로 교정하는 "머리"론에 근거하는 논법은 이 설득을 위한 임시방편적(ad hoc) 논법인 것입니다.

13~15절

"머리"론에 근거한 논증을 사실상 포기한 바울은 이제 자연의 이치와 상식에 호소하여 여자들더러 예배 때 머리에 너울을 쓰도록 설득합니다. 그리하여 이 구절들은 앞서의 논증이 이 한 가지 목표를 위해 동원된 임시방편적인 논증임을 확인합니다. 바울은 자연을 하나님의 창조로 보기 때문에 자연적인 것 –여자의 긴 머리채; 남자의 짧은 머리카락– 을 하나님의 뜻의 반영으로 보고, 그것에 근거하여 여자는 머리를 덮어야 함을 역설하는 것입니다. 그리고 고린도인들의 상식에 호소해서 그 이해에 동의할 것을 촉구하고 있습니다.

16절

마지막으로 바울은 전 세계 하나님의 교회의 일관된 관습에 호소하여 여자들로 하여금 예배 때 너울을 쓰도록 설득합니다(참고 고전 10:32)

본문 11:2~16에서 우리는 바울 스스로 자신의 생각을 점차 발전시켜 가는 신학자인 것을 보게 됩니다. 바울은 자신이 갈라디아서 3:28에 천명하듯이 그리스도 안에서 이루어진 새 창조의 질서에서는 남녀 차별이 해소되었다는 확신을 가지고 있기에, 가정생활에서 부부가 동등함은 물론(7:2~16), 교회생활에서도 남녀가 동등하게 설교하고 리더십을 행사할 수 있다고 가르쳐 왔던 것입니다. 그러나 이 원칙의 실행에 있어 부작용이 일어나니까, 그는 잠시 창세기 2:22~23에 근거한 남자의 우월성을 함축하는 언어와 전통적인 사고방식을 동원하여 이 부작용을 바로잡으려 합니다. 그러나 그는 곧장 그 논리가 창조 사상 전체와도 맞지 않으려니와 주 예수 그리스도 안에 이루어진 새 창조의 질서에도 어긋나는 것을 깨닫고 결국 자연의 이치와 상식, 그리고 세계 교회의 일반적 관행에 호소하여 자신의 의도, 곧 여자들로 하여금 예배 때 머리에 너울을 쓰고 기도하고 설교하라는 설득을 마무리합니다.

바울이 이렇게 자신의 생각을 전개해 가는 모습에서 우리가 정말 본받아야 할 점은 그가 주 예수 그리스도 안에 이루어진 새 창조의 복음을 실행하다가 부작용이 일어나니까 잠시 남녀차별하는 구식 사고방식으로 후퇴하려 했다는 것이 아니라, 그러다가도 곧장 주 예수 그리스도 안에 이루어진 새 창조의 복음에로 복귀했다는 것입니다. 즉 그가 얼마나 복음의 진리에 투철하였는가를 배워야 합니다.

이 본문 11:2~16은 오늘날 교회 내의 여성의 지도자적 역할에 대한 토론에서 중요한 위치를 차지하므로, 필자가 「하나님이 만드신 여성」(두란노아카데미)에서 했던 이 본문에 대한 종합적인 강해를 첨부합니다.

여자들도 교회에서 설교를 하되 복장을 단정히 하고 하라
(고전 11:2~16)

바울은 갈라디아서 3:28의 원칙, 즉 그리스도 안에서 이루어진 구속과 새 창조의 질서 속에서는 불평등과 불의를 가져오는 이 세상의 인종적, 사회 신분적, 그리고 성적 차별이 해소되었다는 원칙을 고린도전서 7:2~16에서는 가정 내의 부부관계에 적용하였습니다. 고린도전서 11:2~16에서는 이제 그 원칙을 교회생활에도 적용합니다. 이 본문은 고린도 교회의 공예배 시 여자들이 기도하고 예언할 때 머리에 너울을 쓰지 않아 예배 질서가 어지럽게 된 것을 교정하는 내용을 담고 있습니다.

이 본문을 제대로 이해하기 위해서 우리는 당시의 유대 회당 예배를 먼저 생각해야 합니다. 지금도 보수 정통 유대 회당은 남자들이 모이는 공간과 여자의 공간이 엄격히 구분돼 있습니다. 여자들의 방은 장막 뒤에 잘 보이지도 않는 곳에 있었고 따로따로 예배를 드렸습니다. 바울의 가르침은 바로 그런 상황에서 베풀어지고 있습니다.

초대교회는 회당의 특징을 많이 이어 받았습니다. 바울은 선교를 위해 어디를 가나 거의 회당을 중심으로 전도를 시작했습니다. 그리고 그곳에서 복음을 받아들인 사람들을 따로 떼어 회당을 모델 삼아 교회당을 만들었습니다. 그러나 바울은 남녀 구분 없이 함께 같은 방에서 예배하게 했습니다. 그것부터가 놀라운 일로 여성의 지위 향상을 의미합니다. 그런데 그뿐 아니라 공예배에서 여자들도 대표 기도도 하고 예언도 하게 했습니다. 여기서 말하는 신약시대의 예언이란 주로 성령의 영감에 호소하며 구약을 해석하면서 성도들을 권면하는 것을 포괄적으로 일컫는 말인데, 요즘 말로 하면 설교입니다.

본문을 해석하면서 우리는 다음 두 가지 점들에 유의해야 합니다. 첫째, 바울이 지금 바로잡으려는 문제, 즉 공예배 때 여자들이 머리를 너울로 가리지 않고 설교하는 문제는 원천적으로 바울이 교회의 공예배 때 여자들도 설교하도록 가르쳤기 때문에 아니면 최소한 그것을 허락했기 때문에 발생한 것이라는 사실과 둘째, 바울은 이 문제를 시정함에 있어 여자들더러 교회에서 잠잠하라 즉 설교하지 말라고 명령하지 않고, 그들이 설교는 계속 하되 머리에 수건을 쓰고 하라고 했다는 사실입니다.

유대교의 전통에서 볼 때 남녀가 한 방에서 예배드리는 것도 있을 수 없는 일이거니와 여자들이 토라를 배우는 것도 허락되지 않았으니, 여자들이 하나님의 영의 영감에 호소하면서 구약을 해석하고 설교를 한다는 것은 더더욱 상상할 수도 없는 일이었습니다.

그런데 원래 열렬한 유대 율법주의자였던 바울이 그가 세운 교회에서 여자들로 하여금 남자들과 한 방에서 예배드리게 했을 뿐 아니라 공적으로 기도도 하고 설교도 하게 했다는 것은 충격적인 일이 아닐 수 없습니다. 이것은 바울이 그리스도인이 된 뒤 얻게 된 그리스도의 복음에 대한 깊은 이해와 갈라디아서 3:28에 천명된, 그리스도의 구속 사역으로 말미암아 이루어진 새 창조의 질서에 대한 확신을 반영하고 있습니다. 그것은 또 바울이 그리스도의 복음의 사회적 함축 의미를 실현하는 데 주저하지 않고 적극적이었음을 반영하는 것입니다.

그런데 갑자기 자유를 얻은 고린도 교회의 여자들이 남자들과 평등하게 예배에 참여하면서 공적인 기도도 드리고 설교도 하되 굉장히 시끄럽게 한 것입니다. 공예배가 무질서하게 된 것입니다. 여자들이 성령의 영감에 호소하면서 주께서 이렇게 말씀하신다, 저렇게 말씀하신다며 떠들어댄 것입니다. 그런데 거기다가 머리에 쓰던 너울조차 벗어던지고 떠들어대니 예배의 분위기가 아주 어지럽게 된 것입니다. 그래서 바울이 할 수 없이 질서를 잡아야 했습니다.

그래서 지금 바울이 질서를 잡는데, 질서를 어떻게 잡는가 잘 살펴봅시다. 앞에서 언급한 바와 같이, 이 문제가 발생한 것은 바울이 원래 갈라디아서 3:28의 원칙에 따라 교회에서 남녀가 함께 예배할 수 있고, 여자도 기도하고 설교할 수 있다고 가르쳤기 때문입니다. 그러므로 그 문제가 발생했을 때 우리 같으면 "여자들에게 공예배에서 기도도 하고 설교도 하게 했더니 문제가 많구먼. 아무래도 여자들이 공예배에서 기도하고 설교하는 것은 안 되겠어!"라고 생각하지 않겠습니까? 그래서 바울이 그 문제를 가장 쉽게 해결하는 방법은 여자들은 교회의 공예배에서 기도하면 안 되고, 예언하면 안 된다고, 즉 여자는 교회에서 잠잠하라고 명령하는 것 아니었겠습니까? 그것이 당시의 일반적인 정서에도 맞고, 오늘 우리 한국의 다수 목사들의 뜻에도 맞을 것 아니겠습니까?

그런데 바울은 그런 말을 일체 하지 않습니다. 본문에 그런 뜻이 어디 암시라도 되어 있습니까? 아닙니다. 바울은 갈라디아서 3:28의 원칙이 처음 시행될 때 이런 부작용이 일어남에도 불구하고 그 원칙을 포기하지 않았습니다. 갑자기 자유를 얻은 여자들이 교회에서 그 자유를 너무 절제 없이 씀으로 부작용이 났음에도 불구하고, 바울은 그들의 그 자유를 억제하지 않습니다. 신학적인 원칙을 포기하지도 않습니다. 그만큼 복음의 원칙에 투철한 것이고, 그리스도 안에 남녀차별이 있을 수 없다는 확신에 투철한 것입니다.

바울이 여자들에게 요구하는 것은 기도할 때나 설교할 때, 다만 그들의 머리를 너울이나 수건으로 가리고 하라는 것입니다. 고린도전서 11:2~16의 긴 본문의 요점은 사실 이것 하나입니다. 이 요구를 강조하기 위해서 남자가 여자의 머리라는 사실을 창세기의 창조 기사에 호소하기도 하고, "천사들 때문에" 그렇게 해야 한다고도 하고(고전 11:10), 심지어 머리를 짧게 기르는 남자에 반해 여자는 머리를 길게 기르는 자연스러움에 호소하기도 합니다.

많은 사람들은 여기서 바울이 "머리"론을 펴는 것은 어디까지나 여자들에게 머리에 수건을 쓰도록 하기 위해서임을 망각하고, 그것을 일반화하여 모든 영역에서 남자 또는 남편이 여자 또는 아내에 대해 권위자 노릇을 할 수 있음으로, 그러기에 여자/아내는 남자/남편에게 순종해야 함을 가르치기 위함으로 착각합니다. 그래서 일반 성도들이나 목사들은 말할 것도 없고 심지어 신학자라는 사람들까지도 본문을 다룰 때 "머리"(kephale)라는 말이 "원천"이라는 뜻과 함께 "권위"의 뜻도 함축하고 있느냐 아니냐에 관심을 집중시킵니다. 바울이 8절에서 여자가 남자에게서 났음을 이유로 들고 있으니, 여기 "머리"라는 말에는 "원천"이라는 뜻이 기본적인 것 같으나, 그 "원천"이라는 뜻에서 "권위"의 뜻도 부차적으로 파생된다고 보는 것이 옳을 것입니다. 그러나 그런 논쟁이 별로 중요하지 않다는 것을 본문에서 바울 스스로 보여 줍니다. 바울은 남자가 먼저 났고 여자가 남자의 몸에서 났으니까 남자가 여자의 "머리"라는 논리를 길게 펴다가, 남자도 여자(어머니) 뱃속에서 나오는 사실을 기억하고는 그 논리를 중단합니다(고전 11:11~12). 그래서 할 수 없이 "그러나 주 안에서는 남자 없이 여자만 있지도 않고 여자 없이 남자만 있지도 않다. 이는 여자가 남자에게서 난 것같이 남자도 여자로 말미암아 났기 때문이다. 모든 것들이 하나님께로부터 났다"고 자신의 논증을 종결하고 맙니다.

이 말로 앞서 펼친 "머리"론을 스스로 포기하고 만 것입니다. 그리고는 바울은 그냥 머리를 짧게 기르는 남자에 반해 여자는 머리를 길게 기르는 것이 자연의 본성에 합당한 것이 아니냐고 물으면서 독자들의 상식에 호소하는 것으로 자신의 주장을 종결합니다(고전 11:13~15). 그렇게 함으로써 바울은 자신의 "머리"론도 상식론과 마찬가지로 창조 기사와 자연 현상에 호소하지만, 신학적인 원칙의 논리라기보다는 복장 단정하게 하는 교훈을 강화시키기 위한 임시적인 논리(ad hoc argument 또는 ad hominem argument)인을 나타내고 있습니다. 그러니까 우리는 바울의 뚜렷한 하나의 의도(여자들로 하여금 공예배 시 머리에 수건을 쓰고, 즉 복장을 단정히 하고, 기도도 하고 설교도 하게 하려는 것)만을 중시해야지, 그것을 위해서 스스로 펼치다 만 "머리"론에 사로잡히면 본문을 제대로 보지 못하는 것입니다.

바울이 여자가 머리를 너울로 가려야 할 이유로 "천사들 때문에"이라고 대는데(고전 11:10), 많은 학자들의 노력에도 불구하고 그것에 대한 설득력 있는 해석은 지금까지 나오지 않았습니다. 그러나 바울의 의도가 명백한 본문에서 그것도 어디까지나 부차적인 것에 불과합니다.

바울의 요구를 당시의 문화적 배경에 비추어 보면, 본문에서 명백히 밝히지는 않지만 그가 여자들에게 남들 앞에서 기도나 설교를 할 때 수건을 쓰라고 한 것은, 교회 공동체 안에서 남자들을 성적으로 자극하는 것과 밖의 세상에 악평이 나는 것을 두려워했기 때문이 아니었을까 짐작할 수 있습니다. 바울이 공예배 시 남들 앞에 나서서 기도하고 설교하는 여자들더러 왜 머리에 수건을 쓰라고 하는지 그 진짜 이유들은 이 두 가지가 아니었을까요?

지금도 많이 그렇지만, 당시 유대인들이나 지중해의 여자들은 대개 수건을 뒤집어쓰고 다녔습니다. 한번 생각해 보십시오. 수건을 쓰고 다니는 문화권에서 여자들이 수건을 벗고 그 아름다운 얼굴을 드러내면서 남자들 앞에 서서 기도도 하고 설교도 하면 얼마나 큰 성적 자극이 되었겠습니까? 요즘과 비교하면 여자가 허벅지를 다 드러내는, 아주 야한 미니스커트를 입고 교회에 온 것과 다름 없습니다. 그리하여 예배의 분위기를 흐리는 것입니다.

더 심각한 문제는 그것이 교회 밖의 사람들에게 스캔들이 되어 그들의 교회에 대한 오해를 더욱 강화시킬 위험이 있었다는 것입니다. 바울은 교회가 헬라인에게나 유대인에게나 누구에게나 거침돌이 되어서는 안 된다는 것을 거듭 강조합니다. 모든 것을 질서 있게 해서 교회 밖의 사람들에게 흠 잡히지 않게 하라는 것입니다. 이 문제는 초대교회 바울의 선교 상황에서 얼마나 중요했는지 모릅니다.

이에 관해 결정적 증거가 있는데, 그것은 1세기 말 비두니아와 본토의 총독이었던 플리니가 로마 황제 트라야누스에게 쓴 편지입니다. 그 편지 내용은 "제게 일단의 그리스도인들이 붙잡혀 왔습니다. 그들이 새벽부터 모여서 그리스도라는 자에게 찬송을 하고 자기들끼리 예배하고 종교의식을 갖는데, 제게 잡혀 온 죄목은, 이들이 남녀 혼음을 하고 아이들을 제사한다는 것입니다. 그런데 제가 이들을 문초해 보니까 고발 내용은 사실이 아닌 것 같습니다. 그럼에도 불구하고 제가 이들을 어떻게 처리해야 좋을지 모르겠으니 황제께서 제게 지침을 내려 주십시오"하는 것입니다.

다시 말해, 1세기 중엽 바울의 선교 상황에서 그리스도인들은 엄청난 음해를 받는 상황에 있었습니다. 유대인들로부터 음해를 받고 이방인들로부터 음해를 받는 등, 음해를 받기 좋게 되어 있었습니다. 왜? 그리스도인들이 자신들의 도시나 직업의 수호신 숭배에 동참하지 않았기 때문입니다. 물론 로마 황제 숭배에도 동참하지 않았습니다. 그래서 그들은 가족으로부터, 지역 사회로부터, 직업 동료들로부터 소외된 것입니다. 그런 사람들이 자기들끼리 모여서 무슨 새로운 종교 행위를 한답시고 남녀가 함께 모여서 왁자지껄 떠들썩하게 철야기도 한다고 하니, 비그리스도인들이 금방 말을 지어 냅니다. 이들이 혼음하고 아이들을 제사한다는 극단적인 악선전까지도 지어내 퍼뜨린 것입니다.

바울은 적대하는 세상 사람들에게 그런 오해와 악선전의 빌미를 주지 않으려는 것입니다. 그래서 교회에서 뭐든지 볼품 있게 하라, 질서 있게 하라고 강조합니다. "유대인에게나 헬라인에게나 누구에게든지 거침돌이 되지 말라. 외인들에게 좋은 인상을 줘라"(고전 10:32)를 비롯해, 고린도전서 14:23과 고린도후서 8:21 그리고 데살로니가전서 4:12 등, 곳곳에서 바울의 관심이 무엇입니까? 교회 밖의 외부인들에게 좋은 인상을 줘라, 오해의 빌미를 제공하지 말라는 것 아닙니까? 이런 상황에서 그리스도인 여자들이 너울을 벗어 던지고 남자들과 함께 한 방에 모여서 예배하며, 기도나 설교 등에 적극적으로 참여하게 하는 것은 외부 사람들에게 성적인 오해를 불러일으키고 음해를 위한 빌미를 주기에 딱 알맞았을 것입니다.

아마 이런 우려들이 크게 작용하여 바울이 여자들더러 복장을 단정히 하고 예배에 참여할 것을 강력히 권하지 않았나 짐작해 보는 것입니다. 하여간, 다시 한 번 강조하는데, 고린도전서 11:2~16은 여자들의 설교권을 박탈하는 것도 아니고, 남자가 여자의 "머리"임을 내세워 남자의 가부장적 리더십과 여자의 순종을 가르치는 것도 아닙니다. 오로지 공예배 시 여자들이 복장을 단정히 하고 기도도 하고 설교도 하라는 가르침만을 담고 있습니다.

토론해 봅시다

1. 교회의 예배 때 여자들은 기도하거나 설교해서는 안 되는가?
2. 여자들은 오늘날에도 예배 때 머리에 너울을 써야 하는가?

4. 성만찬의 올바른 거행(11:17~34)

고린도 교회의 예배에서 또 하나의 문제는 성만찬이 파행적으로 이루어져 성도의 교제를 도리어 해치는 것이었습니다.

1) 성찬식 때의 추태(11:17~22)

17 내가 명하는 이 일에 너희를 칭찬하지 아니하나니 이는 너희의 모임이 유익이 못되고 도리어 해로움이라
18 먼저 너희가 교회에 모일 때에 너희 중에 분쟁이 있다 함을 듣고 어느 정도 믿거니와
19 너희 중에 파당이 있어야 너희 중에 옳다 인정함을 받은 자들이 나타나게 되리라
20 그런즉 너희가 함께 모여서 주의 만찬을 먹을 수 없으니
21 이는 먹을 때에 각각 자기의 만찬을 먼저 갖다 먹으므로 어떤 사람은 시장하고 어떤 사람은 취함이라
22 너희가 먹고 마실 집이 없느냐 너희가 하나님의 교회를 업신여기고 빈궁한 자들을 부끄럽게 하느냐 내가 너희에게 무슨 말을 하랴 너희를 칭찬하랴 이것으로 칭찬하지 않노라

17절

고린도인들이 성찬식을 포함하는 예배를 위해 모일 때, 그 모임을 통해서 그들의 교제가 강화되기는커녕 더욱 악화되고 있습니다. 그것은 바울이 전해 준 대로 성만찬을 거행하지 않았기 때문이었습니다. 그러므로 앞서 2절에서 그들에 대해 한 서두의 칭찬

(cataptio benevolentiae)에 반하여 바울은 이제 칭찬할 수 없다며 도리어 나무라기 시작합니다.

18절

여기 "첫째로" 다음에 "둘째로"가 나오지 않습니다. 그러나 34절에 "나머지 것들"이 언급되고, 또 12~14장에서는 성령의 은사들에 관한 혼돈이 다루어지고 있으므로 이런 것들을 염두에 두고 바울은 성찬 예배 때의 추태를 첫째로 다룰 문제라고 언급하는 것임을 알 수 있습니다.

바울은 고린도의 그리스도인들이 교회(모인 하나님의 백성)로 모일 때 분열이 있다는 것을 구두로 전해 들었습니다(참고 1:11; 16:17). 성만찬은 그리스도의 몸인 교회의 하나 됨을 상징하고 또 그것을 북돋우는 것입니다. 이 "분열"은 1:10 이하에서 다룬 패거리 짓는 것과 같이 그리스도의 몸을 가르는 것인데, 이번엔 부자들과 가난한 자들 사이의 사회 계층적 차이로 일어난 것입니다. 바울은 이런 추태가 교회에서 일어날 수 있다는 것을 믿고 싶지 않았습니다. 그러나 그 소식 전달자가 믿음직할 뿐 아니라 그가 고린도인들을 아는 한 그들이 그런 추태를 벌이리라는 것은 믿음직한 것입니다.

19절

바울은 18절에 "schismata"(분열)라고 지칭한 문제를 이제 "haireseis"(파당)라고 지칭합니다. 이 두 낱말들은 거의 동의어로서 후에 고대 교회에서 후자는 이단 신학을 지칭하는 전문어가 됩니다. 바울은 교회 내에 편가름이 당연히 있어야 한다고 말합니다. 그것은 이 세대 내에서의 교회에 섞여 있는 "밀"과 "가라지"가 하나님의 종말의 심판 때 최종적으로 갈라질 것이지만(참고 3:13) 현재의 교회에서도 누가 진실한 믿음을 가지고 참되게 살아 하나님의 인정을 받는 자("밀")인지가 드러나는 것이 좋은데, 분열이 바로 그 "밀"과 "가라지"로 갈라지게 하는 일이기 때문입니다. 그러나 이 구절에서 "파당이 있어야 한다"는 사실 냉소적인 말로서, 그런 것이 없어야 하지만 너희들 가운데 그런 것이 있다니 그럴 바에야 올바른 자들을 드러내는 기능이라도 했으면 좋겠다는 뜻입니다.

20~21절

이 구절부터 파당의 내용을 설명합니다. 분열은 피할 수 없는 것인지 몰라도 결코 좋은 것은 아닙니다. 초대 그리스도인들은 주일에(안식일 다음날) "떡을 떼러" 모였습니다(행 20:7). 그들은 주일 저녁 무렵 각자 자신들의 음식을 가지고 교회에 모여 함께 식사하고, 그 끝에 예수 그리스도의 최후의 만찬을 기념하여 떡을 떼어 나누어 먹고 포도주를 나누어 마시는 식으로 성찬식을 거행했던 것 같습니다. 이 만찬을 바울은 "주의 만찬"이라 부릅니다. 그것은 이 만찬이 주께서 베푸시는 만찬이고 주를 기념하는 만찬이기 때문입니다. 그러기에 "주의 만찬"은 그리스도인들로 하여금 주 예수 그리스도의 자기 희생을 통하여 이루어진 형제적 교제 또는 그리스도의 몸으로서의 하나 됨을 체험하고 천명하게 하는 것입니다(참고 10:16~17).

그런데 이 "주의 만찬"을 하러 모인 고린도의 그리스도인들은 실제로는 "주의 만찬"과는 정반대의 광경을 연출하였습니다. 그것은 부자 그리스도인들이 많은 음식을 가지고 와서는, 그들의 일과를 끝내고 늦게 도착할 수밖에 없고 또 별로 음식을 준비해 올 수 없었던 노예나 가난한 노동자 출신의 형제들을 기다리지 않고, 곧장 먹고 마셔대기 시작한 것입니다. 이리하여 가난한 자들이 당도했을 즈음엔 부자들은 곤드레만드레하며 불룩 나온 자기들의 배를 두드리고, 가난한 자들은 먹을 것이 없어 배를 곯게 된 것입니다. 이것은 "주의 만찬"을 위해 모였지만, 실제로는 각자 "자신의 만찬"을 먹는 행위로 주님의 자기 희생을 기념하고 형제들의 교제를 이루는 "주의 만찬"을 정면으로 부인하는 행위였습니다. 이렇게 형제들 간의 교제를 깨뜨리는 만찬 끝에 성만찬의 의식은 얼마나 위선적이고 무의미한 것입니까?

22절

바울은 격노하여 부자들을 꾸짖습니다. 바울은 부자들의 교만한 행태에 대해서 "하나님의 교회를 업신여기고" "빈궁한 자들을 부끄럽게 하는" 행위라고 비난합니다. 여기에서 우리는 바울이 예수님의 정신과 같이 가난한 자들에 대한 깊은 동정심을 지니고 있음을 느낄 수 있습니다.

2) 성만찬(11:23~26)

23 내가 너희에게 전한 것은 주께 받은 것이니 곧 주 예수께서 잡히시던 밤에 떡을 가지사

24 축사하시고 떼어 이르시되 이것은 너희를 위하는 내 몸이니 이것을 행하
여 나를 기념하라 하시고
25 식후에 또한 그와 같이 잔을 가지시고 이르시되 이 잔은 내 피로 세운
새 언약이니 이것을 행하여 마실 때마다 나를 기념하라 하셨으니
26 너희가 이 떡을 먹으며 이 잔을 마실 때마다 주의 죽으심을 그가 오실
때까지 전하는 것이니라

23a절

이제 바울은 고린도인들에게 성만찬의 의미를 다시 한 번 가르침으로써 그것의 올바른 거행을 촉구하고 성만찬의 말씀을 상기시킵니다. 그것은 바울이 고린도 교회를 창립할 때 그들에게 이미 "전한" 것입니다. 바울도 그것을 "주로부터 받은" 것입니다. 여기서 바울이 쓰는 "받음"–"전함"은 유대교에서나 헬라 학교에서 가르침(또는 교리)을 전승받고 전승하는 과정에 쓰였던 전문어입니다. 유대 랍비들이 이 개념을 사용할 때는 전승의 신실성도 아울러 함축하였습니다. 그러나 여기 "주로부터"(apo)는 바울이 주 예수 그리스도로부터 직접 전승받았다는 뜻이 아니라, 이 성만찬의 원천이 주님이시다는 뜻입니다. 주께서 지으셔서 전승하기 시작한 이 성만찬의 말씀을 바울은 자기보다 먼저 그리스도인 된 자들로부터 전승받았던 것입니다. 이런 표현들로 바울은 성만찬이 교회 생활의 기본 요소들 중의 하나임을 함축적으로 표현합니다.

23b~25절

우리에게 익숙한 성만찬의 말씀입니다. 성만찬은 하나의 극입니다. 예수께서는 유월절에 그의 제자들과 "최후의 만찬"을 나누

면서 이 드라마를 통해서 그들에게 임박한 자신의 죽음의 의미를 해석해 준 것입니다(막 14:17~25 / 마 26:20~29 / 눅 22:15~23). 그래서 이 "최후의 만찬"의 시점, 재료, 몸짓, 해설의 말씀들 모두 예수의 죽음이 우리에게 구원을 가져오는 사건이라는 뜻을 나타내는 극입니다. 시점은 유월절입니다. 이것은 이스라엘의 첫 구원의 사건인 출애굽 구원을 기념하면서 종말의 출애굽 구원의 재현을 희구하는 절기입니다.

유대인들은 종말을 첫 출애굽 구원의 재현으로, 그리고 태초의 회복으로 보았습니다. 유월절이 되면 이러한 첫 출애굽의 구원의 역사를 재현하고 태초의 낙원을 재현할 구원을 희구하는 잔치를 가졌습니다. 그 순간에 예수는 자신의 죽음이 바로 그런 출애굽의 구원을 재현하는 종말의 구원의 사건이라고 해석해 준 것입니다. 이 극에서 예수가 사용한 재료는 식(떡)과 음(포도주)입니다. 음식은 우리에게 생명을 가져다줍니다. 이렇게 예수는 바로 다음날 있을 자신의 죽음이 우리에게 생명을 주는 음식(수단)이라고 설명한 것입니다. 예수의 몸짓은 떡을 부수고, 붉은 포도주를 붓는 것이었는데, 그것은 예수 자신의 찢어지는 몸과 흘리는 피를 상징하기 위해서였습니다. 또 예수는 그렇게 부서진 떡을 나누고 잔을 넘겨주었는데, 그것은 그의 죽음이 가져오는 구원이 그가 은혜로 주는 선물임을 상징하는 것입니다.

예수는 하나님 나라의 복음을 선포하면서 하나님 나라에 들어감을 주로 하나님께서 베푸시는 잔치에 참여함이라고 비유하여 가르치셨습니다. 그리고 그 복음에 응한 사람들에게 종말에 임할 하나님 나라의 잔치의 첫맛을 보도록 하기 위해서 잔치를 베풀고 먹고 마시는 일을 자주 하셨는데, 이 "최후의 만찬"은 그 잔치들의 마침이요 종말에 완성될 하나님 나라에서의 잔치에 대한 선취(先取)로 주어진 것입니다. 그러므로 "최후의 만찬"의 극으로 예수는 자신의 임박한 죽음이 출애굽 구원의 종말론적 재현으로서 종말의 구원을 가져오는 사건, 우리로 하여금 하나님의 잔치에 참여하여 생명의 음식을 먹고 마시게 하는 사건이라고 해석해 준 것입니다.

이 뜻을 더 분명히 하기 위해서 예수는 떡의 말씀(the bread saying)과 잔의 말씀(the cup saying)을 달아 해설해 주셨습니다. "최후의 만찬"/"주의 만찬"은 신약성경에 네 가지로 전승되는데, 마태판(마 26:26~29)과 마가판(막 14:22~25)은 거의 일치하고, 누가판(눅 22:15~20)과 여기 바울판이 또 서로 유사합니다. 이 판들의 상호 표현의 차이들에도 불구하고 그 뜻은 같습니다.

"주께서 넘겨지던 밤"

이 "넘겨짐"은 "배신"이란 뜻도 함축하나, 보다 본질적으로 권세자들에게 넘겨지고 죽음에 넘겨짐을 뜻하는 것입니다. "주 예수께서 넘겨지던 밤"에서 주 예수는 "인자"를 대치한 것입니다.

"주 예수께서, 그가 넘겨진 밤에…"

"넘겨졌다"는 표현은 예수 그리스도께서 유다의 배신으로 유대의 지도자들에게 넘겨졌다는 뜻이기도 하지만(막 14:10~11 / 마 26:14~16 / 눅 22:3~6; 참고 막 9:31; 10:33; 14:21), 하나님께서 그의 아들을 우리를 위해 죽음에 "넘겨주심"을 뜻하기도 합니다. 예수는 보통 자신의 죽음을 "인자가 넘겨질 것이다"라고 표현하였습니다(예 막

8:31; 9:31; 10:33; 14:21).

그런데 예수의 죽음과 죽은 예수를 하나님께서 부활시키신 것을 체험한 그의 제자들은, 예수의 죽음은 하나님에 의해서 의도되고 집행된 우리를 위한 구원의 사건이라는 것을 터득하여 하나님이 그를 죽음에 "넘겨주신" 것으로 이해하게 된 것입니다. 그리하여 복음의 선포의 한 형식으로 이른바 "넘겨 줌의 형식"(the giving-up/surrender formula)을 발전시킨 것입니다: "하나님께서 그의 아들을 우리의 구원을 위해 넘겨 주셨다"(롬 8:23; 요 3:16; 갈 2:20; 참고 롬 4:25). 바울이 이 전승을 여기서 반영하고 있습니다.

공관복음서들에 의하면 예수께서 유월절 만찬을 자신의 제자들과의 최후의 만찬으로 하기로 하고(막 14:12~17 / 마 26:17~20 / 눅 22:7~14; 그러나 참고 요 18:29; 19:14), 그 만찬에서 다음날 다가오는 자신의 죽음의 의미를 극으로 설명해 주었습니다.

당시 유대인들은 유월절 만찬을 네 부분으로 이루어진 의식을 따라 거행하였습니다. 그 중 세 번째가 식사 순서였는데, 이때 가장이 "주 우리 하나님, 세상의 왕이시여! 땅으로부터 이 떡을 소출하게 하신 당신을 찬양합니다"는 감사 기도를 하고 떡을 떼어 식탁에 앉은 사람들에게 나누어 주고, 자신도 한 조각을 먹음으로써 유월절 양고기와 무교병, 그리고 쓴 나물로 구성된 식사를 시작하였습니다.

그 후 가장은 "주, 우리 하나님, 세상의 왕이시여, 포도나무의 열매를 창조하신 당신을 찬양합니다" 하고 포도주 잔을 축복하고("축복의 잔" 참고 고전 10:16) 같이 나누어 마심으로써 이 식사 부분을 마쳤습니다. 아마 이런 순서를 따라 예수께서 가장 노릇 하며 제자들에게 만찬을 베풀었던 것으로 보입니다.

"이것은 너희들을 위한 나의 몸이다"

예수께서는 식사를 위해 부수어 제자들에게 나누어 준 떡으로 하여금 다음날 부수어질 자신의 몸을 상징케 하셨습니다. 그는 그 죽음이 그들을 "위한" 구원의(즉 대속의) 죽음임을 설명하고, 그들이 그 떡을 먹음으로써 그의 죽음의 덕을 입고 그의 "몸"(교회)을 이루게 됨을 시사하였습니다.

"이 잔은 나의 피로 세우는 새 언약이다"

예수는 붉은 포도주가 담긴 잔으로 하여금 다음날 다가오는 자신의 죽음(피 흘림)을 상징케 하셨습니다. 그 피 흘려 죽음은 시내에서 세운 옛 언약(출 24)에 상응하는 언약 세움, 곧 예레미야 31:31~34(참고 사 42:6; 49:8)에 예언된 새 언약을 세우는 제사라고 설명하셨습니다. 즉 옛 시내 언약의 덕으로 이스라엘이 하나님의 백성이 되었듯이, 그의 제자들이 이제 그의 이 죽음(새 언약을 세우는 제사)의 덕을 입어, 새(종말의) 하나님의 백성이 되어 구원을 얻게 될 것임을 시사하였습니다.

"나를 기억하기 위해 이것을 하라"

여기 "기억함" 또는 "기념함"은 유대 전통(출 12:14; 13:9 등; 시 111:4)에서 유래하는 것으로, 유대인들이 유월절 만찬을 되풀이하고 그 만찬에서 출애굽의 기사를 낭독함으로써 출애굽의 구원을 "기억(기념)"하였듯이, 즉 "현재화" 또는 "실재화"(Vergegenwärtigung/

actualization)하였듯이, 그리스도인들도 예수의 최후의 만찬을 되풀이함으로써 그의 구속적 죽음을 "기억"(기념)="현재화"/"실재화" 해야 한다는 것입니다. 이리하여 그들은 "주의 만찬"을 거행하여 주 예수 그리스도의 대속의 제사, 새 언약의 제사에 의한 구원의 덕을 항상 새롭게 얻게 되는 것입니다. 다시 말하면, 성찬식을 행하는 것은 과거 십자가에서 자기를 내어 주신 예수 그리스도의 희생의 제사(대속과 새 언약의 제사)를 지금 나에게 효력을 발생하게 하는 행위입니다.

26절

이렇게 "주의 만찬"은 주의 죽음을 "기억"(또는 "현재화")하는 예식이므로 그것이 거행될 때마다 "주의 죽음이 선포"되는 것입니다. 주의 재림 때까지! 성찬식은 주의 죽음을 선포하는 것이 중요한 의미입니다. 그러나 동시에 그것은 주의 재림을 기대하는 의식입니다(막 14:25; 마 26:29).

여기 "주의 죽음"이라는 표현에 유의하십시오. 주라는 칭호는 예수가 하나님께서 부활시켜 자신의 우편에 앉히고 만유의 주로 높이신 분이라는 뜻을 나타내는 칭호입니다. 그러므로 "주의 죽음"이라는 표현은 예수의 죽음만이 아니라 그의 부활과 승천도 함께 함축하는 것입니다. 그러니까 성찬식은 주 예수 그리스도의 죽음과 부활을 선포하는 것입니다.

이 땅에 계실 때 하나님 나라를 선포하며 하나님 나라의 잔치에 참여하게 해주겠다고 약속하시고, 십자가에서 우리를 위해 자신을 대속과 새 언약의 제사로 드려 우리를 하나님의 의로운 새 백성이 되게 하신 "주"께서 지금도 우리에게 잔치(주의 만찬/성만찬)를 베풀어 주십니다. 그는 곧 오셔서 우리로 하여금 완성된 하나님 나라의 잔치에 참여하게 하실 것입니다.

성만찬에 참여하는 성도들은 이렇게 이미 이루어진 구원을 "기억/기념"하고 이렇게 그것의 완성을 소망하게 되는 것입니다. 그래서 성찬식에서는 구원의 세 시제들이 만납니다. 구원의 과거와 미래가 현재에서 한 점을 이룹니다.

초대교회의 예배는 두 부분으로 되어 있었습니다.

첫째는 복음 선포, 곧 십자가에 달려 죽으시고 부활하신 그리스도의 사건을 말씀으로 선포하는 것입니다. 이것이 곧 설교입니다.

둘째는 성찬입니다. 성찬식은 주의 십자가의 죽으심과 부활을 극으로 그려 내는 것입니다. 따라서 성찬식이 주의 죽으심과 부활을 선포하며 주의 재림을 기대하게 한다는 것을 유념해야 합니다.

그러니까 설교는 구원의 사건인 주 예수 그리스도의 죽으심과 부활을 말로 선포하는 것이고, 성찬식은 그것을 극으로 선포하는 것입니다. 그러기에 바로 이 설교와 성찬식이 짝을 이루어 교회 예배의 중심이 된 것입니다. 적어도 종교개혁 때까지는 모든 교회가 이렇게 예배를 드렸습니다. 이것이 종교개혁 이후 개신교에서 변화되었습니다. 중세 교회에서 성찬식이 미신화된 것에 대한 반작용이 심해져서, 성찬식을 주일마다의 예배에서 떼어 가끔씩만 행하는 등 경시하게 되었습니다.

한국의 개신교는 성찬식을 일 년에 두어 번 거행하고 마는데, 옳지 않습니다. 초대교회의 관행으로 돌아가는 것이 개신교의 성도들의 영성 회복에 많은 도움이 될 것입니다.

3) 합당치 않은 성찬식 참여(11:27~34)

27 그러므로 누구든지 주의 떡이나 잔을 합당하지 않게 먹고 마시는 자는
주의 몸과 피에 대하여 죄를 짓는 것이니라
28 사람이 자기를 살피고 그 후에야 이 떡을 먹고 이 잔을 마실지니
29 주의 몸을 분별하지 못하고 먹고 마시는 자는 자기의 죄를 먹고 마시
는 것이니라
30 그러므로 너희 중에 약한 자와 병든 자가 많고 잠자는 자도 적지 아니
하니
31 우리가 우리를 살폈으면 판단을 받지 아니하려니와
32 우리가 판단을 받는 것은 주께 징계를 받는 것이니 이는 우리로 세상과
함께 정죄함을 받지 않게 하려 하심이라
33 그런즉 내 형제들아 먹으러 모일 때에 서로 기다리라
34 만일 누구든지 시장하거든 집에서 먹을지니 이는 너희의 모임이 판단 받
는 모임이 되지 않게 하려 함이라 그밖의 일들은 내가 언제든지 갈 때에
바로잡으리라

27절

바울은 이제 고린도 교회의 문제를 시정하기 위해서 전승된 성만찬의 말씀으로부터 함축 의미를 추론합니다. 그는 재판정의 언어를 집중적으로 써서 고린도인들로 하여금 최후의 심판을 앞둔 자들로서의 책임 있는 행동을 고취하고자 합니다.

성찬식에 "합당치 않게" 참여하는 자는 21~22절에 지적된 것들과 같은 행위들을 하는 자들입니다. 교회를 업신여기고 빈궁한 자들을 상처 주는 무절제하고 사랑 없는 행위들은 성찬식이 상징하는 예수 그리스도의 대속의 죽음을 무시하고, 그것을 통해서 이루

어진 새 언약의 교제를 부정하는 것입니다. 그러므로 그런 행위들을 하는 자들은 성찬식이 상징하는 그리스도의 대속과 새 언약의 제사의 덕을 입지 못하고, 도리어 성찬식의 떡과 잔이 상징하는 주의 몸과 피를 욕되게 하는, "주의 몸과 피를 범하는 죄" 를 짓는 것입니다. 즉 그리스도를 십자가에 못 박아 피 흘리게 한 자들과 같은 자리에 서게 되는 것입니다.

28절

바울은 고린도인들에게 성찬식에 참여하기 전 자신들을 "시험해 보라"고 합니다. 이 "시험"의 기준은 성찬식이 상징하는 주님의 구원에 대해 올바른 태도를 가지고 임하는가 아닌가입니다. 우리의 도덕적 완전성이 성찬식에의 "합당한" 참여의 조건이 될 수는 없습니다. 그러나 우리는 예수 그리스도의 죽음과 부활에 대한 우리의 신앙을 다시 점검해 보고 그 신앙이 함축하는 도덕적 의미를 성찰하여 회개와 새로운 결단을 가지고 성찬식에 임해야 합니다. 그리스도의 몸을 훼손하는 것, 형제를 부끄럽게 하고 상처 주는 것은 성찬식에 합당치 않습니다.

29절

교회를 업신여기고 빈궁한 자들을 부끄럽게 하는 것은 "주의 몸을 분변치 못하고" 먹고 마시는 것입니다. 여기 "주의 몸"은 이중의 의미를 가지고 있는 것 같습니다. 십자가에 달린 주의 몸과 주의 몸으로서의 교회입니다. 성찬식의 떡과 포도주가 상징하는 십자가에 바쳐진 그리스도의 몸은 우리를 위한 대속과 새 언약의 제사였다는 것을 "분변치 못하고"(즉 올바로 판단하여 깨닫지 못하고) 성찬식에 참여하는 자는 "자신에 대한 심판을 먹고 마시는 것입니다." 대속과 새 언약의 제사로 바쳐진 주의 "몸"으로 말미암아 종말의, 새로운 하나님의 백성의 공동체인 주의 "몸", 즉 교회가 생성되었습니다. 고린도의 부자들같이 가난한 그리스도인들을 무시하고 상처 주는 태도로 성만찬에 참여하는 것은 성찬식이 상징하는 그리스도의 대속의 제사로서의 "몸"과 그것이 이룬 (교회로서의) "몸"을 "분변치 못한" 것을 의미합니다. 그들은 성찬식의 덕(=구원)을 보기는커녕, 도리어 스스로를 하나님의 심판의 대상으로 만드는 것입니다.

죄를 지었다고 무조건 성찬식에 참여하지 못하는 것이 아닙니다. 우리는 모두 죄인들로서 그리스도의 대속의 은혜에 힘입기 위해서 성찬에 참여하는 것입니다. 다만 성찬식이 그리스도께서 우리를 위해 자기 몸을 십자가에 내어 주심을 상징한다는 것을 깨닫지 못하고, 또 그리스도의 대속과 새 언약의 제사로 교회가 그리스도의 몸으로 구성되었으니 그 몸의 지체들인 우리가 서로 위하고 사랑해야 한다는 것을 분변하지 못하고 교회를 분파하는 일을 저지르는 사람은 참여할 수 없다는 것입니다.

30절

주의 몸을 분변치 못하고 성찬식에 참여하니까 주의 몸의 덕을 입기는커녕 도리어 죄를 먹고 마시는 것이라고 합니다. 바울은 고린도 교회 내의 병약과 죽음의 경우들을 그들의 성찬식에 대한 범죄에 대한 주의 심판의 증거로 봅니다. 바울은 고린도 교회에 병든 자들이 많고 죽은 자들이 많다는 것에 대해서 그들이 성찬식을 훼손하고 잘못하는 것에 대한 하나님의 심판과 연결시키고 있습니다. 이유가 무엇입니까? 그것은 고린도의 열광주의자들이 세례와 성찬을 미신화해서 구원의 보증으로 과신하는 것에 대한 바울의 강력한 반작용에서 나온 것 같습니다.

모든 고난은 죄의 결과입니다. 그러나 죄와 고난은 항상 일대일로 성립되지는 않습니다. 즉 모든 고난 받는 사람들이 다 자신의 죄 때문에 고난 받는 것은 아닙니다. 나의 죄로 이웃이 고난 받기도 하고, 이웃의 죄로 내가 고난 받기도 합니다. 한 명의 악한 통치자에 의해 온 백성이 고난 받기도 하고, 한 명의 악덕 기업주가 발암물질로 주위 환경을 오염시켜서 인근의 많은 사람들이 암을 앓기도 합니다. 인간은 연대성 속에 살기 때문에 의인도 이렇게 남의 죄 때문에 고난을 받는 것입니다. 아니, 우리는 모두 타락의 구조 속에 살기에 이 세상의 죄악의 방법으로 살기를 거부하는 의인들은 더 손해 보고 더 많은 고난을 받는다는 것이 성경의 중요한 주제이기도 합니다. 그러기에 어떤 고난에 처한 사람을 보면 무조건 무슨 죄를 지었기에 하나님의 심판을 받은 것이라고 단정하는 것은 유치한 생각이고 고난 받는 사람에게 큰 상처를 주는 죄악입니다.

그러나 죄와 고난이 일대일로 성립되는 경우도 있습니다. 즉 나의 죄로 인해 내가 고난 받는 경우도 있습니다. 우리 각자는 고난을 받을 때 한 번쯤은 혹 어떤 죄를 지어 하나님의 심판을 받고 있지 않나 살펴보는 것은 유익합니다. 죄를 지은 것이 분명하다면 회개해야 합니다. 그러나 그렇지 않은데도 죄책감에 빠져 있는 것은 어리석은 짓이고 신앙에 전혀 도움이 되지 않습니다.

31~32절

바울은 "심판하다"(krinein), "분변하다"(diakrinein), "정죄하다"(katakrinein)의 동사들을 써서 고린도인들이 무엇을 해야 하는가를 지적합니다. 우리들이 스스로 조사하여 우리들의 옳고 그름을 가리면, 즉 분변하면(diakrinein), 우리는 주의 심판(krinein)을 받아 고통을 당하지 않을 것입니다(참고 29절). 고린도인들 중 일부가 병약해지고 죽는 일까지 발생한 것은 그들의 다른 범죄와 더불어 성찬식을 훼손한 데 대한 주의 심판인데(krinein), 그것은 영원한 멸망이나 처벌을 의미하는 것은 아니고, 그들이 세상과 더불어 영원히 처벌(katakrinein)받지 않도록 주께서 그들을 징계하심(paideuein)을 의미합니다.

여기서 바울은 "주께서는 사랑하는 자를 징계하신다"(잠 3:12)는 원칙을 적용합니다. 주께서는 그리스도인들을 고난으로 징계하시어 그들로 하여금 회개케 하고 믿음에 충실케 하여 최후의 심판에서 처벌(katakrinein) 받지 않게 하십니다(참고 히 12:5~10).

33~34절

결론적으로 바울은 고린도인들에게 성찬식의 올바른 거행을 위해 구체적인 충고를 합니다.

첫째, 그들은 모두 모여 같이 식사를 하기 위해 서로를 기다려야 한다고 합니다.

둘째, 부자들 중 배고파서 가난한 자들이 교회에 도착하여 공동체 식사를 시작할 때까지 기다릴 수 없으면 자기 집에서 미리 먹고 와야 한다고 합니다. 그렇지 않고 지금 그들이 행하는 대로 성찬식을 범하면 그들은 축복을 위해서는커녕 심판 받으러 모이는 것이 되고 만다고 경고합니다.

나머지 다른 문제들은 바울이 계획하고 있는 고린도 방문 때(16:5) 구두로 바로잡을 것이라고 말합니다. 이 말은 고린도인들의 예배에 여기서 다룬 두 문제들 -여자들의 복장 문제와 성만찬의 올바른 거행- 외에 더 많은 문제들이 있었음을 암시합니다. 그 많은 문제들 중 이 두 문제들이 가장 심각하기에 여기 다룬 모양입니다.

토론해 봅시다

한국 교회들 안에서 부자들과 가난한 자들은 서로를 어떻게 대하는가? 목사들은 그들을 어떻게 대하는가?

5. 성령의 은사들에 대하여(12:1~14:40)

성령의 은사들에 대한 성숙하지 못한 이해로, 특히 방언과 예언의 은사들에 대한 무분별한 사용으로 고린도 교회의 예배는 수라장이 되었습니다. 이것이 바울이 이 편지에서 다루는 고린도 교회의 예배에 있어 세 번째 문제입니다.

바울은 성령의 은사들의 문제를 12장, 13장, 그리고 14장에 걸쳐 아주 주의 깊게 다루고 있습니다. 앞서 8~10장에서 우상의 제물 문제를 다룰 때 가운데(9장)에 신학적 원칙(이웃을 위한 자기 희생적 사랑의 원칙)을 명시한 것같이, 바울은 여기서도 가운데 부분(13장)에 성령의 은사들의 온당한 사용 문제를 다룸에 있어 필요한 신학적 원칙(이웃을 위한 자기 희생적 사랑의 원칙)을 천명하고 그 앞뒤로 이 문제를 해결하는 지침들을 주고 있습니다.

1 형제들아 신령한 것에 대하여 나는 너희가 알지 못하기를 원하지 아니하노니

1절

"성령의 것들에 대하여"라고 시작함으로써 바울은 고린도인들이 그들의 편지에서 그에게 성령의 은사들에 대해 질문하였음을 시사합니다(참고 7:1). 바울은 이 새로운 주제로 전환하기 위해서 "형제들아"라고 부릅니다. "너희가 알지 못하기를 내가 원치 않는다"는 너희가 꼭 알기를 바란다는 뜻으로 바울이 즐겨 쓰는 강조형 문장입니다. 이것은 이중 부정형으로 되어 있으나, 뒤이어 3절에서는 똑같은 강조를 긍정형으로 하고 있습니다. "고린도인들은 그들이 받은 성령의 은사들에 대해 자랑스럽게 여기고(1:5~8; 4:8) 예배 때 그것들을 경쟁적으로 과시함으로써 더욱 큰 무질서를 조장하였습니다. 우리는 본문에서 1세기 중반 교회의 예배 모습을 다른 어느 곳에서보다 생생하게 헤아려 볼 수 있습니다.

8:1~6에서 우상의 제물을 먹는 문제를 다루기 위해 먼저 신학적 원칙들을 제시하고 논증을 시작하였듯이, 여기서도 성령의 역사/은사를 인식함에 있어 근본적인 신학적 원칙을 제시함으로 본 토론을 시작합니다(12:2~3). 바울은 예수를 주로 고백함이 성령의

진정한 역사/은사들을 인식하게 하는 시금석임을 지적합니다. 그리고 그는 한 분이신 성령의 다양한 은사들(12:4~11)과 한 몸의 다양한 지체들을 설명합니다(12:12~23). 13장에서 그는 사랑을 성령의 가장 고귀한 은사로, 다른 모든 은사들로 하여금 교회를 세워 올리는 데 유용한 기본적인 힘으로 찬양하고, 14장에서는 방언에 앞선 예언의 은사를 설명하며 예언도 질서 있게 행사되어야 함을 강조합니다.

1) 하나님의 영의 표징(12:2~3)

2 너희도 알거니와 너희가 이방인으로 있을 때에 말 못하는 우상에게로 끄는 그대로 끌려 갔느니라
3 그러므로 내가 너희에게 알리노니 하나님의 영으로 말하는 자는 누구든지 예수를 저주할 자라 하지 아니하고 또 성령으로 아니하고는 누구든지 예수를 주시라 할 수 없느니라

2절

"너희도 알거니와 너희가 이방인으로 있을 때 벙어리 우상들에 의하여 휩쓸려 갔었다."

바울은 진정한 성령의 현상/역사/은사를 인식함에 있어 먼저 많은 사람들이 오해하는 그릇된 시금석 하나를 언급합니다. 많은 사람들은 신비스럽고 초자연적인 것 같은 체험, 황홀경의 체험 등을 성령의 현상이나 역사의 체험으로 생각합니다. 고린도 교회의 그리스도인들도 그렇게 생각하여 신비스러운 황홀경에 빠진 상태에

서 하는 방언이나 예언을 성령의 특별한 나타남이요 역사라고 열광하였던 것입니다. 그래서 그들이 다투어 방언하고 예언하여 교회의 예배가 혼돈에 빠지곤 하였습니다.

이것은 고린도를 포함한 전체 헬라 세계에서 신의 영이 임하여 일으킨다고 본 황홀상태(ecstasy)를 높이 평가하고, 황홀경에 빠진 상태에서 디오니소스(Dionysos) 같은 신을 예배하던 전통의 반영이었습니다. 바울은 고린도 그리스도인들의 그와 같은 과거를 상기시킵니다. 이방인들이 섬기는 신은 인간이 목석을 쪼아 만든, 생명이 없어 소리도 못 내는 "벙어리 우상들"(참고 합 2:18; 시 115:5, 7; 사 46:7)이지만, 고린도의 그리스도인들도 과거 이방인 시절에는 그런 우상들에 의해서 황홀경에 도취되어 열광하고 휩쓸리곤 하였던 것입니다. 귀신들이 인간들의 우상숭배 행위를 이용하여 그들을 황홀경에 빠뜨리고 혼돈과 죄악을 조장하였기 때문입니다(참고 고전 10:20). 그러므로 바울은 무슨 신비스럽고 초자연적인 경험을 했다고 해서 그것이 모두 성령의 역사를 체험한 것이 아님을 무엇보다 먼저 명백히 밝혀 두고자 한 것입니다.

이것이 중요한 이유는 오늘날도 많은 그리스도인들이 신기하고 일상의 체험과 다르고 무엇인가 황홀하면 그것을 모두 성령의 현상으로 간주하려는 경향이 있기 때문입니다. 바울은 그것들이 다 성령의 역사일 수 없다고 말합니다. 다른 종교들에서도 방언도 있고 귀신 쫓아내기도 있고 신비적 체험도 있습니다. 한국의 무속을 생각해 보십시오. 무당 역시 신들과 접하여 황홀경에 빠져서 춤도 추고 환상을 보기도 하며 귀신과 얘기도 나눕니다. 이런 것들을 성령의 역사로 볼 수 없듯이 신비스럽게 느껴지는 경험 모두를 성령의 역사로 간주할 수는 없습니다.

3절

"나는 너희가 이것을 알기를 원한다:

누구든지 하나님의 영으로 말하면서 '예수에게 저주가 있으라' 라고 하지 않는다;

또 누구든지 성령으로가 아니고는 '예수가 주이시다' 할 수 없다."

바울은 앞 절에서 성령의 역사를 분변함에 있어서의 그릇된 판단 기준을 제시한 후, 이제는 올바른 시금석, 곧 신학적 원칙을 말합니다. "예수가 주이시다"는 예수의 제자들이 그의 죽음과 부활을 체험하고 제일 먼저 한 신앙고백이요 복음선포의 형식입니다. 그것은 그들이 하나님 나라의 복음을 선포하면서, 하나님의 통치의 대행자로 행세하며 죄인들에게 죄 용서를 선언하고, 병자들을 고치고, 하나님의 구원을 약속하였으나 대적들에 의해 무참히 죽임 당한 예수를 하나님께서 부활시키신 것을 체험하고는, '하나님이 예수를 과연 자신의 통치의 대행자로 확인하셨다. 그러니까 그의 부활은 시편 110:1에서 예언된 대로 하나님께서 메시아 예수를 자신의 우편에 등극시켜 자신의 주권을 대행하게 한 사건이구나, 그러므로 예수가 "주"이시다' 등의 깨달음을 얻게 되어 형성된 신앙고백이요 복음선포 양식인 것입니다. 그러므로 이것은 "예수가 그리스도이다", "예수가 하나님의 아들이다", "그리스도가 우리를 위해서 죽고 부활했다" 등과 더불어 기독교의 가장 기본적인 신앙고백이요 복음선포 양식인 것입니다.

바울은 예수를 주로 고백하는 것을 또는 예수의 주권을 드러내는 것을, 진정한 성령의 역사인지 아닌지를 구분할 수 있는 근본 기준임을 밝힙니다. 성령의 진정한 역사는 사람들로 하여금 "예수가 주이시다"는 고백을 하게 하는 것으로 표징됩니다. 이것은 십자가에 처형된 예수를 하나님께서 부활시키시고 만유의 주로 높이셨다는 것을 고백하는 것으로, 그 고백을 하는 자들로 하여금 죄악과 고난으로 다스리는 사탄의 주권의 영역에서 해방되어 의와 사랑과 생명으로 다스리시는 예수 그리스도의 주권의 영역으로 이전함으로써(골 1:13) 구원을 얻게 하는 고백입니다(롬 10:9). 그러므로 이 고백은 이미 바울이 고린도전서 1~3장에서 밝힌 바와 같이 세상의 지혜로는 할 수 없는 것입니다.

누가 이 세상의 지혜로 유대인들에 의해 버림받고 로마 병사들에 의해 십자가에 달려 처절히 죽어 간 예수를, 그 연약한 패배자를 온 세상과 온 인류의 "주"님이라고 인식하고 고백하며 그에게 의존과 순종을 서약하겠습니까? 오로지 성령이 사람들의 영적 눈을 뜨게 하여 십자가에 달린 예수에 대한 진리를 깨닫도록 함으로써 그들로 하여금 그런 고백을 할 수 있도록 하는 것입니다. 그러기에 "예수가 주이시다"는 신앙고백은 오로지 성령의 깨우침과 감동을 받은 자들만이 할 수 있는 것입니다.

왜 바울이 "누구든지 하나님의 영으로 말하면서 '예수에게 저주가 있으라'고 하지 않는다"는 너무나 당연한 말을 여기 구태여 쓰고 있습니까? 어떤 주석가들은 다음과 같이 설명합니다: 로마제국의 여러 도시들에서 그랬듯이 고린도에서도 제국의 또는 그 도시의 관리들이 그리스도인들을 핍박하면서 그들에게 기독교 신앙을 버린 징표로 '예수에게 저주가 있으라'고 선언하도록 강요한 것 같다; 그리고 일부 그리스도인들이 핍박의 상황을 피하기 위해 그런 저주 선언을 해 놓고는, 나중에 교회에 돌아와 성령의 인도함에 따라 그렇게 하였노라고 변명한 것 같다; 그런데 여기서 바울은 그런 일은 있을 수 없다고 경고하는 것 같다.

이 설명도 일리가 있으나, 필자는 그보다 더 포괄적으로 설명해야 한다고 봅니다. 즉 바울은 고린도의 그리스도인들이 성령을 빙자하여 그런 식으로 핍박도 면할 뿐 아니라, 예수의 주권에 반하는 행위들(죄악은 물론이고 교회 내에서 자기 주장, 갈등 조장, 혼돈 야기 등)에 대해 경고한다고 보아야 할 것입니다.

성령은 하나님의 영이며 동시에 하나님의 아들의 영이기도 합니다(롬 8:9~17; 갈 4:6). 그러기에 성령은 우리로 하여금 "예수가 주이시다"는 신앙고백만 하게 하시는 것이 아니라, 우리에게 예수의 주권을 체험하게도 하고, 그 주권에 따르는 삶을 살게도 하십니다. 그러므로 진정으로 성령의 현상/역사가 나타나는 곳에는 항상 예수의 주권이 드러나게 됩니다. 그러므로 예수의 주권을 부인하거나 그의 이름을 욕되게 하는 일체의 행위("예수에게 저주가 있으라")는 그것이 아무리 신비스럽고 황홀케 하는 것이라도 성령의 현상/역사라고 할 수 없습니다.

또 주 예수가 가르친 의의 길과 다른 어떤 행위도, 주 예수가 도모하는 구원과 상반되는 어떤 사상이나 가치나 행위도 성령의 역사라고 할 수 없습니다. 성령의 역사가 일어나는 곳에서는 항상 의가 사랑이, 화평이, 해방이, 치유가 도모되지, 죄악이나 증오나, 갈등이나, 억압이나, 상처 주기 등이 도모되지 않습니다(참고 갈 5:16~26). 그러므로 그리스도인이 의를 행할 때는 성령에 인도함에 따라 주 예수의 주권에 순종한 결과라고 할 수 있으나, 악을 저지르면서 성령의 인도함을 받은 것이라고 할 수 없습니다. 성령은 주 예수의 영으로 주 예수의 주권을 드러내는 분인데, 주 예수는 누구에게도 죄악을 저지르라고 요구하지 않기 때문입니다. 오늘날도 성령을 빙자하여 예수의 주권에 반하는 죄악들을 저지르는 사람들을 자주 봅니다. 그런 일은 있을 수 없습니다.

사람들은 성령 받음을 항상 황홀경(ecstasy)이나 방언, 환상, 이적 등 현저한 현상들을 동반하는 것으로 생각하는 경향이 있는데, 바울은 그런 체험은 이방 종교들에서 우상숭배에 의해서도 유발되는 것으로서 진정한 성령 현상의 증거가 되지 못한다면서, "예수가 주이시다"는 신앙고백이 성령 받음의 필수불가결하고 가장 명백한 증거임을 내세우고 있습니다.

그러므로 어떤 체험을 했을 때 또는 어떤 행동을 평가할 때 그것이 진정으로 성령의 역사에 의한 것인가를 판정하는 기준은 그것이 우리로 하여금 예수의 주 되심을 인식하게 하고 고백하게 하는가, 또는 예수의 주 되심을 드러내고 그의 주권에 순종하여 의의 열매(성령의 열매, 갈 5:22~23)를 드러내는가, 아니면 예수의 주권과는 무관하거나 도리어 그의 주권을 부인하고 그의 주권에 반하는 악을 드러내는가입니다.

성령은 윤리의 영이지 마력의 영이 아닙니다. 그러기에 성령이 역사하는 곳에는 항상 믿음과 사랑과 의가 나타나지(갈 5:22~23), 몰윤리적이거나 비윤리적이면서 오로지 신비스런 체험만이 나타나는 것이 아닙니다(참고 마 7:15~23).

로마서 8:14~17과 갈라디아서 4:4~6에서 바울은 또 하나님을

"아빠!" 라고 부르며 그 "아빠" 되신 하나님께 의지하고 순종하며 사는 것을 성령 받음의 표징으로 가르칩니다. 원래 예수께서 독특하게 자신의 하나님의 아들 됨을 드러내며 하나님을 "아빠!"라고 불렀습니다(막 14:36; 눅 11:2). 그러기에 하나님을 "아빠!"라고 부름으로써 사람은 자기 속에 하나님을 그렇게 불렀던 하나님의 아들 예수의 영(곧 성령)이 내재함을 증거 하는 것입니다.

인간이 육신의 아버지에게 "아빠!"라고 부를 때와 마찬가지로, 우리가 하나님을 "아빠!" 하고 부름은 하늘과 땅을 지으신 창조주 하나님의 도움을 청하는 행위, 하나님의 무한한 자원을 끌어 쓰고자 하는 행위, 곧 하나님께 의지하는 행위를 하는 것이며 하나님의 뜻(주권)을 존중하고 순종하겠다는 서약의 행위를 하는 것입니다. 그러기에 예수는 그의 제자들에게 하나님을 "아빠!"라고 부르며 기도를 시작하도록 가르치고, 그 기도(이른바 "주기도문" – 눅 11:2~41/마 6:9~13)에서 하나님 나라(통치)를 위해서 그리고 일용할 양식과 죄 용서를 위해서 빌라고 가르친 것입니다.

그러므로 성령, 곧 하나님의 아들 예수의 영을 받은 사람은 하나님을 "아빠!" 라고 부르며, 그 "아빠"에게 의존하고 순종하며 사는 사람들이고, 그렇게 사는 사람들은 성령에 인도되어 사는 사람들로 성령의 열매를 맺으며 사는 사람들입니다(롬 8:14~17; 갈 5:16~25).

그런데 하나님의 아들 예수 그리스도가 하나님의 주권을 "상속" 받아 대행하는 "주"이시므로(예 빌 2:9~11) 하나님을 "아빠"라고 부르며 그에게 의존하고 순종하며 사는 것은, 곧 예수를 "주"라 부르며 그에게 의존하고 순종하며 사는 것과 마찬가지입니다. 그러므로 바울이 두 가지로 제시하는 것 같은 성령 받음/현상/역사의 증거 –즉 예수를 “주”로 고백함과 하나님을 “아빠”라고 부름– 는 사실은 동일한 증거입니다.

오순절 신학의 영향을 받은 사람들은 방언, 예언, 환상 등 신기한 체험을 성령 받음/체험의 증거로 보려는 경향이 강하며, 그런 체험을 하지 않은 사람들은 예수를 주로 고백하는 그리스도인들일지라도 그들이 “물세례”만 받아서 아직 성령 체험을 못 했다고 보고, 그러므로 “성령 세례”도 받아야 한다고 생각합니다. 하지만 그것은 여기 본문에서 보는 바와 같이 성경적인 견해가 아닙니다.

그러므로 그들은 본문과 로마서 8:14~17과 갈라디아서 4:4~6의 가르침에 따라 도리어 자신들이 하나님과 그의 아들 예수 그리스도의 주권에 의지하고 순종하여 의의 열매를 맺는 삶을 사는지, 진정으로 사랑과 의의 윤리적인 삶을 사는지를 살펴야 합니다. 그래서 과연 자신들이 성령의 인도함에 따라 사는가, 즉 성령받은 사람들로서 사는가 아니면 실제로는 육신의 욕심들에 따라 사는가 분변하여야 합니다.

오순절 교회의 형제들과 같은 신기한 체험을 하지 않은 그리스도인들은 그런 체험을 하지 못했다 하여 아직 성령을 받지 못한 것으로 생각해서는 안 됩니다. 그들도 자신들이 하나님과 그의 아들 예수 그리스도의 주권에 의지하고 순종하여 성령의 열매를 맺는 삶, 진정으로 사랑과 의의 윤리적인 삶을 살려는 의지가 있는가를 살피고, 그런 의지가 자신의 내면에서 확인되면 내 안에 성령이 내주하시어 그런 의지가 발동된 것임을 알아야 합니다. 그리하여 그들도 육신의 욕심들에 따라 살기를 거부하고 성령의 인도함에 따라 살려고 노력해야 하는 것입니다.

2) 한 성령의 다양한 은사들(12:4~11)

4 은사는 여러 가지나 성령은 같고
5 직분은 여러 가지나 주는 같으며
6 또 사역은 여러 가지나 모든 것을 모든 사람 가운데서 이루시는 하나님
은 같으니
7 각 사람에게 성령을 나타내심은 유익하게 하려 하심이라
8 어떤 사람에게는 성령으로 말미암아 지혜의 말씀을, 어떤 사람에게는 같
은 성령을 따라 지식의 말씀을,
9 다른 사람에게는 같은 성령으로 믿음을, 어떤 사람에게는 한 성령으로
병 고치는 은사를,
10 어떤 사람에게는 능력 행함을, 어떤 사람에게는 예언함을, 어떤 사람에게
는 영들 분별함을, 다른 사람에게는 각종 방언 말함을, 어떤 사람에게는
방언들 통역함을 주시나니
11 이 모든 일은 같은 한 성령이 행하사 그의 뜻대로 각 사람에게 나누어
주시는 것이니라

4~6절

"여러 가지 은사들이 있으나, 같은 영;
그리고 여러 가지 섬김(의 방도들)이 있으나, 같은 주;
그리고 여러 가지 역사(의 방도들)가 있으나, 같은 하나님,
즉 모든 사람들 가운데서 모든 것을 역사하시는 (한 하나님)."

바울은 성령의 선물들을 "은사들"(charismata)이라고 부릅니다. 이로써 그는 그것들의 은혜성(charis)을 나타냅니다. 즉 그것들이 하나님으로부터 선물로 주어진 것들임을 강조합니다. 그러므로 인간들

이 그들의 노력으로 얻은 것들도 아니고 그들이 좌지우지할 수 있는 것들이 아님을 나타냅니다. 이 은사들의 부여는 삼위일체의 하나님의 역사입니다: 그들은 성령께서 나누어 주시는 것들이고, 주를 섬기도록 하기 위해 주어진 것들이고, 궁극적으로 주 예수 그리스도와 성령을 통하여 모든 사람들에게 모든 구원의 역사를 이루시는 하나님의 역사에 의한 것들입니다.

성령이 주시는 "은혜의 선물"은 다양하지만 모두 한 원천 –성령, 곧 하나님의 영– 으로부터 나온 것들이고, 모두 한 가지 목적 –즉 주를 다양하게 섬기게 하는 것– 을 위한 것들이며, 한 하나님이 모든 사람 안에서 역사하시어 그들로 하여금 한 하나님을 위한 다양한 역사를 하게 하는 것입니다. 여기서 바울이 얼마나 자연스럽게 삼위일체론적 언어를 쓰는가 유의하십시오.

7절

"각 사람에게 성령의 현상을 주심은 공익을 위해서이다."

모든 그리스도인들에게 제각기 특별한 "성령의 나타나심/현상" 즉 성령의 은사가 주어집니다. 그러기에 신학자들은 보통 "은사"(charisma)를 모든 그리스도인들에게 주어진 "은혜"(charis)의 개별화되고 구체화된 형태라고 정의합니다. 그러므로 "은사"를 받지 않은 그리스도인은 없습니다.

또 모든 그리스도인들이 똑같은 한 가지 은사를 받는 것이 아닙니다. 모든 그리스도인에게 은혜–은사가 제각기 주어지는 것은 개인의 이익을 위해서가 아니라 그 은사로써 "공익"에 봉사하도록 하기 위해서입니다. 이렇게 바울은 성령의 은사의 개별성과 그것이 공공의 이익을 위함이라는 목적을 설명합니다.

8~10절

아홉 가지 은사들이 나열되어 있습니다. 여러 분류 방법들 중 하나만 소개하면 다음과 같습니다:

첫째, 교육적 은사들: 지혜의 말씀, 지식의 말씀

둘째, 초자연적 힘을 발휘하는 은사들: 믿음, 치유, 이적 행하기

셋째, 특별한 의사소통의 은사들: 예언, (예언의 평가에 있어서) 영들을 분별하는 능력, 방언, 방언의 통역

바울은 성령의 은사들을 로마서 12:4~8과 에베소서 4:11~13에서도 말하고 있습니다. 그런데 본문과 이 두 곳들에 기록된 은사들의 내용은 차이가 있습니다. 따라서 바울은 이 세 은사 목록들을 어느 한 곳에서 또는 세 곳 모두에서 모든 은사들을 다 기록한 것이 아님을 알 수 있습니다. 바울은 이 세 목록들 중에 언급하지 않은 은사들도 알고 있었을 것입니다. 그러나 그는 각각의 교회의 상황에 따라, 또는 이 편지들을 쓰는 정황에 따라 특별히 몇 개를 지목하고 있는 것입니다.

여기서 "예언"은 14:3에서 보는 바와 같이 믿음을 북돋우고 위로하고 권면하는 설교를 말합니다. 또 "믿음"은 13:2에서 보는 바와 같이 구원을 얻기 위해 그리스도를 믿음을 의미하기보다도 주에 대한 특별한 신뢰로 이적을 행하는 믿음을 의미합니다. 또 "영들을 분별하는 능력"은 14:29과 데살로니가전서 5:19~21에서 보는 바와 같이 예언이 진정으로 성령의 영감에 의한 것인지 악령의 장난

인지 분별하는 능력을 말합니다.

11절

“같은 한 성령이 이 모든 것들을 이루시되, 각 사람에게 그가 원하는 대로 나누어 주십니다.”

이 모든 다양한 은사들은 한 성령이 주권자적 결정에 따라 그리스도인들에게 각각 나누어 주시는 것입니다. 그러기에 자기가 가진 은사가 마치 자기 업적인 양 자랑할 수 없습니다. 그 당시에 사람들이 높이 평가하는 은사를 받았다고 해서 그것을 가지고 자랑을 하거나 과시해서는 안 됩니다. 그리고 그런 은사를 받지 못했다고 해서 열등감에 빠져서도 안 됩니다. 은사는 성령이 주권자적 결정에 따라서 나누어 주신 것이기 때문에 모든 은사가 사실은 동급입니다. 현저하게 드러나는 은사를 받지 못했다고 해서 열등감에 빠져서는 안 됩니다. 동시에 현저한 은사를 받았다고 해서 자신을 드러내서는 안 됩니다.

3) 한 몸의 다양한 지체들(12:12~26)

그리스도인들이 한 성령으로부터 각자 받은 다양한 은사에 따라 다양한 직책을 감당하여 공익을 도모하고 교회를 쌓아 올려야 함(12:27~31)을 가르치기 위해 바울은 이제 교회를 하나의 몸으로 그리스도인들을 그 몸의 지체들로 비유하여 상호관계를 설명합니다.

12 몸은 하나인데 많은 지체가 있고 몸의 지체가 많으나 한 몸임과 같이
그리스도도 그러하니라
13 우리가 유대인이나 헬라인이나 종이나 자유인이나 다 한 성령으로 세례
를 받아 한 몸이 되었고 또 다 한 성령을 마시게 하셨느니라
14 몸은 한 지체뿐만 아니요 여럿이니
15 만일 발이 이르되 나는 손이 아니니 몸에 붙지 아니하였다 할지라도 이
로써 몸에 붙지 아니한 것이 아니요
16 또 귀가 이르되 나는 눈이 아니니 몸에 붙지 아니하였다 할지라도 이로
써 몸에 붙지 아니한 것이 아니니
17 만일 온 몸이 눈이면 듣는 곳은 어디며 온 몸이 듣는 곳이면 냄새 맡는
곳은 어디냐
18 그러나 이제 하나님이 그 원하시는 대로 지체를 각각 몸에 두셨으니
19 만일 다 한 지체뿐이면 몸은 어디냐
20 이제 지체는 많으나 몸은 하나라
21 눈이 손더러 내가 너를 쓸 데가 없다 하거나 또한 머리가 발더러 내가 너
를 쓸 데가 없다 하지 못하리라
22 그뿐 아니라 더 약하게 보이는 몸의 지체가 도리어 요긴하고
23 우리가 몸의 덜 귀히 여기는 그것들을 더욱 귀한 것들로 입혀 주며 우리
의 아름답지 못한 지체는 더욱 아름다운 것을 얻느니라 그런즉
24 우리의 아름다운 지체는 그럴 필요가 없느니라 오직 하나님이 몸을 고
르게 하여 부족한 지체에게 귀중함을 더하사
25 몸 가운데서 분쟁이 없고 오직 여러 지체가 서로 같이 돌보게 하셨느니라
26 만일 한 지체가 고통을 받으면 모든 지체가 함께 고통을 받고 한 지체
가 영광을 얻으면 모든 지체가 함께 즐거워하느니라

12절

바울이 하나의 몸과 그 안의 많은 지체들의 그림으로 설명하고

자 하는 것은 그리스도, 또는 "그리스도의 몸"(27절)입니다. 즉 다양한 은사들을 가진 그리스도인들이 이루는 교회 공동체는 다양한 지체들이 이루는 하나의 몸으로 비유할 수 있는 것입니다.

13절

그리스도인들은 예수 그리스도가 "우리를 위해서"(즉 우리 대신으로, 우리 대표로, 우리의 구원을 위해) 죽었다고 믿음으로써 그리스도와 연합되고 그 안에 내포되어 그리스도와 함께 옛 자아가 죽고 그리스도와 함께 새로운 피조물로 부활한 자들입니다. 세례는 이 믿음의 사건을 극화(劇化)합니다(롬 6장). 이점을 염두에 두고, 바울은 우리 그리스도인들 모두가 성령에 의해 한 몸– 즉 그리스도의 몸 – 속으로 내포되도록 세례 받았다고 말합니다. 그리하여 그리스도를 믿고 그의 이름 속으로 세례받은 자들은 모두 그리스도 안에 또는 그의 몸 안에 내포되어 한 "인간"(한 인격체)이 됩니다(갈 3:28).

여기서 그리스도는 새 인류의 조상으로서 많은 가지들을 안고 있는 큰 나무의 줄기(Stammvater; Corporate personality)로 간주됩니다. 그리스도를 믿고 그의 이름 안으로 세례받은 사람들은 인종적, 사회 신분적, 또는 성적 구분 없이(참고 갈 3:28) 모두 그리스도 안에 내포되어 "그리스도의 몸"을 이루고 "그리스도의 몸"의 지체들이 됩니다.

모든 그리스도인들이 믿음과 세례로 그리스도와 연합하고 그 안에 내포되어 하나됨을 강조하는 바울은 그 (믿음과) 세례가 한 성령에 의해 일어나는 것임을 거듭 천명하여 교회의 하나 됨을 재삼 강조하고자 합니다. 교회의 하나 됨을 강조하기 위해 바울은 교회가 그리스도의 한 몸이라는 사실과, 그것이 한 성령에 의해서 이루어진다는 사실을 지적합니다.

모든 그리스도인들이 세례 때 성령을 받게 되는데, 그 경험을 "성령을 마시다"로 표현하고 있습니다. 그것은 성령을 생명을 주는 물로 상징하고(참고 요 3:5; 4:10; 7:38~39 등) "성령을 퍼붓는다"(욜 3:1; 행 2:17~18, 33; 10:45 등)고 하는 표현과 상응합니다. 세례 때 모든 그리스도인들은 성령을 받아 그 성령에 힘입어(12:3) "예수가 주이시다"고 고백하고(롬 10:9), 그 고백으로 사탄의 주권의 영역에서 벗어나 하나님의 아들 예수 그리스도의 주권의 영역으로 이전되는 것입니다(골 1:13).

14~18절

바울은 각각 독특한 기능을 하는 지체들로 구성된 하나의 몸이라는 비유를 사용하여 교회가 "그리스도의 몸"으로서 다양한 은사와 기능들을 가진 "지체"들로 구성된 유기체임과, 그러기에 교회의 구성원들은 모두가 각각 받은 은사/기능들을 발휘하여야 함을 설명합니다.

한 몸이 지체들로 구성되도록 하고, 그 지체들에게 각기 다른 기능을 하도록 하여 전체로 조화를 이루는 한 유기체가 되게 한 것은 창조주 하나님의 역사입니다(18절). 그러므로 "그리스도의 몸"의 지체들인 그리스도인들도 각자의 은사대로 기능하여 교회 공동체를 쌓아 올려야 하는 것이 그 은사들을 그들에게 주신 하나님의 뜻입니다.

19~26절

한 몸의 다양한 지체들은 서로의 기능에, 그리고 몸이 전체적으로 조화있게 기능함에 의존하고 있습니다. 이 그림으로써, 바울은 자신들의 은사들을 과시하며 현저한 은사들을 소유하지 않은 형제들을 업신여김으로써 교회의 분열을 초래한 열광주의자들을 시정합니다. 그는 현저한 은사들을 받지 않아 무시당하고 열등감에 빠진 형제들을 위로하고, 현저한 은사들을 과시하는 강한 자들의 교만을 비판합니다.

우리가 우리 몸의 연약한 부분, 또는 노출시킬 수 없는 부분을 더 보호하고 덮듯이, 그리스도의 몸 안에서도 연약한 자들을 더 존중하고 더 사랑하여야 합니다. 그리하여 그리스도의 몸 전체가 자랑과 멸시로 인한 분쟁 대신에 상호 돌봄으로 인해 건전히 기능해야 합니다. 교회의 한 형제가 은사를 제대로 쓰지 못하면 다른 형제들이 그를 멸시할 것이 아니라 그의 부족으로 온 교회가 그만큼 가난해지는 것임을 깨닫고, 한 형제가 은사를 놀랍게 행사하면 다른 형제들은 그것을 질시할 것이 아니라 그의 부요함으로 온 교회가 부요해짐을 깨닫고 같이 기뻐해야 합니다. 왜냐하면 모든 은사들은 교회 전체의 공익을 위해 주어진 것이기 때문입니다(7절).

토론해 봅시다

1. 우리가 각자 받은 은사는 무엇인가?
2. 우리가 그 은사를 그리스도의 몸의 공익을 위해 쓰는가?
3. 교회 안에서 우리가 진정으로 "그리스도의 몸"이라는 의식을 갖고 형제들을 그 몸의 지체들로 여기는가?

4) 다양한 은사들과 교회의 직분들(12:27~31)

27 너희는 그리스도의 몸이요 지체의 각 부분이라
28 하나님이 교회 중에 몇을 세우셨으니 첫째는 사도요 둘째는 선지자요
셋째는 교사요 그 다음은 능력을 행하는 자요 그 다음은 병 고치는 은
사와 서로 돕는 것과 다스리는 것과 각종 방언을 말하는 것이라
29 다 사도이겠느냐 다 선지자이겠느냐 다 교사이겠느냐 다 능력을 행하
는 자이겠느냐
30 다 병 고치는 은사를 가진 자이겠느냐 다 방언을 말하는 자이겠느냐
다 통역하는 자이겠느냐
31 너희는 더욱 큰 은사를 사모하라 내가 또한 가장 좋은 길을 너희에게
보이리라

27절

"너희는 그리스도의 몸이요 각각 그 지체들이다."

바울은 위에서 펼친 몸과 지체들의 비유를 이제 교회에 적용합니다. 바울은 교회를 "그리스도의 몸"이라 하고 그리스도인들은 그 몸을 구성하는 각각의 "지체"들이라 합니다. 그리스도인들은 그 몸의 지체들이지만 교회는 "그리스도인들의 몸"이 아니라 "그리스도의 몸"입니다. 왜냐하면 그리스도인들은 그리스도를 믿음으로 말미암아 그리스도와 연합하고 그리스도 속으로 내포되었기 때문입니다. 교회는 그리스도의, 즉 그리스도에게 속한 몸으로 그리스도가 "머리"로서 그것을 다스리십니다(참고 골 1:18; 2:19; 엡 1:22; 4:15; 5:23).

28절

하나님께서 그리스도의 몸인 교회에 나누어 주신 다양한 은사들과 하나님께서 세우신 직분들(참고 8:10)을 나열하고 있습니다. 복음 선포의 세 직분자들: 사도, 선지자, 교사.

이들은 교회의 지도자들이었습니다. 사도들은 대개 선교사들로 여행하며 교회를 개척하고 많은 교회들을 돌보았으며, 선지자와 교사는 한 지역 교회에 주재하며 봉사하였습니다. 이 세 직분들 외에 교회에서 행해지는 다른 기능들은 은사들을 지칭하며 열거합니다. 그것은 이적 행하는 능력, 병 고치는 은사들, 돕는 일들, 다스리는 일들, 각종 방언하기, 방언을 통역하기 등입니다.

29~30절

다양한 은사들과 다양한 기능들을 언급합니다. 모든 사람들이 같은 직분과 은사를 가질 수 없습니다. 그것은 교회의 균형 있는 발전을 막기 때문입니다.

31절

모든 은사들이 성령으로부터 오는 것들이므로 근본적으로 다 같이 고귀한 것들입니다. 외적으로 크게 드러나는 은사들만 높이 평가하고 그런 은사들을 자랑하는 고린도의 "강한 자들"에 대항하여 바울은 이 점을 강조하였습니다. 그러나 바울도 은사들 간에 어떤 은사가 교회를 쌓아올리는 데 있어 더 큰 역할을 하는가의 관점에서 서열이 있는데, 고린도인들이 높이 평가는 방언보다 예언이 더 높은 은사임을 보여 주려 합니다(14장).

그것은 고린도인들이 진정으로 “더욱 큰 은사”(예언), 즉 교회의 삶에 더욱 유용한 은사를 추구하도록 하기 위해서입니다. 예언이 방언보다 교회를 세워 올리는 데 더욱 큰 역할을 합니다. 이것을 위해서 바울은 먼저 한 은사(예언)를 다른 은사(방언)보다 더 큰 은사로 판단할 수 있는 기준을 제시합니다. 이 기준은 사랑(agape)입니다. 사실 사랑은 “제일 좋은 길”입니다. 사랑의 은사들에 대한 관계를 이제 바울은 사랑의 예찬을 통하여 밝히고자 합니다.

모든 은사들은 성령의 주권자적인 의지에 의해서 각 사람에게 나누어 주시는 것이되(12:11), 우리가 또 추구할 수도 있는 것이라는 의미가 여기 함축되어 있습니다(참고 14:1). 그러기에 14:13에서 바울은 방언의 은사를 가진 자들에게 통역의 은사를 겸하여 얻도록 기도하라고 권합니다. 여기서 바울이 기도 가운데 추구해야 할 더 큰 은사는 예언입니다.

5) 사랑의 예찬(13:1~13)

고린도인들이 특별히 외적으로 현저히 드러나는 방언 같은 은사들에 열광하며 예배 때 그런 은사들을 과시하며 혼란과 위화감을 일으키는 것은, 그들의 고질병인 서로에 대한 사랑 없음의 또 하나의 징표였습니다. 우상의 제물을 먹는 문제로 강한 자들과 약한 자들의 다툼에도 그것이 근본 문제라고 보아 8장과 10장 사이의 9장에 자신의 자기 희생적 사랑과 섬김의 모범을 그려준 바울은 여기 은사들의 적절한 사용 문제를 다룸에 있어서도 그 가운데인 13장에 사랑을 예찬하는 시를 끼워 넣어 모든 은사들은 사랑의 정신으로 이웃을 섬기고 공동체를 세워 올리기 위해 사용되어야 함을 가르치고 있습니다.

사랑을 예찬하는 이 시는 세 부분으로 되어 있습니다.

① 사랑이 없으면 모든 은사들은 헛된 것임(1~3절)

② 사랑의 본질(4~7절)

③ 사랑의 영원성(8~13절)

바울은 이 시(또는 그 일부, 특히 4~7절)를 이미 다른 계제에 지어 쓰다가, 이 편지에서 은사들과 관련하여 새롭게 이용하고 있는 것 같다고 주석가들은 보고 있습니다. 그 내용이 즉흥적이기보다는 오랫동안 묵상하고 써놓은 시로 보이기 때문입니다. 4~7절의 사랑의 내용은 보편적이나, 나머지 1~3절과 8~13절의 내용은 은사와 관련한 본문의 토론과 잘 조화를 이루고 있습니다.

여기서 사랑을 나타내는 *아가페*는 헬라 문서에 드물게 나오는 개념입니다. 별로 특색이 없는 말이었습니다. 그러나 그것은 구약의 헬라어 번역에서 하나님께서 이스라엘을 자기 백성으로 택하시어 그들을 위해 행하시는 것을 지칭하기 위하여(신 7:6~11), 그리고 하나님의 언약의 백성이 하나님과 이웃에게 마땅히 해야 할 것을 지칭하기 위하여 쓰입니다(신 6:5; 레 19:18).

헬라인들에게 중요했던 *에로스* 같은 언어는 "가치에의 끌림"이란 뜻을 지닌 특색이 매우 강한 단어였습니다. 어떤 가치를 가진 대상을 자기 것으로 만들고자 하는 행위가 바로 *에로스*입니다. 지식을 사랑하는 것, 아름다운 여인을 사랑하는 것, 권력을 사랑하는 것 등으로 자기 중심적이고 자기 주장적인 사랑의 행위입니다.

따라서 하나님의 이스라엘에 대한 사랑과 하나님의 백성의 서로에 대한 사랑을 이런 언어로 표현할 수 없었고 또 없는 것이었습니다. 그래서 드물게 쓰이며 특색이 없는 *아가페*라는 단어를 쓰게 된 것이었습니다.

신약은 이 전통을 이어받아 죄인들을 위해 그의 아들 예수 그리스도를 내어 주신 하나님의 행위를 이 말로 표현합니다(요 3:16; 롬 5:8 등). 이것은 신적인 사랑으로서, 사람은 오로지 성령의 영감과 도와주심에 힘입어 곧 성령의 열매로 갖게 됩니다(갈 5:22). 이런 배경에서 아가페는 성경적 용어가 되었고, "자기를 내어 주는 사랑"이란 뜻을 강하게 띠게 된 것입니다.

*아가페*는 원래 헬라어에서 자기를 "내어 주는 사랑"의 뜻을 지는 것이 아니었습니다. 성경의 언어 사용에서 그런 뜻으로 형성된 것입니다.

기독교의 토착화 문제와 관련해서, 우리가 유교나 불교의 가치와 색채를 강하게 띠는 전통 언어를 어느 정도까지 기독교 진리의 전달 수단으로 사용할 수 있느냐를 생각해 봅니다. 그런 언어들을 기독교 복음의 전달 수단으로 삼아 다른 종교에서 형성된 가치와 정서가 함께 전달되어서 기독교 복음이 왜곡될 위험이 있을 경우에는, 그런 언어를 사용하지 않고 새롭게 언어를 만드는 것이 더욱 도움이 될 수 있습니다.

(1) 사랑이 없으면 모든 은사들은 헛된 것입니다(1~3절)

1 내가 사람의 방언과 천사의 말을 할지라도 사랑이 없으면 소리 나는 구리와 울리는 꽹과리가 되고
2 내가 예언하는 능력이 있어 모든 비밀과 모든 지식을 알고 또 산을 옮길 만한 모든 믿음이 있을지라도 사랑이 없으면 내가 아무 것도 아니요
3 내가 내게 있는 모든 것으로 구제하고 또 내 몸을 불사르게 내줄지라도 사랑이 없으면 내게 아무 유익이 없느니라

1절

"내가 사람들과 천사들의 방언들로 말한다 할지라도, 사랑을 가지고 있지 않으면, 나는 소리나는 구리와 울리는 꽹과리가 되고 만다."

고린도의 강한 자들은 방언들을 천사들의 언어로 생각하였고, 자신들이 성령을 받아 방언들을 하게 된 것을 하늘의 천사들과 같이 되어, 하나님 나라에 특히 하늘의 예배에 이미 참여하고 있는 것으로 생각했습니다(참고 4:8). 그러기에 그 은사를 특별히 중시하고 자랑하였으며 예배 때마다 무절제하게 행사하여 혼돈을 일으켰던 것입니다.

"소리나는 구리와 울리는 꽹과리"는 헬라의 신비 종교들에서 광란의 의식 때 쓰이는 도구들이었습니다. 바울이 여기서 이 표현들을 사용하는 것은 고린도의 그리스도인들에게 과거 헬라 신비 종교에서의 그들의 체험을 다시 상기시켜서, 사랑이 없이 방언들만 해대는 것은 그들의 과거 이방 종교의 예배와 다를 것이 없다고 말하기 위함입니다.

2절

"그리고 내가 예언의 은사를 가지고 모든 비밀들과 지식을 안다 해도, 그리고 내가 모든 믿음을 가지고 있어 산을 옮길 수 있다 해도, 내가 사랑을 가지고 있지 않으면, 나는 아무 것도 아니다."

"비밀들과 지식"은 계시로 얻은 하나님의 구원의 계획에 대한 지식을 말합니다. 여기 믿음은 구원을 얻는 그리스도에 대한 믿음이 아니라, 주를 신뢰하고 그의 힘을 빌려 이적을 행하는 은사를 말합니다. 여기서 바울은 마가복음 11:23/마태복음 17:20에 전승된 예수의 산을 움직이는 믿음에 대한 말씀을 반영하고 있습니다. 계시를 받아 하나님의 구원의 계획들(비밀들)에 대한 지식을 가지고 예언할 수 있다 한들, 산을 움직이는 큰 믿음을 가지고 있다 한들, 사랑을 가지고 있지 않으면, 나는 아무 것도 아니다는 것입니다.

이 말씀은 복음을 선포하고 하나님의 지식을 가르치는 목사들과 신학자들에게 얼마나 큰 도전이 됩니까! 교회 생활 열심히 하며 전도는 열심히 하나 사랑이 결핍된 모든 그리스도인들에게 경종을 울리는 말씀입니다.

3절

사랑보다 낮은 동기로 구제 활동도 할 수 있고 스스로 희생할 수도 있습니다. 고대 헬라-로마 사회에서 부자들이 한턱내는 일은 아주 중요했습니다. 이스미안 경기 때마다 고린도의 큰 부자들이 돈을 많이 써 크게 한턱내는 일들이 흔했습니다. 지금도 발견되는 비문에 보면 도시를 위해서 크게 헌금하고 행사한 자들에 대한 칭송비들이 많습니다. 명예나 권세를 얻기 위해서였습니다. 그 관습은 오늘날에도 선거철마다 보게 됩니다.

또 고대에도 자신의 신념을 시위하기 위해서 또는 스스로의 영웅적인 모습을 보이기 위해서 자기 "몸을 불사르게 내어 주는 일"도 있었고, 성경에도 믿음의 용사들의 그러한 모습을 볼 수 있습니다(단 3:19~20; 히 11:23). 알라를 위한 거룩한 전쟁에서 순교하면 낙원으로 직행한다는 교리에 따라 오늘날 이슬람의 자살 특공대들을 보십시오. 그러나 바울은 그런 자기 희생의 행위들이 진정한 사랑에 의해서 동기화되지 않으면 진정한 유익을 가져오는 것이 아니라고 합니다. 사랑 없는 종교적 열성을 생각해 보십시오. 종교적 열성이 진정한 사랑에 의해서 동기화되지 않으면 아주 무서운 무기가 됩니다.

(2) 사랑의 본질(4~7절)

바울은 이제 "사랑"을 주어로 써서 열다섯 개의 동사들로 사랑은 무엇을 하며 무엇을 하지 않는가를 기술합니다.

> 4 사랑은 오래 참고 사랑은 온유하며 시기하지 아니하며 사랑은 자랑하지 아니하며 교만하지 아니하며
> 5 무례히 행하지 아니하며 자기의 유익을 구하지 아니하며 성내지 아니하며 악한 것을 생각하지 아니하며
> 6 불의를 기뻐하지 아니하며 진리와 함께 기뻐하고
> 7 모든 것을 참으며 모든 것을 믿으며 모든 것을 바라며 모든 것을 견디느니라

4절

"오래 참음"은 해를 끼치는 자에게 복수하지 않고 견디어 냄을 의미합니다. "온유함"은 해를 끼치는 자에게 친절과 선을 베풂을 뜻하므로, "오래 참음"의 긍정적 짝이라고 할 수 있습니다. 해를 끼치는 자에게 끝까지 참아 주고 도리어 선을 베푸는 것이 사랑입니다. 사랑은 "질투하지 않으며, 자기를 과시하지 아니하며, 교만하지 않습니다"−이 세 동사들은 사랑이 겸양의 덕과 연결됨을 강조합니다.

5절

"무례히 행치 아니하며, 자신의 것들을 추구하지 아니하며, 성내지 아니하며, 악한 것을 생각하지 아니하고."

여기서 "자신의 것들을 추구하지 아니한다"는 말은 자신의 이익을 추구하지 아니한다는 뜻뿐 아니라 자신의 의견만 고집하지 아니한다는 뜻도 함께 들어 있는 것 같습니다. "악한 것을 생각하지 아니한다"는 말은 나에게 악을 저지른 자를 용서함으로써 그 악을 나에 대한 그의 빚으로 생각하지 않는다는 뜻입니다. 상대방이 저지른 악행을 계산하지 않는다는 것입니다.

6절

"불의를 기뻐하지 아니하며 진리와 함께 기뻐하고"

이것은 사랑의 중요한 속성입니다. 우리는 사랑을 여성적이고 수동적이라고 생각하는 경향이 있습니다. 그래서 용서하고 오래 참고 선을 베푸는 것이라고만 생각할 수 있습니다. 그러나 사랑은 그와 동시에 불의를 거부하고 진리 편에 서서 (물론 선한 방법으로) 투쟁하는 면도 가지고 있습니다.

7절

"모든 것을 덮어 주고, 모든 것을 믿으며, 모든 것을 바라며, 모든 것을 견딘다."

여기서 "모든 것"이라는 말을 반복하고 4절의 "오래 참음"과 짝을 이루는 말로 끝을 맺는 이 문장으로 바울은 이제 4~6절에서 그린 사랑의 속성들을 종합하여 표현하되, 13절에 표현할 초대교회의 세 기본 덕목들인 믿음, 소망, 사랑을 예고하는 방식으로 하고 있습니다(Lang).

"모든 것을 덮어 줌"은 남의 허물을 덮어 주고 그것이 나에게 해를 끼쳐도 감수한다는 뜻입니다. "모든 것을 믿음"은 이웃이 무슨 짓을 해도 무비판적으로 무조건 믿어 준다는 말이 아니라(참고 6절), 실망스런 행위를 했을지라도 근본적인 신뢰 관계를 유지한다는 뜻이며, "모든 것을 바람"은 그가 주의 성령에 힘입어 새로워지기를 바란다는 뜻입니다. 마지막으로, "모든 것을 견딤"은 누가 나에게 잘못을 저질렀더라도 그 피해를 입고 인내하는 것입니다.

4~7절에서 사랑의 속성들을 나타내는 열다섯 개의 동사들은 예수 그리스도의 성품을 그려 낸 것이라고 볼 수 있습니다. 그러기에 우리는 예수 그리스도의 제자도의 신실한 실천에서 그것들을 얻게 되는 것입니다.

(3) 사랑의 영원성(8~13절)

바울은 본론인 사랑과 은사들과의 관계로 다시 돌아가서 말합니다.

8 사랑은 언제까지나 떨어지지 아니하되 예언도 폐하고 방언도 그치고 지식도 폐하리라
9 우리는 부분적으로 알고 부분적으로 예언하니
10 온전한 것이 올 때에는 부분적으로 하던 것이 폐하리라
11 내가 어렸을 때에는 말하는 것이 어린 아이와 같고 깨닫는 것이 어린 아이와 같고 생각하는 것이 어린 아이와 같다가 장성한 사람이 되어서는 어린 아이의 일을 버렸노라
12 우리가 지금은 거울로 보는 것 같이 희미하나 그 때에는 얼굴과 얼굴을 대하여 볼 것이요 지금은 내가 부분적으로 아나 그 때에는 주께서 나를 아신 것 같이 내가 온전히 알리라
13 그런즉 믿음, 소망, 사랑, 이 세 가지는 항상 있을 것인데 그 중의 제일은 사랑이라

8절

예언, 방언, 지식

이것들은 고린도인들이 특히 좋아한 은사들입니다. 그것들을 지나치게 좋아하고 왜곡해서 좋아하여 이 편지의 1장에서부터 지금까지 바울이 다루어야 했던 많은 문제들을 낳은 은사들입니다. 바울은 그것들이 그 자체로서는 좋은 성령의 은사들이지만, 종말의 완성 때(9~12절) 모두 끝나게 되어 있음을 강조합니다. 그러나 사랑은 끝나지 않고 영원히 존재하는 것입니다.

9~12절

현재 교회의 역사적 실존의 상황과 종말의 완성 때의 상황 대조

현재	종말
부분적 인식과 부분적 예언	완전한 지식
유년기의 인식과 말	장년기의 인식
거울을 통하여 희미하게 봄 (알쏭달쏭하게 봄)	얼굴과 얼굴을 맞대고 봄
부분적 인식	하나님이 나를 (완전히) 아시듯이 완전히 인식하게 됨

13절

예언, 방언, 지식은 모든 그리스도인들이 다 가져야 하는 것도 아니고, 또 그것들은 종말의 완성 때는 폐지될 것입니다. 이에 반해 믿음, 소망, 사랑은 우리가 그리스도인이기 때문에 절대 필요한 것들입니다. 그러기에 바울은 자주 이 세 단어들을 함께 묶어 언급합니다(골 1:4~5; 살전 1:3; 5:8). 히브리서(10:22~24)와 베드로전서(1:3~9)에도 이 세 단어들이 함께 나옵니다. 초대교회가 보편적으로 그리스도인들의 신앙의 본질을 이 세 단어로 종합하여 표현한 것 같습니다.

믿음은 그리스도가 우리를 위해서 죽고 부활했음을 받아들이고 그 구원의 역사를 이루신 하나님의 사랑에 의지하는 것이며, 사랑의 행위로 스스로를 표현하는 것이며(갈 5:6), 주 예수 그리스도의 재림 때 있을 구원의 완성을 소망하는 것입니다(롬 8:24~25). 이 세 가지는 폐지되지 않고 영원히 존속합니다.

종말의 완성 때도 인간은 하나님을 믿고(믿음/순종) 바라는(소망/의

존) 존재로서, 하나님의 은혜로 그의 신성(神性)에 참여하게 되는 것입니다. 그때 사랑은 하나님과 인간, 그리고 인간들 상호 간의 관계를 결정하는 것으로서, 물론 영원히 남을 뿐 아니라 비로소 완성되는 것입니다.

이 셋 중 사랑이 제일 위대한 것입니다.

왜냐하면 그것은 하나님의 본질적 속성이요 행위로서, 인간의 구원을 이루고 인간으로 하여금 믿음과 소망을 갖도록 하는 것이기 때문입니다.

6) 예배 시 예언과 방언(14:1~40)

13장에서 바울은 사랑이 가장 큰 은사일 뿐 아니라 그리스도인들이 갖추어야 할 가장 큰 삶의 자세이자 덕목이며, 그러기에 그것이 은사들의 올바른 행사에 있어 평가의 기준이 됨을 천명했습니다. 이제 14장에서는 그것을 더욱 구체화합니다. 그리고 12:31에 예고한 대로 교회를 세워 올림(덕을 세움)의 관점에서 은사들의 등급을 토론하며 방언보다 더 큰 은사인 예언을 권하며, 예언도 질서 있게 행사하기를 권합니다. 고린도 교회는 철학과 수사학을 높이 숭상하던 자신들의 헬라적 배경에 따라 지식과 더불어 방언과 예언의 은사들을 특별히 좋아했고, 그들 중에서도 황홀경에서 하는 방언을 성령의 가장 현저한 나타남으로 생각하고 높이 평가했습니다. 그러나 바울은 은사들을 겉으로 현저하게 나타나느냐의 관점이 아니라 모두에게 유익을 주느냐(참고 12:7; 은사의 목적은 공익), 또는 교회를 세워 올리는 데 유용한가의 관점에서 평가합니다. 왜냐하면 바울에게 성령은 남을 섬기는 사랑으로 스스로를 나타내기 때문입니다.

초대교회에서 예언이 어떻게 이해되었는지 간략하게 살펴보겠습니다. 사도행전 11:27을 보면 초대교회의 선지자 아가보가 유대 땅에 큰 기근이 있을 것이라고 예언합니다. 이때 예언은 미래에 일어날 일에 대한 선포입니다(참고 행 21:9~11). 그러나 예언은 항상 미래를 예고하는 것만이 아니고 보다 포괄적인 가르침과 권면을 일컫는 말입니다. 로마서 12:6을 보면 성령의 영감으로 주어지는 일체의 가르침 또는 지혜로운 판단 또한 예언이라고 합니다. 현재 교회가 직면한 문제에 대해서, 그리스도인들의 삶의 자세에 대하여 주어지는 가르침을 예언이라고 합니다. 특히 성경 강해를 예언이라고 합니다. 이것은 고린도전서 2:6~16에 잘 드러납니다. 성경을 그리스도의 사건에 비추어 해석하고, 오늘 교회의 상황과 성도의 삶에 적용해서 교훈을 얻고 위로하고 권면하고 방향을 제시하는 일체의 일들을 예언이라고 합니다. 따라서 당시 예언은 설교입니다. 당시 예언자 또는 선지자의 기능은 교사의 기능과 많이 겹칩니다.

초대교회에 예언자 또는 선지자의 직분이 있었는가라는 질문을 해볼 수 있습니다. 예언의 은사를 받아(13:2) 교회 내에서 위와 같은 섬김을 지속적으로 하여 성도들로부터 공인된 사람들이 "예언자/선지자"라는 칭호를 받았습니다. 그러나 예언은 그런 칭호 또는 직분을 가진 사람만 한 것이 아닙니다. 보통 교회의 구성원들도 예배 때 부정기적으로 성령의 영감 하에 예언을 하곤 했습니다. 14장에서 다루는 토론의 대상은 공식적으로 선지자 직분을 얻은 자들입니다.

(1) 방언에 우선하는 예언(14:1~19)

1 사랑을 추구하며 신령한 것들을 사모하되 특별히 예언을 하려고 하라
2 방언을 말하는 자는 사람에게 하지 아니하고 하나님께 하나니 이는 알
아 듣는 자가 없고 영으로 비밀을 말함이라
3 그러나 예언하는 자는 사람에게 말하여 덕을 세우며 권면하며 위로하는
것이요
4 방언을 말하는 자는 자기의 덕을 세우고 예언하는 자는 교회의 덕을 세
우나니
5 나는 너희가 다 방언 말하기를 원하나 특별히 예언하기를 원하노라 만일
방언을 말하는 자가 통역하여 교회의 덕을 세우지 아니하면 예언하는 자
만 못하니라
6 그런즉 형제들아 내가 너희에게 나아가서 방언으로 말하고 계시나 지식이
나 예언이나 가르치는 것으로 말하지 아니하면 너희에게 무엇이 유익하리요
7 혹 피리나 거문고와 같이 생명 없는 것이 소리를 낼 때에 그 음의 분별을
나타내지 아니하면 피리 부는 것인지 거문고 타는 것인지 어찌 알게 되리요
8 만일 나팔이 분명하지 못한 소리를 내면 누가 전투를 준비하리요
9 이와 같이 너희도 혀로써 알아 듣기 쉬운 말을 하지 아니하면 그 말하는
것을 어찌 알리요 이는 허공에다 말하는 것이라
10 이같이 세상에 소리의 종류가 많으나 뜻 없는 소리는 없나니
11 그러므로 내가 그 소리의 뜻을 알지 못하면 내가 말하는 자에게 외국인
이 되고 말하는 자도 내게 외국인이 되리니
12 그러므로 너희도 영적인 것을 사모하는 자인즉 교회의 덕을 세우기 위
하여 그것이 풍성하기를 구하라

13 그러므로 방언을 말하는 자는 통역하기를 기도할지니
14 내가 만일 방언으로 기도하면 나의 영이 기도하거니와 나의 마음은 열매
를 맺지 못하리라
15 그러면 어떻게 할까 내가 영으로 기도하고 또 마음으로 기도하며 내가
영으로 찬송하고 또 마음으로 찬송하리라
16 그렇지 아니하면 네가 영으로 축복할 때에 알지 못하는 처지에 있는 자
가 네가 무슨 말을 하는지 알지 못하고 네 감사에 어찌 아멘 하리요
17 너는 감사를 잘하였으나 그러나 다른 사람은 덕 세움을 받지 못하리라
18 내가 너희 모든 사람보다 방언을 더 말하므로 하나님께 감사하노라
19 그러나 교회에서 네가 남을 가르치기 위하여 깨달은 마음으로 다섯 마
디 말을 하는 것이 일만 마디 방언으로 말하는 것보다 나으니라

① 예언이 방언에 우선함(1~5절)

1절

"사랑을 추구하라. 영적인 것들(즉 성령의 은사들)을 열망하되, 특별히 예언의 은사를 사모하라."

사랑은 성령의 열매(갈 5:22; 롬 5:5)이며 은사입니다. 그러나 그것은 다른 은사들과 나란히 놓을 수 있는 은사가 아니라, 다른 모든 은사들로 하여금 교회를 세워 올리는 데 유용하게 하는 보다 근본적인 힘입니다. 그러므로 바울은 고린도인들로 하여금 "사랑을 추구하라"는 권면을 "성령의 은사들을 열망하라"는 권면과 따로, 그리고 그에 앞서 하고 있는 것입니다.

사랑이나 다른 성령의 은사들은 분명히 성령이 그의 주권자적 결정에 의해 우리에게 주시는 은혜의 선물들이지만, 우리도 그것들을 "열망"하거나 "추구"할 수 있음이, 또는 그렇게 해야 함이 여

기 암시되어 있습니다.

바울은 고린도인들에게 특별히 "예언의 은사를 열망하라"고 권면합니다. 이로써 바울은 13장 넘어 12:31의 주제를 다시 붙잡습니다. 바울은 성령의 은사들 중 사랑 다음으로 예언을 강조합니다.

2~4절

2~4절에서 바울은 방언하는 자와 예언하는 자를 하나님과의 관계와 교회에 대한 유용성의 관점에서 비교합니다.

방언하는 자	예언하는 자
하나님께 말함	사람들(교회)에게 말함
이해되지 않음	이해됨
자신의 신앙에 도움을 가져옴	(북돋우는 일, 권면, 그리고 위로함으로써) 교회를 세워 올림

5절

바울은 방언도 성령의 훌륭한 은사로 인정하고 사람들이 그 은사를 가지는 것을 바람직하게 생각합니다. 그러나 사랑의 관점, 즉 교회를 세워 올림의 관점에서 예언이 방언보다 더 위대한 은사임을 분명히 밝힙니다. 방언은 보통 그 방언자만의 신앙을 북돋우지만, 그것이 해석되면 그것도 교회를 세워 올리는 데 유용합니다.

② 예언은 이해되나 방언은 이해되지 않음(6~12절)

바울은 계속해서 예언보다 방언이 더 낫다고 이야기합니다. 여러 종류의 예를 들어 바울은 남들이 이해할 수 없는 방언보다, 교회 전체가 이해하고 덕을 볼 수 있는 예언이 더 중요함을 설명합니다. 고린도인들이 성령의 은사들을 열망하는데, 그것은 어디까지나 교회를 세워 올리기 위해서 그리 해야 하는 것입니다(12절).

은사는 섬김을 위해 주어지는 것입니다. 우리는 우리가 믿음에로 소명될 때 받은 성령의 은사로 하나님 나라에서 우리 각자에게 맡겨진 임무를 감당해야 하고 교회를 세워 올려야 하는 것입니다. 앞서 3장을 강해하며 "상급" 사상을 교정하며 다루었고(부록을 참고하시오), 또 9장을 강해하며 다룬 바울의 소명사상을 다시 살펴보십시오. 어떤 이들은 자신의 신앙(확신, 만족, 기쁨)을 위해서 은사를 추구하기도 하고, 심지어는 자신이 더 많은 은총을 입었고 더 영적임을, 즉 우월감을 과시하기 위해서 은사를 추구하기도 합니다. 이런 사람들일수록 남들의 선망의 대상이 되려 하고, 그 은사에 의해서 교만해지고, 은사를 마치 자신이 관리하고 조종하며 심지어는 전수해 줄 수 있다는 인상을 주기도 합니다. 이런 것은 은사가 절대 주권자인 성령의 은혜의 선물임을 곧 은사의 은혜성을 망각한 아주 위험한 사상입니다.

이런 그릇된 이해를 가진 고린도인들에게 바울은 이미 냉소적으로 꾸짖은 바가 있습니다: "네가 가진 것 중에 받지 아니한 것이 무엇이냐? 네가 (모든 것들을 하나님의 은혜로) 받았으며 어찌하여 마치 안 받은 것같이(즉 그것들이 네 스스로 이룬 것들인 양) 자랑하느냐"(4:7)?

은사는 공익을 위하고 교회를 세워 올리기 위해 주어지는 것인데, 다른 사람들에게 도대체 이해되지 않는 방언은 그 기능을 제대로 하지 못하므로 유익하지 못함을 여러 비유들을 들어 설명합니다. 개역한글성경 11절에 "야만인"이라고 직역된 말은 헬라어를 모르는 사람이란 뜻으로, 바울이 방언으로 설교하면(6절) 헬라어를 쓰는 고린도인들에게는 바울이 도무지 알아듣지 못할 말을 지껄이는 "외국인"이 되고, 그들은 또 바울에게 의사소통이 불가능한 "외국인"이 되고 말 것이라는 것입니다.

12절

"너희도 이와 같은 즉, 너희가 영의 것들(은사들)을 추구하는 자들이므로, 교회를 세워 올리기 위하여 (은사들에) 풍성해지도록 추구하라."

여기 개역한글성경은 "영의/영적인 것들(은사들)"을 또 "신령한 것"으로 번역해 놓았습니다. 고린도전서에서 바울은 여러 번 "성령의/영적인"이라는 표현을 쓰는데, 개역한글성경은 항상 "신령한"으로 번역해 놓았습니다. 오늘날 "신령한"이라는 표현이 주는 어감이 본래의 뜻인 "성령의/영적인"을 잘 나타내지 못하므로, 그 표현이 나오는 곳을 다 찾아서 바로잡는 것이 바람직할 것입니다.

③ 예배 때의 적절한 행동(13~19절)

13절

이해되는 말만 교회를 세워 올리는 데 유용하므로 방언하는 자는 방언을 해석하는 은사를 얻기 위해 기도해야 합니다. 이 은사를 추가로 받으면 방언하는 자가 자신의 방언을 해석할 수 있음이 본절과 위 5절에 시사되어 있습니다. 그러나 12:10, 30과 14:28에는 방언을 해석하는 은사가 다른 사람에 의해서 행사되는 것으로 되어 있습니다. 그러므로 방언을 해석하는 은사는 방언하는 본인이 가질 수도 있고 다른 사람이 가질 수도 있습니다.

14~15절

방언으로 기도하고 찬송하는 자는 영으로 하나님께 기도하고 찬송하나, 스스로의 마음으로는 이해하지 못하고 하는 것입니다. 그러므로 자신도 무엇을 기도하고 있는지 모르고 하는 것입니다. 이것은 이상적인 것이 아닙니다. 영과 마음의 기도가 필요합니다.

이렇게 바울은 지성 없는 신비주의를 배격합니다. 교회의 예배 때 방언으로 기도하고 찬송하는 것도 가능하나, 그것이 해석되어 제대로 본인과 교회에게 이해될 수 있어야 합니다.

16~17절

그렇지 않으면 남들은 방언으로 하는 기도와 찬송에 "아멘"으로 응답할 수 없고 신앙에 도움을 받을 수 없습니다. 이렇게 되면 회중으로 모여 예배하는 의미가 없어지는 것입니다. 그러므로 방언하는 본인이나 다른 사람이 방언을 해석할 수 있는 은사를 가지고 있지 않을 경우, 회중의 예배 시에는 방언을 삼가야 합니다. 본문의 "무식한 처지에 있는 자"는 "문외한"을 뜻합니다. 문외한이란 방언의 은사와 해석의 은사가 없어서 거기에 참여하지 못하는 사람일 수도 있고, 은사의 경험에 문외한, 또는 불신자 내지는 신앙의 초보자일 수도 있습니다. 또한 여기 "덕 세움을 받지 못하리라"는 "신앙에 있어 북돋움을 받지 못한다"는 말입니다.

18~19절

바울 자신의 모범을 통해 권면합니다. "내가 너희 모든 사람들보다 방언을 더 말하므로 하나님께 감사하노라" 바울 자신도 방언을 한다고 말합니다. 방언을 한다고 자부심을 가진 고린도인들보다 더 방언을 많이 한다고 말합니다. 그러나 바울은 방언을 자랑하는 사람과 자신을 대조합니다. 바울은 "그러나 나는 교회에서는 남을 가르치기 위해서 방언으로 일만 마디 하기보다는 마음으로 다섯 마디의 말을 하리라"고 말합니다. 이런 이유로 바울은 공예배에서는 방언을 하지 않는다고 말합니다.

지금까지의 내용을 볼 때, 방언은 성령의 좋은 은사지만 그것의 효용성은 자신의 신앙에만 도움이 된다는 것입니다. 따라서 교회의 공예배에서는 바람직한 것이라고 볼 수 없다는 것입니다. 지금도 방언이나 이적의 은사들이 있는 것인지, 아니면 더 이상 주어지지 않는 것인지를 궁금해 하는 사람들이 많습니다. 은사주의 운동을 하는 사람들(예 오순절 교회)은 고린도의 그리스도인들과 비슷하게 방언, 환상, 이적 등의 은사들을 지나치게 중요시하고 과도한 주장을 합니다. 어떤 이들은 방언을 성령 받음의 징표로 보고 그것을 할 줄 모르는 사람들은 성령을 아직 안 받은 것이라고까지 주장하기도 합니다. 그것에 대한 반작용으로, 신앙에 있어 지성을 강조하는 전통을 가진 교단(예 장로교)의 일부 사람들은 신앙의 미신화를 우려하는 입장에서 그런 은사들은 사도 시대로 끝났다고 생각하며 말씀에만 집중하는 신앙을 가져야 한다고 주장합니다. 그러나 그런 은사들이 사도 시대에 끝났다는 주장은 신학적인 근거가 없습니다.

우리는 지금도 성령이 주권자적인 결정에 의해서 방언을 포함한 다양한 은사들을 주실 수 있다고 인정해야 합니다. 방언하는 사람들이 우리 주위에 있을 경우 그들의 은사를 인정해 주어야 합니다. 그러나 동시에 바울의 경고와 같이 방언에 대한 과도한 평가나 자랑을 하지 않게 해야 합니다. 방언은 그 은사를 가진 사람의 신앙생활에는 도움이 되나 교회 공동체의 믿음과 삶을 북돋우는 기능은 하지 못하는 것으로, 여러 은사들 중 하나이나 공익을 기준 삼아 평가한다면 가장 낮은 은사라는 것을 이해해야 합니다.

7) 불신자들에 대한 방언과 예언의 효과(14:20~25)

20 형제들아 지혜에는 아이가 되지 말고 악에는 어린 아이가 되라 지혜에는
장성한 사람이 되라
21 율법에 기록된 바 주께서 이르시되 내가 다른 방언을 말하는 자와 다른
입술로 이 백성에게 말할지라도 그들이 여전히 듣지 아니하리라 하였으니
22 그러므로 방언은 믿는 자들을 위하지 아니하고 믿지 아니하는 자들을
위하는 표적이나 예언은 믿지 아니하는 자들을 위하지 않고 믿는 자들
을 위함이니라
23 그러므로 온 교회가 함께 모여 다 방언으로 말하면 알지 못하는 자들
이나 믿지 아니하는 자들이 들어와서 너희를 미쳤다 하지 아니하겠느냐
24 그러나 다 예언을 하면 믿지 아니하는 자들이나 알지 못하는 자들이 들
어와서 모든 사람에게 책망을 들으며 모든 사람에게 판단을 받고
25 그 마음의 숨은 일들이 드러나게 되므로 엎드리어 하나님께 경배하며 하
나님이 참으로 너희 가운데 계신다 전파하리라

20절

바울은 “형제들아”라고 부름으로써 부드럽게 시작하지만 그의 충고는 스스로 지혜 있고 성숙한 자들이라고 자만하고 있던 고린도인들에게는(참고 고전 1~2장) 상당히 정신 차리게 하는 것입니다. 곧 악을 저지르는 데는 경험이 없는 유아같이 되어야 하고, 반대로 이해력에 있어서는 유아같이 굴지 말고 성숙한 인간이 되어야 한다는 것입니다. 이해력이 작용하지 않는(참고 14절) 방언을 높이 평가하는 것은 인식 능력에 있어서 유아적인 것입니다. 바울은 여기 또 한 번 반지성적 신비주의를 배격합니다.

우리 한국 교회들에도 이 가르침은 얼마나 절실한지요! 성령의 신비스런 체험을 강조하기 위한 경우도 있지만, 그렇지 않으면서도 한국 교회들 안에 반지성주의가 팽배하고, 어떤 목사들은 “신앙”을 자꾸 이성과 상반되는 신비스러운 것으로만 표현하여 반지성주의를 적극 조장합니다. 그런 목사들은 평신도들로 하여금 자신의 설교만을 하나님의 말씀으로 여기도록 하고, 자신의 가르침에만 매달리게 합니다. 평신도들이 성경에 눈을 뜨고 신학에 관심을 보이면 “골치 아프다”, “목회하기 힘들다”, “교회 성장이 안 된다” 등의 생각을 가지고 아예 평신도들로 하여금 성경을 그냥 주욱 읽어서 “은혜”받도록 하거나 원시적인 Q.T.만 하도록 해야지, 그 이상의 성경공부를 하게 해서는 안 된다는 목사들도 있습니다. 이리하여 너무나 많은 평신도들이 성경과 신학에 있어서, 기독교적 세계관과 가치관에 있어서, 무식 대중의 상태에 묶여 있는 것입니다.

많은 고등 교육을 받은 평신도들, 심지어는 자신의 분야에서는 높은 지적 경지에 오른 전문 지식인들까지도, 복음의 진리를 제대로 터득하지 못하고, 기독교적으로 사고하는 능력을 갖지 못하고, 복음에 합당한 윤리적 판단을 할 수 있는 능력을 갖지 못하는 등 신학적으로 그리고 신앙적으로 "유아"의 상태에 묶여 있는 것입니다.

그리하여 신비주의를 강조하는 목사들은 그들의 반지성주의로 기독교 신앙의 미신화를 조장하고 신비주의를 강조하지 않지만, 이른바 "목회 효율성"을 위해 반지성주의를 조장하는 목사들은 평신도들을 그냥 주일 성수, 십일조, 교회 봉사, 전도와 구령사업 등 몇 가지 전래된 경건의 습속들에만 매달리게 합니다.

이것은 개신교의 신앙 원칙을 저버리는 행위로서, 개개 성도들의 신앙의 성숙을 저해하는 면에서나, 교회의 진정한 선교를 저해하는 면에서나 큰 폐해를 가져오는 것입니다. 한 가지 예로 들면 전체 인구에서 기독교인들이 차지하는 비율이 상당하고, 사회적으로 영향력이 큰 그리스도인들도 매우 많지만, 실제로 그에 상응하게 한국 교회와 사회에 기독교적 문화가 꽃피우지 못하는 것은 안타까운 일입니다.

21절

이사야 28:11~22의 인용입니다. 원래 "율법"은 모세오경만을 지칭하였습니다. 그러나 랍비들은 구약 선지자들을 모세 율법의 해석자들로 보았습니다. 그래서 선지자들의 말도 "율법"이라 하고, 가끔 구약 전체를 "율법"이라고 칭하기도 했습니다. 이 언어관행에 따라 바울도 이 선지서의 말을 "율법"이라 지칭합니다. 이사야 28:11~22의 내용은 하나님께서 "외국어를 쓰는 자들"(즉 정복자 앗시리아인들)을 통하여 말씀하셔도 이스라엘 백성은 청종치 않을 것이라는 뜻입니다.

22절

바울은 이사야 28:11의 "외국어"("다른 방언과 생소한 입술")는 방언에 해당된다고 보고 이사야 28:11을 방언은 믿음과 순종을 북돋우지 못하는 것임을 증명하는 것으로 해석합니다. 그래서 바울은 방언을 "불신자들을 위한 표적"이라고 하고 예언은 "믿는 자들을 위한 표적"이라고 합니다. 그것은 아마 방언은 불신자가 들었을 때 깨우침이 없이 불신앙의 상태에 머무르나, 반면에 예언은 깨우침과 믿음을 일으킬 수 있는 힘을 가져 사람들로 하여금 믿는 자가 되게 하기 때문입니다.

23~25절

바울은 22절의 말을 예배의 실제에서 예를 들어 뒷받침합니다. 여기 "무식한 자들과 불신자들"(23절)과 "불신자들과 무식한 자들"(24절)이라는 표현들이 나오는데, "무식한 자들"이라고 직역한 말은 "문외한들"이라는 뜻입니다.

"문외한들"은 기독교인들 가운데 방언에 대한 이해가 없는 사람들, 곧 이 은사에 대한 체험이 없는 사람들을 지칭할 수도 있고, "불신자들"과 같은 뜻으로 이해될 수도 있습니다.

문외한들과 불신자들을 동일시하는 해석이 더 옳은 것 같습니다. 비그리스도인들을 주관적으로 그리스도인들의 입장에서 보면 불신자들이라고 할 수 있고, 그리스도의 입장이 아니고 그냥 보편적인 입장에서 보면 그들은 기독교 신앙에 아직 들어가지 않은 문외한들이라 할 수 있기 때문입니다.

이들 비그리스도인들이 교회의 예배에 관심을 갖고 참여하였는데, 온 교회가 모여 예배드릴 때 모두 다 방언으로 말하면 아직 기독교 복음과 예배에 익숙치 않은 이들은 복음을 듣고 믿음을 얻기는커녕, 어리둥절하여 방언하는 그리스도인들이 모두 미쳤다고 생각할 것입니다. 그러나 모든 성도들이 예언을 하면 그들이 그들의 죄를 깨닫고, 또 죄에 대한 하나님의 심판을 깨닫고 회개하여 하나님께 엎드려 예배하게 될 것입니다.

이 본문은 초대교회의 예배 상황을 간접적으로 시사해 주고 있습니다. 초대교회 예배에서는 성령의 은사들이 활발히 활용되었습니다. 오늘날의 표현으로 하면 열린 예배와도 같은 것입니다. 불신자라도 누구든지 들어와서 참여할 수 있는 예배였습니다.

여기서 두 가지를 유의해야 합니다.

첫째는 그리스도인들의 교회는 비신자들이 들어와 예배에 참석할 수 있도록 개방된 것이어야 합니다.

둘째는 교회의 예배와 봉사의 질에 대한 척도는 "외부인들이 어떻게 평가하는가"입니다.

예언은 방언보다 이중으로 우월합니다. 예언은 대내적으로는 성도들이 믿음의 북돋움을 받아 교회를 세워 올리고, 대외적으로는 불신자들로 하여금 그리스도를 믿게 하기 때문입니다.

8) 예배 때의 질서를 위한 구체적 충고(14:26~40)

26 그런즉 형제들아 어찌할까 너희가 모일 때에 각각 찬송시도 있으며 가
르치는 말씀도 있으며 계시도 있으며 방언도 있으며 통역함도 있나니
모든 것을 덕을 세우기 위하여 하라
27 만일 누가 방언으로 말하거든 두 사람이나 많아야 세 사람이 차례를
따라 하고 한 사람이 통역할 것이요
28 만일 통역하는 자가 없으면 교회에서는 잠잠하고 자기와 하나님께 말
할 것이요
29 예언하는 자는 둘이나 셋이나 말하고 다른 이들은 분별할 것이요
30 만일 곁에 앉아 있는 다른 이에게 계시가 있으면 먼저 하던 자는 잠잠
할지니라
31 너희는 다 모든 사람으로 배우게 하고 모든 사람으로 권면을 받게 하
기 위하여 하나씩 하나씩 예언할 수 있느니라
32 예언하는 자들의 영은 예언하는 자들에게 제재를 받나니
33 하나님은 무질서의 하나님이 아니시요 오직 화평의 하나님이시니라
34 여자는 교회에서 잠잠하라 그들에게는 말하는 것을 허락함이 없나니 율
법에 이른 것 같이 오직 복종할 것이요
35 만일 무엇을 배우려거든 집에서 자기 남편에게 물을지니 여자가 교회에
서 말하는 것은 부끄러운 것이라
36 하나님의 말씀이 너희로부터 난 것이냐 또는 너희에게만 임한 것이냐
37 만일 누구든지 자기를 선지자나 혹은 신령한 자로 생각하거든 내가 너
희에게 편지하는 이 글이 주의 명령인 줄 알라
38 만일 누구든지 알지 못하면 그는 알지 못한 자니라
39 그런즉 내 형제들아 예언하기를 사모하며 방언 말하기를 금하지 말라
40 모든 것을 품위 있게 하고 질서 있게 하라

26절

예배 때 표현되는 다양한 은사들이 언급되어 있습니다. 초대교회의 예배의 상황을 상상해 보십시오. 성령의 자발성과 다양성, 그리고 모두의 적극적인 참여를 느낄 수 있습니다. 대원칙은 이 모든 은사들은 교회를 세워 올리기 위해 행사되어야 한다는 것입니다.

오늘날의 예배도 모든 사람들이 예배에 참여하여 자신들의 다양한 은사들로 예배를 풍성히 하고 서로의 믿음을 북돋우는 구조로 개선하는 방법은 없겠습니까?

27~28절

방언하는 자들은 예배 때 둘 또는 최대한 세 명만 방언해야 하고, 그것도 한꺼번에 하는 것이 아니라 한 사람씩 차례로 행해야 하고, 통역되어야 합니다. 방언과 관련해서 수(數)적으로 제한하고, 질서를 지켜 순서에 따라 하고, 반드시 통역되어야 합니다. 만약 통역하는 자가 없으면 방언하는 자는 교회에서 잠자코 있다가, 집에 가서 자신과 하나님께 (방언을) 해야 합니다.

29~33절

예언하는 자들도 비슷하게 두세 명만 차례로 하나씩 말해야 합니다. 이때 영들을 분별할 수 있는 은사를 받은 사람들은(참고 12:10) 그들의 예언이 진실로 성령의 영감에 의한 것인지 가짜인지 (또는 악령의 작용인지) 분변(시험)해야 합니다(살전 5:21; 요일 4:1). 성령의 역사처럼 보일 수 있지만 가짜도 있을 수 있습니다. 신비스러운 것이라고 해서 다 성경적이고 역사적인 것은 아닙니다(참고 12:2). 가짜와

진짜는 외형적으로 구분하기 어렵습니다. 내용적으로 구분해야 합니다. 예수가 주님이시고 그분의 주권이 확실하게 드러나는 예언은 성령에 의한 것입니다(참고 12:3). 그러므로 예수의 가르침과 일치하는가를 살펴보아야 합니다.

예언자/선지자는 신들린 자로서 의식을 잃어버린 상태에서 말하는 것이 아니라 확실한 의식을 가지고 모두가 알아들을 수 있는 말을 하는 사람입니다. 성령의 영감으로서 말하지만 성령과 교감하는 자신의 영을 스스로 제어할 수 있습니다. 그러므로 성령의 강권을 주장하며 한 사람이 예배의 전 시간을 독점하려 해서는 안 됩니다. 성령의 영감을 받은 사람들이 모두 차례를 얻어 하나씩 예언할 수 있도록, 곁에 앉은 사람이 계시를 받아 예언하고자 하면 전 사람은 멈추어야 합니다.

바울은 선지자들이 차례로 하나씩 말해야 함을 권면하기 위해서, 선지자는 자신의 영을 제어할 수 있다는 것에 더하여 하나의 신학적인 근거를 제시합니다. 그것은 "하나님은 혼돈의 하나님이 아니라 화평의 하나님이시기 때문이다"(33절)는 것입니다. 하나님은 그의 영(성령)으로 영감하여 선지자들로 하여금 상충되는 예언을 하도록 하거나 모두가 한꺼번에 떠들도록 하여 혼돈을 일으키는 하나님이 아닙니다. 하나님은 그 반대로 사랑의 원칙으로 교회를 세워 올리도록 하기 위해 은사들을 주셔서 교회의 화평을 도모하시는 하나님이십니다.

신약의 헬라어 원본에는 개역한글성경의 34절 초반부에 나오는 "모든 성도의 교회에서 함과 같이"가 33절에 포함되어 있고, 34절은 "여자는"부터 시작합니다. 물론 성경의 절 구분은 중세에 이루어진 것인데 가끔 불합리하게 되어 있는 경우들도 있습니다. 이 경우도 그렇다고 보아야겠습니다.

하여간 내용상으로 볼 때 36~38절은 33a절로 연결되는 구절들로서 바울이 선지자들에게 질서 있게 예언하도록 하는 자신의 권면을 마무리하는 곳임에 명백합니다. 그러므로 34~35절은 괄호로 묶고 33a절(개역한글성경으로는 34절)에서 36~40절로 이어 읽어야 합니다.

36절

"하나님의 말씀이 너희에게로부터 나왔느냐, 또는 너희에게만 임했느냐?"

이렇게까지 권면하는데도 불구하고 계속 예언해야겠다고 고집하며 다른 사람들에게는 예언할 기회를 주지 않는 사람들에게, 바울은 하나님의 말씀이 그들의 전유물이 아님과 다른 사람들에게도 임한다는 사실을 상기시킵니다.

37~38절

"만일 누구든지 자기를 선지자나 영적인 자(성령의 은사를 받은 자)로 생각하면, 그는 내가 너희들에게 쓰는 것들이 주의 명령인 것을 알아야 한다. 만일 누구든지 (이것을) 인정하지 않으면, 그도 인정받지 못하게 하라."

여기 "영적인 자"는 보통 성령의 영감을 받고 성령의 인도에 따라 사는 자를 지칭하는데(참고 2:13, 15; 3:1), 여기 맥락에서는 "성령의 은사를 받은 자" 특히 "방언자"를 지칭하는 것으로 이해하는 것이 옳을 것입니다(참고 12:1; 14:1, 12). 이 말은 33a절에서 시작된 이 14장 전체의 권면, 곧 "선지자"와 함께 다룬 "방언자"에 대한 권면을 마무리하는 중에 나오기 때문입니다. 바울은 스스로 성령의 영감을 받은 자로서 성령의 영감을 받은 자들에게 말합니다(참고 2:15~16). 고린도 교회에 스스로 "선지자" 또는 "성령의 사람"이라고 주장하면서 바울의 가르침에 거스르는 주장을 하는 자들이 있었든지, 아니면 그런 자가 있을까 우려하여 덧붙이는 말입니다.

성령의 영감을 진정으로 받은 선지자나 다른 은사받은 자는 바울이 이 편지에 쓴 가르침이 성령의 영감에 의한 것이고 주의 명령인 것을 깨달을 것입니다. 그러나 선지자로 자처하는 자가 이것을 깨닫지 못하면, 그것으로서 그가 하나님에 의해 인식되지 않은 자, 즉 성령이 그의 속에서 역사하지 않는 자임을 드러내는 것입니다(참고 8:1~3).

39~40절

"그러므로 내 형제들아, 예언하기를 사모하라. 그리고 방언하는 것을 금하지 말라. 그러나 모든 것들을 모양새 있게 하고 질서 있게 하라."

이 장 전체의 권면을 아주 균형 있게 결론짓는 말입니다.

33b(또는 34)~35절

이 절들은 "여자들은 교회에서 잠잠하라"는 강한 명령을 담고 있습니다.

① 본절들은 29~33a절과 36~40절로 연결되는 선지자들에 대한 권면을 담고 있는 본문의 맥을 끊고 있습니다. 34~35절을 빼고 29~40절까지 읽어 보십시오.

② 그래서 어떤 헬라어 사본들에는 이 두 절들이 40절 이후에 붙어 있습니다. 여러 고대 교회의 필사가들도 이 두 절들이 본문의 맥락에 이질적인 것임을 깨달았다는 증거입니다.

③ 이 절들의 내용은 11:2~16의 내용과 완전히 모순됩니다. 11:2~16에서 바울은 여자들이 교회의 공예배에서 기도하거나 예언하는 것을 인정하고, 다만 머리를 너울로 덮고 하라고 권면하였습니다. 만약 바울이 여자들이 교회에서 설교하는 것을 막으려면 이미 11:2~16에서 그 말을 했어야 합니다. 그러나 앞에서 살펴본 바와 같이 바울은 그곳에서 여자들이 머리에 너울을 쓰지 않고 예언하는 것을 책망한 것이지, 예언하는 것 자체를 책망하거나 금하지는 않았습니다. 이런 이유들을 들어 여러 주석가들은 본 문단은 원래 바울이 쓴 것이 아니고 후에 삽입된 것으로 봅니다(예 Bruce; Barrett; Lang; Fee).

④ 그런데 본 절들의 언어가 디모데전서 2:11~12 등과 비슷합니다. 디모데전서·후서, 디도서(이른바 목회 서신들)는 1세기 말에 바울의 제자들이 바울의 신학 유산을 전승하되, 자신들의 새로운 상황에 적용하고 교회의 목회 체계를 갖추기 위해 쓰여진 것으로 거의 모든 주석가들이 의견 일치를 보고 있습니다. 따라서 디모데전서 2:11~12은 1세기 말 영지주의자들의 영향 아래 선지자로 자처하는 여자들이 그릇된 가르침으로 교회를 어지럽히자 여자들이 교회 내에서 가르치는 것을 엄중히 금하고 있다고 봅니다. 여기 고

린도전서 14:34~35이 이 디모데전서 2:11~12과 언어와 사상에서 유사하므로, 여러 주석가들은 전자가 후자가 쓰일 무렵 또는 그 후에 고린도전서의 이 부분에 삽입된 것으로 생각하는 것입니다 (수백 년 동안 필사가들은 성경을 필사하면서 정확성을 기하려 노력하였으나, 가끔은 오기하기도, 잘못 삽입하기도, 빼먹기도 했습니다. 그래서 사본학자들은 많은 사본들을 비교하여 최대한 원본에 가까운 판을 확보하려 애를 쓰는 것입니다. 이 사본학은 굉장히 정교한 방법들을 동원하여 오늘날 신뢰도가 아주 높은 성경본을 확보한 것입니다).

많은 이른바 근본주의적 "보수주의자들"은 여기 14:34의 "여자는 교회에서 잠잠하라"는 말씀을 즐겨 인용하며 여자들이 교회에서 설교하거나 가르치는 것을 금합니다. 만약 바울이 이 말을 여기 썼다면, 그는 고린도전서라는 한 편지 내에서 자기모순을 범하고 있는 셈이어서 심각한 신학적 문제를 제기합니다. 그런데 근본주의자들은 왜 11:2~16은 존중하지 않고 이렇게 사본학적으로나 문맥적으로 불안한 구절의 말만을 고집하는지 모르겠습니다. 그들은 또 14:34~35이 정작 금하는 것은 예배 때 여자들이 예언(설교)하는 것이 아니라, 자꾸 질문들을 하거나(35절) 소곤거려 예배에 혼돈을 일으키는 것임을 깨닫지도 못합니다.

이런 여러 이유들로 인하여 여기 34~35절은 바울이 쓴 것이 아니라 후대에 삽입된 것으로 보는 것이 가장 합당합니다. 설령 바울이 쓴 구절로 보더라도 교회 내에서 여자들이 설교를 하거나 가르치는 것을 금하는 것은 아님을 깨달아야 합니다. 그러므로 그 절들을 교회 내에서 여자들이 지도적 활동에 참여하는 것을 막는 근거로 사용해서는 안 됩니다. 11:2~16의 명백한 가르침에 따라 여자들도 교회 내에서 그들이 받은 성령의 은사에 따라 설교도 하고 가르칠 수 있어야 합니다. 더 자세한 토론을 위해서는 필자가 쓴 「하나님이 만드신 여성」(두란노아카데미)를 보십시오.

6. 부활에 대하여(15:1~58)

바울은 새로운 주세를 다루기 시작합니다. 죽은 자들의 부활입니다. 15:12에 바울이 이 주제를 다루게 된 이유가 나타납니다. 고린도 교회에 죽은 자들의 부활을 부인하는 자들이 있다는 것을 바울이 알게 되었습니다. 그러나 그들이 정확히 무엇을 부인하고, 또 그들이 어떤 사상적 배경에서 그리했는가에 대해서는 아직도 명쾌히 설명되지 않고 있습니다. 몇 가지 가능성들을 들어 보면 다음과 같습니다.

–유물론에 근거하여, 죽음을 모든 것의 끝으로 보아 그 이후의 어떤 형태로서의 존재 가능성이든 전면 부활을 부정하였는가?

–헬라의 이원론(二元論)에 근거하여, 영혼은 불멸하나 몸은 썩어 없어지는 것이라 생각하고, 그리스도를 통하여 영혼이 구원받아 영원히 지속되는 것이지 죽은 자의 몸의 "부활"이란 있을 수 없다고 보았는가?

–"부활"이라는 것이 있는데, 그것은 영적 사건이지 육체적 사건일 수는 없다고 보았는가?

–"실현된 종말론"과 그에 따른 열광주의에 의거해서, 우리가 성령을 받아 이미 그리스도의 통치에 참여하고 영적 구원을 가

지게 되었으므로(참고 4:8) "부활"이라는 것은 필요없다고 보았는가?

근자에 많은 학자들은 이 마지막 가능성에 큰 비중을 두지만, 그것도 위의 다른 가능성들과 마찬가지고 본문의 의미를 명쾌하게 설명하지는 못합니다.

1) 그리스도의 부활(15:1~11)

1 형제들아 내가 너희에게 전한 복음을 너희에게 알게 하노니 이는 너희가 받은 것이요 또 그 가운데 선 것이라
2 너희가 만일 내가 전한 그 말을 굳게 지키고 헛되이 믿지 아니하였으면 그로 말미암아 구원을 받으리라
3 내가 받은 것을 먼저 너희에게 전하였노니 이는 성경대로 그리스도께서 우리 죄를 위하여 죽으시고
4 장사 지낸 바 되셨다가 성경대로 사흘 만에 다시 살아나사
5 게바에게 보이시고 후에 열두 제자에게와
6 그 후에 오백여 형제에게 일시에 보이셨나니 그 중에 지금까지 대다수는 살아 있고 어떤 사람은 잠들었으며
7 그 후에 야고보에게 보이셨으며 그 후에 모든 사도에게와
8 맨 나중에 만삭되지 못하여 난 자 같은 내게도 보이셨느니라
9 나는 사도 중에 가장 작은 자라 나는 하나님의 교회를 박해하였으므로 사도라 칭함 받기를 감당하지 못할 자니라
10 그러나 내가 나 된 것은 하나님의 은혜로 된 것이니 내게 주신 그의 은혜가 헛되지 아니하여 내가 모든 사도보다 더 많이 수고하였으나 내가 한 것이 아니요 오직 나와 함께 하신 하나님의 은혜로라
11 그러므로 나나 그들이나 이같이 전파하매 너희도 이같이 믿었느니라

1~2절

엄숙한 선언 형식입니다. 바울은 자신이 고린도인들에게 선포한 복음을 그들에게 상기시킵니다.

다음과 같이 2인칭 동사들을 음미해보십시오.

–너희가 받았다

–너희가 그 안에 서 있다

–너희가 그것으로 말미암아 구원을 받았다

–너희가 내가 어떤 말투로 그것을 선포했는가, 바로 그 말을 굳게 붙들고 있으면

–너희가 헛되이 믿지 않았으면

여기서 복음을 받음과 믿음은 동의어들입니다. 여기서 믿음의 가장 기본 의미는 선포된 복음을 받아들임이라는 것을 알 수 있습니다. 복음은 그리스도의 구원 사건에 대한 기술입니다. 객관적 또는 역사적 구원 사건의 기술입니다. 이것을 받아들이면 그 사건이 자신에게 실존적으로 효력을 발생하게 됩니다. 그래서 믿음이 구원의 수단이 되는 것입니다.

여기서 굳게 붙들고 있다는 말과 헛된 믿음이란 표현을 통해서 헛되이 믿을 가능성을 보게 됩니다. 복음을 굳게 붙들고 있지 않는 것을 헛되이 믿는다고 표현합니다. 이런 사람들은 복음 안에 서 있지 않고 결국 넘어지게 됩니다.

3a절

"나 역시 받은 것을 너희에게 무엇보다도 먼저 넘겨 주었다."

이 받음/넘겨줌은 전승의 과정에 대해서 쓰는 랍비들의 전문어입니다. 전승 과정의 신실성을 내포합니다(참고 2절: "어떤 말로 내가 너희에게 선포하였는가…."). 본문의 주장은 바울 자신이 복음을 사람으로부터도 아니고 사람을 통해서도 아니고 오로지 그리스도의 계시를 통해서만 받았다고 강조하는 갈라디아서 1:11~12에서의 주장과 완전히 상충합니다. 그러나 여기서와 갈라디아서 1:11~12에서 바울이 복음의 서로 다른 면들을 염두에 두고 있어서 깊이 따져 보면 모순이 아닙니다.

갈라디아서 1:11~12에서 바울은 복음의 진리 자체, 예수 그리스도의 죽음과 부활이 우리를 위한 하나님의 구원의 사건이었다는 그 진리 자체를 염두에 두고 말하고 있는 것입니다. 이 진리 자체는 원래 교회의 핍박자 바울이 그가 핍박하고 있던 그리스도인들로부터 듣기는 했지만 받아들이지 않고 거부하고 있는 상황에서, 하나님이 그리스도를 다메섹 도상에서 바울에게 계시하셨기에 받아들인 것입니다. 그러기에 갈라디아서 1:11~17에서 바울은 자신의 과거 교회의 핍박자였음과 하나님께서 그에게 그리스도를 계시하셨음을 증언하며 자신이 "복음을 그리스도의 계시로 말미암아" 받았다고 강조하는 것입니다. 그런데 이 계시로 받은 복음의 진리는 역사 속에서 구체적으로 예수 그리스도의 삶과 죽음과 부활이라는 사건들로 일어난 것이기에, 이 복음의 진리는 그 사건들을 기술함으로써만 선포될 수 있는 것입니다. 또 이 사건들에 대한 기술(증거)은 예수를 따르며 그 사건들을 실제로 체험했던 제자들이 할 수 있는 것입니다. 그러기에 원래 예수의 제자가 아니었던 바울은 베드로를 위시한 초대 예루살렘 교회의 예수 제자들로부터 그 사건들에 대한 증언을 전수 받아, 그리스도의 죽음과 부활을 그리면서 그 사건들 속에 어떻게 하나님의 구원이 이루어졌는가를 선포할 수밖에 없었던 것입니다.

여기 본문 15:3~5에서 바울은 복음의 진리를 담아 표현해 내는 이 선포의 구체적인 형식을 염두에 두고 말하는 것입니다. 즉 복음의 진리 자체(예수 그리스도의 죽음과 부활을 통하여 우리를 위한 하나님의 구원이 이루어졌다)는 다메섹 도상에서 하나님께서 예수 그리스도를 계시해 주심으로 받았지만, 이제 그렇게 계시로 받은 복음을 바울은 예수의 제자들(선배 사도들)로부터 전수받은 예수 그리스도의 삶과 죽음과 부활을 서술함으로써만 선포할 수 있었습니다. 바울뿐 아니라 누구라도 복음의 진리 자체는 오로지 하나님의 계시(성령의 확신시킴)로 받게 됩니다. 그러나 바울뿐 아니라 누구라도 이 복음의 진리를 예수의 목격자 제자들로부터 전승된 언어를 통해서만 선포할 수 있는 것입니다. 이와 같이 복음에는 계시성과 전승성의 양면이 있습니다. 갈라디아서 1:11~17은 전자를, 이곳 고린도전서 15:1~5은 후자를 말하고 있는 것입니다.

3b~5a절

바울이 전승 받은, 예루살렘 교회에서 형성되어 초대교회에 공용된 복음 선포의 형식입니다. 이것은 네 개의 절들로 이루어져 있습니다. 이 내용이 바로 "복음"입니다. 불행히도 우리의 개역한글성경은 이 절들을 부족하게 드러내는데, 그것들을 원문의 헬라어와 구조가 같은 영어의 문장들을 함께 적으면 이렇습니다:

① 그리스도가 우리의 죄들을 위해서 성경대로 죽었다는 것
(that Christ died for our sins according to the Scriptures)

② 그가 장사되었다는 것
(that he was buried)

③ 그가 성경대로 사흘 만에 일으켜졌다는 것
(that he was raised on the third day according to the Scriptures)

④ 그가 게바에게 보여졌다/나타났다는 것
(that he appeared to Cephas)

바울이 부활을 부인하는 고린도인들을 대상으로 이 복음을 인용하는 이유가 무엇입니까?

첫째는 부활 사상이 그리스도의 구원의 사건에서 가장 기본적인 요소이기 때문에, 부활을 부인하게 되면 기독교 신앙의 복음도 구원도 없음을 확인하기 위해서입니다.

둘째로 그리스도의 확실한 부활처럼 실제 부활이 확실하게 있다는 것을 말하기 위해서입니다. 바로 이 두 번째 이유를 위해서 바울은 그리스도의 부활 출현들에 대해 자신이 그동안 모은 모든 자료들을 덧붙이고 있습니다(5b~8절).

5b~8절

그 후에 열둘에게 (나타났다);

그 후에 오백여 형제들에게 한꺼번에 나타나고 (그 중 다수는 지금까지 살아 있다, 그러나 몇 명은 잠들었다);
그 후에 야고보에게, 그리고는 모든 사도들에게 나타났다;
그리고 맨 마지막으로 유산된 자 같은 내게도 나타났다.

그런데 이 복음의 기술 부분에서 죽음과 부활에만 "성경대로"라는 말이 붙어 있습니다. 그것으로서 첫 절과 셋째 절이 천명하는 그리스도의 죽음과 부활이 하나님께서 선지자들을 통하여 성경에 약속한 구원을 이룬 사건이라는 것(참고 롬 1:2)을 밝히며, 네 절들 중 이 두 절들이 핵심적인 사건들을 서술하는 것임을 알리고 있습니다. 그러므로 둘째 절(장사됨)과 넷째 절(게바에게 나타남)은 각각 앞서가는 절을 확인하는 종속적인 기능을 가지고 있습니다. 그러므로 그리스도의 구원의 사건에 대한 "소식"으로서의 "복음"이란 네 절들로 요약되는데, 그것은 또 그리스도께서 우리 죄를 위해서 죽었다는 것과 사흘 만에 부활되었다는 두 마디로 집약될 수 있는 것입니다. 그래서 복음은 그리스도의 죽음과 부활로 더 요약되는 것입니다.

여기 셋째 절에 그리스도의 부활을 가리켜 "일으켜졌다"라는 수동형이 쓰였는데, 이것은 이른바 신적 수동형으로 하나님의 행위를 나타내고자 하면서 경외의 대상인 하나님의 이름을 주어로 사용하지 않고자 할 때 쓰는 유대인들의 어법입니다. 그러니까 "그(즉 그리스도)가 사흘 만에 일으켜졌다"는 말은 하나님께서 그를 사흘 만에 죽은 자들 가운데서 부활시켰다는 말입니다. 하나님께서 이렇게 "우리의 죄들을 위해 죽은" 그리스도를 부활시킴으로써 하나님은 과연 그의 죽음이 "우리의 죄들을 위한" 것, 즉 우리 죄들을 씻어 버린 (속죄) 제사로 확인한 것입니다. 그리스도의 부활만이 아니라 그의 죽음도 하나님께서 선지자들을 통하여 성경에 약속하고 예언한 바의 성취니, 그리스도의 부활과 더불어 그의 죽음도 하나님의 사건인 것입니다. 이 두 사건들이 구원의 사건인 이유는 첫 절이 더 잘 설명해 주고 있습니다. 그리스도의 죽음이 우리의 죄 문제를 해결한 사건이기 때문입니다. 그래서 그리스도 십자가의 죽음이 복음의 핵심이고, 부활은 그의 죽음을 복음의 핵심으로 확인하는 신적 사건입니다. 그래서 그리스도의 죽음과 부활은 항상 같이 가는, 하나의 구원의 사건의 두 대목들이라 할 수 있습니다.

그러나 우리의 죄 문제를 해결한 사건으로서 그리스도의 죽음이 더 핵심적인 대목이기 때문에, 바울은 복음을 자주 "그리스도가 우리 (죄)를 위해서 죽었다"라는 한마디로 복음을 더 예리하게 요약하는 것입니다(예 롬 5:6, 8, 15; 8:34; 14:15; 고전 8:11; 고후 5:14; 갈 2:21; 살전 5:10). 이것을 가리켜 "죽음의 형식"(the death formula)이라고 합니다.

여기 복음을 네 개의 절들로 선포할 때, 그 주어가 "그리스도"라는 칭호인 것에 유의하십시오. 그 칭호는 "기름부음 받은 자"를 뜻하는 히브리어 "메시아"를 헬라어로 직역한 것입니다. 구약에서 보면 하나님이 그의 종들을 머리에 기름부음의 의식을 통해 세우셨으므로(비교 오늘날 목사들을 머리에 안수하므로 세우는 교회의 의식), 그런 의식을 통해 세움을 받은 하나님의 종들 곧 왕들, 제사장들, 그리고 선지자들이 "메시아"들인 셈입니다. 그러므로 "메시아"는 원래 기름부음의 의식을 통해 하나님의 종으로 세움 받은 자라는 뜻을 가진 보통명사였습니다. 그러기에 이사야 45:1에서는 바빌론에

포로로 잡혀가 있는 유대인들을 해방시켜 성지로 회복시키도록 하나님께서 세운 페르시아의 왕 고레스를 “메시아”라고 부르기도 한 것입니다. 그러나 유대인들은 점차 다윗 왕조를 재건하고 이스라엘을 이방 민족들로부터 해방시킬 “다윗의 씨(/아들/순)”를 하나님께서 종말에 일으켜 “메시아”로 세우리라고 기대하고, 또는 아론의 후예로 올바른 성전의 제사를 받들 대제사장 “메시아”를 세우리라고 기대하게 되었습니다.

이러한 종말론적 소망의 맥락에서 점차 “메시아”는 “종말의 구원자”를 지칭하는 칭호, 또는 고유명사가 된 것입니다. 그러므로 사도들이 예수를 “그리스도”라 고백하고 선포할 때 단순히 그가 “기름부음 받은 자”라는 뜻이 아니라, “종말의 구원자”로 하나님에 의해 세움 받은 하나님의 종이라는 뜻입니다. 복음서들은 예수가 세례 요한으로부터 세례를 받을 때 하늘로부터 내려온 성령의 퍼부음을 받고 하나님으로부터 “너는 내가 기뻐하는 나의 사랑하는 아들이다”(시 2:7과 사 42:1의 혼합 인용)라고 선포되었음을 기록하여 예수가 “메시아/그리스도”, 곧 종말의 구원자로 세움 받았음을 증거하고 있습니다(막 1:9~11/ 마 3:13~17/ 눅 3:21~22; 요 1:29~34).

그러나 예수는 많은 유대인들이 기대했던 대로 다윗 왕조를 재건하고 이방 민족들을 정복하여 이스라엘에게 정치적 자유와 경제적 풍요와 사회 정의를 가져오는 “메시아”적 행위를 한 것이 아니었습니다. 그는 인류 전체의 근본 문제인 죄 문제, 창조주로부터 분리되어 죽음에 이르게 됨의 문제를 해결한 “메시아”였습니다. 바로 예수의 죽음이 대속의 제사로서 “우리 죄들”에 대한 용서를 가져오고 우리를 하나님과의 올바른 관계에로 회복시켜 창조주 하나님의 무한한 자원을 덕 입어 살 수 있도록 한 사건이기에, 즉 그러한 종말의 구원을 가져온 사건이기에, 그의 죽음은 예수의 "메시아"(종말의 구원자)적 과업을 이룬 사건이었습니다. 그래서 예수의 죽음이 그가 "메시아/그리스도"로서 하신 종말의 구원의 행위였다는 것을 나타내기 위해, "죽음의 형식"은 항상 "그리스도"라는 칭호를 주어로 쓰고, 예수가 감당한 구원의 사건을 말하고자 할 때도 항상 이 칭호와 더불어 "그리스도의 죽음과 부활"이라고 쓰는 것입니다. 그래서 여기 본문 3~5절에서 예수가 이루신 종말의 구원의 사역을 선포하는 "복음"에서도 "그리스도"라는 칭호를 사용하고 있는 것입니다.

바울은 그리스도의 죽음의 처절함을 상기시키기 위해서 가끔 복음을 "십자가에 달린 그리스도"라고도 하고(고전 2:2), "십자가의 말씀"이라고도 합니다(고전 1:18). 5a절에 "그가 게바에게 보여졌다/나타났다는 것(that he appeared to Cephas)"까지만 "… 다는 것"(헬라어 hoti/ 영어 that절)로 되어 있고, 그 이후는 "그리고는" 또는 "그 후로는"이라는 뜻을 가진 부사들을 쓰면서 "열둘"에게, "오백 여 형제들에게", "야고보에게", 그리고 "모든 사도들에게" 부활하신 그리스도가 나타나셨음을 열거하는 것으로 되어 있습니다. 이로써 5b절에 "그 후에 열둘에게"부터 이 일련의 부활하신 그리스도의 출현의 보고는 바울이 원래 전승받아 고린도 교회에 전승한 "복음" 속에는 포함되지 않지만, 여기서 부활을 부인하는 고린도 교회의 일부 신자들에게 그리스도의 부활이 확실히 있었음을 강조하기 위해서 바울이 스스로 모은 자료들을 덧붙인 것입니다. 그 강조를 위해서 6절에서는 괄호를 만들어 그리스도의 부활 출현을 함께 체험한 "오백여 형제들" 중 "더러는 잠들었으나"(죽었으나) "다수는 지금까지 살아서" 필요하다면 언제라도 증언할 수 있다는 뜻을 덧붙이기도 합니다.

넷째 절과 그 이후 계속 나오는 "보여졌다/나타났다(ophthe)"는 부활하신 그리스도의 나타나심을 표현하는 전문 언어입니다. 여기 "열둘"은 예수가 하나님 나라의 복음을 선포하여 새롭게 창조하고 모은 하나님 나라의 백성(종말의 하나님의 백성)의 상징이요 대표들로서 하나님의 옛 백성인 이스라엘의 열두 족장들에 상응하는 제자들을 지칭하는 전문 언어입니다. 그래서 예수가 원래 뽑아 세운 열두 제자들 중 유다가 배신하고 탈락했으므로 실제 수는 열하나였으나 본문에서와 같이 "열둘"이라는 전문 언어를 계속 쓰고 있는 것입니다.

부활하신 그리스도를 보았다고 해서 모두 "사도"가 되는 것은 아니었습니다. 바울에 따르면 사도가 되기 위한 두 가지 요건들이 있습니다. 하나는 부활하신 그리스도의 나타남을 본 체험이 있어서 부활하신 주의 증인 노릇 할 수 있어야 합니다(참고 9:1). 이것은 기본적이고도 필수적인 조건입니다. 그러나 그 자체만으로는 충분조건이 못됩니다. 다른 하나는 부활하신 주로부터 사도로 임명되고 파송되어야 합니다(참고 1:17). 그러기에 "오백여 형제들"은 부활하신 그리스도의 나타나심을 본 경험이 있지만 그들은 초대교회에서 "사도"라 칭함받지 않은 것입니다. 부활하신 주 예수 그리스도의 나타나심을 본 사람들 중 특별히 그 주로부터 "사도"로 파송된 자들만이 "사도"가 되었던 것입니다.

또 여기서 유의해야 할 것은 "열둘" 또는 "열두 제자들"만 "사도"

가 아니고, 사도들의 수는 더 많았습니다. 그러나 바울이 다메섹 도상에서 부활하신 그리스도의 나타남을 보고 그로부터 사도로 임명되어 파송되었을 때까지는 "모든 사도들"의 집단이 이미 이루어져 더 이상 "사도"가 생기지 않게 된 상황이 여기 암시되어 있습니다.

8~11절: 바울의 다메섹 체험과 사도직

바울은 다메섹 도상에서 부활하신 예수님이 영광 중에 나타나심을 체험했습니다. 이 체험은 다른 사도들이 한 체험과 같은 종류와 질의 체험이었습니다. 그러기에 바울은 자신의 체험을 위해서도 예수의 부활 출현에 관한 전문어 "보여졌다/나타났다(ophthe)"를 사용하고 있는 것입니다(참고 9:1). 바울은 여기 "마지막으로"란 말로 자신이 부활하신 주 예수 그리스도의 마지막 증인이라는 것을 나타내고 있습니다. 이 말을 앞의 "모든 사도들" 이라는 말과 함께 음미해 보면, 바울은 이미 형성된 부활의 증인들의 집단과 사도들의 집단에 "비정상적으로" 끼어들게 된 것입니다. 이 점을 인정하여 바울은 자신을 "유산된 자", "사도들 중 가장 작은 자"라고 부릅니다.

바울은 다메섹 도상에서 그에게 나타난 부활하신 주 예수 그리스도로부터 "사도"로 부름 받고 보냄 받았습니다. 그래서 그는 예수 그리스도의 부활의 증인으로서 하나의 사도입니다(참고 고전 9:1). 그러나 예루살렘 교회의 일부 유대 그리스도인들은 교회의 핍박자였던 그가 비정상적인 과정을 통해 사도가 되었다고 생각하여(참고 고후 3:1~4:6; 5:11~21) 그의 사도직을 인정하려 하지 않은 것 같습니다(참고 고후 10~13장; 갈 1~2장). 바울도 이곳에서 자신이 예수의 공생

애 동안 그의 제자로서 예수를 따른 일이 없고(참고 행 1:21~22), 더구나 그리스도를 믿는 자들, "하나님의 교회" 곧 하나님의 종말의 백성을 핍박하였기 때문에 "사도"로 불림 받을 자격이 없음을 인정합니다. 그럼에도 불구하고 그는 예수의 사도임을 분명히 주장하는데, 그것은 그가 사도 됨의 요건을 전적으로 부활하신 주 예수 그리스도를 보고 예수로부터 보냄 받은 것으로 보고 있기 때문입니다. 사도직에로의 소명을 전적으로 하나님의 "은혜"로 보고 있기 때문입니다.

"은혜"는 근본적으로 그리스도 예수 안에서 이루어진 하나님의 우리를 위한 구원의 행위, 그리스도 예수를 통해 보여 주신 하나님의 사랑을 지칭하며, 그로부터 확대하여 하나님의 모든 구원/사랑의 행위를 지칭하는 바울의 독특한 신학 언어입니다. 우리는 이 개념의 배경을 구약이 보여 주는 하나님의 언약에 신실하신 사랑에서 찾아볼 수 있고, 또 이 개념의 내용을 예수의 하나님의 사랑에 대한 가르침에서 확인할 수 있지만, 이 개념 자체는 바울이 만들어 냈다 해도 과언이 아닙니다(참고 요 1:14~17).

바울이 예수 그리스도 안에서 (또는 예수 그리스도를 통해서) 인간들에게 베푸신 하나님의 구원의 사랑을 이 개념으로 설명하게 된 것은 분명히 그의 다메섹 체험에 근거하고 있습니다. 이 개념은 전혀 자격(또는 공로)이 없는 죄인들에게 하나님께서 거저 베푸시는 사랑을 말합니다. 교회의 핍박자로서 하나님께 대항하였던 죄인 바울은, 다메섹 도상에서 우리의 구원은 인간의 지혜나 선행으로 이루어질 수 없고 전적으로 하나님의 은혜에 의해서만 가능한 것임을 깨달았습니다. 그래서 그는 그의 다메섹 도상 체험을 논할 때마다 하나님의 "은혜"를 말하지 않을 수 없습니다(참고 갈 1:15; 엡 3:2, 7, 8).

다메섹 도상에서 바울에 대한 하나님의 은혜의 소명은 구체적으로 사도직으로 나타났습니다(위 9장의 강해에서 덧붙여 설명한 바울의 소명 사상을 참고하시오). 그러기에 바울은 그의 사도직을 항상 "내게 (하나님에 의해) 주어진 은혜"라고 부르는 것입니다(롬 12:3; 15:15; 고전 3:10; 갈 2:9; 엡 3:2, 7, 8).

바울은 여기서 자신의 죄악스런 과거를 의식하고 겸손히 자신을 "유산된 자" 또 "사도들 중 가장 작은 자"라고 지칭하면서도, 다른 사도들에 비해 조금도 부족하지 않은 사도라는 자신을 가지고 있습니다. 그것은 바울 자신도 그들과 똑같은 예수의 부활 출현의 목격과 사도로서의 소명이라는 하나님의 "은혜"를 받았기 때문이며, 더 나아가 자기가 그들 모두보다 "더 많이 수고했기" 때문이기도 합니다. 바울은 자신에게 주어진 하나님의 은혜가 "헛되지 않았다"고 합니다. 이것은 그가 사도직을 행사함에 있어 게으르거나 열매 없는 자가 아니었다는 것을 말합니다. 그러나 이 표현은 우리에게 주어진 하나님의 소명의 은혜가 헛될 수 있다는 것을 내포하여 15:2a의 "헛되이 믿음"의 가능성과 병행하며, 우리에게 믿음의 순종(롬 1:5)에나 소명에의 순종에 있어 게을리하면 안 된다는 것을 암시하고 있습니다.

바울은 자신이 다른 사도들보다 "더 많이 수고했음"을 지적하고는 곧장 자신이 한 것이 아니라 "하나님의 은혜"의 역사라고 고쳐 말합니다. 우리는 우리의 모든 사역을 두 관점에서 볼 수 있습니다. 우리의 모든 사역은 분명히 우리가 하는 것이므로, 애써 이룬 자신의 사역에 대해서 자부할 수 있습니다. 그러나 우리가 이룬 어떤 긍정적인 것(참된 것, 선한 것, 아름다운 것)도 죄인들인 우리 속에서 나온 것이 아니라 결국 우리 속에서 역사하시는 하나님의 영의 깨우침, 인도하심, 힘 주심에 의해서 이룬 것입니다. 그러기에 바울은 자신의 많은 수고를 통해 이룬 사도적 업적을 전적으로 "하나님의 은혜"의 역사라고 하는 것입니다. 우리가 이 진리를 깨달았다면 아무리 큰일을 이루었다 한들 교만해지고 자랑할 수 없는 것입니다.

바울은 인간이 자신에 내재하는 자원 ("육신")을 "신뢰"하고 그 자원에 의한 업적을 "자랑"하는 것을 인간의 죄의 본질로 보았습니다. 그래서 그는 그리스도인들에게 자신을 "신뢰"하지 말고 "자랑"하지 말며, 오로지 "주"(만)를 자랑하라고 되풀이하여 강조한 것입니다(예 롬 3:27; 4:2; 5:11; 고전 1:31; 고후 10:17; 갈 6:14; 빌 3:3).

11절

"그러므로 나나 그들이나 이렇게 선포하고, 너희도 이렇게 믿었다."

여기서 "그들"은 위에 언급한 게바(베드로), "열둘", 야고보, "모든 사도들"을 지칭합니다. 그러니까 3b~5a절에 요약된 "복음"은 모든 사도들이 공통적으로 선포하는 복음이고, 모든 교회들이 공통적으로 믿는 복음입니다. 따라서 일부 부활을 부인하는 고린도의 그리스도인들도 그 복음을 믿었던 것입니다. 그러니까 3b~5a절에 네 절들로 요약된 복음은 베드로와 야고보 등이 대표하는 유대 교회와 바울이 대표하는 이방 교회를 모두 통합하는 첫 에큐메니컬 신앙고백입니다.

현재 기독교 세계가 크게 동방정교회, 서방 교회의 로마 가톨릭 교회와 개신교회로 삼분되어 있습니다. 이 삼분된 교회가, 즉 모든 역사적 기독교 세계가 함께 고백하는 신앙고백은 하나인데, 그것이 바로 "사도신경"이라 불리는 것입니다. "사도신경"은 주후 2세기 중반부터 5세기까지 점진적으로 다듬어져 오늘의 형태를 갖춘 신앙고백으로, 사도들이 만든 신앙고백이라는 뜻이 아니라 사도적 신앙을 고백한다는 뜻입니다. 이 고백 하나만이 모든 기독교회의 공통된 고백입니다. 그러나 우리는 3b~5a절을 보다 근본적인 의미의 "사도신경"이라 할 수 있을 것입니다. 그것은 바울의 증언대로 사도들이 만들고 모든 사도들과 유대 교회와 이방 교회가 함께 고백하는 신앙고백이기 때문입니다.

여기 3b절의 "그리스도가 … 우리의 죄들을 위해서 죽었다는 것"이 헬라적 어법("… 를 위해서 죽다")으로 표현되어 있습니다. 또 구약에서는 남을 위해서 죽는 것을 금하고 있는 반면, 헬라 세계에서는 가문이나, 친구, 조국을 위한 죽음, 자신의 철학 학파를 위한 죽음 등의 사상이 흔하였습니다. 이런 이유들을 들어 어떤 비판적인 학자들은 그리스도의 죽음이 우리의 죄를 위한 속죄의 제사였다고 하는 해석이 안디옥 교회의 헬라 그리스도인들에게서 비롯되었으며, 그러므로 3b~5a절의 복음도 그들이 형성한 것으로 보아야 한다고 주장하기도 합니다. 그러나 이런 주장은 바울의 여기서의 명백한 증언에 반한 것으로 받아들이기 어려운 것입니다. 이 문제에 대해 깊이 연구한 마틴 헹겔(M. Hengel) 교수는 구약에도 예외적으로 이사야 53장에 하나님의 백성을 위해 자신을 속죄 제사로 바치는 주의 종의 노래가 나오려니와, 그 노래가 이 본문을 비롯하여 신약의 "죽음의 형식"이 나오는 곳들에서 그리스도의 죽음이 대속의 제사됨을 밝히는 성경적 근거로 암시되어 있음을 들어 이러한 주장을 반박합니다. 그는 최후의 만찬의 극과 말씀을 볼 때 예수도 자신의 죽음을 이사야 53장의 예언에 따라 해석하여 하나님의 백성을 위한 속죄 제사로 이해한 것이 분명하다고 주장합니다. 더 나아가 가령 로마서 4:25의 "[우리 주 예수]는 우리의 범죄들을 인하여 넘겨졌다, 그리고 우리의 의인됨을 위해서 일으켜졌다"에서 "넘겨졌다"는 전형적인 셈족(히브리어/아람어) 어법인 것을 지적하며, 원래 본문 3b절도 게바와 야고보 등 아람어를 쓰던 예루살렘 교회의 사도들이 "그리스도는 우리 죄들을 인하여 넘겨졌다"라고 한 것을 바울이 헬라어를 사용하는 고린도인들에게 헬라적 어법으로 고쳐 전승한 것이라고 지적합니다.

하나님께서 우리의 구원을 위해서 그의 아들을 "넘겨 주셨다"는 이른바 "넘겨 줌의 형식"은 신약성경의 중요한 하나의 복음 선포양 식입니다(예 요 3:16; 롬 8:32; 갈 2:20). 이 "넘겨 줌의 형식"은 공관복음서들에서 예수가 "인자가 넘겨질 것이다"라는 문장 형식으로 자신의 죽음을 예고하곤 한 것(막 9:31; 10:33; 14:21)에 상응하여, 그의 부활 후 아람어를 쓰던 초대교회가 발전시킨 것입니다. "그리스도께서 우리들의 죄를 위해서 넘겨졌다"는 표면적으로는 예수가 유다에 의해 유대와 로마의 관원들에게 "넘겨짐"을 뜻하지만(참고 막 14:20~21, 44), 보다 더 깊은 의미로 하나님께서 그를 우리를 위한 속죄의 제사로 "넘겨 주심"을 신적 수동형으로 표현한 것입니다(롬 4:25).

하여간 여기 11절에서 바울이 시위하고 강조하고자 하는 바는 모든 사도들과 모든 교회들이 고백하는 신앙고백에 그리스도의 부활이 핵심으로 포함되어 있다는 것입니다. 따라서 그리스도의 교회의 일원이라 자칭하는 한 누구도 부활이 없다고 할 수 없음을 말하고자 하는 것입니다.

토론해 봅시다

1. 우리의 구원이 우리의 공로에 의한 것이 아니라 전적으로 하나님의 은혜에 의한 것임은 우리에게 얼마나 큰 위안을 주는가?
2. 하나님의 우리에 대한 은혜의 소명은 구체적으로 어떤 것인가? 우리도 바울과 같이 그것이 헛되지 않았다고 말할 수 있는가?
3. 모든 선한 것(예 전도, 구제)은 궁극적으로 하나님의 은혜에 의한 것이므로 인간은 선을 위한 아무런 노력을 하지 않아도 되는가?
4. 그리스도인은 어떤 열등감이나 우월감을 가질 수 있는가? 우리는 그런 것들을 느낄 때 어떻게 해결하는가?

2) 부활을 부인하면(15:12~19)

12 그리스도께서 죽은 자 가운데서 다시 살아나셨다 전파되었거늘 너희 중
에서 어떤 사람들은 어찌하여 죽은 자 가운데서 부활이 없다 하느냐
13 만일 죽은 자의 부활이 없으면 그리스도도 다시 살아나지 못하셨으리라
14 그리스도께서 만일 다시 살아나지 못하셨으면 우리가 전파하는 것도
헛것이요 또 너희 믿음도 헛것이며
15 또 우리가 하나님의 거짓 증인으로 발견되리니 우리가 하나님이 그리스
도를 다시 살리셨다고 증언하였음이라 만일 죽은 자가 다시 살아나는
일이 없으면 하나님이 그리스도를 다시 살리지 아니하셨으리라

16 만일 죽은 자가 다시 살아나는 일이 없으면 그리스도도 다시 살아나신
일이 없었을 터이요
17 그리스도께서 다시 살아나신 일이 없으면 너희의 믿음도 헛되고 너희가
여전히 죄 가운데 있을 것이요
18 또한 그리스도 안에서 잠자는 자도 망하였으리니
19 만일 그리스도 안에서 우리가 바라는 것이 다만 이 세상의 삶뿐이면 모
든 사람 가운데 우리가 더욱 불쌍한 자이리라

국제적 항구 도시 고린도의 혼합 종교적인 분위기 속에는 죽음과 그 이후에 대한 다양한 견해들이 있었습니다. 플라톤 철학의 영향을 받은 사람들은 영혼이 죽음을 통하여 몸으로부터 분리된다고 믿었습니다. 에피쿠로스 학파의 추종자들은 죽음으로 한 인간의 존재는 완전히 끝난다고 보았습니다. 신비 종교들의 신봉자들은 신과 연합하여 이 세상에서는 행복한 삶을 얻고, 죽음 후에도 영혼의 지속적인 삶을 얻을 수 있다고 보았습니다. 그러나 이런 다양성에도 불구하고 모든 헬라인들은 그들의 근본적인 이원론(영-육)에 근거하여 죽은 자의 몸이 부활하여 영생한다는 것은 받아들일 수가 없었습니다(참고 행 17:32).

구약에서는 일부 후기 선지서들에서 부활사상이 비로소 나타나기 시작하여(단 12:2; 참고 사 25:8; 26:19), 점차 유대교 묵시사상의 중요한 요소가 되었습니다. 그래서 바리새인들은 이 세대(/세상) 끝에 모든 죽은 자들이 부활할 것으로 믿었습니다. 그러나 모세오경만을 인정한 사두개인들은 부활사상을 "새로운 신학"으로 보고 거부하였습니다.

예수님은 사두개파에 반하여 부활을 가르쳤고(막 12:18~27), 그에

따라, 그의 부활을 체험한 초대 그리스도인들도 부활을 그들의 종말론적 소망의 중심으로 삼았습니다. 원래 바리새인으로서 부활을 믿었던 바울은 다메섹 도상에서 부활하신 주 예수 그리스도를 봄으로써 그의 부활신앙이 더욱 확고하게 된 것입니다. 그리하여 그는 그리스도의 죽음과 부활을 "복음"으로, 곧 인간들로 하여금 죽음을 극복하고 영생케 하는 하나님의 구원 역사에 대한 기쁜 소식으로 고린도인들에게도 선포하였습니다(15:1~11).

12절

그러나 고린도 교회의 일부가 "죽은 자들의 부활이란 없다"고 주장하였습니다. 이들의 주장이 좀 더 구체적으로 무엇을 의미했습니까?

① 에피쿠로스 학파의 유물론에 근거하여, 죽음으로 모든 것이 끝난다고 보아서 "부활"을 부인한 것입니까?

② 플라톤주의의 영혼 불멸설에 따라 "몸"의 "부활"을 부인한 것입니까?

③ 데살로니가의 그리스도인들처럼 주 예수 그리스도의 재림 때 살아 있는 사람들만 영생에 참여할 수 있으리라고 본 것입니까(살전 4:13~18)?

④ 디모데후서 2:18의 이단자(영지주의자)들과 같이 영적 부활이 이미 발생했다고 보았습니까? 혹은

⑤ 바울이 고린도인들의 부활에 관한 견해를 오해했습니까?

최근 많은 학자들은 ④의 가능성을 많이 지지합니다. 그것은 고린도의 그리스도인들이 이미 그리스도와 함께 완성된 하나님 나라의 통치에 참여하고 있는 것으로 생각하고(4:8), 자신들이 받은 성령의 신비롭게 보이는 은사들을 그 증거로 보며 특히 방언하는 것을 자신들이 천사들과 같이 되어 천사들의 언어를 할 수 있게 된 것으로 본 것 같으며(13:1), 세례와 성만찬이 구원을 보장하는 마력을 가진 것으로 생각한 것 같기(10:1~22) 때문입니다.

이 점들에 근거하여 학자들은 고린도의 그리스도인들 중 일부가 세례와 그때 성령 받음의 체험을 그리스도와 함께 (영적으로) 부활하여 완성된 구원의 상태에 이른 것으로 생각하지 않았나 추측합니다(참고 골 2:12; 엡 2:6). 세례 때 성령에 의하여 (영적) 부활을 이미 체험했다고 믿는 자들은 자연히 헬라사상과 맞지 않는 미래의 "몸"의 부활을 부인하게 된 것입니다. 그들은 예수 그리스도의 부활도 "몸"의 부활이 아니라 "영적" 부활로 보았을 것입니다.

12~19절

바울은 부활을 부인함은 바울이 전하고 그들이 받은 복음을 정면으로 부인하는 행위임을 지적하고, 부활을 부인함에 함축된 논리적 결론들을 "그러면 그리스도도 부활되지 않았다"(13절과 16절)로 시작되는 두 연쇄 고리들로 나타냅니다. 그리스도의 부활을 부인하면,

– 바울의 복음이 헛되고, 거짓된 것이며

– 믿음도 헛되고, 죄 사함도 없으며

– 그리스도를 믿고 죽은 자들도 영영 죽은 것이며

– 이 생을 넘어서는 소망은 있을 수 없고, 그러기에 그리스도인
들은 가장 불쌍한 사람들이 되고 만다.

1~11절에서 먼저 복음에 근거하여 그리스도의 부활을 강력하게 증거한 바울은 이제 그의 논증의 두 번째 단계인 12~19절에서 부활을 부인함의 함축의 의미가 얼마나 심각한지 말하고 있습니다.

3) 그리스도의 부활과 미래(15:20~28)

20 그러나 이제 그리스도께서 죽은 자 가운데서 다시 살아나사 잠자는 자들의 첫 열매가 되셨도다
21 사망이 한 사람으로 말미암았으니 죽은 자의 부활도 한 사람으로 말미암는도다
22 아담 안에서 모든 사람이 죽은 것 같이 그리스도 안에서 모든 사람이 삶을 얻으리라
23 그러나 각각 자기 차례대로 되리니 먼저는 첫 열매인 그리스도요 다음에는 그가 강림하실 때에 그리스도에게 속한 자요
24 그 후에는 마지막이니 그가 모든 통치와 모든 권세와 능력을 멸하시고 나라를 아버지 하나님께 바칠 때라
25 그가 모든 원수를 그 발 아래에 둘 때까지 반드시 왕 노릇 하시리니
26 맨 나중에 멸망 받을 원수는 사망이니라
27 만물을 그의 발 아래에 두셨다 하셨으니 만물을 아래에 둔다 말씀하실 때에 만물을 그의 아래에 두신 이가 그 중에 들지 아니한 것이 분명하도다
28 만물을 그에게 복종하게 하실 때에는 아들 자신도 그 때에 만물을 자기에게 복종하게 하신 이에게 복종하게 되리니 이는 하나님이 만유의 주로서 만유 안에 계시려 하심이라

20~22절

그리스도가 실제로 부활하였다는 사실을 다시 한 번 확인한 후, 바울은 그 부활의 의미를 밝히기 시작합니다. 즉 그리스도의 부활이 우리의 미래에 어떤 소망을 여는지 말해 줍니다. 바울은 이것을 아담-그리스도 대조론으로 설명합니다(21~22, 45~49절; 참고 롬 5:12~21). 그리스도께서 죽은 자들 가운데서 일으켜져서 "잠자는 자들의 첫 열매가 되셨다"고 합니다. 여기서 "잠잔다"는 말은 물론 죽음을 미화하여 표현하는, 여러 문화권들에서 통용된 보편적 그림 언어인데, 부활을 믿는 그리스도인들에게는 죽음이 부활로 "잠"에서의 "깸"을 위한 대기 상태라는 함축 의미와 그러기에 잠깐의 "쉼"의 상태라는 함축 의미를 나타내는 좋은 그림 언어입니다. 그리스도의 부활은 인류의 조상인 아담이 그 후손들에게 지워 준 죽음의 운명을 뒤집은 사건입니다.

바울은 이 사실을 21절에서 "죽음이 사람으로 말미암아 발생했으니, 죽은 자들의 부활도 사람으로 말미암아 발생했다"라는 말로 먼저 일반적인 원리로 진술하고, 22절에서 성경의 구원사적 언어로 그것을 표현합니다. 즉 첫 창조의 아담이 죽음을 들여왔는데, "종말의 아담"(45절)인 "그리스도"가 첫 창조의 "아담"이 가져온 인류의 숙명을 극복하고 부활을 가져와서, 그와 연합해서 모든 사람들이 "생명"을 얻을 수 있게 되었다는 것입니다. 히브리어로 "아담"은 첫 인간의 이름이지만, "사람"을 뜻하기에 21절의 "사람"을 22절에서 "아담"으로 받아 어떻게 그 첫 "사람" "아담"을 통해 "죽음"이 발생하여 그의 후손들로서 그와 연대성 속에 있는 "모든 사람들"에게 "죽음"이 숙명적으로 지워져 있는지를 설명합니다.

여기서 바울은 아담과 그리스도를 모형론으로 비교하고 대조하고 있습니다. 그들 간의 비교점들은 그들이 각 세대의 조상들로서, 각기 후손들의 운명을 결정한다는 것입니다. 아담은 첫 창조의 조상으로서 이 첫 창조의 세상에 속한 모든 사람들의 운명을 결정하고, 그리스도는 "종말의 아담"(45절) 곧 종말의 새 창조(고후 5:17)의 조상으로서 그를 믿음으로 새로 지음 받는 모든 사람들의 운명을 결정한다는 것입니다. 아담과 그리스도 간의 대조점들은 아담은 불순종으로 죽음을 인류에 들여왔고 그리스도는 삶을 들여왔다는 것입니다. 여기에 전제된 것은 조상을 자기의 씨들(후손들)을 자기 속에 내포하고 대표하여 그들의 운명을 결정한다는 "내포적 대표" 또는 "가지들"(후손들)이 돋아나게 하고 자양분을 공급하여 그들의 운명을 결정하는 "줄기"(Stammvater)로 보는 관점입니다.

인류는 그들의 조상 아담이라는 "줄기"에서 나온 "가지들"이기에 그가 결정한 존재방식, 곧 창조주에 등을 돌리고 스스로의 주가 되어 자기 안에 내재하는 자원으로 자기의 생명과 안녕을 확보하려는 존재방식(이것이 죄의 본질임)을 따라 살게 되고, 그리하여 그가 가진 자원의 한계성(/결핍성)에 숙명지워지는 것입니다. 그 한계성(/결핍성)에서 인간의 온갖 고난들이 나오는데(예 지혜가 부족하여 미래에 대해 불안함, 사랑이 부족하여 갈등하고 상처를 주고받음, 영원이 아니라 시간에 얽매여 늙고 병들고 죽음 등), 이 모든 고난들은 "죽음"의 증상들입니다. 이 진리를 바울은 로마서 6:23에서는 "죄의 품삯은 죽임이다"고 말하여, 아담이 뱀으로 형상화된 사탄의 유혹에 빠져 창조주 하나님을 의지하고 순종하는 대신 자신이 "하나님같이 되려" 한 "죄"(즉 자신의 뜻을 좇고 자신의 힘을 의지하려 함, "자기 주장"–창 3:5), 그리하여 실제로는 사탄을 순종한 “죄”를 지음으로써 사탄으로부터 “죽음”을 그 “품삯”으로 받게 되었다는 식으로 설명합니다. 이 진리를 예수님은 탕자의 비유(눅 15:11~32)로 더 직관적으로 이해할 수 있도록 설명한 것입니다. 로마서 6:23과 마찬가지로 여기 본문 22절에서도 바울은 창세기 3장의 아담의 타락의 진리를 두고 말하는 것인데, 다만 아담의 “자기 주장”의 형태로 이루어진 그 타락(하나님의 통치를 거부하고 사탄의 통치에 순종함)이 “아담 안에” 내포되어 있는 자들(그의 “가지들”에 해당하는 그의 후손들)의 존재방식을 결정하여 그들 모두로 하여금 그의 타락(범죄)과 “죽음”의 숙명에 놓이게 했다는 것을 덧붙여 밝히는 것입니다.

이렇게 “아담 안에” 있는 자들을 위해 예수 그리스도는 자신을 대속의 제사로 바쳐 그들의 죄가 씻기고(용서되고) 하나님과의 올바른 관계에 회복되어, 곧 하나님께 의존하고 순종하는 관계에 들어가, 하나님의 무한한 부유함을 덕 입어 살 수 있는 길을 연 것입니다. 그리스도의 부활은 바로 창조주 하나님의 생명의 힘을 덕 입어 죄가 가져오는 죽음을 극복한 사건이었습니다. 그러므로 사람들이 그리스도가 자신들의 “죄들을 위해서 죽었다” 즉 자신들의 죄들을 자신들의 대신/대표(“내포적 대표”)로서 담당했다는 “복음”을 받아들이면(믿으면), 그들은 자신들의 “내포적 대표”인 그리스도 안으로 내포되고 그와 연합하게 됩니다. “그리스도를 믿는다” 함은 “‘그리스도가 우리(죄)를 위해 죽고 부활했다’(구원의 사건–복된 소식–복음)를 믿는다”의 축약 형식인데, 그러니까 이 믿음은 우리를 그리스도 안에 내포시키고 그와 연합시키는 것입니다. 이렇게 믿음으로 “그리스도 안에” 있게 된 사람들은 이제 “아담 안에” 있음의 죄와 죽음의 숙명으로부터 해방(구속/속량)되어 그리스도가 가져온 삶, 창조주 하나님과의 올바른 관계에서 오는 삶, 부활의 삶을 얻게 된 것입니다.

그러나 그리스도의 이 구속(속량)은 종말론적 유보의 구조를 가지고 있어서, 그리스도의 죽음과 부활로 *이미*(already) *발생하였으나, 아직도 완성되지 않은*(but not yet) 상태에 있습니다. 우리는 그리스도를 믿음으로 말미암아 그리스도의 죽음과 부활로 *이미*(already) *발생한* 구원을 누리기 시작하였는데, 그것은 어디까지나 그리스도가 재림하실 때 *완성될* 구원의 "첫 열매" 또는 첫 맛에 불과한 것입니다(롬 8:23). 그리스도를 믿음으로 하나님과의 올바른 관계에 회복되어(바울은 이것을 여러 가지 그림들로 설명합니다: 의인됨, 화해됨, 하나님의 자녀로 입양됨, 새로 창조됨 등) 우리가 벌써 누리게 된 자유, 평강, 사랑, 건강 등이 그 "첫 열매"에 해당하는 것입니다.

그러나 우리는 종말이 유보된 이 세대(/세상)에서 아직도 죄와 죽음의 힘에 노출되어 죽음의 증상들인 갖가지 고난들을 겪으며 결국 죽음을 맞아 무덤에 들어갑니다. 우리의 구원의 완성은 우리가 죄와 죽음의 세력으로부터 완전히 해방되고 하나님의 신(神)적 온전에 참여하는 것인데, "부활" 이 그 표상입니다. 우리는 그리스도를 믿음으로 그리스도의 죽음과 부활로 *이미*(already) *발생한* 구원의 "첫 열매"를 누리지만, 그 구원의 *완성*인 부활에는 *아직도* 참여하지 *못하고* 있습니다. 오로지 예수 그리스도만이 부활되어 그 구원의 *완성*의 상태에 이를 것입니다.

여기 간략하게 설명한 그리스도의 구원의 사건과 그것을 알리는 "기쁜 소식"("복음"), 그것을 받아들임/믿음을 통해서 얻는 "구원" 등에 대해서 좀 더 자세한 설명을 원하면 필자가 평신도들을 위해 쓴

「구원이란 무엇인가?」(두란노아카데미)와 「복음이란 무엇인가?」(두란노아카데미)를 참고하시기 바랍니다.

23절

그러나 바울은 예수 그리스도가 "첫 열매"로 부활하신 것이라고 강조합니다(20, 22절). 예수 그리스도가 앞으로 부활하게 될 모든 사람들(전체 "수확")의 대표로서 그들보다 먼저 "수확된" "첫 열매" (참고 출 23:19; 신 26:1 이하) 라는 것입니다. 그러므로 전체 "수확"이 먼저 익은 "첫 열매"를 필연적으로 따르게 되어 있듯이, 우리들도 "잠자는 자들"로부터의 부활의 "첫 열매"인 그리스도를 따라 장차 필연적으로 죽은 자들로부터 부활하게 되리라는 것입니다. 바울은 이것은 그리스도의 재림 때 일어날 것이라고 말하면서, 그리스도의 부활로 시작되어 그의 재림 때 완성될 종말에 일어나는 사건들을 열거합니다. 먼저 부활은 각기 "차례대로" 일어나게 되어 있다며, 먼저 그리스도가 "첫 열매"로서 부활하고, "그 후 그리스도에 속한 자들", 즉 그리스도를 믿어 "그리스도 안에" 있는 자들(22절)이 그리스도의 재림 때 부활하리라는 것입니다(23절).

24~28절

"그 후에 끝(종말)이 오는데, 그것은 그가 모든 통치와 모든 권위와 모든 권능을 멸망시키고는 왕권을 하나님 아버지께 넘겨드리는 때이다."

이때가 그리스도의 부활로 시작된 종말의 끝이요 극치입니다. 여기서 "모든 통치와 모든 권위와 모든 권능"은 창조주 하나님의 나라(통치)에 반하는 모든 사탄의 세력들을 통칭하는 구문인데, 이들은 하늘의 영적 세력뿐 아니라 그들의 뜻을 좇아 악과 불의를 자행하는 땅위의 통치 세력들도 포함하고(참고 2:8), 인간을 압제하고 괴롭히는 모든 세력들(예 죽음, 26절)까지도 포함하는 것입니다.

바울은 종말의 극치에 그리스도가 "왕권을 하나님 아버지께 넘겨드린다"고 말함으로써 그리스도가 하나님의 "아들"(28절)로서 하나님 "아버지"로부터 그의 왕권을 이양 받아 한시적으로 대행하며 하나님의 이 세상에 대한 구속 사역을 담당하고 있는 것으로 이해하고 있음을 암시하는데, 25절은 바로 그것을 확인합니다.

여기 "(모든) 원수들을 그의 발 아래 둘 때까지"는 27절의 "그가 만물을 그의 발 아래 두셨다"와 함께 시편 110:1을 인용하는 말입니다. 바울을 비롯한 초대교회의 그리스도인들은 그리스도의 부활을 시편 110:1의 예언의 성취로 보고 하나님께서 예수 그리스도를 죽은 자들 가운데서 일으키셔서 자신의 우편에 앉히고 모든 원수들을 그에게 굴종시킨 사건으로 이해하였습니다. "하나님의 우편에 앉음"은 옛 근동의 궁중 의식에서 온 상징어인데, 그것은 하나님의 대권을 위임받아 하나님의 통치를 대행하는 분으로 취임했다는 뜻입니다. 그렇게 부활로 높여져 하나님의 우편에 앉게 된 예수 그리스도께 하나님의 이름 "야훼/퀴리오스"("주/主")가 주어지고 그리하여 예수 그리스도는 하나님의 주권의 대행자가 된 것입니다(빌 2:9~11; 행 2:35~36; 히 1:13; 계 4~5장 등). 사도들은 이 뜻을 "예수가 주이시다"라는 말로 신앙을 고백하고 복음을 선포한 것입니다.

그들은 또 "예수가 하나님의 아들이다"라는 말로 신앙을 고백하고 복음을 선포하기도 했습니다. 성경에서 "아들"이란 말은 "상속

자"라는 뜻을 기본으로 가지고 있습니다(참고 롬 8:17). 그러므로 "예수가 하나님의 아들이다"는 신앙고백은 예수 그리스도가 하나님으로부터 그의 주권을 "상속" 받아 그것을 대행한다는 뜻을 나타내는 것입니다. 그러기에 본문에서 "만물을" 그리스도의 "발 아래 두시는" 분(27절)은 "아버지 하나님"이라 칭하고, "아버지 하나님"으로부터 전권을 위임받은 분은 "아들"이라 칭하는 것입니다(28절).

공관복음서들(마태/마가/누가)을 보면 예수는 "하나님 나라"의 복음을 선포하면서, 하나님을 대신하여 사람들에게 죄 용서를 선언하고 그들을 치유함으로써 하나님의 구원을 시위하며, 그 구원의 종말론적인 완성을 얻기 위해 "하나님 나라"로 들어오라고 초대했습니다. 즉 예수는 하나님의 통치를 위임받은 분("하나님의 아들")으로 행세하며 하나님의 통치를 대행하였습니다. 이 사실을 요한복음은 예수가 아예 하나님을 "나를 보내신 아버지"라 부르고 자신을 하나님 "아버지"로부터 보냄 받은 "아들"로 부르는 것으로 기술하여 더 명백히 드러내는 것입니다. 하나님은 그를 죽은 자들 가운데서 일으켜 시편 110:1이 예언한 대로 자신의 우편에 앉히고 자신의 이름 "주"를 주어 즉 자신의 주권을 위임하여, 예수가 자신의 "아들", 자신의 주권의 "상속자" 또는 대행자임을 확인한 것입니다.

하나님께서 예수 그리스도를 사탄의 최후의 무기인 죽음을 깨뜨리고 부활하게 하심으로 이미 예수 그리스도로 하여금 사탄을 이기게 하셨고, 자신의 우편에 높여 "만물을 그의 발 아래 두심"(27절)으로 하늘에서는 이미 사탄뿐 아니라 그의 졸개들 모두 주 예수 그리스도께 굴종된 것입니다. 하늘에서 이미 이루어진 그리스도의 이 승리가 이제 땅 위에서 실제화(actualization)되어야 하는 것입니다. 땅 위에서는 아직도 사탄의 세력들이 주 예수 그리스도께 굴종하지 않고 계속 창조주 하나님의 통치에 반역하며 죄악과 죽음(모든 고난들)을 조장하고 있기 때문입니다. 요한계시록은 이 진리를 그리스도가 하나님의 하늘의 왕좌에 앉고(계 5장) 사탄("용")은 그의 졸개 천사들과 함께 그리스도의 천사들인 미가엘과 그의 군사들에게 패퇴하여 하늘에서 쫓겨난 뒤 땅 위에서 교회("여자"와 그의 "자손들"), 곧 하나님의 백성에게 전쟁을 벌이는 것으로 묘사합니다(계 12:5~13). 그래서 본문 24~28절은 부활하여 "하나님 아버지"의 "왕권" 또는 주권을 위임(상속)받은 하나님의 "아들" 예수 그리스도가 이제는 하늘에서 일어난 승리를 땅 위에서도 실제화하여 모든 사탄의 세력들("모든 통치와 모든 권위와 모든 권능")을 멸망시켜 가고 있는 것으로 말합니다. 그러니까 본문은 그리스도의 부활-승천부터 그의 재림 때까지의 기간(구원사의 "현재")은 그의 부활로 사탄의 최후의 무기인 죽음을 깨뜨림으로써 사탄을 결정적으로 이긴 그리스도께서, 하나님의 주권을 위임받아 아직도 땅 위에서 맹위를 떨치며 죄악과 죽음(모든 고난들)을 조장하고 있는 사탄의 패잔병들을 소탕하여, 온 우주를 자신의 주권 아래 회복하고 평정해 가는 기간이라고 암시하고 있는 것입니다.

바울뿐 아니라 계시록 등 신약성경의 다른 복음 선포자들도 주 예수 그리스도의 사탄에 대한 승리와 온 세상에 대한 구원의 사역을 대체로 이렇게 두 단계를 거쳐 이루어지는 것으로 그리는데, 이것을 2차 대전 이후의 신학자들은 D(Decision)-Day와 V(Victory)-Day의 그림으로 설명하기를 좋아합니다. 1944년 6월 제2차 세계대전 당시 연합군이 프랑스의 노르망디 해안에서 독일군을 결정적으로 무찔러 전쟁은 결판(decision)이 났습니다. 그러나 그때 전쟁이 끝난 것이 아니고 연합군의 독일군에 대한 소탕작전이 거의 일 년 간이나 더 계속되다가, 1945년 5월 8일 베를린을 함락하고 독일이 정식으로 항복함으로써 연합군은 승리(victory)하고 전쟁은 끝나게 된 것입니다. 이 그림에 맞추어 그리스도가 십자가와 부활로 사탄에 대해 결정적 승리를 한 것을 전쟁이 "결판난 날" 곧 D(Decision)-Day의 승리라 하고, 지금 현재는 그리스도가 사탄의 잔여 세력을 소탕해 가는 기간으로 보며, 그의 재림 때 그가 사탄의 세력들을 완전히 멸망시킬 때를 "승리의 날" V(Victory)-Day라 할 수 있는 것입니다. 우리는 그리스도의 D(Decision)-Day의 승리를 덕 입어 이미 또는 벌써 구원의 "첫 열매"를 받고 누립니다. 그러나 우리는 아직도 사탄의 패잔 세력의 발호로 죄악과 죽음 (모든 고난들)에 노출되어 있습니다. 그러나 그리스도께서 다시 오실 때 모든 사탄의 세력은 멸망당할 것이므로, 우리는 그리스도의 V(Victory)-Day의 승리에 참여하고 구원의 완성을 받을 것입니다.

그러면 그리스도가 지금 현재 하나님으로부터 위임받은 주권을 어떻게 행사하여, 즉 하나님의 통치를 어떻게 대행하여 사탄의 세력들("모든 통치와 모든 권위와 모든 권능")을 멸망시켜 가고 있으며 그의 구원을 완성해 가고 있는 것입니까? 바울도 주 예수 그리스도가 하나님의 백성(그리스도의 군사)에게 성령(자신의 영)을 주어 그의 주권에 대해 믿음과 순종을 하도록 함으로써 이 사탄의 세력에 대해 거룩한 전쟁(聖戰)을 치르고 있다는 것을 그의 서신들 이곳저곳에서 암시합니다.

그러나 사도행전과 요한계시록이 이것을 더욱 자세히 가르칩니다. 특히 요한계시록은 다윗적 왕이요 전사인 메시아, 주 예수 그리스도가 교회 즉 그의 백성을 군대로 삼아서 사탄의 세력들을 멸망시키고, 온 세상을 하나님의 통치에 돌아서게 한다고 합니다. 이 진리를 위해 요한계시록은 하나님의 백성을 상징적으로 12지파들에서 각각 1만 2,000명씩 모은 14만 4,000명의 메시아의 군대로 그리는데(계 7장), 그 군대는 거짓 "복음"(pax romana)으로 세상을 유혹하며 인간(로마 황제)을 신으로 섬기게 하는 사탄의 죄악의 세력들에 대항하여 순교를 무릅쓴 자기 희생적 자세(사랑)로 진리를 선포함으로써, 즉 "예수의 증거"(계 12:17; 19:10; 곧 하나님 나라, 즉 창조주 하나님이 진정한 왕이심)를 신실히 선포함으로써 그리스도의 성전(聖戰)을 치르는 것으로 그리고 있습니다. 사령관 그리스도의 지휘 아래 그의 교회(군대)가 이렇게 성전(聖戰)을 전개하여 끝내는 온 세상으로 하여금 하나님의 통치에로 회귀("회개", 계 11:13)하게 하여 거짓 신인 사탄과 그의 앞잡이들로부터 구속(해방)을 받고, 온 땅에 하나님의 통치가 이루어지게 한다고 가르치고 있습니다.

신약성경 전체에서 이른바 "영적 전쟁"의 참 모습을 가장 처절하게 보여 주는 요한계시록이 이렇게 잘 가르쳐 주듯이, 주 예수 그리스도의 군대의 성전(聖戰)은 어떤 종교에서와 같이 인간들에 대해 무력으로 하는 것이 아니라 죄악과 죽음의 세력인 사탄의 세력에 대항하는 것입니다. 그 방법은 무슨 미신적인 "땅밟기"나 축사의 푸닥거리가 아니라, "죽임당한 어린 양"의 방법 즉 죽기까지 사랑을 베풀며 창조주 하나님만이 온 우주의 참 주이시오 왕이심("예수의 증거"/ "진리")을 증거하고 하나님만을 예배하고 순종할 때 참 구원이 있음을 선포하는 것입니다. 바울의 언어로 말하자면, 주 예수 그리스도의 영에 힘입어 믿음과 소망을 굳게 잡고 사랑을 행함으로써(살전 5:8), 그리고 진리 편에 서서 의를 행하며 부지런히 다니며 복음을 선포하여 평화를 도모함으로써(엡 6:14~18) 수행하는 것입니다. 주 예수 그리스도의 영(성령)을 받은 하나님의 백성이 죄악을 저지르고 이웃을 해치며 자기의 이익을 도모하라는 사탄의 세력들의 사주를 거부하고 도리어 진리와 정의의 편에 서서 자기 희생적 사랑을 베풀라는 주 예수 그리스도의 명령을 따르면 그만큼 사탄의 세력들은 영향력을 잃는(패퇴하는) 것이고 예수 그리스도의 주권은 확고히 실현되는 것입니다. 그리하여 사탄의 죽음의 역사는 사라지고 주 예수 그리스도의 생명과 평화(shalom)의 역사가 실재화되는 것입니다. 여기서 우리는 포괄적으로 이해되어야 하는 교회의 선교가 얼마나 중요한 구원사적 의미를 갖는가를 깨닫게 됩니다.

주 예수 그리스도가 사탄의 세력을 소탕해 감에 있어 "마지막으로 멸망될 원수는 죽음"입니다(26절). 바울은 "죽음"을 의인화(擬人化) 해서 "최후의 원수"라고 합니다(참고 15:55). 그리스도는 이미 그의 부활로 "죽음"을 이기었지만, 아직도 "죽음"은 모든 인간들에게, 모든 피조물들에게 궁극적인 "원수"로서 그 힘을 발휘하고 있습니다. 그러나 우리는 그리스도가 이미 그의 부활로 "죽음"을 이겼기 때문에 그가 그것을 완전히 "멸망"시킬 것을 확실히 믿을 수 있습니다.

그리스도가 "최후의 원수"인 죽음을 멸망시키면, 그는 세상에 죄악과 고난들을 가져오는 "모든 원수들", 곧 사탄의 세력들을 멸망시키고, 그 세력을 추종하여 하나님께 반란한 모든 피조물들 곧 "만물들"을 자신의 주권에 "굴복"시킨 것입니다. 이렇게 사탄의 패잔병들을 소탕하고 온 피조 세계를 자신의 주권에 회복시킨 그리스도는 하나님 아버지께 그가 그동안 위임받아 대행했던 왕권/주권을 반환할 것입니다. 하나님의 "아들"로서 하나님 아버지로부터 위임받은 임무를 완수하였으므로 그가 하나님 아버지로부터 "상속" 받아 그동안 행사했던 왕권/주권을 하나님 아버지께 돌려드림으로써, 하나님과 아버지와 아들의 관계에 있는 그리스도 자신도 만유의 주재이신 하나님께 복종의 관계에 서게 되리라는 것입니다. 이렇게 하여 사탄의 유혹에 따른 피조 세계의 반란이 끝나고, 만물은 창조주 하나님의 나라(통치)에 회복이 되어, 하나님께서 만유 안에 절대적 실체로 군림하시게 된다는 것입니다. 이것이 온 우주의 구속의 완성입니다.

인간들이 완성된 하나님 나라에 참여하므로 또는 창조주 하나님이 인간들과 함께 거하시므로, 더 이상 "죽음"이 없고 생명으로 충만한 이 상태가 요한계시록 21~22장에 아름답게 그려져 있습니다.

4) 부활과 현재의 삶의 관계(15:29~34)

바울은 미래에 있을 부활이 현재의 삶에 갖는 의미를 몇 가지 예들을 들어 설명함으로써 부활을 부인하는 행위가 가진 위험을 보여 주고 부활을 믿는 믿음의 중요성을 강조합니다.

> 29 만일 죽은 자들이 도무지 다시 살아나지 못하면 죽은 자들을 위하여 세례를 받는 자들이 무엇을 하겠느냐 어찌하여 그들을 위하여 세례를 받느냐

30 또 어찌하여 우리가 언제나 위험을 무릅쓰리요
31 형제들아 내가 그리스도 예수 우리 주 안에서 가진 바 너희에 대한 나의
자랑을 두고 단언하노니 나는 날마다 죽노라
32 내가 사람의 방법으로 에베소에서 맹수와 더불어 싸웠다면 내게 무슨
유익이 있으리요 죽은 자가 다시 살아나지 못한다면 내일 죽을 터이니
먹고 마시자 하리라
33 속지 말라 악한 동무들은 선한 행실을 더럽히나니
34 깨어 의를 행하고 죄를 짓지 말라 하나님을 알지 못하는 자가 있기로
내가 너희를 부끄럽게 하기 위하여 말하노라

29절

첫 예: 일부 고린도인들은 이미 죽은 자들 대신에 그들을 위해서 세례("대신적 세례")를 받는 관행을 가지고 있었던 모양입니다. 이 관행은 그들이 죽은 자들의 부활을 믿는 것을 전제하지 않습니까? 부활이 없으면 그들의 대신적 세례가 그들의 죽은 친지들에게 무슨 소용이 있겠습니까?

이 "대신적 세례"는 세례가 마력적으로 작용한다는 믿음을 전제로 합니다. 그것을 통하여 그리스도인들은 세례를 받지 않고 죽은 가족이나 친척으로 하여금 세례의 축복을 얻게 하려 한 것입니다. 어떻게 이런 관행이 기원하였습니까? 이 관행을 행하는 자들은 그들이 대신하여 세례를 받아 주는 죽은 자들의 미래가 무엇이라고 보았습니까? 이런 문제들은 아직 정확히 규명되지 않았습니다. 다만 이런 대신적 세례는 고린도인들이 자신들의 옛 종교에서 비롯된 사상과 의식을 기독교의 것들과 혼합해서 만들어 낸 것으로 보입니다. 본문의 맥락에서 바울은 부활 문제 자체에 집중하기 때문

에 이런 관행의 옳고 그름에 대해서는 평가하지 않고, 부활이 없다면 그들의 그런 행위도 무의미한 것이라는 점을 강조하여 그들의 자기모순을 지적하고자 하는 것입니다.

30~32a절

둘째 예: 바울이 죽음을 무릅쓰고 사도직을 감당함도 부활이 없으면 불가능한 일입니다. 32a절의 "만일 내가 일반 사람의 관행대로 에베소에서 맹수와 더불어 싸웠으면, 내게 무슨 유익이 있느냐?"는 에베소에서 "맹수와 싸움"이 극히 위험했던 것이어서 여기 특별히 언급하는 것 같습니다. 바울은 여기서 문자적으로 말하는가, 즉 후에 그리스도인들이 로마의 관원들에 의해 경기장에 던져져 사자 등의 맹수들과 싸우다가 그들의 밥이 되는 핍박을 많이 받았는데, 바울 자신이 그러한 핍박을 받았다고 하는가(참고 고전 4:9; 고후 2:14)? 아니면 상징적으로 그가 겪은 극단적인 위기를 말하는 것인가? 고린도후서 11:23~27에서 바울은 자신의 사도직을 감당하는 중에 경험했던 고난들의 목록을 기록하고 있습니다(참고 고전 4:11~13; 고후 6:4~10). 이 고난의 목록에 "맹수와 싸움"은 포함되어 있지 않으니, 이 본문에서 바울은 아마 자신의 복음에 극단적인 방법으로 대항한 기독교의 반대자들을 상징적으로 "맹수"라 하고 그들로부터 받은 극심한 핍박을 말하는 것 같습니다.

하여간 고린도후서 1:8~10에서 바울은 자신이 아시아(에베소)에서 생명에 대한 어떤 소망도 버릴 수밖에 없는 극단적인 핍박을 받은 것을 후에 고린도인들에게 말하는데, 그와 비슷한 체험을 그 이전에도 한 번 하였던 모양입니다. 바울은 부활이라는 신적 가능성이 없는 단순한 인간으로서는 도저히 사도직의 수행이 가져오는 위험들을 감당할 수 없다고 말함으로써, 부활이 있음을 강조하는 것입니다. 순교는 부활에 대한 소망에 의해 가능한 것입니다.

32b절

셋째 예: 죽음으로 모든 것이 끝장난다면 이 세상에서의 삶을 절제와 책임성을 가지고 살기보다는 되도록 많이 즐기는 향락주의자의 삶을 살 수밖에 없을 것입니다. 이사야 22:13의 모토에 따라서 그렇습니다.

33절

"악한 동무들이 선한 행실을 타락시킨다."

바울은 메난더(Menander)의 희극 타이스(Thais)에서 유래한 격언을 인용하여 고린도인들이 부활을 부인하는 몇몇 사람들과 동무하여 그들의 불신앙에 오염되지 않도록 경고합니다. 바울은 필로나 요세푸스 또는 여러 헬라의 작가들처럼 고급 문학적 헬라어를 사용하지 않고 일상의 언어로 편지를 썼습니다. 바울은 헬라의 수사학이나 헬라의 문학에 깊이 조예가 있는 사람이 아니었습니다. 여기 본문이 바울이 헬라의 작가를 인용하는 유일한 경우일 것입니다. 어쩌면 그 말이 이미 격언이 되어 유행했는지도 모르지요.

34절

그리스도와 함께 영적으로 이미 부활하여 구원의 완성을 누린다고 상상하며(참고 4:8) 미래의 죽은 자들의 부활을 부인한 고린도의 성령파는 술이나 마약에 도취된 상태에 있는 것과 마찬가지로 현실감을 잃어버린 자들입니다. 이 구절은 지식과 지혜를 자랑하는 고린도 교인들을 "부끄럽게 하려고" 주는 말입니다. 바울은 그들에게 "깨어서" 현실감각을 갖도록, 죄에 대한 무감각증에서 깨어나 의를 행하도록 호소합니다.

이 성령파 사람들은 그들의 지식을 자랑하지만(참고 8:1), 그들이 죽은 자들의 부활을 부인하는 것은 그들이 하나님에 대한 진정한 지식을 가지고 있지 않음을 증명하는 것입니다. 성경적으로 말하자면 그들은 지혜로운 자들이 아니라 "바보들"인 셈이지요. 왜냐하면 지혜의 근본은 하나님을 알고(인정하고) 경외하는 것이지만(잠 1:7), 반면에 "바보는 그 마음에 이르기를 '하나님이 없다' 하기" 때문입니다(시 14:1). 고린도 교회의 성령파 사람들은 영적 도취 상태에서 부활을 부인함으로써 하나님에 대한 진정한 지식을 갖지 못한 자들로 스스로를 보일 뿐 아니라, 그러한 불신앙의 죄와 그러한 불신앙을 동무들에게 전파하여 그들의 신앙과 도덕을 타락시키는 죄(33절), 또 이 편지의 앞부분들에서 지적한 여러 가지 죄들(분파, 음행, 우상숭배, 갈등, 예배 혼돈 등)을 저지른 것입니다.

성령의 체험과 은사 운동(charismatic movement)은 죽은 신앙을 갱신하는 데는 크게 유용합니다. 신앙이 추상화되고 관념화된 신조만 겨우 붙들고 있어 삶에 아무런 변화를 주지 못하는 관습적인 것이 될 때가 있습니다. 그래서 역사적으로 보면 신앙의 갱신운동이 주기적으로 일어나곤 했습니다. 19세기 말 미국에서 일어나 지금까지 전 세계적으로 크게 확산된 오순절 성령 부흥운동도 바로 이런 배경에서 비롯된 것입니다. 성령체험 운동은 살아 계시는 주의 영감과 힘을 새롭게 체험하여 생동력 있는 신앙을 갖게 하는 장점을 가지고 있습니다. 그러나 성령 은사주의가 열광주의로 진전하게 되면 항상 도덕성이 약화됩니다. 우리는 고린도전서에서 이 현상을 계속 보아 왔지만, 이것은 현재의 오순절 성령 부흥운동에서도 보통 볼 수 있는 보편적 현상입니다.

성령 체험에 "도취" 되어 열광주의에 이른 사람들은 현실감각을 잃어 우리가 아직도 죄와 죽음의 세력에 노출되어 있다는 사실, 곧 순간마다 사탄이 종용하는 죄악의 길을 택할 것이냐 아니면 주의 영이 종용하는 의의 길을 택할 것이냐의 절실한 선택의 기로에 놓여 있다는 사실을 망각하고 충동적으로 살게 됩니다. 그들은 죄악의 세력에 대한 심각한 경각심과 건전한 신학적 분별력 없이 충동적으로 살기 때문에 많은 경우 쉽게 사탄의 유혹에 넘어가게 되는데, 그리하여 짓게 되는 여러 부도덕한 행위들을 성령에 대한 호소(빙자)로 정당화하려고도 합니다. 그러나 성령은 주 예수 그리스도의 영으로서, 우리로 하여금 주 예수 그리스도를 의지하고 순종하도록 하는 영입니다. 그러기에 성령은 항상 우리를 사랑과 진리와 의와 화평과 고결의 길로만 인도하시지, 탐욕과 거짓과 불의와 갈등과 음행과 방탕의 길로 인도하지 않습니다. 그러기에 바울은 후자의 것들을 사탄의 지시를 받는 육체를 좇아 사는 삶의 결과들("육체의 일들")이라 하고, 성령을 좇아 사는 삶의 결과들("성령의 열매")은 전자의 것들을 포함하는 대부분의 도덕적 개념들로 정의하는 것입니다(갈 5:16~26). 그러므로 진짜 성령을 받고 성령의 영향 아래 사는 사람들은 그 사실을 자신의 도덕적 성화로 드러내는 것입니다.

예수의 주권을 나타내고 도덕적으로 성화하는 것이 바로 성령의 열매들입니다. 바울은 이 편지의 여러 곳에서 이 진리를 되풀이하여 가르쳤는데, 여기에서 마지막으로 고린도인들 일부가 부활을 부인하는 문제와 더불어 다시 한 번 강조하는 것입니다.

> **토론해 봅시다**
>
> 우리는 현재의 삶을 부활의 소망에 비추어 사는가(이 삶의 가치들의 상대화), 아니면 이 삶의 전부인 양 사는가(이 삶의 가치들의 절대화)?

5) 옛 창조에 있는 다양한 몸들(15:35~41)

35 누가 묻기를 죽은 자들이 어떻게 다시 살아나며 어떠한 몸으로 오느냐 하리니
36 어리석은 자여 네가 뿌리는 씨가 죽지 않으면 살아나지 못하겠고
37 또 네가 뿌리는 것은 장래의 형체를 뿌리는 것이 아니요 다만 밀이나 다른 것의 알맹이 뿐이로되
38 하나님이 그 뜻대로 그에게 형체를 주시되 각 종자에게 그 형체를 주시느니라
39 육체는 다 같은 육체가 아니니 하나는 사람의 육체요 하나는 짐승의 육체요 하나는 새의 육체요 하나는 물고기의 육체라
40 하늘에 속한 형체도 있고 땅에 속한 형체도 있으나 하늘에 속한 것의 영광이 따로 있고 땅에 속한 것의 영광이 따로 있으니
41 해의 영광이 다르고 달의 영광이 다르며 별의 영광도 다른데 별과 별의 영광이 다르도다

이제 바울은 "어떻게" 또는 "어떤 몸으로" 부활이 일어날 수 있

는가를 상상할 수 없음을 내세우며 부활을 부인하는 자들에게 답합니다. 바울은 땅에 심겨 죽은 밀알에서 새 밀알이 나오는 자연의 이치에서 그리고 땅과 바다와 하늘에 있는 온갖 형체의 "몸"을 가진 존재들에서, 창조주 하나님의 무한한 가능성을 일깨워 줌으로써, 우리의 "몸"이 죽어도 하나님께서는 그의 창조주로서의 주권자적 자유로 우리에게 새로운 "몸"을 주어 부활시킬 수 있음을 역설합니다. 이리하여 바울은 "몸"의 부활을 부인하는 열광주의자들에 대항하여 부활 때 얻게 될 새로운 "영적 몸"의 실재를 강조하는 한편 부활의 몸을 이 삶의 몸과 본질적으로 같은 것으로 보는 바리새-랍비적 견해에 대항하여, 부활의 몸이 이 삶의 몸과 다른 것임을 강조합니다(42~49절).

토론해 봅시다

우리는 창조주 하나님의 가능성을 인간의 제한적인 관점에서 제한된 것으로 생각하는 때는 없는가?

6) 부활의 새 몸(15:42~49)

42 죽은 자의 부활도 그와 같으니 썩을 것으로 심고 썩지 아니할 것으로
다시 살아나며
43 욕된 것으로 심고 영광스러운 것으로 다시 살아나며 약한 것으로 심고
강한 것으로 다시 살아나며
44 육의 몸으로 심고 신령한 몸으로 다시 살아나나니 육의 몸이 있은즉 또
영의 몸도 있느니라

45 기록된 바 첫 사람 아담은 생령이 되었다 함과 같이 마지막 아담은 살
려 주는 영이 되었나니
46 그러나 먼저는 신령한 사람이 아니요 육의 사람이요 그 다음에 신령한
사람이니라
47 첫 사람은 땅에서 났으니 흙에 속한 자이거니와 둘째 사람은 하늘에서
나셨느니라
48 무릇 흙에 속한 자들은 저 흙에 속한 자와 같고 무릇 하늘에 속한 자
들은 저 하늘에 속한 이와 같으니
49 우리가 흙에 속한 자의 형상을 입은 것 같이 또한 하늘에 속한 이의 형
상을 입으리라

하나님께서 여러 가지 "몸"들을 창조하심을 보여 주는 옛 창조는, 시작되는 새 창조에 대한 하나의 비유입니다. 여기서 바울은 부활의 몸은 옛 창조의 몸과는 본질적으로 다름을 강조합니다.

	옛 창조의 몸	부활의 몸
42절	썩는 것	썩지 않는 것
43a절	욕된 것	영광스러운 것
43b절	약한 것	강한 것
44절	"혼적" 몸	"영적" 몸

44절

"혼적 몸으로 심겨지고, 영적 몸으로 일으켜진다(부활된다). 혼적 몸이 있으면, 영적 몸도 있는 것이다"(개역한글성경은 이 뜻을 잘 전달하지 못함).

여기 "혼적"(개역한글성경은 "육의"라고 오역함)이라는 개념은 헬라의

영혼불멸설이 아니라, 하나님께서 흙덩어리에 "생명의 숨(혼)"을 불어넣어 인간을 창조하셨음(창 2:7)을 염두에 두고 쓴 것입니다. 그러므로 "혼적 몸"은 "혈과 육"(50절)으로 구성된, 옛 창조의 자연인의 "몸"이며 흙으로 빚어진 존재로서(47절), 하나님의 영과 관계없는 존재입니다(참고 2:14). 반면에 "영적 몸"은 하나님의 영에 의해서 결정된 존재, 하나님의 영의 힘에 의해 변화된 존재를 말합니다. "혼적 몸"은 옛 창조의 자연인의 "몸"이므로 우리가 다 경험하듯이 늙고 쇠약해지고 병들고 죽어 "썩어지는" 것이려니와 죄의 권세 아래 쉽게 떨어져 "연약하고" "욕된" 것입니다. 그러나 "영적 몸"은 "생명을 주는"(45절) 하나님의 영(성령)의 힘을 입은 몸이니 하나님의 생명으로 충만한 것이어서, "썩지 않고" "강하며" "영광스러운" 것입니다.

"영적 몸"(44절)은 영혼과 몸을 이원론적으로 구분한 헬라인들에게는 어불성설입니다. 바울은 그것을 혼합해서 "영적 몸"이라고 합니다. 원래 몸의 부활을 믿는 바리새파 신학자였던 바울이 다메섹 도상에서 부활하시어 죽음에의 연약성을 털어내 버리고 신적 생명으로 충만한 예수 그리스도의 영광스런 몸을 본 데서 이 놀라운 개념을 얻은 것 같습니다.

45~49절

바울은 다메섹 도상에서 부활하시고 높임 받은 예수 그리스도가 하늘로부터 "하나님의 형상"을 지니고 나타나심을 보자(참고 고후 3:16~18; 4:4~6), 그리스도께서 아담이 잃어버린 하나님의 영광과 형상을 회복하신 것으로 인식했습니다. 그리하여 창세기 1:27

에 근거하여 자신의 후손들을 죄와 죽음의 굴레 아래로 몰아넣은 "첫 사람 아담"에 대조적으로 그리스도께서는 하나님의 영광과 형상을 회복하는 새 인류의 조상 "마지막 아담"(즉 "종말의 아담")임을 깨달았습니다. 이렇게 하여 바울은 그의 중요한 첫 아담–마지막 아담(그리스도) 모형론(typology)을 개발하게 된 것입니다(본문과 더불어 롬 5:12~21; 고전 15:21~22; 빌 2:6~11; 골 1:15~20 등을 참고하시오). 아담 기독론은 바울의 독특한 기독론입니다. 바울만이 그리스도를 "아담"이라 칭하고, 그리스도의 사역을 아담의 타락과 비교/대조하면서 해석합니다.

학자들은 바울이 어떻게 이 아담 기독론을 개발했는가를 두고 오랫동안 토론해 왔습니다. 19세기 말부터 종교사학파의 학자들은 그가 근동에 만연된 "태초의 인간" 설화를 그리스도를 선포하는 방편으로 이용하여 그것을 개발했다고 보았으며, 20세기 전반부에 세계 신약 신학계에 군림했던 불트만(R. Bultmann)은 그 가설을 더욱 발전시켜 영지주의의 "구원자 신화"를 그리스도에게 적용하여 개발했다고 주장하였습니다. 불트만의 이 가설은 20세기 중반까지 그의 많은 제자들에 의해 되풀이되어 주장되었고, 그리하여 비판적인 신약학자들 가운데 널리 수용되었습니다.

그러나 1960년대 2차 대전의 폐허로부터 회복된 유럽의 젊은 학자들이 고대 근동의 여러 언어들을 배우고 그 언어들로 쓰인 고대 문서들을 실제로 연구해 본 결과, 옛 종교사학파의 가설들이 맞지 않으려니와 신약 시대 헬라 세계에 널리 유포된 것으로 불트만이 주장한 영지주의의 "구원자 신화"는 실제로 존재하지 않은 것으로 판명이 났습니다. 이 새 세대의 학자들은 불트만을 위시한 이전의

학자들이 여러 고대 문헌들에 상호 연관성 없이 등장하는 다양한 설화들에서 조각 조각 떼어, 즉 이 문헌에서 이 조각을 저 문헌에서는 저 조각을 떼어 그것들을 멋대로 짜 맞추어(mosaic) 만들어 낸 것이 그런 가설들이었다는 것, 그러나 어느 문헌에도 그들이 주장한 대로 "구원자 신화"가 존재하지 않은 것을 밝혀 낸 것입니다. 그 가설들은 마치 세대주의자들이 성경의 여러 책들을 섭렵하여 종말론에 관한 가르침을 담고 있는 것같이 보이는 구절들을 그들의 문맥과 그들의 의도와는 관계없이 추출하여 멋대로 조합하여 "무슨 천년 왕국"이니 "7년 대환란"이니 하며 만들어 낸 종말론적 시나리오와 그 성격에 있어 비슷한 것이었습니다.

1960년대에 이것이 밝혀지자 불트만의 뛰어난 제자이자 그 스승의 영지주의적 "구원자" 신화에 의거하여 신약의 기독론, 구원론, 교회론 등을 해석하여 학문적 업적을 쌓은 케제만(E. Käsemann)은 1970년에 가장 용기 있게 이 신화의 가공성을 인정하고, 그 신화에 의거하여 신약의 복음 선포를 해석함의 근본 문제를 날카롭게 지적하며 그런 방법론을 폐기처분하였습니다. 그래서 1973년에 출판한 그의 로마서 주석에서 5:12~21을 주석하면서 그는 아담 기독론의 기원이 아직 밝혀지지 않았다고 선언합니다. 그 이듬해에 불트만의 또 다른 제자인 콘첼만(H. Conzelmann)도 그의 고린도전서 주석에서 고린도전서 15장을 주석하면서 케제만과 같은 선언을 하였습니다. 그래서 필자는 필자의 논문으로서 1977년 완성되어 1981년 독일에서 그리고 이듬해 미국에서 출판된 「바울 복음의 기원」(한역: 엠마오)이라는 책에서 바울 복음의 다른 요소들과 함께 이 아담 기독론의 기원을 깊이 연구하여 그것이 바울의 다메섹 도상에서 부활하신 그리스도를 "하나님의 형상"으로 본 체험에서 기원했음을 논증하였습니다.

아담 기독론과 마찬가지로, 그리스도를 "하나님의 형상"(고후 4:4~6; 골 1:15)이라 하고 우리의 구원을 그의 형상에 "같은 형상되어 감(conform)"(롬 8:29) 또는 그의 형상에로 "변형되어 감(transform)"(고후 3:18; 빌 3:21; 고전 15:49; 골 3:9~10)이라 설명하는 것은 바울서신들에만 나오는 기독론이요 구원론입니다. 보통 학자들은 바울이 아담 기독론을 먼저 개발하고, 거기서 형상 기독론/구원론을 발전시켰다고 생각합니다. 그러나 아담 기독론의 기원이 밝혀지지 않은 상황에서 필자는 그 순서를 뒤집어 생각해야 아담 기독론의 기원도 제대로 밝힐 수 있고 형상 기독론의 의미도 제대로 이해할 수 있다고 주장했습니다. 그리고는 다메섹 도상의 영광의 그리스도의 나타나심(christophany)을 구약과 유대교의 하나님의 나타나심(theophany) 전승(예 사 6장; 겔 1장; 단 7장 등)에 비추어 해석하면, 다메섹 도상의 "그리스도의 계시"(참고 갈 1:12, 15~16)에서 바울이 그의 형상 기독론을 개발하였음을 논증하고, 이어서 아담 기독론을 개발하였음을 논증한 것입니다.

다메섹 도상에서 하나님께서 부활시킨 그리스도의 계시를 보고 바울은 유대교에서 종말에 발생하리라고 기대했던 부활이 이제 드디어 발생했으니 "종말"("오는 세대/세상")이 시작되었구나 하고 깨달은 것입니다. 그런데 하나님께서 부활시킨 그리스도는 하늘로부터 하나님의 형상과 영광을 띠고 신적 생명으로 충만한 모습으로 나타난 것입니다. 그러므로 바울은 첫 창조("이 세대/세상")의 조상인 아담이 잃어버린 하나님의 형상과 영광을 그리스도가 회복한 것을 깨닫고, 그리스도를 "하나님의 형상"이라 부르고 우리의 구원을 그가 회복한 하나님의 형상을 얻는 것으로, 즉 그와 같이 형상되고 그의 형상으로 변형되는 것으로 표현하게 된 것입니다. 바울은 여기서 더 나아가 그리스도가 새 창조("오는 세대/세상"-곧 "종말")의 시작이니 그리스도가 새 창조의 조상이라는 것을 깨닫고, 하나님의 형상과 영광을 회복한 새 창조의 조상 그리스도를 그것들을 잃어버린 옛 창조의 조상인 아담과 비교하고 대조하기 시작했고, 그리하여 그리스도를 새 창조("오는 세대/세상")의 아담, 곧 "종말의 아담"이라고 부르게 된 것입니다.

본문에서 "영광"의 몸(43절), "영적 몸"(43절), "하늘로부터 온 사람"(47절), "하늘에서 온 사람의 형상"(49절) 등의 언어는 다메섹 도상에서 부활하시어 하늘로부터 하나님의 영광 가운데 하나님의 형상을 지니고 영적인 존재로 나타난 예수 그리스도에 대한 체험을 강력하게 암시하여 위의 설명을 뒷받침합니다(참고 고후 3:18; 4:4~6; 빌 3:20~21)

45절

"이렇게 기록되어 있다: '첫 사람 아담은 생명을 가진 혼이 되었다.' 마지막 아담은 생명을 주는 영이 되었다."

여기서 바울은 성경 창세기 2:7을 인용하여 "첫 사람 아담"은 흙으로 빚어진 덩어리였는데 그 속에 하나님이 숨(혼)을 불어넣어 생명을 가진 존재가 되었다는 것입니다. 그는 이렇게 "흙에서" 기원한 자요(47절), "흙적인" 자이고(48절), 기껏해야 "혼적인 자"(46절)였고, 그 후손들에게 그들 속에 하나님께서 불어넣어 주신 "생기/생명"까지도 끊어지는 숙명에 몰아넣은 자였습니다. 그러나 "마지막 아담"은 "종말 (오는 세대/세상)의 아담"이라는 뜻인데, 그는 "영적 몸" (44절)을 가진 분으로서 "생명을 주는" 영적인 분, 죽은 자들을 살리는 분, 하나님의 구원을 담당한 분입니다(참고 고후 3:18).

46절

"그러나 영적인 자가 아니라 혼적인 자가 처음이며(왔으며), 그 후에 영적인 자이다(가 왔다).

"혼적인" 존재인 아담이 첫 창조의 조상으로 처음 존재했고, "영적인" 존재인 그리스도는 그 후 새 창조의 조상으로 왔음을 밝힙니다.

47절

"첫 사람은 땅에서 났으니 흙적인 (흙으로 빚어진) 자이다. 둘째 사람은 하늘로부터 왔다."

48절

"흙으로 빚어진 자가 이러했듯이 흙으로 빚어진 자들이 그와 같고, 또 하늘적 존재가 이러하듯이 하늘적 존재들이 그와 같다"(개역한글성경은 오역함).

첫 아담의 후손들이 다 아담과 같은 흙의 존재들임을, 그리고 하늘로부터 온 그리스도, 그러기에 "하늘적" 존재인 둘째 아담으로 말미암아 창조되는 자들은 또 그의 "하늘적" 본질에 참여하는 자들이 됨을 천명합니다. 이 사실을 바울은 49절에 이렇게 부연 설명합니다.

49절

"우리가 흙적인 사람의 형상을 입었듯이, 또한 하늘적 사람의 형상을 입으리라."

아담의 후손들인 우리는 지금 모두 "흙적인" 아담의 "형상"을 입은 자들로서 "흙으로 빚어진", "흙적인" 존재들이고 죄와 죽음에 숙명지워진 "연약"하고 "욕된" 존재들입니다. 그러나 장차 우리는 "종말의 (마지막) 아담"의 "영적 몸"을 입고, 그 "하늘적 사람"의 영광스런 "형상"을 입게 될 것입니다.

그리스도를 "하나님의 형상"이라 하는(고후 4:4; 골 1:13) 바울은 다른 곳들에서는 하나님께서 우리를 "그의 아들의 형상과 같은 형상이 되도록(conformed) 예정하셨다"(롬 8:29)고 하고, 우리가 지금 주의 영광을 바라보면서 "그와 같은 형상으로 변화되어 간다"(transformed)고 하며(고후 3:18), 하늘로부터 오실 주 예수 그리스도가 "우리의 비천한 몸을 자신의 영광의 몸과 같은 모습으로 변화시키시리라"(빌 3:20~21)고도 합니다.

이것은 모두 우리의 구원을 첫 아담 안에서 잃어버린 "하나님의 형상"을 회복한 종말의 아담, 그리스도 안에서 우리가 "하나님의 형상"을 회복하게 됨을 말하는 것입니다. "하나님의 형상"인 그리스도의 형상을 입는다거나 그와 같은 형상이 된다는 말은 결국 "하나님의 형상"을 얻는다는 뜻이기 때문입니다.

"하나님의 형상"을 입는다는 말은 궁극적으로는 "하나님같이 됨"(apotheosis)을 뜻합니다. 하나님의 본질, 그의 신성에 참여하여 "하나님같이" 되는 것입니다. 이것이 구원입니다. 지금은 하나님의 영광스런 형상이 아니라 흙으로 빚어진 첫 아담의 형상을 입고 있어 피조물적 유한성에 갇혀 있고 죄와 죽음의 세력에 종속되어 있지만, 우리는 장차 "하나님의 형상"을 입고 "하나님같이 됨"을 얻어 하나님의 신성의 무한 또는 충만(pleroma)에 참여하여 "신적(神的) 생명"(성경 숙어로 말하자면, 영생)을 얻게 되는 것입니다. 바울은 이것을 하나님의 "영광"을 얻는다는 말로도 표현합니다(롬 8:30).

하나님의 형상인 그리스도의 형상으로 변화됨은 여기 고린도전서 15:49~53과 빌립보서 3:20~21이 보여 주는 바와 같이 그리스도의 재림 때 완성될 것이나, 고린도후서 3:18이나 골로새서 3:10에서 보여 주듯이 지금 현재 진행되는 과정이기도 합니다.

하나님의 형상인 그리스도의 형상으로 변화됨은 바울의 구원론의 중요한 범주입니다. 바울은 구원을 칭의, 화해, 입양의 범주(또는 그림)들로만 설명하는 것이 아니라 이렇게 "변화" 또는 하나님의 형상 얻음의 범주, 또 하나님의 "영광" 얻음의 범주, 그리고 "새 창조/새 피조물"의 범주로도(고후 5:17) 설명합니다.

구원을 설명하기 위해 동원된 이 다양한 범주들 또는 그림 언어들(imageries)은 궁극적으로 다 똑같은 실재, 즉 하나님의 신성에 참여하여 그의 신적(神的) 생명(영생)을 얻게 됨을 말합니다. 곧 창조주 하나님과 올바른 관계로 회복됨(칭의)이나, 그와 화친의 관계에로 회복됨(화해)이나, 그의 자녀들이 되어 상속자들이 됨(입양)이나 모두 하나님의 무한한 자원(충만)을 덕 입게 됨을 말하는 것입니다. 그러므로 "하나님의 형상"과 "영광"을 얻어 하나님같이 됨과 마찬가지로 하나님의 신적(神的) 생명(영생)을 얻게 됨을 뜻하는 것이기 때문입니다.

그렇게 하나님의 신적(神的) 생명(영생)을 얻게 된 사람은 하나님의 영광과 형상을 상실한(롬 3:23) 첫 아담의 숙명을 극복한 "새 피조물"인 것입니다.

지금까지 신학자들은 바울의 구원론을 주로 칭의, 화해, 입양, 새 창조의 범주들로만 설명하고 하나님의 형상인 그리스도의 형상으로 변화됨의 범주는 무시해 왔습니다. 바울신학에 크게 의존하고 있는 루터신학과 개혁신학이 특히 바울의 이 범주를 적절히 활용하지 못해 왔습니다.

앞서 본 바와 같이 바울은 그리스도의 형상으로 변화됨의 완성은 그리스도의 재림 때 있는 것으로 보나, 그 변화의 과정이 지금 진행되는 것으로 가르치고 있습니다. 지금 진행되는 우리의 그리스도의 형상으로의 변화됨은 바울의 또 하나의 강조점인 그리스도를 "본받음"(imitation; 고전 11:1; 빌 2:5~11)과 연관되어 있습니다. 전자는 후자를 통하여 일어나는 것이라고 볼 수 있습니다.

그리스도의 재림 때 그의 영광스런 형상으로 완전히 탈바꿈할 우리는 지금 그리스도를 따라 또는 그리스도를 모방하여 자기 부인과 사랑의 길을 감으로써, 곧 제자도를 실천함으로써 그의 형상으로 점점 변화되어 가는 것입니다. 곧 그리스도를 닮아 가는 것입니다. 이것이 성화(聖化)입니다.

사실 칭의론의 법정적 측면(무죄 선언/죄 사면)만이 아니라 관계론적 측면(하나님과의 올바른 관계에 회복되어 이제 그의 주권에 대한 의존과 순종의 삶을 살아감)도 제대로 강조되면, 그것도 이 "변화론"과 맞닿아 자연히 성화의 중요성을 시사하게 되어 있습니다. 그러나 칭의론의 법정적 측면만 강조하거나 "변화론"을 무시하는 신학 전통에서는 성화의 요구가 약화되는 약점이 있습니다.

한국의 그리스도인들의 수는 많고 신앙 열정은 세계 어디에서도 유례를 찾아볼 수 없을 정도지만, 그리스도인들의 도덕적 수준은 매우 낮은 안타까운 상황은 많은 교회들이 구원론을 포괄적으로 가르치지 못하고 성화에 대한 훈련을 강조하지 않기 때문입니다.

토론해 봅시다

여기 본문에서 첫 아담과 "마지막 아담" 그리스도의 비교점들과 대조점들을 나열하는 표를 만들어 보시오.

7) 신자들의 변화와 최후의 승리(15:50~58)

이제 바울은 부활에 대한 지금까지의 긴 토론을 그리스도의 부활이 가져온 구원의 완성, 즉 장차 있을 신자들의 부활과 변화에 대해 확신에 찬 웅변과 간곡한 권면으로 마무리합니다.

50 형제들아 내가 이것을 말하노니 혈과 육은 하나님 나라를 이어받을 수 없고 또한 썩는 것은 썩지 아니하는 것을 유업으로 받지 못하느니라
51 보라 내가 너희에게 비밀을 말하노니 우리가 다 잠 잘 것이 아니요 마지막 나팔에 순식간에 홀연히 다 변화되리니
52 나팔 소리가 나매 죽은 자들이 썩지 아니할 것으로 다시 살아나고 우리도 변화되리라
53 이 썩을 것이 반드시 썩지 아니할 것을 입겠고 이 죽을 것이 죽지 아니함을 입으리로다
54 이 썩을 것이 썩지 아니함을 입고 이 죽을 것이 죽지 아니함을 입을 때에

는 사망을 삼키고 이기리라고 기록된 말씀이 이루어지리라
55 사망아 너의 승리가 어디 있느냐 사망아 네가 쏘는 것이 어디 있느냐
56 사망이 쏘는 것은 죄요 죄의 권능은 율법이라
57 우리 주 예수 그리스도로 말미암아 우리에게 승리를 주시는 하나님께 감사하노니
58 그러므로 내 사랑하는 형제들아 견실하며 흔들리지 말고 항상 주의 일에 더욱 힘쓰는 자들이 되라 이는 너희 수고가 주 안에서 헛되지 않은 줄 앎이라

50절

"혈과 육"은 이 세상의 사람, 곧 자연인(참고 갈 1:16)을 지칭합니다. 썩어짐에 숙명지워진 연약한 존재로서의 인간을 지칭하는 랍비들의 숙어입니다. 이러한 이 세상의 자연인으로서는 "하나님 나라를 상속받을" 수 없습니다. 예수는 "하나님 나라"와 관계하여 하나님 나라가 "오다", 하나님께서 우리에게 그의 나라를 "주시다", 우리가 하나님 나라를 "(상속) 받다" 그리고 우리가 하나님 나라에 "들어가다" 등의 동사들을 사용하여 하나님 나라의 초월성("오다"; "들어가다")과 은혜성("주시다"; "받다")을 드러냈습니다.

하나님 나라를 "(상속) 받다"와 하나님 나라에 "들어가다"의 언어는 한편 구약에 출애굽한 하나님의 백성 이스라엘이 약속의 땅이요 구원의 땅인 가나안을 (기업/상속으로) "받다"와 땅으로 "들어가다"에 배경을 두고 있고, 다른 한편 하나님의 백성이 하나님의 집인 성전에 "들어가다"에 배경을 두고 있습니다. 이런 배경들을 두고 예수가 죄인들에게 하나님 나라를 잔치로 비유하면서 그 안으로 "들어오도록" 초대하고 "하나님 나라를 (상속)받음"을 약속한 것은 그들에게 창

조주 하나님의 무한한 부요함을 덕 입도록 (잔치) 하라는 것이었습니다. 창조주 하나님의 무한한 부요함을 덕 입음, 곧 그의 신성에 참여함이 구원입니다. 그것이 곧 우리의 피조물적 제한성을 극복하고 하나님의 신적 생명("영생")을 얻는 길이기 때문입니다.

바울은 예수의 "하나님 나라"의 복음과 그의 선포 언어를 이어받아(참고 롬 14:17; 고전 4:20; 6:9~10; 15:20; 갈 5:21; 골 4:10~11; 살전 2:11~12; 살후 1:5; 고전 15:24; 골 1:13), 여기 "혈과 육"은 즉 죄와 죽음에 숙명지워진 연약한 존재로서의 자연인은 "하나님 나라를 상속 받지 못한다", 곧 그런 신적 생명을 얻을 수가 없다고 말하는 것입니다. 그 말을 바울은 "썩는 것은 썩지 아니한 것을 상속 받지 못한다"는 말로 풀어 줍니다.

51~53절

"비밀"은 하늘에서 이미 결정되어 장차 땅 위에서 실현될 하나님의 구원의 계획을 뜻합니다. 그것은 아직 땅 위에서 실현되지 않았으니 감추어진 "비밀"스러운 것이나 선지자나 묵시자에게 미리 계시되어 그들이 하나님의 백성에게 그것을 "예언"하는 것입니다. 바울도 여기 밝히는 "비밀", 곧 하나님의 구원의 계획을 계시받아 예언하고 있는 것입니다. 그것은 예수 그리스도가 재림 때 순식간에 다음과 같은 것들이 일어날 것이라는 내용입니다. 주 예수 그리스도가 "나팔 소리"가 울려 퍼지는 가운데 황제의 위엄을 가지고 재림하실 터인데(앞의 22~28절), 그때 첫째, 죽은 자들은 불멸의 몸으로 부활하고 둘째, 그때 살아 있는 자들도 마찬가지로 불멸의 몸으로 변화할 것입니다. 그리하여 썩을 것이 불멸성을 입게 될 것이고, 죽을 것이 죽지 아니함을 입게 될 것입니다.

54절

그때 사망이 완전히 극복될 것을 말합니다. 그때 모든 것을 "삼키는" 죽음이 이사야 25:8의 말씀대로 부활의 "승리 속으로 삼켜져 버릴" 것입니다.

55~56절

이사야 25:8에 이어 호세아 13:14을 인용하면서 바울은 죄, 율법, 사망 등 인간들을 파멸로 몰아넣는 세력들에 대항하여 웅변합니다. 첫째는 죄가 사망의 "벌침"("쏘는 것")이라고 합니다. 왜냐하면, 죄가 사망에게 죄인들 위에 군림할 권리를 주기 때문입니다. 사망의 독기가 죄라는 벌침을 통해서 사람 속으로 들어가기 때문입니다.

둘째는 율법은 죄의 권능이라고 합니다. 율법이 죄에게 힘을 실어 준다는 뜻입니다. "율법이 없으면 죄는 죽은 것이므로"(롬 7:8) 그렇습니다. "탐내지 말라"는 율법은 탐심을 일으켜 죄를 짓게 하고, 죄를 죄로 정하고(롬 5:13; 7:8), 죄인을 최후의 심판 때에 고소합니다(롬 2:12). 율법을 그리스도의 관점에서 새롭게 본 바울이 율법의 문제에 대해서 이렇게 말하고 있습니다. 여기서 바울 사상의 전환을 발견할 수 있습니다. 바울은 율법 자체에 문제를 삼고 있습니다. 그리스도는 율법을 완성하시어 율법을 마치시고(롬 10:4), 우리를 율법으로부터 해방하신 분입니다(갈 4:4~6).

57절

이 죄와 율법 그리고 죽음의 쇠사슬에서 하나님께서 그리스도를 통하여 우리를 해방시키셨다고 합니다. 바울은 승리와 감사를 같이 표현하고 있습니다.

58절

지금까지의 부활에 대한 논증과 마지막으로 준 장차 있을 구원의 완성(곧 부활의 신적 생명에 참여할 것임)에 대한 확신에 근거하여 바울은 이제 독자들에게 마지막 권면을 하고 있습니다. 이러한 위대한 하나님의 진리에 견고히 서서 부활을 부인하는 이단 사설에 흔들리지 말라고 합니다. 그들이 할 일은 이러한 진리에 대한 확신을 가지고 오직 주의 일에 더욱 힘쓰는 것이라고 권면합니다.

묵상해 봅시다

우리에게 부활의 소망은 얼마나 확실하며, 얼마나 그 소망 가운데 승리의 생활을 하고 있는지 묵상하자.

7. 성도들을 위한 헌금(16:1~11)

편지를 맺으면서, 바울은 예루살렘 교회를 위한 연보에 대해 실제적인 지침을 주고, 자신의 여행 계획을 알려 주며, 마지막 권면을 하고 인사합니다.

1) 성도들을 위하는 연보에 대하여(16:1~4)

1 성도를 위하는 연보에 관하여는 내가 갈라디아 교회들에게 명한 것 같이
너희도 그렇게 하라
2 매주 첫날에 너희 각 사람이 수입에 따라 모아 두어서 내가 갈 때에 연보
를 하지 않게 하라
3 내가 이를 때에 너희가 인정한 사람에게 편지를 주어 너희의 은혜를 예루
살렘으로 가지고 가게 하리니
4 만일 나도 가는 것이 합당하면 그들이 나와 함께 가리라

1절

"성도들을 위한 연보에 대하여"라고 본 문단을 시작함으로써, 이것도 7:1, 25; 8:1; 12:1 등에서와 마찬가지로 고린도 교회가 바울에게 한 질문에 대해 대답하고 있음을 보여 줍니다. "성도들"은 바울이 그리스도의 교회의 구성원들이 하나님의 종말의 새 백성임을 뜻하기 위해 일반적으로 쓰는 말이나(예 롬 1:7; 고전 1:2; 고후 1:2; 빌 1:1 등), 여기서는 예루살렘 교회의 성도들을 지칭하여 쓰였습니다. "성도들"이 고린도후서 8:4; 9:1~2과 로마서 8:25~26에서와 마찬가지로 여기서도 "예루살렘의"라는 수식어 없이 그냥 쓰인 것을 보면, 당시 모든 교회들의 어머니 교회인 예루살렘 교회의 구성원들을 특별히 그 칭호로 부른 것 같은데, 그 칭호가 원래 예루살렘 교회의 자기 칭호였기 때문이었을 가능성이 높습니다. 예루살렘 교회가 스스로의 공동체는 주 예수 그리스도가 하나님 나라를 선포하여 부르고 결국 자신을 새 언약의 제사로 바쳐(막 14:17~15 / 마 26:20~29 / 눅 22:15~20) 창조하고 모은 하나님의 종말의(그러므로 "새")

백성이라는 강한 의식에서 스스로 자기들의 칭호를 그렇게 사용하였을 것입니다. 그러나 바울은 자신이 세운 이방인들의 교회의 구성원들도 그들과 똑같은 하나님의 종말의 백성임을 나타내기 위해 그 칭호들을 이방 그리스도인들에게도 적용하였습니다. 그러면서도 바울은 당시의 관행을 따라 예루살렘 교회의 구성원들을 여기 그냥 "성도들"이라고 지칭하고 있는 것입니다.

바울은 예루살렘 교회의 성도들을 위해 헌금을 모으는 문제에 있어 바울은 고린도의 교회도 자신이 갈라디아 교회에 지시한 것 같이 하라고 합니다. 이 말은 예루살렘 교회를 위한 헌금을 고린도 교회에서만 걷은 것이 아니라 이방 교회들 전체에서 거둔 것을 암시합니다. 바울은 예루살렘 교회를 위한 헌금 모집을 자신의 이방 선교의 한 본질적인 부분으로 보았기 때문에(갈 2:10), 그가 고린도에 처음 가서 복음을 선포하여 교회를 설립할 때 이미 이것에 대해 언급하였을 가능성이 있습니다. 그래서든지 아니면 다른 경로로 후에 그 사업에 대해 듣게 되어서든지 고린도 교회는 그것에 대해 참여하고자 하여 바울에게 지침을 부탁하게 된 것입니다. 그래서 바울은 여기 구체적인 모금 지침과 자신의 여행 계획을 밝히고 있습니다.

고린도 교회는 결국 바울의 헌금 모집 사업을 오해하여 이 지침을 따르지 않고, 도리어 교묘한 방법으로 자신을 위한 모금을 하는 거짓 사도로 바울을 공격하게 됩니다. 고린도 교회에 침투한 바울의 적대자들이 바울이 진정한 사도가 아니라며 그의 헌금 모집 사업의 동기를 비꼬았기 때문이었습니다. 그러니 이 대적들의 영향 아래 적어도 일부 고린도 교회가 바울을 가짜 사도로서 사기꾼으로까지 공격하자(참고 고후 12:16~18), 바울은 고린도후서 10~13장에서 보는 바와 같이 격렬한 언어로 자신의 참 사도됨을 변증하고 자신의 재정적 진정성을 웅변합니다. 자신들의 육신을 자랑하며 권위적으로 행동하는 대적들을 참 사도로 인정하는 반면 십자가에 달린 그리스도의 복음을 자신의 섬김과 고난의 삶으로 그려 내는 바울 자신을 거짓 사도라 하고, 교회의 대접을 요구하는 대적들에 기꺼이 순종하는 반면 누구에게도 누를 끼치지 않으려고 자신의 중노동(고후 11:27)으로 생계를 벌며 사도직을 감당하는 바울 자신을 사기꾼으로 몰아붙이는 고린도 교회에 대해서, 바울은 역설과 냉소로 가득 찬 웅변으로 그들을 꾸짖고 바로잡으려 애쓰는 것입니다.

만약 고린도후서 10~13장이 고린도후서 1~9장보다 먼저 쓰였다면(앞의 서론을 보시오), 이 꾸짖음이 주효하여 고린도 교회는 결국 바울에 대한 모든 오해를 풀고 사죄함으로써 바울은 매우 기뻐 고린도 교회를 위한 자신의 심장을 쏟아놓는 편지(고후 1~7장)를 쓰고 거기에 덧붙여 그들이 중단한 예루살렘 교회를 위한 헌금을 잘 마치도록 고린도후서 8~9장에 지침을 주고 있는 것입니다.

만약 고린도후서 10~13장이 늦게 쓰였다면, 바울의 편지와 디도의 설득이 주효하여 고린도 교회가 회개하고 헌금 사업의 재개의 뜻을 밝히므로 고린도후서 1~9장을 썼는데, 그 후 대적들의 꼬임을 받은 고린도 교회가 또다시 바울을 오해하고 공격하므로, 바울이 정말 참을 수 없어 그렇게 격렬한 언어로 고린도후서 10~13장을 써서 그 대적들을 공격하고 고린도 교회를 꾸짖게 된 것으로 보아야 합니다.

하여간, 바울이 로마서를 쓸 때(주후 57년)까지는 고린도 교회가 진정으로 회개하고 그의 예루살렘 교회를 위한 헌금 모집 사업에 동참하여 성공적으로 마치게 되자, 바울은 고린도 교회를 방문하고 거기서 로마의 성도들에게 편지를 씁니다. 편지에는 이제 드디어 완성된 마케도니아와 아가야의 교회들의 헌금을 예루살렘 교회에 전달하려 떠나려 한다고 적고, 하나님께서 자신과 그 교회들의 헌금 대표단을 불신자 유대인들로부터 보호하여 주시도록, 그리고 예루살렘 교회가 이 이방 교회들의 헌금을 잘 받아 주도록 기도해 달라고 부탁하는 것입니다(롬 15: 25~32).

바울은 예루살렘 교회를 위한 헌금이 어떤 의미가 있다고 보았기에, 고린도 교회의 오해에도 무릅쓰고, 예루살렘 교회가 잘 받아줄지 걱정도 하며, 생명에 위협을 느끼기까지 하면서 헌금 모집을 하고, 또 헌금 전달 여행을 감행한 것입니까?

바울은 헌금의 의미를 적어도 다음 네 가지로 보았습니다.

첫째, 예루살렘의 "가난한 자들"을 위한 구제 헌금입니다. 바울은 주후 48년경 안디옥에서 사역할 때, 유대의 성도들이 기근으로 고생하자 바나바와 함께 안디옥 교회의 부조금을 가지고 유대에 가서 도왔습니다(행 11:27~30). 그때 또는 그 이후 개최된 사도회의에서 바나바와 함께 이방인들을 위한 선교를 대표하여 유대인들을 위한 선교를 대표하는 야고보, 게바(베드로), 그리고 요한과 함께 상호의 복음과 선교를 인정하며 선교지를 양분하는 계약을 체결할 때, 후자들로부터 유대의 "가난한 자들"을 계속 기억해 달라는 부탁을 받았습니다(갈 2:10). 그래서 바울은 그의 헌금 모집 사업에서 유대의 "가난한 자들"을 항상 기억하면서 그 사업의 구제의 성격을 잊지 않은 것입니다(롬 15:26; 참고 고후 8:4, 13; 9:9, 12). 그러기에 바울은 이방인들의 교회들의 헌금을 유대 교회를 위한 "섬김"(diakonia)이라고 불렀습니다(고후 8:4; 9:1, 12, 13; 롬 15:31).

둘째, 이방 교회와 유대 교회의 하나 됨을 시위하는 것입니다. 유대 교회가 이방 교회의 선물을 받음으로써 서로 형제로서 인정하는 것, 곧 교회의 하나됨을 드러내는 것입니다. 그래서 바울은 자신의 헌금 모집 사업을 "교제"(fellowship)라고 합니다(고후 8:4; 9:13; 롬 15:26). 바울에게는 이것이 매우 중요했습니다.

셋째, 바울은 이 헌금을 구약 선지자들이 종말에 이방인들이 시온에 예물을 가지고 순례 와서 하나님께 헌신한다는 예언의 성취로 보았습니다. 이사야 66:18~21을 많이 반영하는 로마서 15:16~28을 보면 바로 이 사상이 강하게 드러납니다. 이 사상은 선지서들의 여러 곳에 나타납니다(예 사 2:2~4; 19:23; 25:6~8; 51:4~5; 66:18~21; 미 4:1~3; 렘 16:19; 슥 8:20~23 등). 종말에 하나님이 시온에 오시면 그 광채가 거기서부터 세상의 땅 끝까지 비춰서, 이 빛의 광채에 의해서 사방에 흩어져 사는 열방이 참 하나님에 대한 지식을 얻게 되어 자기들이 섬기던 우상을 버리고 시온에 예물을 가지고 하나님을 예배하러 온다는 사상입니다.

데살로니가전서 1:9~10에서 바울은 데살로니가인들의 회심을 두고 "너희가 어떻게 우상들을 버리고, 사시고 참되신 하나님께로 돌아섰으며 어떻게 그의 아들을 기다리는가"라는 표현을 씁니다. "우상을 버리고, 사시고 참되신 하나님께로 돌아선 것"이 바로 이 선지서들의 예언의 성취입니다. 하나님은 그의 아들 예수 그리스도 안에서 시온에 오셔서 그의 하나님 나라 선포와 십자가의 죽음과 부활을 통하여 자신의 영광의 광채를 온 세상에 비추셨습니다. 이제 바울은 주의 종으로서 복음 선포를 통하여 이 영광의 광채를 열방에 전하는 일을 하는 것입니다(참고 고후 4:6; 사 42:6; 49:6). 바울의 복음 선포를 받은 마케도니아의 데살로니가인들, 아가야의 고린도인들이 이제 그들의 "우상들을 버리고, 사시고 참되신 하나님께로 돌아섰으며 … 그의 아들을 기다리는" 사람들이 되었습니다. 이들 모두가 시온에 와서 하나님께 예물을 바치고 예배해야 하는데 문자적으로 그들이 모두 참여할 수 없기 때문에, 바울은 모두가 헌금을 해서 그들의 대표단을 통해 예루살렘에 가서 경배하도록 하는 것입니다.

바울이 이방 교회들의 예루살렘 교회를 위한 헌금 사업을 중시한 넷째 이유는 불신자 유대인들을 일깨우려 한 것입니다. 이 뜻이 로마서 11:13~14 "내가 이방인의 사도인 만큼 내 직분을 과시한다…"에 잘 나타나 있습니다. 유대 민족의 다수가 그들의 메시아 예수의 복음에 무반응하는 상황 속에서 바울은 이러한 이방 교회들의 헌금 전달을 통하여 앞서 말한 선지자들의 예언이 성취되고 있음을 시위하면서, 유대인들로 하여금 "질투가 나게 해서" 그들 중 "몇 명"이라도 주 예수 그리스도께 돌아와 구원을 얻게 하려는 것입니다. 이러한 이유로 바울은 이방 교회들의 대표들로 구성된 헌금 사절단을 자신이 직접 인솔하여 신변의 위험을 무릅쓰고 예루살렘을 여행한 것입니다. 결국 그 여행이 그의 우려대로 그가 불신자 유대인들의 습격을 받고 로마 관원들에 의해 구금되고 오랜 재판 과정을 거치며 죄수의 몸으로 로마에 압송되는 결과를 낳았음을 사도행전은 기록하고 있습니다(행 21~28장; 참고 24:17).

이러한 깊은 신학적 그리고 구원사적 의미를 가졌기 때문에 바울은 이방 교회들의 예루살렘 교회를 위한 헌금을 "섬김"이나 "교제" 뿐 아니라, "은혜"(고후 8:4, 6, 7, 19), "축복"(eulogia/넉넉한 선물/축복 – 개역한글성경: "연보" – 고후 9:5), "(하나님에 대한) 섬김"(leigourgia; 고후 9:12) 등으로 부르면서, 온갖 어려움을 무릅쓰며 그의 이방 교회들로부터 예루살렘 교회를 위한 헌금 모집 사업을 수행했던 것입니다.

2절

이제 바울은 갈라디아 교회에 준 자신의 구체적인 지침을 고린도인들에게도 주고 있습니다. "매주 첫 날"은 안식일 다음 날을 뜻합니다. 로마 월력으로는 일요일이고, 기독교의 월력으로는 "주의 날" 곧 "주일"입니다. 주일마다 각 사람이 돈을 번 대로 그 일부를 따로 떼어 저축해서 그곳에 갈 때 한 번에 연보하라고 바울은 권면합니다. 이 권면에는 주일에 그리스도인들이 모여 예배를 드린 고대 교회의 습관을 암시하면서, 동시에 당시 교회에서 매주 예배 때마다 연보하지 않았던 것을 암시하기도 합니다. 이것 때문에 오늘날도 매주 예배 때마다 교회에서 헌금하지 말고 집에 모아 놓았다가, 어느 때 한 번 거두어야 한다는 식의 원시적 성경 적용을 해서는 안 됩니다. 우리는 교회사의 제도적 진전을 인정해야 합니다.

3절

"너희의 은혜"는 헌금을 뜻합니다. 고린도인들의 예루살렘 성도들을 위한 헌금은 하나님으로부터 받은 "은혜"의 반영으로 그리스도 안에 있는 형제들에 대한 "은혜" 베풂입니다. 헌금은 바울이 가져가는 것이 아니라, 교회의 대표단이 가져가는 것입니다. 바울은 의심의 여지를 남기지 않는 재정 관리를 하는 것입니다. 바울은 또 이 헌금 대표단을 통하여 앞의 1절과 관련하여 본 헌금의 셋째와 넷째의 뜻들을 이루려 한 것입니다.

4절

바울은 자신이 헌금단을 이끌고 갈지 그렇게 하지 않을지를 아직 결정하지 못했습니다. 그런데 두어 해 후 로마서 15장을 쓸 때는 자신이 헌금단을 이끌겠다고 했습니다(롬 15:26~33).

2) 여행 계획과 추천(16:5~12)

5 내가 마게도니아를 지날 터이니 마게도니아를 지난 후에 너희에게 가서
6 혹 너희와 함께 머물며 겨울을 지낼 듯도 하니 이는 너희가 나를 내가 갈 곳으로 보내어 주게 하려 함이라
7 이제는 지나는 길에 너희 보기를 원하지 아니하노니 이는 만일 주께서 허락하시면 얼마 동안 너희와 함께 머물기를 바람이라
8 내가 오순절까지 에베소에 머물려 함은
9 내게 광대하고 유효한 문이 열렸으나 대적하는 자가 많음이라
10 디모데가 이르거든 너희는 조심하여 그로 두려움이 없이 너희 가운데 있게 하라 이는 그도 나와 같이 주의 일을 힘쓰는 자임이라
11 그러므로 누구든지 그를 멸시하지 말고 평안히 보내어 내게로 오게 하라 나는 그가 형제들과 함께 오기를 기다리노라
12 형제 아볼로에 대하여는 그에게 형제들과 함께 너희에게 가라고 내가 많이 권하였으되 지금은 갈 뜻이 전혀 없으나 기회가 있으면 가리라

5~6절

현재 에베소에서 편지를 쓰는데, 마케도니아를 지나서 고린도에 가서 독자들과 함께 겨울을 보낼 것 같다고 합니다. "내가 어디로 가든 너희가 나를 그곳으로 보내주도록": 다음 행선지는 아직 결정되지 않았습니다. 예루살렘이면 자신이 헌금단을 인솔할 것이나(4절), 바울은 항상 로마로 가기를 열망했으므로(롬 1:10~11; 15:22~23), 이 고린도전서를 쓰고 있는 시점에서 그는 로마로 갈 가능성을 열어 놓고 있었던 듯합니다. 하여간 자신의 다음 여정에 독자들이 도움을 줄 것을 부탁하는 것입니다.

7절

독자들과 함께 겨울을 나기를 원하는 것은 그들을 결코 "지나는 길에 보기를 원치 않고" 그들과 좀 긴 시간을 두고 교제하기를 원해서입니다. 그러나 "주께서 원하시면"이라는 표현으로 바울은 모든 것을 주의 뜻에 맡깁니다(4:19; 참고 약 4:15).

8절

바울은 지금 에베소에서 이 편지를 쓰고 있는데, "오순절"까지는 이곳에서 머물겠다고 합니다. "오순절"은 유월절 후 50째 날의 축제이기도 하고, 첫 이삭의 단을 바친 날 이후 일곱 주간 후의 날에 있는 밀 추수의 잔치이기도 하였습니다(레 23:15~22). 그러니까 바울은 주후 55년 봄 유월절/부활절 무렵에 이 편지를 쓰고 있으며(참고 5:7; 15:20), "오순절"을 쇠고는 에베소를 떠나 마케도니아를 거쳐 고린도에 도착하여 그곳에서 겨울을 보내려고 계획하고 있습니다.

9절

바울이 에베소에서 좀 더 머무르고자 하는 이유는 그곳에 전도의 문이 활짝 열려 전도의 효과가 크게 일어나고 있으며, 동시에 그것에 반대하는 세력의 준동도 크게 일어나고 있기 때문입니다(참고 행 19장).

10~11절

바울이 디모데를 자신의 사자로 삼아 이 편지를 가지고 고린도로 가도록 보내면서, 주의 일에 있어 그를 자신의 동역자로 추천합니다. 그런데 바울이 디모데가 고린도에 도착하면 그가 "두려움 없이 너희 가운데 있게 하도록" 잘 보살펴 달라고, 또 그를 아무도 "멸시하지 말라"고, 그리고 그를 "평안히" 돌아오도록 하라고 부탁하는 것이 눈에 띕니다. 디모데는 아주 여린 사람이었던 모양입니다. 바울은 그가 "형제들"과 함께 돌아오기를 기대한다고 하니, 디모데는 혼자 사자(使者)로 여행한 것이 아니라 하나의 사자단의 대표로 간 것 같습니다.

12절

바울은 아볼로를 "형제"로 부르며 고린도를 방문하도록 종용하고 있음을 말합니다. 일부 고린도인들이 고린도 교회의 설립자인 바울보다 아볼로를 선호하고 그의 가르침에 호소하면서 바울의 가르침에서 빗나가는 행동을 하는 상황에서(참고 1~4장), 바울이 아볼로를 이렇게 대하는 모습에서 우리는 바울이 아볼로에게 그리스도 안에서의 진정한 신뢰와 사랑을 보여 주고 있음을 알 수 있습니다.

또 아볼로는 자신이 지금 고린도를 방문하면 자신에게 열광하는 고린도의 미성숙한 일부 성도들이 또 분란을 일으킬까 우려하여, 바울의 권면을 사양하고 있습니다. 여기서 우리는 아볼로가 바울의 선의에 같은 선의로 화답하며 자신의 영광이 아니라 오로지 교회의 안녕을 위하는 성숙한 지도자임을 알 수 있습니다.

오늘날 우리 교회들의 지도자들도 서로에 대해 이와 같은 신뢰와 사랑을 보이며 교회의 안녕을 최우선으로 생각합니까? 아니면 제각각 교회를 자신의 영지 또는 왕국으로 생각하여 오로지 권력 독점을 위해 치열하게 경쟁하며 교회를 자신들의 정치적 쟁투의 장으로 만들어 망가뜨립니까?

Ⅳ. 결론: 권면과 인사(16:13~24)

13 깨어 믿음에 굳게 서서 남자답게 강건하라
14 너희 모든 일을 사랑으로 행하라
15 형제들아 스데바나의 집은 곧 아가야의 첫 열매요 또 성도 섬기기로 작
정한 줄을 너희가 아는지라 내가 너희를 권하노니
16 이같은 사람들과 또 함께 일하며 수고하는 모든 사람에게 순종하라
17 내가 스데바나와 브드나도와 아가이고가 온 것을 기뻐하노니 그들이 너
희의 부족한 것을 채웠음이라
18 그들이 나와 너희 마음을 시원하게 하였으니 그러므로 너희는 이런 사
람들을 알아 주라
19 아시아의 교회들이 너희에게 문안하고 아굴라와 브리스가와 그 집에 있
는 교회가 주 안에서 너희에게 간절히 문안하고
20 모든 형제도 너희에게 문안하니 너희는 거룩하게 입맞춤으로 서로 문안
하라
21 나 바울은 친필로 너희에게 문안하노니
22 만일 누구든지 주를 사랑하지 아니하면 저주를 받을지어다 우리 주여
오시옵소서
23 주 예수 그리스도의 은혜가 너희와 함께 하고
24 나의 사랑이 그리스도 예수 안에서 너희 무리와 함께 할지어다

13~14절

다섯 개의 명령어들로 권면합니다: "깨어 있어라, 믿음 안에 굳게 서라, 용감하라, 강건하라, 모든 일들을 사랑으로 하라."

15~16절

"스데바나의 집"은 "아가야의 첫 열매"라고 합니다. 그 집안(노예들까지 포함)이 바울이 아가야 지방에서 얻은 첫 회심자들이었다는 말입니다(1:16). 바울은 선교 지역에서 처음 얻은 성도들을 매우 귀하게 여겼습니다(롬 16:5). 이것은 바울이 처음 익은 "첫 열매"가 나머지 전체 수확을 대표한다고 봐서, 한 지방 또는 종족의 "첫 열매"가 주께 바쳐지면 그 지방 또는 종족에 속한 나머지 사람들도 곧 바쳐지리라는 확신을 가졌기 때문이었습니다(15:23에 대한 강해를 참고하시오).

"스데바나의 집"은 "아가야의 첫 열매"였을 뿐 아니라 "성도들을 섬김"에 헌신한 집안이었습니다. 그 집안은 아마 큰 재력가로서 자신들의 재물로 성도들을 섬긴 것 같습니다. 이런 집안은 신앙 연륜으로나 사회적 지위로나 자연히 교회 내에서 지도력을 갖게 되었는데, 바울은 고린도인들에게 이 집안을 추천하면서, 그들과 교회를 섬기는 또 다른 유력 집안들(예 다음 절의 "브드나도와 아가이고")의 지도에 순종하라고 권면합니다(참고 살전 5:12~13). 이렇게 함으로써 당시 리더십의 체계가 아직 갖추어지지 않은 초대교회에서, 그리하여 무질서의 문제로 공동체적 예배와 삶이 심각히 훼손된 고린도의 교회에서(예 분파, 음행, 예배의 파행, 성만찬의 훼손 등), 바울은 리더십과 질서를 세우려 하는 것입니다.

17~18절

"스데바나, 브드나도와 아가이고"가 고린도 교회의 대표로서 그 교회의 문의 사항들을 가지고 바울에게 왔는데(7:1~16:4), 그들은 동시에 바울에게 후원금도 가지고 왔습니다. 바울은 그 후원금을 고린도 교회의 후원금 대신 받았다고 말합니다. 바울은 앞서 9:15~18의 강해에서 설명한 이유들로 인하여 고린도 교회 전체의 후원금은 사양하였으나, 오해의 소지가 없고 또 부담을 느끼지 않을 정도로 넉넉한 사람들의 개인적 재정적 지원은 받았음을 알 수 있습니다(참고 고후 11:7~9). 이 세 대표들은 고린도 교회 전체를 대표하여 바울을 섬겼고, 그리하여 교회를 섬겼으므로, 이런 사람들을 인정해 주라고 권면합니다.

19절

"아시아의 교회들"의 문안을 전합니다. 원래 로마에서 온, 요샛말로 하면 "다국적 기업인" 부부 "아굴라와 브리스길라"가 고린도에서 바울을 도와 함께 고린도 교회를 세웠는데(행 18:1~3), 이제는 에베소에 이주하여 사업하며, 자기 집에 교회를 세우고 있었습니다(행 18:18~26). 이들의 문안은 고린도 교회에 각별했을 것입니다. 여기서 우리는 에베소와 그 주위에 여러 가정 교회들이 있었으며, 바울이 사도로서 그들을 돌보고 있었음을 짐작할 수 있습니다(참고 롬 16:3~5).

20절

"입맞춤" 문안은 유대교적 배경에서 나온 것으로(예 창 27:26; 삼상

20:42; 눅 15:20), 성도들 간의 사랑을 잘 나타내는 초대교회의 관행이었는데(롬 16:16; 고후 13:12; 살전 5:26; 벧전 5:14), 후에는 예배 의식의 일부로 발전했습니다.

21절

지금까지 바울은 구술로 서신을 기록했으나, 이 부분은 친필로 작성했습니다. 보통 말미에서 바울은 친필로 기록했습니다(갈 6:11; 골 4:18; 살후 3:17; 몬 19절). 이것은 오늘날로 말하면 사인에 해당하는 것입니다.

22절

"주 예수 그리스도" 안에 하나님의 구원이 있습니다. 그러므로 그를 사랑하지 않는 사람은, 곧 그에게 의지하고 순종하지 않는 사람은, 그의 주권의 영역 밖에 있는 사람이므로 그의 구원을 덕 입을 수 없습니다. 그냥 이 세상의 저주 상태에 머무를 수밖에 없습니다.

개역한글성경에 "주께서 임하시느니라"라고 번역한 말은 아람어를 헬라어 문자로 음역한 "마라나타"입니다. 이 말은 "마란-아타"로 끊어 읽을 수도 있고 "마라나-타"로 끊어 읽을 수도 있는데, 전자일 경우 서술형으로서 "주께서 오셨다" 또는 "주께서 오신다"라는 신앙고백이고, 후자일 경우 명령형으로서 "주여, 오소서!"의 기도입니다. 모든 주석가들이 동의하듯이 후자로 읽는 것이 옳습니다. "마라나 타"("주여, 오소서!")는 주의 재림을 희구하는 초대교회의 중요한 종말론적 기도여서 심지어 헬라어를 사용하는 이방인들의 교회들에서도 그냥 아람어 원어로 드린 것입니다(계 22:20에는 번역되어 나옴).

이 기도는 아람어를 쓰던 유대 교회가 벌써 예수를 하나님 야훼의 이름인 "주"로 고백하고 그에게 기도를 올리기(즉 그를 예배하기) 시작했음을 보여 주는 중요한 하나의 증거입니다. 그리하여 "예수가 주이시다"는 신앙고백과 선포(케뤼그마)는 예루살렘의 유대 교회가 아니라 한참 후 안디옥 교회 내의 헬라 그리스도인들에 의해 만들어지고, 예수를 "주"로 예배하기도 후자에 의해서 비로소 시작되었다는 19세기 말~20세기 초의 종교사학파의 주장은, 여기 바울이 아람어를 음역하여 남긴 이 기도 한 마디로 완벽히 반박되는 것입니다.

예수의 부활 직후 예루살렘의 유대 교회가 예수를 하나님 야훼의 이름으로 부르고 그를 예배하며 그에게 기도를 올리기 시작했다는 사실(빌 2:6~11)은 얼마나 놀라운 일입니까? 그러나 이러한 전개는 아주 자연스러운 것이었습니다. 예수는 공생애 사역 기간에 "하나님의 나라"의 복음을 선포하시면서 스스로가 하나님의 통치의 대행자임을, 그러므로 자신이 "하나님의 아들"로서 하나님의 주권의 담지자임을 주장하셨습니다. 그래서 그의 제자들은 그를 "주님"(mari)이라고 부르며 그를 추종하였던 것입니다. 그런데 이제 하나님께서 그런 예수를 죽음에서 일으키신 것을 보았을 때, 그들은 자연히 하나님께서 예수(의 모든 주장들)를 옳다고 인정하셨다, 즉 예수가 과연 자신의 주권의 대행자라고 확인하셨다고 이해하지 않을 수 없었습니다. 그리하여 예수의 첫 제자들은 하나님께서 예수를 부활시킨 것을 시편 110:1의 성취로 보고, 예수를 이제 절대적인 용법으로, 그리고 신적 의미를 더하여 "주님"(mare)이라고 고백하게 된 것입니다. 즉 창조주 하나님의 이름을 받은 분, 즉 그의 절대적 주권의 대행자라고 고백하게 된 것입니다.

본문과 요한계시록 22:20, 그리고 1세기 말의 문서인 디다케 10:6에 "마라나 타"("주여, 오소서!")의 기도가 나오는 것은 우리에게 초대교회가 얼마나 절실히 주의 재림을 고대하였는가를 잘 보여줍니다.

23~24절

편지를 마치면서 축도를 합니다.

우리의 소망이나 기쁨이나 자랑의 면류관이 무엇이냐,

그가 강림하실 때 우리 주 예수 앞에 너희가 아니냐(살 2:19).

부록

상급

오늘 한국의 보수 개신교에서는 "예수 그리스도를 믿어 구원을 받고, 주를 또는 교회를 잘 섬겨 하늘에서 큰 상급을 받는다"는 것이 "복음"으로 인식되고 있다. 많은 목사들이 교인들의 헌금, 선교, 교회 봉사를 북돋우기 위해서 상급 사상을 하도 강조하여, 한국의 보수 개신교도들의 신학적 사고와 영성이 중세 가톨릭 교회의 그것들로 회귀한 것이다. 그리하여 많은 개신교의 목사들이 자신들의 종교개혁적 신학 유산, 곧 "은혜로만"(sola gratia)의 복음을 저버리게 된 것이다. 그리하여 선교와 교회 봉사를 북돋우는 것 같은 "장점"이 있는 것 같지만, 사실 그 영적, 도덕적 부작용이 심각한 상황이다.

10월 말 종교개혁 주간에 16세기 종교개혁을 통한 은혜의 복음의 회복을 설명하고, 루터나 칼빈 등 종교개혁자들을 칭송하는 설교를 길게 해놓고도, 끝에 가서는 아무런 신학적인, 논리적인 모순이라는 의식 없이, 헌금 많이 내고, 전도 열심히 하고, 교회 열심히 섬겨 하늘나라의 큰 상급을 받으라는 설교를 아무런 도덕적 거리낌도 없이 하는 목사들을 자주 보게 되는데 참으로 딱한 노릇이다. 그들은 바울 서신들에도 "상급" 개념이 가끔 나오고, 특히 마태복음에 그것이 자주 나오는 것을 가리키며, 자신들의 가르침이 성경적이라고 생각하고 있다. 그러나 성경의 가르침에 대한 폭넓은 이해와 깊은 신학적 통찰 없이 그런 설교들을 함으로써, 하나님의 은혜의 복음이 인간의 공로의 신학으로 삼켜져 버릴 위기에 놓이게 된 것이다. 그러므로 "상급"에 대한 이해를 좀 분명히 할 필요가 있다. 그것이 "은혜로만"의 "복음"과 어떻게 연결되는가를 잘 살펴보아야 한다.

마태복음에는 상급이라는 말이 6:4, 6, 18; 10:41; 20:8 등에 나타나며 "하늘에 보화를 쌓는다"는 표현은 6:20~21에 나온다. 이런 구절 때문에 예수가 유대교의 상급 개념을 계속해서 이어 받지 않았는가 여기는 사람들도 있다. 그런데 마태복음은 상급 사상만 강조하는 것이 아니라, 그 반대로 하나님이 율법 지킴 등 선행에 상급을 준다는 것에 예수가 반대했다는 것도 강조한다.

예1) 포도원 일꾼들에게 품삯을 주되 3시부터 와서 일한 자나, 6시, 9시, 심지어 11시부터 와서 일한 자에게 똑같이 한 데나리온을 품삯으로 준다는 이야기(20:1~16).

먼저 온 자들이 주인에게 불평을 하자 주인이 그들에게 불평할 필요가 없다는 말을 한다. 즉 율법의 행위가 하나님과 계약 관계의 행위가 아니기 때문에, 우리는 하나님에게 어떤 주장도 할 수 없다. 우리들에게 주시는 하나님의 구원은 우리들의 공로의 반대급부가 아니고 우리들에게 은혜로 주심을 강조하고 있음을 잘 알 수 있다.

예2) 한 부자 청년의 이야기(마 19:16~22 / 막 10:17~22 / 눅 18:18~23).

한 부자 청년은 예수께 "내가 영생을 얻기 위해서 어떤 좋은 일을 해야 합니까?"를 물으면서 아주 전형적인 유대교의 상급사상에 기초한 질문을 한다. 예수의 대답은 사랑의 이중계명이었다. 자신의 재산(맘몬) 대신 하나님께 의지하고 그를 사랑하며(하나님 사랑), 이웃에게 자신의 재산을 나누어 줌(이웃 사랑)을 실천하라는 것이다. 그러면 그는 그가 원하는 "영생"(하나님 나라의 생명, 곧 하나님적 생명)을 얻게 된다는 것이다. 여기 본문은 "영생"을 "하늘에 쌓은 보물"이라 표현함으로써(마 19:21), 마태복음 6:20의 "하늘에 쌓은 보물"이 구원(영생)에 더한 "상급"(구원+α)을 의미하는 것이 아니고 구원(영생) 자체인 것을 밝히고 있다. 하나님의 나라는 초월에서 우리들에게 구원의 힘으로 오는 것이고, 우리는 그것을 믿음으로 받는 것이다(참고 예수가 "하늘나라"와 더불어 쓴 동사들: "오다" "주신다" "들어가다" 그리고 "받다").

하나님을 의지하고 이웃을 사랑하는 삶을 살라는 말은 은혜로 오는 하나님의 구원의 통치를 받으라는 것이지, 그렇게 함으로써 "공로"를 쌓아 구원(영생)을 상급으로 받으라는 것이 아니고, 구원(영생)에 더한 "상급"을 받으라는 것은 더더욱 아니다. 하나님의 통치는 우리의 삶에서 맘몬을 의지하지 말고 하나님을 의지하고(마 6:24), 이웃을 사랑하라는 계명들(마 5:38~48)로 구체화되어 나타난다. 그러기에 이렇게 사랑의 이중계명(하나님 사랑, 이웃 사랑)을 실천함으로써 하나님의 통치를 받고 있음을 증명하는 사람은 이미 하나님 나라에 들어간 사람이요, 하나님 나라의 구원(영생)을 누리는 사람이다. 그러므로 이 구원(영생 곧 하나님 나라의 생명)은 우리의 계명들(하나님 사랑과 이웃 사랑)을 지킴의 "공로"에 대한 반대급부로 주어지는 "상급"이 아니라, 하나님의 나라에 들어가 하나님의 통치를 받는 사람이 누리는 은혜의 선물이다.

이 사실을 누가복음이 더 뚜렷이 밝힌다. 누가는 그의 복음서 18:18~25에서 이 부자 청년의 이야기를 싣고, 19:1~10에 삭게오 이야기를 실어서 이 두 부자들을 대조한다. 앞의 부자 청년(관원)은 예수께서 사랑의 이중계명의 요구로 오는 하나님의 통치를 받음으로 "영생"을 얻으라는 가르침에 등을 돌리고 하나님보다는 자신의 재물을 택한 반면, 삭게오는 예수의 하나님 나라의 복음에 따라 자신의 재물 대신 하나님을 의지하고 사랑하기를 택하고, 이웃사랑의 길을 택하였다. 부자 관원이 맘몬에 대한 우상숭배로 인하여 자신의 하나님 나라의 복음을 거부하는 것을 보고는 부자가 하나님 나라에 들어가기가 얼마나 어려운가 개탄하신 예수는(눅 18:24~25), 삭게오의 결단을 보고는 "오늘 이 집(삭게오의 가문)에 구원이 임하였다"고 선언하며 기뻐하신 것이다.

그렇다. 삭게오는 자신의 재물을 팔아 가난한 자들에게 나누어 주겠다는 결심으로 그가 이미 예수께서 선포하는 하나님의 나라에 들어와 사랑의 이중계명의 요구로 오는 하나님의 다스리심을 받게 되었음을 보인 것이다. 그러므로 그에게 하나님 나라의 "구원"이 이미 임한 것이다. 그는 그 구원(영생)을 종말에 하나님 나라가 완성될 때 온전히 누리게 되겠지만, 지금 벌써 예수의 선포로 출범한 하나님 나라에 들어간 사람으로서 하나님 나라(통치)가 주는 생명(영생-구원)을 첫 열매의 형태로나마 누리게 된 것이다. 삭게오가 자신의 재물을 팔아 가난한 자들에게 나누어 주는 선행을 하자, 예수는 그 "공로"에 대한 "상급"으로 그에게 "구원"을 약속하신 것이 아니다. 예수는 그가 그 행위로 사랑의 이중계명의 요구로 오는 하나님의 통치를 이미 받고 있음을 보고 하나님의 통치(나라)의 선물인 "구원"을 그가 이미 받아 누리고 있음을 확인한 것이다.

이렇게 엄밀히 말하면 구원(영생)은 하나님 나라의 은혜의 선물로서 예수의 하나님 나라의 복음을 받는 우리에게 주어지는 것이지, 우리가 선행을 하여 그에 대한 반대급부(상급)로 받는 것은 아니다. 그러나 우리가 우리에게 은혜로 "오는" 하나님 나라를 믿음으로 하나님 나라에 "들어가고", 사랑의 이중계명을 실천함으로써 하나님의 "통치"를 "받는다"는 사실, 그리하여 우리가 하나님 나라의 생명(영생-구원)을 받아 누리게 된다는 사실을, 믿음의 결단과 하나님의 통치에 대한 순종의 관점에서 바라보면서, 우리는 하나님 나라의 생명(영생-구원)을 우리의 그러한 믿음의 결단과 순종의 열매로 보고 거기에 "상급"이라는 언어를 쓸 수 있겠다. 마태가 그런 뜻으로 "상급" 또는 "하늘에 쌓는 보화"라는 언어를 쓴 것 같다. 그러므로 하나님 나라의 구원 자체를 "상급"이라 지칭할 수도 있겠으나, 앞서 본 바와 같이 마태가 10:1~16에서 경고하는 바와 같이 구원의 은혜성을 훼손하지 않는 범위에서 그런 언어를 써야 한다. 그런 언어를 써서 공로신학을 앙양하는 것은 예수 그리스도의 복음에 대한 본질적인 왜곡인 것이다.

그러므로 "상급"이라는 언어를 하나님의 구원 위에 더 얻는 어떤 축복이라고 생각하는 것은 더더욱 있을 수 없다. 하나님의 구원이 있고, 그 위에 또 상급이 있어서, 상급의 크기에 따라 하나님 나라에 어떤 등급이 있는 것처럼 말하는 것은 비성서적이다. 구원의 극치는 "하나님을 봄"[5:8, 또는 하나님의 온전함 또는 그의 신성에 참여함이요, 신적 무한의 자원으로 이루어지는 삶(신적 삶, 곧 영생)]이다. 그러기에 그런 무한한 삶, 온전한 삶에 (상급의 작음으로 인해) 어떤 부족함이 있을 수도 없고 (상급의 많음으로 인해) 더 무한해지고 더 온전해짐도 있을 수 없는 것이다. 마태복음 19:28~29 등에 있는 내용은 하나님의 신적 속성을 "통치"로 나타내고 하나님 나라에 들어간 모든 성도들이 하나님의 신성(즉 그의 통치)에 동참함을 그림으로 나타내는 것인데,

그것을 문자적으로 해석하는 것은 옳지 않다.

마태복음의 내용이 상당히 유대교의 상급사상과 관련된 표현이 많은 것은 사실이다. 그러나 마태는 구원의 상태에 등급이 있는 것으로 말하지 않았다. 구원 자체가 상급인 것이다.

바울도 상급을 말한다(예 고전 3:14). 바울신학과 마태신학은 의의 행위와 상급에 있어서 강조점을 약간 달리하나, 본질적으로는 같다. 바울신학을 통하여 설명해 보자.

바울은 빌립보 교인들과 데살로니가 교인들이 주 예수의 심판의 보좌 앞에서 자신의 "소망, 기쁨, 자랑의 면류관"(빌 4:1; 살전 2:19)이라고 한다. 어떤 의미로 그렇게 말하는가?

바울의 "복음"("기쁜 소식")은 그리스도 예수의 대속적 죽음과 부활에서 보여진 하나님의 은혜에 의해 하나님이 인류를 구원하신다는 것이며, 우리가 그리스도에 대한 믿음으로 그 구원을 덕 입어야(appropriate) 한다는 것이다. 그래서 *오직 은혜로(sola gratia)*와 *오직 믿음으로(sola fide)*란 말이 사용된다. 그러나 그리스도 안에서 이루어진 하나님의 구원은 종말론적 유보의 구조를 가지고 있어서, 우리들은 믿음으로 그 구원의 첫 열매를 얻었으나, 장차 예수 재림시에 있을 그것의 완성을 향해 살아가고 있는 것이다. 그러기에 우리는 현재 단지 구원의 열매를 향유하는 것뿐 아니라, 하나님의 나라 혹은 그리스도의 교회를 세우는 일에 필요한 다양한 사역들을 감당하는 일에 부름을 받았다. 그리스도의 재림 때 우리의 구원이 완성될 텐데, 그때 또한 최후의 심판이 있으며, 우리들의 일한 바에 따라 하나님 혹은 그리스도에게 우리가 심판을 받을 것이다(고후 5:10). 그렇다면 은혜에 의한 구원의 복음과 행위에 따른 심판이라는 교리는 어떻게 조화될 수 있는가? 또 우리들은 이 문제에서 "보상" 또는 "상급"이라는 개념을 어떻게 이해해야 하는가?

A. 통상적인 설명

1) 만약 하나님이 선을 상 주고 악을 벌하는 심판이 없다면, 공의와 도덕이 있을 수 없으며, 심지어 "죄"란 개념도 성립될 수 없다.

2) 구원은 *오직 은혜로*(sola gratia)와 *오직 믿음으로*(sola fide)이므로, 어떤 보상을 받을 만한 일을 하지 않은 사람이라 할지라도, 단지 그가 그리스도를 믿기만 했다면 마지막 심판 자리에서 구원을 받을 것이다(비록 "구원을 얻되 불 가운데서 얻은 것 같다" 할지라도-고전 3:15; 참고 히 6:4~12).

3) 많은 "성령의 열매"를 맺은 사람들은 보상을 받는다.

4) 하나님의 나라에서 구원을 받은 상황에서는 이 세상의 삶에서 경험하는 것과 같은, 그런 등급/계층이 있을 수는 없다(왜냐하면 "하위 계층"이란 결국 "상위 계층"과 비교할 때 부족함이 있다는 것을 나타내고, 그렇다면 부족함이 있다는 것은 온전함인 "구원"을 나타낼 수 없기 때문이다).

5) 그렇다면 "보상"이란 말은 무슨 뜻인가? 그것은 좋은 것임에 틀림없다. 그러나 (혹은 *그러므로*) 그것이 우리들로 하여금 스스로를 의지하게 하고, 교만하게 하고, 하나님께 자기주장을 하게 하고,

다른 사람들에게 자랑하게 하는 것이 될 수는 없다(참고 롬 3:27; 고전 1:29, 왜냐하면 바울은 자신을 "자랑하는 것"을 강하게 거부하므로).

6) 그러므로 이것은 궁극적으로 우리의 이성으로 은혜에 의한 구원과 행위에 따른 심판이란 교리를 논리적으로 만족할 수 있을 정도로 조화시킬 수는 없다. 그렇다면 우리들은 이것이 예정과 자유의지의 경우와 같이 바울신학의 상충(anomalies)의 한 예라고 선언하면서 이 문제를 내버려 두어야 하는가? 아니면 불트만이 생각했던 것처럼 이것을 바울에게 있는 유대교적 사고의 잔재로 여기며, 복음의 본질에서 떼어 버려야 하는가?

7) 그러나 이 점만은 명확하게 지적되어야 한다: 행위에 따른 심판이라는 교리의 의도는 우리들을 최후의 심판에 대해 염려하게 만들거나, 우리들이 선행을 통해 우리들의 구원을 확고하게 하도록 만드는 것이 아니라, 우리들에게 신실한 제자도를, 곧 "믿음에 따라 순종하는" 삶을 촉구하기 위한 것이다(롬 1:5; 참고 히 6:4~12).

– 이것이 통상적인 설명이다. 그렇다면 이 이상의 설명을 할 수는 없는가?

B. 나의 추가적인 설명

고린도전서 3:10~15의 "건축"(building)이란 그림 언어가 이 문제에 대해 더 명확한 설명을 제공하는 것 같다.

1) 우리들이 자신의 믿음을 통해 하나님의 은혜에 의해 의롭다 함을 받음에 따라, 우리들은 하나님과 올바른 관계에로 회복되고, 그리하여 그 관계 속에 서 있게 된다. 하나님의 은혜에 의해 하나님은 끊임없이 그의 말씀과 성령으로 우리를 그 관계 속에 남아 있게 하시고(즉 지탱시키시고), 우리는 우리들의 끊임없는 믿음의 실천으로, 또 하나님에 대한 믿음을 계속 천명함(의존과 순종)으로 하나님이 우리를 그와의 올바른 관계 속에 지탱시키시려는 은혜의 사역을 덕 입어야(appropriate) 한다.

가치판단과 도덕적 선택을 하는 모든 순간마다, 우리는 "주 예수 그리스도"를 고백하며 산다. 즉 자신을 신뢰하거나 우상(특히 맘몬)을 신뢰하지 않고, 주 예수 그리스도를 신뢰하고 그의 뜻에 순종하며 산다. 주 예수 그리스도의 주 노릇해 주심(그의 보호해 주시고, 인도해 주시며, 도와주시는 은혜)을 신뢰하고, 그러기에 그에게 순종하는 (그의 인도해 주심을 따라가는) 삶을 사는 것이다. 그런 삶은 주 예수 그리스도와의 올바른 관계 속에 서 있는 삶이며, 주 예수 그리스도가 대행하는 하나님의 통치(하나님 나라)를 받는 삶으로서, "의인"(이전의 죄를 용서 받고, 하나님과의 올바른 관계에로 회복되어 그 속에 서 있는 자)의 삶이며, "의의 열매들"(빌 1:11), 혹은 "성령의 열매"(갈 5:22~24)를 맺는 삶이다. 이것이 곧 성화다.

2) 그러나 "*이미*(구원의 첫 열매를 얻었으나), *그러나 아직*(구원의 완성을 얻지는 못함) (already, but not yet)"의 종말론적인 유보 상황(즉, 하나님의 나라, 그리스도의 주권이 아직 완성되지 않아서 그리스도의 죽음과 부활로 결정적으로 패퇴한 사탄이, 아직도 이 세상에서 그의 죄악과 고난의 힘을 발휘하는 상황)에서,

우리들 속에는 하나님을 신뢰하기보다는 자신을 신뢰하고 하나님보다는 사탄에게 순종하게끔 만드는 "육체"(flesh)적 요소가 여전히 있다. 그래서 우리들은 가치판단과 도덕적 선택을 하는 모든 순간마다 한편으로는 그리스도가, 다른 한편으로는 사탄이 우리의 순종을 요구하는 두 개의 경쟁적 주장들의 갈림길에 직면하게 된다. 이 모든 순간에, "예수가 주님이시다"는 고백을 함으로써, 우리는 사탄의 유혹을 뿌리치고, 주 예수 그리스도가 가리키는 길이 진정한 삶의 길임을 *신뢰*하고, 그 길을 가기로 선택한다(곧 주 예수 그리스도를 순종한다). 이렇게 우리들은 가치판단과 도덕적 선택을 하는 순간마다 주 예수 그리스도에 대한 우리들의 믿음을 천명하여 하나님과의 올바른 관계 속에 머무르는 것이다. 즉 의인의 상태에 지탱되는 것이다.

그러나 우리 안에 있는 이 "육체"는 우리들을 사탄의 뜻에 좇도록 하고, 자신의 꾀를 신뢰하게 하며 자기주장을 하게 한다. 즉 우리를 의롭게 하는 믿음을 천명하지(affirm) 못하게 하여 주 예수 그리스도의 주 노릇 해주시는 은혜를 덕 입지 못하게 한다. 그래서 우리로 하여금 "육체의 열매들"(갈 5:19~22)을 맺게 한다.

3) 우리가 "성령을 따라 사는가"(성령의 충동과 도움을 받아 주 예수 그리스도에 대해 믿음을 천명하는가), 아니면 "육체를 따라 사는가"(성령의 충동과 도움을 저버리고, 도리어 사탄의 충동에 따라 자신의 능력을 의지하고 자신의 뜻을 좇는가)에 따라서, 우리는 "교회"를(혹은 우리들을 교회의 성원으로) "건축"하되, "금"으로 "건축"하는가, 아니면 "지푸라기"로 "건축"(build)하는가(갈 5:16~24; 롬 8:1~17)가 정해진다.

4) 하나님의 나라(집)를 "건축"함에 있어, "금"으로 "건축"한 사람은 하나님의 구원(성령에 의해 주어진 하나님의 은혜)을 최대한으로 덕 입은 것, 곧 자신의 것으로 만든 것이고, "지푸라기"로 세운 사람은 그것을 최소한으로 덕 입은 것, 곧 자신의 것으로 만든 사람이다.

5) 하나님의 나라(집)를 "건축"함에 있어 자신이 맡은 부분(예 왼쪽 벽면)을 "지푸라기"(육체를 따라 행동함)로 지은 사람은 최후의 심판 때 그가 하나님 나라에 합당치 못한 재료를 써서 "건축"을 한 부분은 그 심판의 불에 의해서 태워져 버리는 것을 경험하게 된다. 왜냐하면 하나님 나라에 온전치 못한 것이 남아 있을 수 없기 때문이다. 그러나 그런 건축을 한 사람도 "지푸라기"(육체를 따라 행동함)로 지은 자신의 "건물"이 최후의 심판에서 타버린다 할지라도, 하나님과 올바른 관계 안으로 옮겨져 있는 한, 구원을 받게 된다.

6) 그러나 하나님의 나라(집)를 "건축"함에 있어 자신이 맡은 부분(예 오른쪽 벽면)을 "금"으로 "건축"한 사람은 최후의 심판의 불에 의해 태워져 버리는 것이 아니라, 더 찬란히, 즉 *영광스럽게 빛날* 것이다. 이것이 그 사람의 "상급"이다. 즉 그가 하나님 나라를 위해서 주 예수 그리스도를 의지하고 순종한 믿음의 삶으로 이룬 것들이 최후의 심판의 불에 의해 찬란하게 드러나는 것이다.

7) 그래서 이 "상급"은 선행(공로)에 대한, 구원에 덧붙이는 *추가적인 상이 아니다*. 하나님의 나라(집)를 "건축"함에 있어 자신이 맡은 부분(예 오른쪽 벽면)을 "금"으로 "건축"한 것으로 드러나고, 그 금

으로 "건축"한 그 부분이 찬란히 빛나는 것이다.

8) 그래서 바울은 고린도전서 9:12~18에서 교회의 재정 지원을 받지 않고 자신의 손으로 일하여 생계를 꾸리며 복음을 무료로 선포하는 자신의 사도직 "상급"을 설명하면서, 이렇게 질문한다: "그러면 나의 상급이 무엇이냐"(9:18a)?

한국 교회 목사들 중 다수는 아마 그렇게 희생적으로 그리고 효과적으로 선교한 사도 바울에 대한 상급은 하늘나라에서 제일 고급 아파트의 로열층에 살게 되는 것이라고 설명할 것이다. 또는 하늘나라에서 최소한 좌의정 정도의 감투를 쓰고 백 고을을 다스리는 녹을 받을 것이라고 할 것이다. 그러나 바울은 무엇이라고 대답하는가: "내가 복음을 전할 때에 값없이 전하고 복음으로 인하여 내게 있는 권(생계지원 받을 권리)을 다 쓰지 아니하는 이것이로다"(9:18b). *즉 최후의 심판 때 바울이 받을 상급은 그가 복음을 무료로 선포하여 효과적이었던 것으로 찬란히 드러나게 되는 것이지, 그 "공로"를 인정받아 구원에 덧붙이는 무엇이 아니다.*

9) 그래서 빌립보 교회와 데살로니가 교회는 최후의 심판에서 바울의 "소망, 기쁨, 자랑의 면류관"이지, 그가 (추가적인) 그런 "상급"을 받기를 바라는 "근거"(혹은 공로)가 아니다(Holtz와 반대). 최후의 심판에서 데살로니가 교회(살전 2:19)는 빌립보 교회와 마찬가지로(빌 4:1) 바울이 그의 사도적 사역을 통해서 세운 "(하나님 나라) 건물"의 "황금벽돌"로서 혹은 바울이 쓰고 나타나게 될 "면류관"을 만드는 "보석들"로서 빛나게 된다. 그의 사도적 노력의 열매로서, 그것

들은 그의 사도적 노력이 "헛되지"(살전 2:1; 3:5; 빌 2:16) 않았음을 증명할 것이다. 그가 쓴 면류관 안에 있는 "보석들"로써 그것들은 그가 빛을 발하게 하고(영광/자랑), 기뻐하게 만들 것이다(기쁨). 그래서 그것들은 바울의 소망을 나타낸다.

10) 그러나 이 "상급"은 사람이 하나님이나 다른 사람들 앞에서 자랑할 수 있는 것이 아니고, "상급을 받은" 사람을 더 우월하게 만들거나, "상급을 받지 못한" 사람을 더 열등하게 만드는 것이 아니다(그렇지 않다면 후자에게 진정한 구원이 없다 – 위의 'A.통상적인 설명' 4)를 볼 것). "이는 아무 육체(인간)라도 하나님 앞에서 자랑하지 못하게 하려 하심이라 … (렘 9:22~23에) 기록된 대로 자랑하는 자는 주를 자랑하도록 하라"(고전 1:29~31). 이 원칙은 바울 신학에 너무나 중요한 원칙이었던 것이다(참고 고후 10:17; 롬 5:11; 갈 6:14; 빌 3:3)

11) "구원"은 신적 온전함에 이름이요, 신적 생명(영생)을 얻는 것이다. 그러기에 "구원"에 무엇을 더할 수가 없을뿐더러, "부끄러운 구원"이라는 개념도 성립될 수 없는 것이다. 마태나 바울이 사용하므로 우리도 구태여 "상급"의 언어를 사용하려면, 구원 자체를 상급으로 인식해야 하고, 우리 구원의 종말론적 유보의 구조 속에서 최후의 심판 때까지 우리가 믿음으로 이미 들어간 하나님 나라에 머물러 있는 것(즉, 하나님과의 올바른 관계에 지탱되는 것)을 위해, 믿음을 지속적으로 천명함(또는 행사)으로써(즉 사랑의 이중계명으로 오는 하나님의 통치를 실생활에서 계속 받음으로써, 즉 제자도의 삶을 신실히 삶으로써, 즉 하나님을 사랑하고 이웃을 사랑하는 삶을 삶으로써), 중도에 탈락함이 없이 장차

올 하나님 나라의 구원의 완성을 꼭 받도록 촉구하기 위해 그 언어를 사용해야 한다.